本书受陕西师范大学重点学科建设资助出版，谨致谢忱！

【第五辑】

# 中國與域外

## SINO-FOREIGN RELATIONS HISTORY

### 亚洲文明交流互鉴的海洋视角

冯立君　主编

胡耀飞　执行主编

社会科学文献出版社
SOCIAL SCIENCES ACADEMIC PRESS (CHINA)

# 目　录

**·学海撷珍·**

费城艺术馆

# 本辑特稿

《中国与域外》第五辑（2023.06）第 3~20 页

# 秦汉时期海疆经略开发的几个特点

方　堃[*]

　　秦汉时期是中国海疆历史发展进程中的重要阶段。它承前启后，既是先秦时期沿海疆域奠基性开发的扩大与继续，同时也为隋唐时期海疆发展取得历史性成就打下了重要基础。秦汉王朝对国土边疆的开拓与经略，使这一时期海疆开发呈现出重要的历史特征。本文仅就此做初步探讨，以期方家指正。

## 一　海疆治理是王朝政略的特殊对象，海疆开发以政治目标为先并长期伴有军事色彩

　　秦汉时期的海疆，包括北起辽燕、南抵两粤，北端覆盖朝鲜半岛北部沿海，南向中南半岛延伸的所有濒海陆域。[①] 秦和两汉王朝都将海疆开拓与治理作为巩固"大一统"疆域统治的重要战略举措。秦汉政权开展海疆治理的主要方式，是对以海岸带与相邻陆域为主的社会发展相对落后的沿海区域进行开发。

　　毋庸置疑，历史上王朝国家的边疆开发一般都具有以下两种特性：其一是开创性。表现在开发主体对那些处于国土疆域边缘、未纳入王朝有效管辖的落后地区，实施创设式区域建设。而边疆开拓主要通过军事征伐和武力镇辖实现对边疆的领有与控制的巩固与强化。秦汉时期的海疆开发则集中体现在由王朝政权主持，通过输入军事和其他社会力量，对沿海"荒蛮之地"进行开拓性系统经略上。这种经略活动相继引发了东南和岭南沿海区域社会各领域的变革。

　　其二是权威性，巩固边疆统治、维护边疆稳定和卫护边疆安全是历代王朝政权

---

　　[*]　方堃，中国海洋大学海洋发展研究院高级研究员。

　　[①]　笔者认为，秦汉时期是海疆形成的早期阶段。这一时期的海疆范围只覆盖海岸带及相邻的部分陆域，尚不包括由海洋水体形成的海域空间和坐落其间的岛屿；海岸线构成了沿海疆域的完整外缘。

治国理政最重要的内容之一。而秦汉时期所有的边疆开发皆由王朝统治者决策并经中央政权启动实施。由于是政府行为，并由最高政治权威启动执行，开发过程中不仅会实施一般性政治经济举措，而且也会更多采用暴力的强制性开发方式。海疆经略更直接与王朝政略密切相关。可以说秦和两汉时期所取得的海疆开发成就，其本身就是王朝政治、军事政策的副产品。从沿海疆域各区段开发进程看，中央政权采取的举措相互关联，从启动至全面展开，其过程都带有浓厚的政治色彩，具有鲜明的特征。

首先，以军事征服作为经略海疆的先导。开拓沿海疆域是秦、汉王朝政权统一国土和扩张疆域的重要措施。在实施过程中，大规模军事征服是在疆域边缘区域建立有效统治的先导性行动。以军事征服为先，大范围外推疆域空间并实施有效控制，是秦与西汉王朝拓展疆域、经营周边的主要策略。在完成统一、巩固统治的进程中，王朝政权首先选择"武力先导"方式，镇压和消除疆域边缘区域内的反抗势力，据有其地并建立稳定、巩固的政权统治。这不仅是边疆开发的必要前提，同时也是经略其地的起始步骤。陆域边疆如此，沿海疆域也是如此。举凡秦和两汉政权对沿海疆域的底定，无论是征讨岭南、进占东瓯、平定闽越，还是稳定海南、使朝鲜内附，几乎所有重大的海疆经略举措，都是以大规模军事行动作为先导。王朝中央借助军队在沿海建立稳定的区域政权统治网络以后，仍会在较长时间内以军事镇辖作为稳定沿海社会、实施海疆治理最重要的举措。[①]

其次，以建立郡县政权、实现沿海区域统治作为开发海疆的政治基础。秦灭六国后，全面实行了以郡县制为核心的疆域体制。虽然在新拓之地设郡置县、建立政权进行统治，并非秦王朝在开拓海疆中的创设之举，但它确是由秦始皇承续推广、被汉武帝复制遵行的统一王朝治理海疆的核心制度。郡县制是封建集权制度下一种相对高效的管理体系，也是王朝国家疆域统治网络的主干，从秦王朝建立全国统治之始即成为中央政权经营开发沿海地区的制度性依托，成为对海疆进行治理开发的政治基础。秦汉时期，当大规模军队行动达成对沿海区域征服控制的目标后，决策者都把设置郡县作为在沿海征服地实施统治的首要步骤。秦始皇在完成对岭南的军

---

① 典型事例是西汉武帝平定闽越后，即在其地设置都尉负镇辖沿海地方之责。关于汉代都尉职责，据班固撰《汉书》卷19上《百官公卿表》张晏注："主诸官，故曰都。有卒徒武事，故曰尉。"（班固撰《汉书》，中华书局，1962，第735页）李昉等撰《太平御览》卷241《职官》39所引《临海记》中亦有类似记载："汉元鼎五年，立都尉府于候官，以镇抚二越。"（李昉等撰《太平御览》，中华书局，1960，第1144页）

事征讨后，即在其地分置南海、桂林、象三郡，其下管辖 4 个临海县域。① 虽然岭南设县之初管辖范围尚未覆盖南端全部沿海区域，但它标志着秦政权已建立了对王朝疆域最南端海疆的直接统治。西汉王朝更加重视边疆地区的政权建设。汉武帝时重点加强了对沿海区域的管辖控制。南越国问题甫获解决，汉庭即在岭南分置南海、苍梧、交趾、九真、郁林、合浦和日南等七郡，并首次跨海登岛，将政权管辖区域向海南扩展，增设了儋耳、珠崖两郡。由此底定了全部南海沿海疆域。② 汉设九郡的辖境中有 14 个县域临海，覆盖的岭南沿海区域及其腹地范围远超秦代。汉朝此举将今广东、广西、越南北部广大地区及沿海区域尽收归汉，彻底改变了岭南与中原政权政治关系相互割裂的原有格局，将最南部疆域全部纳入西汉王朝的统一版图。

关于西汉海南两郡设置时间推后的原因史籍未载，但当与交通不便有关。这提示我们，由于受自然条件的制约，秦汉时期王朝政权对海疆实施直接统治的难度要高于内陆疆域，在沿海地区推行郡县制度的社会效果也会大打折扣。海南设郡未满 30 年，汉昭帝始元五年（前 82 年）即"罢儋耳郡并属珠崖"，将两郡合并，原因是岛内"其民暴恶，自以阻绝，数犯吏禁"，所设郡县政权无法维持正常的行政秩序，汉廷被迫调整在海南的行政驻所，降低了对海南的管辖力度；至元帝初元三年（前 46 年），面对岛内"诸县更叛，连年不定"的动乱局面，汉廷最终决定撤销在岛内的郡县设置。③ 西汉在海南所设郡县又被迫弃置，这一过程是对王朝政权经略沿海疆域能力的一种测试。其结果说明统一未久的中原政权此时尚无能力有效控制大陆以外的海域和岛屿。因此西汉被迫收缩对南方海疆的经略范围而退回大陆，并被迫调整了对南方海疆的经略政策。

再次，通过规模性移民稳定于海疆初建的政治秩序，并借以重构沿海区域社会生产力体系。在古代社会条件下，劳动力人口是进行区域开发的基本条件，也是区域开发社会成效的重要表征。秦和西汉两代是中国历史上有组织的人口区域转移活动最为频繁，同时也是移民规模最大的时期。伴随着征服战争而来的、由政府主导的人口迁徙几乎遍及全国各地。当然，各地移民对象不同，目的也各异。其中在沿

---

① 后晓荣著《秦代政区地理》（社会科学文献出版社，2009，435~439 页）；另参阅谭其骧主编《中国历史地图集》（中国地图出版社，1982）"秦西汉东汉"分册所载"淮汉以南诸郡"。

② 班固撰《汉书》卷 64《贾捐之传》："初，武帝征南越，元封元年立儋耳、珠崖郡，皆在南方海中洲居，广袤可千里。"参见班固撰《汉书》卷 64《贾捐之传》，中华书局，1962，第 2830 页。

③ 班固撰《汉书》卷 64《贾捐之传》，中华书局，1962，第 2830 页。

海多地实施的规模性移民，首要目标都是要实现新辟海疆的政治稳定。至于通过移民达到沿海人口增长，进而推动区域经济恢复和发展，则只是王朝加强政治统治的副产品而已。在南方，无论是秦始皇发 50 万卒谪戍岭南，还是汉武帝迁东瓯、闽越之民"处江淮之间"，[①]　其目的都是借助移民在军事征服之后重建地方政治秩序；在北方，统治集团企图通过移民强化海疆控制的意图更为明显。汉武帝就曾将山东临淄的强宗大族强制迁徙至会稽分散定居。[②]　这种将有政治地位和地方影响力的家族强制迁徙他地的做法，更是统治者力图改变地方政治生态的典型举措。因此，秦汉政权实施的迁徙行动，其性质首先是政治性移民；移民产生的社会经济效应只是一种伴生现象：移民群体在改变迁入地人口结构的同时，必然会对社会生产发展产生重要影响。当然，对于沿海待开发地区而言，由于迁入的移民往往掌握一定的先进技术与生产经验，因此他们的到来不仅增加了劳动力资源，还带来了先进的生产工具。对于王朝统治者而言，迁徙移民既可加强对沿海疆域的政治控制，又可推动先进生产力的地域转递。通过这种特殊的政治举措，原本落后、受战争破坏的沿海社会生产力体系得以重构。

最后，以文化优势推动"大一统"思想传布，借教化手段巩固政治统治。中国幅员辽阔，受地理条件和族群传统的影响，早在先秦时期各地就已经形成了差异甚大的地方风俗与地域文化；在诸侯分治的政治格局中，这种文化差异已经成为实现"大一统"的深层障碍。因此，推动文化同一是巩固政治统一的重要举措。秦始皇、汉武帝都曾利用中原文明的文化优势，强制性地推行过区域性"文化改造"。在经略海疆过程中，他们也将文化传布作为树立和巩固政治权威的重要方式。但两者在传布形式上完全不同。秦始皇更多采取的是以暴力相助、强力推广的方法。他东巡琅邪时曾刻石历数统一宇内、整齐制度的伟绩，专门将"匡饬异俗"列入碑文当中。但这种"匡饬"却是秦施暴政的另一种表述。西汉王朝建立后，随疆域版图不断扩大，疆域社会"各殊习俗"的文化差异日益显现，并对王朝各种政策的贯彻实施形成阻碍。当董仲舒提出"罢黜百家、独尊儒术"后，被改造后的儒学取得了官学地位。伴随这种变化，王朝集权体制内的"文化权力"与"政治权力"迅即合而为一，"德治"教化成为巩固和完善政治统治的根本。文化

---

① 班固撰《汉书》卷 6《武帝纪》，中华书局，1962，第 190 页。
② 范晔撰《后汉书》卷 33《郑弘传》谢承书注："（郑弘）其曾祖父本齐国临淄人，官至蜀郡属国都尉。武帝时徙强宗大姓，不得族居，将三子移居山阴，因遂家焉。"参见范晔撰《后汉书》卷 33《郑弘传》，中华书局，1965，第 1155 页。

开拓、教化社会因此也成为边疆治理深层次开发的重要内容。汉代南方新辟海疆的许多地方，不仅社会经济发展落后，文化发达程度亦不足道。故汉廷任命的郡县官员必然承担传布文化的使命。比较秦和两汉王朝对海疆的经略，显然汉代海疆治理中文化传布的成分远多于秦代，实施方法也更温和。两汉时期多将以教化改变落后礼俗、提升社会行为文明规范程度作为最初目的，逐渐将文化改造与兴修水利、推广农耕等生产举措并行，最终通过人心教化树立社会大众普遍认同的"大一统"的观念。应该说，这种开发策略在汉代闽浙及岭南沿海地区是行之有效的，并受到了民众欢迎。如任延、锡光任职岭南时，积极推行德治教化政策，改造岭南落后民风，取得了明显效果。二人因此也颇受当地民众拥护和爱戴，得到了"岭南华风，始于二守"的赞誉评价。① 这对于政令的推行当有裨益。

上述举措，或前后衔接，或同时并行，都曾取得显著成效。纵观秦汉时期的海疆开发进程，在 4 个多世纪的时间里，王朝政权的海疆政略呈现出政治、军事色彩逐渐弱化，经济、文化色彩逐渐变浓的变化。这种变化在中国古代海疆发展进程中有重要意义。

## 二 沿海疆域开发主导者层位逐渐下移

秦与两汉王朝对海疆的经略，最初都是作为新王朝政权统一疆域版图的重要步骤而进行的。前述几项政策举措不仅曾在海疆经略中实施，而且也曾在其他方向的边疆拓展和开发中反复实践。这种现象表明，无论是陆疆还是海疆，秦和两汉政权进行的边疆开发都是对王朝中心地区统治模式的复制，在本质上是对中原农耕文明的推广，而其基本方式是将中原王朝的直接控制范围向疆域边缘区域强制性扩展。在陆疆开拓和海疆经略中这些政策举措的实施侧重点不同，后者的特征似乎更明显：以大规模军事行动为先导启动的沿海疆域治理开发进程，就是由大一统王朝政权强力推动，以推广中原农业文明为主要内容，通过向沿海地区输入农业生产方式，影响并同化沿海地区具有海洋经济特征的社会生产体系的历史过程。

秦汉政权对边疆区域的经略与开发，具有立体、全方位的特点，涉及区域内几乎所有社会生产与生活领域。但在不同区域，开发治理存在着不同特点。就海疆开发而言，其社会政治领域的发展有一个特点十分鲜明，即不同阶段的开发主持者在统治

---

① 范晔撰《后汉书》卷76《任延传》，中华书局，1965，第2462页。

集团中的地位不同。总体来看，随着海疆开发的推进，其主持者在王朝统治集团中的层位逐渐下沉，海疆开发的主导权从王朝政权最高决策层向地方行政官员传递转移。特别是在汉代，这种"身份下沉"趋势十分明显。出现这种现象的原因有二：其一，两汉特别是东汉时王朝中央集权统治逐渐式微；其二，随着沿海地区的开发逐渐深入，其治理重点已经从社会政治领域的建立统治秩序和政权建设，向社会经济与文化领域转移。后者的社会实践性决定了其必须通过地方行政网络持续推进。

毋庸置疑，海疆经略的初始与早期阶段都是由王朝最高统治者亲自决策并主导政策的实施。这一阶段的经略目标是在王朝统治的"空白区域"建立牢固的政治权力。历史告诉我们，无论哪一个时代，建立一种新政治权力都属于国家顶层政略，这种新权力是由最高统治者集合全部资源和力量合力推进而形成的。任何局部的地方性势力都无法承担其主导重任。在经略与开发海疆的起始阶段，决定和主导王朝统治集团进行决策的最主要因素是军事和政治，而海疆开发的经济与文化意义皆被置于政治军事意图之后。众所周知，秦和两汉王朝的建立和更替都是经大规模社会动乱和统一战争实现的。王朝建立初期也都曾面对平息政治反叛和开疆拓土、完成统一的双重压力。因此，集中全部力量征服所有边疆区域的所有未归化势力，建立和巩固王朝边疆统治网络，是所有边疆获得治理开发的起点，也是新王朝中央政权经略新拓新附疆域的开端。秦和两汉王朝海疆开发策略虽然各有特点，但其运作和实施模式大体相似。因此，三代政权在海疆经略初期面临的局势也大体相同：无论是旷日持久的军事行动，还是大规模跨区域移民或建立郡县行政区划，都需要获得有力的保障支撑。即一要有充沛的物资和人力资源保障；二要对新建统治网络有组织和管理方面的权威保障。前者涉及社会资源分配，关乎社会稳定大局，后者则对巩固和完善政权统治具有重要意义。在王朝统治集团初获最高权力时，在多种矛盾交错、各种势力共存的政治格局中，只有以皇权为代表的政治权威能够有效控制全局，并对有关政策实践适时进行调节，因此早期海疆经略的决策和推进的主导者只能是王朝最高统治者，也只有中央集权体制可为海疆经略政策的实施提供制度保障。

随着海疆治理逐渐深入，沿海疆域经略开发进入推广阶段。在这一阶段海疆开发主导权逐渐向地方政权转移。形成这种政策实践主持者"身份下沉"的原因有两点：一是海疆开发的"局部性"，二是海疆开发的"社会实践性"。毫无疑问，边疆治理只是大一统王朝国家统治全局中的一部分，海疆开发更是秦汉王朝经略边疆的其中一个方向。从全局看，秦和两汉统治者最为关注的是王朝政治中心，以及关中和山东等经济已获发展地区，这些地区构成了王朝中央政府的直接统治重心。在完成军事征服之后，对远离王朝中心的边疆的开发治理规划，一般由地方郡县按照王朝中央确定的方略实施运作。在沿海郡县，特别是在发展落后的南方沿海郡县，开发治理往往遭遇地方各种迟滞因素的阻碍，因而带有明显的区域性特点。当治理内容涉及实现生产方式转化和文化匡俗进步时，需要更直接的因地制宜式管理和更加有效的调控。这种开发活动本身具有的"社会实践性"要求海疆治理的具体举措必须落实于社会层面。因此，在以政治权威和军事镇辖保障沿海社会稳定的前提下，社会经济和文化领域的开发，包括发展以农业和家庭手工业为主的地方经济、教化民风和改变落后民俗等，就基本由地方郡县官府独承其责。

海疆开发主导者的角色变化和层位下沉可直接推进沿海社会经济文化领域发展，亦可间接推动王朝政权统治网络完善。对于前者，由地方官员主导的海疆开发对于地方经济发展的推动更为直接，也更为有效。两汉时期，包括交趾在内的南方沿海区域在郡县官吏的亲自主持或直接参与下，社会经济，特别是以粮食种植为主的农业生产获得了重要发展。对于后者，郡县政权治理下沿海社会的发展，反过来也推动沿海行政建制不全的地区郡县机构的设置。

秦汉时期是中国行政制度史上郡县二级制的定型与完善时期。县级政府机构是王朝中央集权政权实施统治的基层组织，承担着管理王朝政权赖以生存的户籍、赋税、徭役等事务的使命。秦时设县以有利于管理农业生产、征收赋税和颁行政令为原则，其幅员"大率方百里。其民稠则减，稀则旷"。① 两汉政权在经略海疆时都沿用了秦时的郡县制度。西汉武帝在新拓海疆的过程中，除在闽地"虚其地"、缓设县治以外，在朝鲜半岛和岭南区域，都就地设置郡县。据笔者统计，秦在沿海设县有 45 个，西汉则多达 103 个，大大超过了秦代。如果分段统计，在临黄海、渤海的沿海疆域北段，秦设县 22 个，西汉设县增至 68 个；在沿海疆域中段，秦设东海与会稽两郡共辖沿海县 15 个，西汉时置县 16 个，两代相差不大；② 在包括闽、广及中南半岛北部在内的沿海疆域南段，秦设县 8 个，西汉增置至 17 县。③

① 班固撰《汉书》卷 19 上《百官公卿表》，中华书局，1962，第 742 页。
② 西汉在此区域内共置 18 县，因将闽省归入沿海疆域南段，故把西汉在原属秦闽中郡辖下冶、回浦两县减去，剩 16 县。
③ 统计数字综合以下著述而出：谭其骧主编《中国历史地图集·秦 西汉 东汉时期》，中国地图出版社，1982；顾颉刚、史念海著《中国疆域沿革史》，商务印书馆，2004；张明庚等编著《中国历代行政区划（公元前 221 年—公元 1991 年）》，中国华侨出版社，1996；邹逸麟编著《中国历史地理概述》，上海教育出版社，2007；周振鹤著《中国历代行政区划的变迁》，商务印书馆，1998。

由以上可知，秦与西汉两代王朝的海疆区划形势出现了重大变化。与秦代相比，西汉在北、南两个海疆区段设置的县的数量均成倍增加。这说明西汉政权有重点地加大了对新附海疆的开发力度，人口和可耕地面积都有明显增长，因而在沿海设置的县的数量增加。这证明汉代海疆开发在地方行政机构主持下获得了更为明显的成效。

## 三 沿海疆域不同区段的开发模式差异明显

秦汉统一局面的形成，是农耕经济占主导的古代中国社会经济进入整体发展历史阶段的重要标志。而秦汉王朝开边拓疆、建立和巩固边疆统治秩序的进程，也是古代农业生产区域不断扩展拓进的过程。秦汉政权治理边疆的直接后果，就是农业生产区域有了突破性的拓展。这一时期的海疆开发有着同样的特征并取得了相同的社会效果。伴随着先进生产工具传入和农业生产技术的推广，沿海地区原有生产结构受到了强烈的冲击，推动一部分带有海洋经济特征的沿海经济向以农耕种植为主的农业经济转化，使沿海地区农业获得了前所未有的发展。从总体看，秦汉时期的海疆开发是以发展适应沿海条件的农业生产为主要内容的。但通过具体考察我们可以发现，沿海不同区段实现开发的途径存在明显差异，各地海疆开发的模式也不相同：北方区段是以"安全稳定为先、沿海分区治理"模式为主，东和东南方向的中部区段主要采取"点网式推进开发"模式，而岭南区段则采取"渗入与强制式结合开发"模式。这些模式是在开发进程中形成的，具有突出的区域性特征。

在以今山东及淮北沿海为主的北段海疆，秦汉政权将保证沿海社会稳定作为首要目标，再根据不同区域的社会条件，分别采取不同政策举措稳步推进区域开发。这是秦汉政权海疆治理在北方区段的基本做法。北方沿海的政治地理环境与经济地理条件决定了实施这种开发模式的必要性与必然性。

关于北方沿海疆域的政治地理特点。学术界在探讨历史上王朝政治的发展史时，曾以秦汉政权的首都核心区域为坐标，按区位根据王朝统治的政治作用划分出6个政治区：关中和中原为政治中心区，北方游牧区是政治辐射区，西北、河东和河北是政治过渡区，西南是政治缓冲区，黄淮（山东地区、江苏北部）为政治附加区。[①] 在这种政治区划中，北方海疆纵跨政治附加区、过渡区，以及辐射区南缘。它们具有相同的政治地理特点。其一，这三个政治区都属秦灭六国后被纳入

---

① 参见齐涛主编《中国政治通史》，泰山出版社，2003。

"大一统"版图的地区。其沿海区域原分属原燕、齐政权辖下统治地区，秦时即属政治不稳定区域，反秦势力十分活跃。西汉时燕齐旧地的诸侯势力又严重威胁王朝集权统治。齐王和济北王在山东叛乱；吴楚七国之乱时胶西、胶东、济南、临淄诸侯国皆为叛军中坚力量。故而维护北方沿海社会稳定对王朝政权具有重大战略意义。同时，其北部边地又是防御胡人南下的东翼战场，是秦汉王朝国防体系中的战略要地，只有严密掌控北方沿海的社会稳定，才可从侧翼对北部国防形成有力支撑，从而进一步保证政治中心区安全。因此，秦始皇极为重视对燕、齐旧地的镇辖，他曾先后 4 次巡阅海疆。西汉时期，从刘邦政权开始就对北方沿海严密控制，"非亲子弟莫可使王齐者"即是汉初治理"东有琅邪、即墨之饶，……北有勃海之利"的齐国旧地的基本原则。① 汉武帝 9 次巡阅海疆，有 7 次经过或驻跸燕、齐沿海旧地。由此可见北方沿海在秦始皇、汉武帝眼中的政治意义。其二，从地理形势看，三个政治区的东部南北连接，形成陆域相连、海岸相接、海域相通的地理态势。从疆域安全角度看，既易形成互为后援、相互支撑的积极局面，也易相互掣制，形成以沿海影响腹地的负面影响。其三，秦王朝的国家战略重心在北方。而山东半岛及迤北沿海对北向国防作战具有重要意义：其沿海航路是北向国防作战的重要后援通道。其中，山东半岛沿海港口及其腹地发挥了秦北方军事行动战略策应与保障基地的重要作用。各种粮食给养从这里被源源不断地运往北边防御前线，增援秦军的军事行动。② 西汉王朝虽在西与西北方向大力开疆拓土，但仍视北方疆域安全为经略重点。汉武帝 7 次巡阅山东沿海，其中数次与汉军征讨沿海割据政权、镇辖少数民族的反抗活动有关。

关于北方海疆的经济地理特点。司马迁在《史记》中根据区域经济特点划分了山东、山西、江南和龙门碣石以北等四大经济区。按照他的划分，北方沿海分属"山东"和"龙门、碣石北"两个经济区。③ 其中"山东"包括崤山以东地区，即今河南、山东等地。这一区域的农业生产比较发达。而位处该经济区东缘的沿海地

---

① 班固撰《汉书》卷 1 下《高帝纪》下，中华书局，1962，第 59 页。

② 《史记》卷 112《平津侯主父列传》中记："使天下蜚刍挽粟，起于黄、腄、琅邪负海之郡，转输北河。"参见司马迁《史记》，中华书局，1959，第 2954 页。另据马非百先生统计，秦为满足战争需要，在全国各地建造了一批管理严格的仓储设施，用来贮藏粮秣及其他战争物资。北方诸仓中琅邪、黄、腄粮仓设于沿海，目的是便于通过沿海水道向北方前线实施转运、输送军需补给品，乃"海运之起点与终点也"，乃"为北方军事而设"，即专门为秦军北征进行补给而定点建设。见马非百《秦集史》（下），中华书局，1982，第 947 页。

③ 司马迁在《史记》中根据区域经济特点，划分山东、山西、江南和龙门碣石以北四大经济区。见司马迁《史记》卷 129《货殖列传》，中华书局，1959，第 3253～3254 页。

区，向与中原联系密切，山东半岛沿海早在先秦时即表现出与腹地经济发展基本同步的趋势。而"龙门、碣石北"经济区包括"种代"和"燕涿"两区域，以长城为界分为塞内、塞外两部分。这里地处北部边地，是农业与畜牧业两种生产区的分界。秦汉时期北部海疆就包括处于"北边"东翼的燕北、辽东沿海地区。受其腹地"半农半牧"生产结构的影响，"龙门、碣石北"经济区沿海区域经济发展落后，与"山东"经济区沿海区域相比，两者存在明显发展差距。尽管如此，两个经济区的沿海生产却皆有"渔盐之饶"特点。[1] 加之腹地相邻、海域相互连通的地理区位，纵跨两大经济区东缘的北方沿海地区容易形成相互关联的区域性特点：社会经济发展先进的沿海区域，可以对落后的沿海区域起到辐射与拉动作用。

基于上述相同的政治地理环境和经济地理条件，秦和西汉对"北边"东翼和山东半岛两个区域的统治方略相似，经略治理上述沿海区域时也都坚持了优先稳定统治秩序和按区域特点施政的基本原则。我们将其总结为"安全稳定为先、沿海分区治理"的北方海疆开发模式。前者是总原则，后面则强调因地制宜。在秦和两汉的不同时期，对这一模式的实施亦各有侧重。

"安全稳定为先"是秦汉经略北方海疆的总原则，也是开发沿海社会的基础和前提。秦汉王朝虽然都将对匈奴和东胡的防御作为国防重点，但秦政权同时还须镇辖燕齐反秦势力，维护地方稳定，巩固"大一统"局面；西汉时既要扫除分封分裂势力，又增加了对朝鲜半岛反汉势力的打击。在当时的历史条件下，整个北部国防线只有东翼邻近的山东半岛开发较早，生产水平相对较高。秦始皇、汉武帝都以这里作为北线国防的后援基地，无论是沿海路支援北御匈奴的秦军作战，还是汉军渡海平定反汉势力、打击卫氏政权，齐旧地沿海区域都发挥了十分重要的作用。毫无疑问，燕、齐旧地沿海区域的社会稳定是秦汉王朝北方国防行动的前提条件。因此，秦始皇在首次出巡达到稳定统治中心区域和战略后方的目的后，将北方的边疆和沿海区域作为优先经略的战略重点，开始大规模巡阅海疆。在 4 次东巡之行中他三涉琅邪、芝罘，两登成山。此皆因这三地的地理位置对控制整个山东半岛具有无可替代的意义。[2] 他曾亲临

---

① 《史记》卷 129《货殖列传》："夫燕亦勃、碣之间一都会也……有鱼盐枣栗之饶。""齐带山海，膏壤千里，宜桑麻，人民多文彩布帛鱼盐。"参见司马迁《史记》，中华书局，1959，第 3265 页。

② 从军事地理角度分析，芝罘北临渤海，遥望辽东；琅邪南凭黄海，俯视江淮；成山则作为山东沿海南北之转折雄踞北方海疆的东部极点。此三地恰恰位处山东半岛的北、东、南三个方位。秦始皇选择这三个地方作为巡阅的重要目标点和目的地，是重视其地理位置对控制北方海疆的作用的表现。同时，控制此三地不仅足将山东沿海及其腹地基本覆盖于统治网络之下，而且可形成有利态势：北隔渤海遥制辽东，南向则俯视江淮，远控东越。

北方沿海军事要港，其目的当与后来秦军在北方战线对匈奴征讨作战有关。[①] 汉武帝效法秦始皇。在统筹边疆经略的宏图中，他高度关注山东半岛的局势发展，皆因汉初分封致齐地诸侯势力坐大后曾严重威胁王朝中央集权统治，故武帝对其遗患极为警惕。他下令在兖州和青州分别设置刺史以制衡封国势力，并以巡视疆域的形式亲莅北方海疆。在 20 余年内汉武帝 9 次东巡，其中 7 次巡阅或驻跸海疆。汉武帝通过这种形式取得了威慑敌对势力、镇辖沿海与稳定腹地的明显效果。

所谓"沿海分区治理"，是指秦汉政权在北方海疆治理中按照不同区域的特点，采取有针对性的政治和经济措施，强化对沿海区域的控制和开发，在统筹中实现分区治理目标。秦灭六国后，秦始皇的疆域统治政策明显表现出了一种"统筹"倾向，即在坚持推行郡县制基础上，统筹新辟诸郡与旧郡、统筹军事经略与社会开发，对边疆不同地区采取有针对性的统治之策。他对北方疆域的统治政策还表现出明显的"统筹陆海"特点，在筹谋"北边"国防时对陆上边疆和海疆一体部署，以海疆支撑陆防。这主要反映在他对燕齐旧地，尤其是山东半岛的经略举措当中。秦汉时期，王朝中央政权财政主要依赖长城以南、长江以北农业区的经济发展提供支撑，此中黄河中下游的农耕区"备受倚重"[②]。针对齐国旧地开发较早、生产相对发达的社会状况，秦始皇采取了支持性举措，力图保持这种区域优势，重点经营了琅邪等沿海要地。他曾下令移民数万至琅邪，免除其赋税以刺激当地经济加速发展。[③] 这对周边沿海地区和腹地产生了相应的辐射拉动作用，[④] 加强了秦政权对该方向国土疆域的一体化控制。在控制社会资源后，秦始皇将山东沿海地区及腹地作为秦军北击匈奴的保障基地，依托沿海港口仓储转输，通过沿岸航道海运粮秣对北击匈奴的秦军予以支援。[⑤]

---

[①] 公元前 215 年秦始皇第三次出巡沿海疆域的目的地从山东半岛沿海移至渤海沿岸的碣石；返程中巡阅了北边诸郡。此次秦始皇巡阅北方沿海目的之一是查验北方军事要港，为北伐匈奴做准备。此次东巡的第二年，秦始皇即遣蒙恬统帅 30 万军队北征匈奴，并下令以山东黄、腄、琅邪等"负海之郡"提供后援，"转输北河"。见司马迁《史记》卷 112《平津侯主父列传》，中华书局，1959，第 2954 页。

[②] 有关论述参见林甘泉主编《中国经济通史·秦汉》（上），经济日报出版社，2007，第 29 页。

[③] 《史记》卷 6《秦始皇本纪》记载："南登琅邪，大乐之，留三月。乃徙黔首三万户琅邪台下，复十二岁。"参见司马迁《史记》卷 6《秦始皇本纪》，中华书局，1959，第 244 页。

[④] 有学者经研究后提出，以秦始皇移民并修建琅邪台为支点，琅邪一带海疆"进入了开发建设的高涨阶段"。参阅王赛时《山东沿海开发史》，齐鲁书社，2005，第 71 页。

[⑤] 《史记》卷 112《平津侯主父列传》记，秦军北征匈奴作战发起后，秦始皇命"黄、腄、琅邪负海之郡"筹集物资"转输北河"。参见司马迁《史记》卷 112《平津侯主父列传》，中华书局，1959，第 2954 页。此处所指"北河"即今乌加河，是古黄河在今内蒙古磴口以下的北支，也是古黄河正流。这里是秦军收复黄河以南河套地区后的驻军集结地（见马非百《秦集史》，中华书局，1982，第 947 页）。秦军此时已前出北部郡界九原。此前渤海北岸与内陆水道已经相互沟通，运粮船经这条沿海航线渡渤海后，自天津进入黄河河道（秦代黄河入海口位于今天津），再逆流而上抵达内陆北境。

秦在北方海疆实施的"分区治理"策略被两汉政权先后继承，成为治理北方海疆的基本模式。西汉武帝是中国海疆统一经略的杰出领导者。在北方沿海地区，他依托郡县制与分封制并行的分区管辖行政体系，针对海疆不同区段的区域特点，在加强政治统治的基础上，促进地域性生产发展和沿海经济开发，由此稳定社会、巩固统治。这是汉武帝开发北方海疆的基本策略和主要推进方式。与秦始皇不同，汉武帝对北方海疆的经略超出了燕、齐旧地范围。在初步稳定北方沿海局势的基础上，汉武帝发动了对朝鲜半岛的征讨作战，并在战后设置乐浪等4郡。西汉北方沿海疆域向半岛北部西岸沿海和东部日本海沿海延伸。针对东北方向这一新附区域，汉武帝及其继任者坚持"分区治理"策略，区别不同统治对象的地域特点，采取按原部族地域范围建立行政体系的办法，以"属地"形式实施行政管辖。①

虽然在疆域统治中汉武帝的战略视野比秦始皇更为广阔，但他在北方海疆治理上仍继承了秦代"分区治理"策略。此后这一策略不仅被贯彻于西汉王朝中后期，而且在东汉时期仍被继续执行。"分区治理"策略的实施加强了王朝中央对统一未久的北方沿海疆域的直接控制，推动了北方海疆治理开发继续推广和深入，使北方海疆一些区域的社会发展与中原地区的差距出现逐渐缩小的趋势。这对巩固统一具有极为重要的意义。

秦汉王朝海疆的中段区位处于司马迁所划"江南经济区"的东部与东南边缘，包括今江苏、浙江和闽北沿海区域，亦即今天我们所称东南沿海区域。秦汉王朝在海疆中段区域的经略治理中形成了"点网式推进开发"的海疆开发模式。需要指出，在东汉以前王朝沿海疆域中段尚未真正形成一体化的区域：其北段的江、浙沿海是一个地理单元，南段的闽省沿海则自成一系。"点网式推进开发"模式以在江、浙沿海地区的实施最为典型。这一区域社会经济的发展也因此最为突出。

尽管先秦时东南沿海社会开发整体比较落后，但其中有些区域的发展已经达到较高水平。特别是在北段沿海区域，秦置会稽郡以前，在杭州湾沿岸及周边区域社

---

① 公元前109年汉武帝发动对朝鲜的征服战争。战后设置乐浪等4郡，以当地原住部族生活范围为基础划定管辖区域。其中乐浪郡的管辖范围基本是古朝鲜本土；真番郡属卫氏政权所征服的区域；玄菟郡统辖"句丽蛮夷"与沃沮人；临屯郡则主要管辖秽人部族。西汉政权采取的统治模式是分层管辖，以乐浪郡为"顶层"，依地域与部族分布形成三个区域：一是大同江流域的乐浪郡管辖地区，该地区实行与内地完全相同的统治政策；二是乐浪郡在单单大岭以东、由东部都尉与南部都尉管辖下的地区，由于区域内生活的汉人比例大大少于大同江流域，因此西汉政权对这一区域采取了通过任用当地部族首领为郡属官吏进行行政管辖的方式；三是半岛南部区域，西汉政权并未在半岛南部设置郡县、建立行政管辖制度。

会生产已获初步发展。① 秦政权对东南海疆的经略着重于建立政权统治，但在北、南两段区域所采取的方式与之完全不同。在北段的会稽郡，秦始皇主要推行了军事镇辖和郡县制结合的直接统治策略；在南段的闽中郡，秦政权主要以"羁縻"形式实施间接统治政策。

东南海疆北段包括越人聚居生活的区域，这部分区域在南方沿海疆域中开发较早，社会经济发展程度也普遍较高。秦汉时期生活在这一区域内的越人群体仍处在社会分化过程之中，但他们越来越受到内地汉族的影响，在政治、经济和文化各领域越来越受中原王朝政权的制约。秦王朝通过军事征服在此地建立起的政权统治逐渐巩固。但秦对东南海疆统治成效的真正显现是在汉代。西汉政权完成统一后，将秦置会稽郡和闽中郡合二为一，重新建立了统治网络。这种制度安排使东南海疆北段区域仍在汉王朝的直接统治下，并率先完成了早期的政治开发，西汉时即结束了沿海地区越人的传统部族统治。

在东南海疆南段，社会发展十分落后，海疆开发几乎呈空白状态。闽越的地理特征十分特殊。这里三面环山、一面临海，区域内几乎所有河流都自成一系；绵延的山脉使沿海与腹地之间的联系易被阻断。这种地理环境严重制约闽越沿海的早期开发。先秦时，北方沿海的开发和社会经济发展已经达到一定水平，地处东南的闽越传统部族仍处在几近原始的生产与生活状态中。秦政权对闽中郡实行的羁縻政策并未取得预期效果，当地人口依然稀疏，郡县制度在闽地也实施不利。秦所置闽中郡虽然地广，但实际上仅辖东冶一县，该郡有名无实。西汉时随着汉武帝对东瓯和闽越开展大规模军事征讨，闽地越人的社会组织结构被彻底摧毁，大批越人被迁徙至内陆腹地。② 这导致闽越社会发展更陷于停滞。西汉在闽地本未独立设郡，其地划归会稽郡管辖，并且仅设一个县。这种落后状态一直延续到魏晋南北朝时期。虽然闽地沿海社会治理工作几乎没有得到开展，但两汉政权都没有在海疆经略中将其弃置。从西汉武帝开始，汉廷通过设置专任军事的都尉对闽地实施镇辖。③ 这种通过非行政化机构进行直接控制的统治方法，为秦汉时期经略落后沿海区域增添了一

① 公元前222年，秦军攻取会稽并在其地设郡，其时郡辖县有26个，其中管辖区域涉海的县有11个。会稽郡设县的数量明确反映出该地区社会经济发展已经达到了一定水平。参见后晓荣《秦代政区地理》，社会科学文献出版社，2009，第413~427页。

② 《史记》卷114《东越列传》："东越狭多阻，闽越悍，数反覆，诏军吏皆将其民徙处江淮间。"参见司马迁《史记》卷14《东越列传》，中华书局，1959，第2984页。

③ 汉设东部都尉的辖域兼及闽浙二地，后增设南部都尉专辖闽地，这表明闽地得到缓慢发展。参见陈寿《三国志》卷57《吴书·虞翻传》所引《会稽典录》，中华书局，1959，第1326页。

种特殊形式。

秦汉时期在东南海疆开发中获得重要成效的"点网式推进开发"模式，就是在上述背景下逐渐形成的。所谓"点网式推进开发"模式，就是海疆社会开发以郡、县治所为中心，以其周边为基本区域，从中心向四周延伸扩展，逐渐围绕中心形成动态扩展区，各扩展区相互连接，形成更大的片状开发区域，最终沿海各开发区域之间实现一体化，海疆开发治理遂进入新发展阶段。两汉时期，东南海疆北段是这种"点网式推进开发"模式的主要实践区。随着实践区域不断扩大，那些连接成片的开发区域自北向南推进，逐渐覆盖了江浙全部和闽越的部分沿海区域。在这种开发模式下，东南海疆的社会发展不仅奠定了良好基础，而且发展逐渐加快，到汉代末期在北段局部甚至出现了区域发展优势。

秦汉时期在东南海疆治理中形成的上述开发模式有着重要的政治经济根源。由于匈奴对中原地区长期和持续的威胁，秦和西汉王朝重点关注北部疆域安全。对于南方广大疆域的治理，在多数时间内都着重于保持社会稳定和巩固政权统治，加之南方社会经济发展严重不平衡，因此王朝统治者被迫选择了区域重点治理的统治策略。这种策略主要是将疆域开发主要聚焦于两类重点地区：一类是社会经济已经开发并获得一定发展的地区，如太湖周边；另一类是地方行政中心，如郡（国）县的治所及其周边。这样做的目的是依托社会生产相对发达区域的优势，同时依靠政治权威的推动，使区域开发能够早获成效。在今苏南、浙北沿海地区（即东南海疆北段），西汉时上述两种条件已经兼具。有研究表明，秦汉时期的郡县治所，大都位于经济相对发达的地区，其中一些还是区域商业贸易中心，同时农业生产条件也都比较优越。因此郡县治所既是地区政治中心，同时也是区域经济中心。利用郡县治所这种综合优势及其辐射作用，可顺利扩大开发区域。需要指出，这种开发模式的一个突出特点是渐进性，强制推进的行政举措实施力度远不及北方模式。从区域开发整体特征看，这种模式的强制性色彩稍淡，节奏也明显较北方沿海区域缓和。根据历史记载，区域内生产发展过程中，无论是铁制工具的使用，还是牛耕的推广，民众大多以较松散的自主方式参与，郡县政府亦多以组织者的身份主持其事，区域开发循序渐进地展开。

在海疆南段，秦与两汉政权重点于岭南沿海采取了特殊的开发策略，形成了"渗入与强制式结合"的海疆开发模式。在这种开发模式下，海疆南段的治理开发过程带有明显的阶段性特点：一是在初期开发阶段伴随着大规模的军事经略行动，治理开发具有强烈强制性色彩；二是完成实际占领和建立起政权统治后，在坚持以强制性举措实施治理的同时，再辅以非强制性行政手段扩大开发领域，实现治理目的。岭南沿海受自然条件的"关照"，其社会政治、经济与文化发展自成一系。其地周秦以前被称为"南交"，司马迁书"南海"，班固改称"南粤"，主要居民是岭南越人。秦统一之前，岭南社会发展程度普遍较低。秦始皇二十九年（前218年）秦军南征岭南，秦始皇三十三年（前214年）秦军占领岭南全境，在其地设象郡、桂林和南海三郡，将中国南部全部归入版图。在长达数年的大规模军事征服行动中，秦政权持续对岭南实施强制性移民。在军事征服的同时，以改变人口结构和行政引导的方式，对岭南社会实施渗入式的改造。

秦时岭南移民的对象有两类人：军人和"谪发徙民"。军人通过秦军展开的大规模军事行动而进入岭南，至于"谪发徙民"则是在秦军完成对岭南地区占领后被强迫迁徙进入的人。这两种移民的迁徙过程都带有强制性色彩：前者是军事征服的伴生物，属军事移民；后者则是秦政权通过行政网络向岭南输入新的居民。军事移民皆为战事结束后成建制遣戍岭南的秦军将士。他们多因戍边而留驻岭南各地，后与当地越人通婚，成为岭南居民。由于具有这种特殊背景，秦在岭南军事移民的规模较大，具有人员徙入时间集中和定居地点多为要地等特点。秦在岭南用兵达数十万人。[1] 大批军队及其后援力量进入岭南，改变了当地的人口结构，同时也直接影响了社会生活各个领域，从而有助于加快岭南社会开发进程。从军事移民的迁入地看，其中不乏番禺等临海要地。这对海疆开发产生的效应是不言而喻的。[2]

"谪发徙民"的成分比较复杂，被迁徙的对象既有"治狱吏不直者"、"尝逋亡人"和"贾（商）人"、"赘婿"，[3] 也有被强制迁移的普通"中县之民"。[4] 这些移民主要是在秦军完成对岭南的占领后被强制移民岭南的。这更使岭南部分地区的

---

① 《淮南子》卷18《人间训》记载秦始皇"乃使尉屠睢发卒五十万，为五军"，其后不断增兵岭南，"乃发适戍以备之"。参见《诸子集成》第七册，上海书店，1986，第322页。

② 秦设南海郡无"郡守"一职，而代以主管军事的南海尉行使地方主官之权。清人顾炎武论之称"南海郡惟设尉以掌兵，监以察事，而无守与丞"（见（清）顾炎武撰，黄坤等校点《天下郡国利病书》，上海古籍出版社，2012，第2150页）。南海尉治番禺。清人屈大均直接指出，秦始皇"略取扬越，以谪徙民与越杂处；又适（谪）治狱不直者，筑南方越地；又以一军处番禺之都，一军戍台山之塞。而任嚣、尉佗所将楼船士十余万，其后皆家于越，生长子孙"（见屈大均撰《广东新语》卷7《人语》，中华书局，1985，第232页）。

③ 司马迁：《史记》卷6《秦始皇本纪》，中华书局，1959，第253页。

④ 班固撰《汉书》卷1《高帝纪》："秦徙中县之民南方三郡，使与百粤杂处。"（参见班固撰《汉书》卷1《高帝纪》，中华书局，1962，第73页。）即为《史记·淮南王传》所记赵佗"求女无夫家者三万人，以为士卒衣补。秦皇帝可其万五千人"一事。见司马迁《史记》卷118《淮南衡山列传》，中华书局，1959，第3086页。

人口结构出现变化。汉代在武帝时期也曾在岭南用兵。但其后向岭南移民的性质已发生根本性改变：移民对象已不同于秦代。经过秦和南越国的统治与开发，到西汉中期岭南社会已发生变化。尤其是内地农耕生产方式技艺的传入，开启了先进农耕社会对发展落后的岭南社会的同化进程。在这种背景下，已有内地移民自愿徙入岭南定居。除实边戍守之人和政治流放者外，移民对象中更多的是避乱流寓者、仕宦任职者及商贾等。他们多以零散迁徙方式进入岭南定居。

秦和两汉王朝的治理政策对岭南海疆开发产生了"渗入式"的潜移默化作用。经略岭南之初，秦和西汉中央政权都实行了以政治治理为主的策略，采取"以其故俗治"策略，推行郡县和土长并重的双轨制统治方式。① 随着岭南社会开发范围的扩大和开发程度的加深，郡县行政系统开始发挥其特殊功能。特别是在开化风气和区域社会文化进步方面，地方官吏利用行政手段"教导民夷，渐以礼义"，在生产形式、典章制度、伦理习俗、社会风尚等方面引导岭南居民革除旧弊，以政治权威引导社会文明演化进一步深入。事实上，在移民进入岭南后，这种"渗入式"开发已经率先在民间生产领域自发展开。在大批移民中不乏掌握先进技术的普通生产者。他们既补充了当地的劳动力，更带去了生产工具和耕作方法。研究表明，秦汉时期岭南开发社会成效最显著地区，是珠江三角洲及其周边区域，这里也恰是移民"与越人杂处"的主要区域之一。② 而南海郡治所在之番禺，因其扼三江、临南海的地理位置而兼有水陆交通之便，不仅农业生产开发较早，更以商者辐辏、贸易兴盛而率先发展为区域经济与文化中心，继而成为秦汉时期全国主要经济都会之一。③

秦汉王朝在岭南海疆开发中推行的"渗入与强制式结合"模式是成功的。因为它既能适应当时岭南的政治地理条件，也与其社会生产发展水平相匹配。岭南的地理环境使其形成了自成区域的特点，这里不仅是中原王朝政治控制的弱区，而且受到五岭阻隔，在社会经济生活方面又不能与农业发达地区进行大规模自然交流。岭南沿海更是如此。在这种条件制约下，唯有采取强制性举措冲破制约继而在此基础上发挥地方政府行政引导功能，以渗入式的渐变，使之逐渐走上正常开发之路。

---

① 班固撰《汉书》卷 24 下《食货志》，中华书局，1962，第 1174 页。
② 《水经注·浪水》云："秦并天下，略定扬、越，置东南一尉，西北一候，开南海以谪徙民。"由此可知，南海郡是秦在岭南重点控制之地。见郦道元著，陈桥驿校证《水经注校证》，中华书局，2007，第 872~873 页。
③ 《史记》卷 129《货殖列传》："番禺亦其一都会也。"参见司马迁《史记》卷 129《货殖列传》，中华书局，1959，第 3268 页。

# 四　余论

如何看待秦汉时期海疆开发的实质？这个问题涉及对中国海疆发展历史的总体评价。回答这个问题，对于我们辨析古代中国海疆与陆地疆域的发展差异，客观评价海洋传统对中国社会发展的影响具有重要意义。笔者认为，秦汉时期沿海疆域开发的实质，伴随着军事征服和政权统治的建立，中原王朝政权向具有海洋经济传统的沿海地区强制推广传统农业生产方式，使农耕经济逐渐同化沿海社会经济体系的历史过程。

不可否认，秦和两汉王朝统一疆域、巩固统治的过程，也是古代中国农业地域不断拓展的过程。秦汉时期的海疆经略，始自以军事征服实现的政治统一，而贯穿其整个开发进程的是农业生产方式在沿海区域的推广。因此，海疆开发虽然本质上是具有海洋传统的沿海区域与传统农业主导的陆域之间的交流，但其过程却以从"陆"向"海"的单向推进为基本特征，是"陆"对"海"的侵蚀同化过程。

首先，古代中国在原始社会末期出现了农耕经济和游牧经济的分野。自此而后，农、牧两种文明之间相互对峙、相互影响，在社会经济领域形成了一种特殊关系，并贯穿古代中国全部历史发展过程，对中国社会发展产生了极为重要的影响。反观农耕经济与海洋经济之间则并未真正出现过这种长期对立、对峙的交互关系。虽然历史上在局部曾短时出现过海洋经济强势发展态势，但在古代历史发展进程中，更多的是传统农业对海洋经济生产体系的侵蚀与同化，而后者很少真正对农耕经济的地域性拓展和沿海社会的改造进行过实质性抵抗。秦汉时期，农耕经济以强大的扩张能力开启了从中原地区向沿海疆域的扩展输出。彼时所谓海疆开发，实质就是中原政权通过发展生产和文明教化，助推沿海社会部分区域从海洋经济占主导地位的社会经济体系向农耕经济转化，同时引领处于原始落后状态的沿海族群社会向农业社会方向发展。

其次，古代海疆早期开发的评价体系基本上是以农业生产的发达程度为标准。评价某一沿海区域（包括该区域海岸线以外有人居住的大型岛屿）社会经济发展先进与落后的标准，基本不是涉海生产的发达程度，更不是海洋经济繁荣程度，而是区域内农业生产的普及与成熟程度。对沿海地方行政长官的业绩评价的一项主要指标是辖区内的农桑产量及粮食自给程度。这在《史记》与《汉书》有关人物传记中有充分体现。

再次，秦汉时期王朝政权统一疆域的政治活动，是海疆治理开发的先导。因此，考察海疆开发只能从中央政府经营海疆具体区域的政治意图出发，观察其进程并比较各区域间的差异。虽然在"大一统"下所有边疆开发都是治国理政的重要内容，但对王朝政权而言，不同方向的海疆治理举措其所含政治意义不同，甚至存在明显的主次关系。比如东南海疆，其北段苏浙沿海地区的地位就明显高于南段的闽地沿海地区。这主要缘于北段社会生产的发展程度远高于南段，对于王朝统治具有更为重要的意义。究其原因，则是杭州湾沿岸及其腹地所受农耕经济的影响明显高于闽地，而南段海疆大半区域此时尚未走出原始状态，社会开发仍基本处于空白状态。

最后，古代农业文明的张力和渗透力远远超过其他文明形式。毋庸置疑，农耕生产在沿海区域的传播推广过程，也是沿海居民对中原文化心理认同的过程。在同一过程中，农业文明包容了具有海洋特质的各种社会存在，并对之加以改造。一般而言，这种不同特质文化之间的融合，对社会进步所产生的影响是积极的，它可以促进沿海地区社会生产与社会文化同步发展。

综而论之，中国古代海疆开发具有鲜明的从"陆"向"海"单向推进的态势。在具有海洋传统的沿海区域与传统农业主导的陆域之间的交流中，更表现出"陆主海从"的历史特征。

《中国与域外》第五辑（2023.06）第21~59页

# 《慧思陶勒盖碑》时代的突厥形势

陈　恳[*]

**摘　要：**《慧思陶勒盖碑》中两次出现的婆罗米文"ni-ri ka-γan tü-rüg ka-γan"应释读为"泥利可汗和都六可汗"，后者是达头之子、射匮和统叶护之父，其名也以粟特文"twrk x'γ'n"的形式出现在若干近年被初步释读的西突厥钱币上。都六可汗与咄六设不是同一人，后者是佗钵之子、思摩之父。突厥内战期间，佗钵系更多时间受西部集团控制，因而其名号也呈现出某些西部风格。通过对突厥内战期间泥利与达头势力东渐过程的分析，结合对同一时期都蓝、启民与铁勒诸部动向的考察，本文提出《慧思陶勒盖碑》的建立者较可能是出自佗钵系的可汗，尤以思摩的可能性较高。

**关键词：**慧思陶勒盖碑　突厥　都六　泥利　思摩

## 一　问题的提出

在蒙古国发现并于近年被初步解读的婆罗米文《慧思陶勒盖碑》（Khüis Tolgoi）铭文中，[①] 两次提到"tü-rüg ka-γan"，分别在第5列与第10列，并且都紧跟在"ni-ri ka-γan"之后，学界目前一般都将其解读为"泥利可汗、突厥可汗"

---

[*] 陈恳，北京大学中国文字字体设计与研究中心。

[①] 关于《慧思陶勒盖碑》的解读及研究，参见 Mehmet Ölmez, The Khüis Tolgoi Inscription：On the Discovery, Whereabouts, Condition of the Stones, and an On-the-spot Visit, *Journal Asiatique* 306.2（2018）：287 - 289；Dieter Maue, Signs and Sounds, *Journal Asiatique* 306.2（2018）：291 - 301；Alexander Vovin, An Interpretation of the Khüis Tolgoi Inscription, *Journal Asiatique* 306.2（2018）：303 - 313；Étienne de la Vaissière, The Historical Context to the Khüis Tolgoi Inscription, *Journal Asiatique* 306.2（2018）：315 - 319；魏义天《慧思陶勒盖碑铭的历史背景》，敖特根、马纳琴译，刘进宝主编《丝路文明》第五辑，上海古籍出版社，2020，第147~155页；敖特根、马静、黄恬恬《惠斯陶勒盖碑文与回鹘的崛起》，《敦煌学辑刊》2020年第3期，第117~121页；包文胜《泥利可汗与突厥政局的发展》，《内蒙古社会科学》2021年第2期，第61~62页。

(Niri qaɣan türk qaɣan)。① 但是，泥利可汗显然是一位突厥可汗，这一点在当时几乎是众人皆知的，按理应当不需要进行重复和强调，更不需要每次都提。那么，将"ni-ri ka-ɣan"之后紧跟的"tü-rüg ka-ɣan"解读为"突厥可汗"就显得十分奇怪和突兀，与常理不甚相合。本文尝试对之做出新的解读，同时对若干与《慧思陶勒盖碑》设立背景相关的材料进行分析探讨，希望对推进《慧思陶勒盖碑》的研究有所裨益。

## 二 突厥、咄陆与都六

据弥南德《希腊史残卷》记载，拜占庭帝国与突厥汗国在公元 576 年的最后一次通使中，拜占庭使者瓦伦丁见到的第一位突厥首领是 Turxanthus。② 其名又作 Tourxanth，是西突厥室点密可汗之子、达头可汗的异母兄弟。③ 此名不似人名，可能是一种级别低于可汗的职官称号，一般复原为"*Türk-šad"，汉语直译"突厥设"。④ 对于这一复原，白桂思（Christopher I. Beckwith）提出若干疑问，其中最重要的一点是，将"Τούρξαθ"复原为"*Türk-šad"（突厥设）在古突厥名号系统中解释不通，"设"（šad）作为一种在别部领兵的高级官称，其前置头衔一般是部落名或某种尊号，如"延陀设""郁射设""阿波设""莫贺设""欲谷设"等，但

---

① Vovin 认为，碑文中的 tü-rüg ka-ɣan 显然就是 türük qaɣan，即"Turkic qaɣan"或"qaɣan of Turks"，汉译"突厥可汗"或"突厥人的可汗"，参见 Alexander Vovin, An Interpretation of the Khüis Tolgoi Inscription, *Journal Asiatique* 306. 2（2018）：307, 311；敖特根、马静、黄恬恬《惠斯陶勒盖碑文与回鹘的崛起》，《敦煌学辑刊》2020 年第 3 期，第 118~119 页；包文胜《泥利可汗与突厥政局的发展》，《内蒙古社会科学》2021 年第 2 期，第 62 页。

② 《东域纪程录丛》原书未收录该材料，汉译者系从 Blockley 1985：171~179 将该部分译出补入裕尔书中相关章节末尾，并将 Turxanthus 汉译为"咄陆设"。参见 R. C. Blockley, ed. & trans. *The History of Menander the Guardsman*. Liverpool：Francis Cairns, 1985, p. 173；H. 裕尔：《东域纪程录丛》，张绪山译，云南人民出版社，2002，第 179 页。

③ H. 裕尔：《东域纪程录丛》，张绪山译，云南人民出版社，2002，第 183 页；沙畹：《西突厥史料》，冯承钧译，中华书局，2004，第 201、214~215 页；内藤みどり『西突厥史の研究』，早稻田大学出版部，1988，第 394~395、398~399、404 页。

④ Gyula Moravcsik, *Byzantinoturcica. Bd. II. Sprachreste der Türkvölker in den byzantinischen Quellen.* 3. unv. Aufl. XXV. Leiden, 1983, p. 328；R. C. Blockley, ed. & trans. *The History of Menander the Guardsman*. 1985, p. 276, n. 221；Agustí Alemany, *Sources on the Alans：A Critical Compilation*, Brill Academic Publisher, 2000, p. 186；H. 裕尔：《东域纪程录丛》，张绪山译，云南人民出版社，2002，第 186 页；芮传明：《古突厥碑铭研究》（增订本），商务印书馆，2017，第 285 页。

"突厥设"这一名号却难以照此理解。① 内藤みどり早前曾注意到,西突厥左厢集团的名称"咄陆"在某些史料中能够与"突厥"一词互相替换,② 这就提示我们,"咄陆"很可能是"Türk/Türük"(突厥)的另一种译法,上述"Το υ ρξαθ/Tourxanth/ ∗Türk-šad"或许应复原为"咄陆设"。③ 近年若干学者的研究在一定程度上证实了这一假说。

季申(B. B. Тишин)在 2020 年发表了一篇讨论法兰克史料《弗莱德加编年史》中所记突厥王之名的文章,提出沿着马迦特(J. Marquart)关于"Το υ-ρξαθος"的原文是"∗Türk-šad"的假设,以汉文材料为主的古突厥专名中频繁出现的"都陆""咄陆""咄六""都六"其实反映了一种诸如 ∗türük 的原文形式,此名多次出现在西突厥可汗的头衔中,且能在流传至今的西突厥汗国钱币上找到对应的平行粟特铭文"twrk",这一套专名应该就是 ∗türük ~ ∗türk 的对译;而另一套专名"突厥"则可能如伯希和所假设的那样,是蒙古语形式 ∗türküt 的对译。④季申还着重指出,马迦特在比较《弗莱德加编年史》和弥南德《希腊史残卷》的记载时,最早提到 Torcoth 或 Torquotus 可能反映了" ∗ turkut- ∗ tut-kut"的汉文对音形式,他进而把该名与西突厥两厢之一的"都陆""咄陆""咄六"及突厥祖先传说中的"讷都陆"做了比较;这一关于西突厥联盟名称的构拟假说得到了蒲立本(E. G. Pulleyblank)的赞同,其中"都陆""咄陆"是 ∗türük 对音的看法也与岑仲勉不谋而合。⑤ 同样是 2020 年,王丁在一篇讨论作为史料的中古蕃胡人名的文章中提到,高昌文书里的"头六"与唐代史料中关于突厥部落的"都陆""咄陆"

---

① Christopher I. Beckwith, The Frankish Name of the King of the Turks, *Archivum Eurasiae Medii Aevi* 15 (2006/7), p. 7.

② 内藤みどり『西突厥史の研究』,早稲田大学出版部,1988,第 156~157 页。

③ J. Marquart, Über das Volkstum der Komanen, W. Bang, J. Marquart, *Ostturkische Dialektstudien*, Berlin, 1914, S. 71－72, Anm. 4; J. Markwart, *Wehrot und Arang: Untersuchungen zur mythischen und geschichtlichen Landeskunde von Ostiran*, Leiden, 1938, S. 149, Anm. 1; E. G. Pulleyblank, The Chinese name for the Turks, *Journal of the American Oriental Society* 85. 2 (1965): 125; 内藤みどり『西突厥史の研究』,早稲田大学出版部,1988,第 392、402~404 页;С. Г. 克利亚什托尔内:《古代突厥鲁尼文碑铭——中亚细亚史原始文献》,李佩娟译,黑龙江教育出版社,1991,第 76 页;H. 裕尔:《东域纪程录丛》,张绪山译,云南人民出版社,2002,第 179、186 页;芮传明:《古突厥碑铭研究》(增补本),商务印书馆,2017,第 285 页。

④ В. В. Тишин, К имени «короля тюрков» в «Хронике Фредегара»//Вестник Института востоко-ведения РАН. 2020. № 3 (13). С. 90~99.

⑤ В. В. Тишин, К имени«короля тюрков»в«Хронике Фредегара»//Вестник Института востоковедения РАН. 2020. №3 (13). С. 91, 94~95;岑仲勉的相关论点参见岑仲勉《突厥集史》,中华书局,1958,第 956~957 页;岑仲勉《西突厥史料补阙及考证》,中华书局,1958,第 109 页。

"咄六"等名字意义相同，不过有俗雅之别，都是"Türük"（"突厥"）的别译。①

上面提到的传说中的突厥祖先讷都陆或讷都六设，在汉文史料中全部写作"都"而不作"咄"，其各种形式如下。《周书·突厥传》作"讷都六设"及"讷都六"，《北史·突厥传》作"纳都六设"及"都六"，《通典·突厥》与《册府元龟》卷956《外臣·突厥》都作"讷都六设"及"都六"，《新唐书·西突厥传》作"讷都陆"，《太平寰宇记·突厥》作"讷都陆设"及"讷都陆"。②"陆"和"六"中古音完全一样，故两者为异译关系，上述各种形式，"六"更接近原始形态，也更多见。"讷"和"纳"字形接近，但两字中古音不同，虽然都是入声字，却有不一样的收声："讷"收-t声，"纳"收-p声。Radloff 将"讷都陆"复原为"＊Nur Türük"，释义为"光明的突厥""灿烂的突厥"。③若其说成立，则应以"讷"字为正，"纳"字为形讹。故而，"＊Nur Türük"的汉译原始形式似可复原作"讷都六"。从汉文史料看，"都六"/"都陆"的形式更古老，"咄六"/"咄陆"则相对更晚出。检视相关史料可以进一步发现，"都六"/"都陆"和"咄六"/"咄陆"这两种不同的译名可能表示了不同的原文："都六"/"都陆"是早期形式，可复原为"＊türük"；"咄六"/"咄陆"是晚期形式，可复原为"＊t（ü）rük"。这或许意味着，在译名改用"咄陆"的后一时期，第一个音节的元音处于弱化乃至脱落的过程中。④

达头可汗有一个儿子名为都六，汉文史料对他并没有直接记载，仅仅在叙述射匮时附带提及：

> 射匮者，都六之子，达头之孙，（杜佑曰：都六者，突厥始建号者也。今矩言都六为达头之子，则非始建号者也。）世为可汗，君临西面，今闻其失

---

① 王丁：《人名之为史料》，《中山大学学报》（社会科学版）2020 年第 5 期，第 116~117 页。

② 岑仲勉：《突厥集史》，中华书局，1958，第 499、517、528、577、964 页；D. Sinor, The Legendary Origin of the Türks, E. V. Žygas, P. Voorheis（eds.）, *Folklorica*：*Festschrift for Felix J. Oinas*, Bloomington, 1982. pp. 227-228；丹尼斯·塞诺：《突厥的起源传说》，吴玉贵译，北京大学历史系民族史教研室译《丹尼斯·塞诺内亚研究文选》，中华书局，2006，第 58 页；林慧芬：《突厥第一汗国可汗继嗣的变质》，《早期中国史研究》2014 年第 1 期，第 38 页；H. Erkoç, "Çin ve Tibet Kaynaklarına Göre Göktürk Mitleri", *BELLETEN*, c. 82, sayı. 293, ss. 61-62, Nis. 2018。

③ 转引自刘义棠《突回研究》，（台北）经世书局，1990，第 482、669 页；岑仲勉引 Radloff 作："讷都六设"全名可还原如 Nur Tür ük Sad，犹云"光明强盛之设"，参见岑仲勉《突厥集史》，中华书局，1958，第 957 页。

④ "咄"是入声字，在中古汉语中，入声发音短促，用入声字去音译外来语中的辅音加弱元音音节甚或后接元音已脱落的单辅音是中古番汉对音的惯例之一。参见 E. G. Pulleyblank, The Chinese name for the Turks, *Journal of the American Oriental Society* 85.2（1965）：122-124.

职，附属处罗。①

杜佑所说的"突厥始建号者"，应即突厥祖先传说中最早"号为突厥"的首领讷都
六设，在《北史·突厥传》、《通典·突厥》及《册府元龟》卷956《外臣·突厥》
中，"讷都六设"之名又简称为"都六"，在上述引文中，杜佑正确地指出，此都
六非彼都六，即作为达头之子的这个都六并不是最早"号为突厥"那个都六，两
者只是同名，而非同一人。②

时间稍后的另一则材料提到了一个"都陆可汗"：

> 肆叶护既是旧主之子，为众心所归，其西面都陆可汗及莫贺咄可汗二部豪
> 帅，多来附之。又兴兵以击莫贺咄，莫贺咄大败，遁于金山，寻为咄陆可汗所
> 害，国人乃奉肆叶护为大可汗。③

在这段文本中，后一处提到的杀害莫贺咄的"咄陆可汗"就是后来接替肆叶护成
为西突厥吞阿娄拔奚利邲咄陆可汗的泥孰，其世系虽然暂时还无法确定，但从他被
册立为大可汗开始，唐朝便在很长一段时间内坚定地奉行册立他所在的泥孰系子孙
作为西突厥正统可汗的西域政策。④ 对于前一处提到的"都陆可汗"，尚有不同看
法，或认为与后一处提到的"咄陆可汗"是同一人，⑤ 或认为两者并非同一人，
"都陆可汗"应勘同为达头之子都六可汗，亦即统叶护之父、肆叶护之祖，据此则
该记载所云实为肆叶护父祖之旧部前来归附而已。⑥ 在汉文史料中，"都陆可汗"
仅此一见，前文已提及"六"和"陆"的中古音完全相同，可以认为"都六"与
"都陆"互为异译，那么，在上引同一段文本中，似应视为史家特意区分了"都陆
可汗"和"咄陆可汗"，旨在表明这确系不同的两个人，"世为可汗，君临西面"

---

① 司马光编著《资治通鉴》卷181，中华书局，1956，第5655页。
② 刘义棠：《突回研究》，（台北）经世书局，1990，第51~52、664页。
③ 杜佑《通典》卷199《边防十五·北狄六·突厥下》，中华书局，1988，第5456页。
④ 吴玉贵：《突厥汗国与隋唐关系史研究》，中国社会科学出版社，1998，第295~298页。
⑤ 沙畹：《西突厥史料》，冯承钧译，中华书局，2004，第31页；护雅夫：《〈旧唐书·西突厥传〉笺注》，内田吟风等：《北方民族史与蒙古史译文集》，余大钧译，云南人民出版社，2003，第117页；内藤みどり『西突厥史の研究』，早稻田大学出版部，1988，第100、104页；薛宗正：《突厥史》，中国社会科学出版社，1992，第291页。
⑥ 岑仲勉：《西突厥史料补阙及考证》，中华书局，1958，第108页；刘义棠：《突回研究》，（台北）经世书局，1990，第691~692页。

的 "都陆可汗" 正是达头之子、统叶护之父、肆叶护之祖父都六，而杀害莫贺咄的 "咄陆可汗" 则是沙钵罗咥利失可汗同俄设之兄泥孰，又称大度（大渡）可汗，其父莫贺设本隶统叶护，其更早的世系则因史料失载而尚不明晰。

上述材料中为咄陆可汗所害的莫贺咄可汗，史载为统叶护的伯父，在杀害统叶护之后自立为莫贺咄侯屈利俟毗可汗。[①] 这一名号在史料中也简称为莫贺咄可汗或俟毗可汗，据此则莫贺咄可汗与统叶护之父都六可汗是兄弟关系。近年魏义天（Étienne de la Vaissière）提出一种新说，谓 "俟毗" 可以比定为西方史料中的突厥首领 Ziebel， "伯父" "诸父" 的突厥语 "ăči" 兼有 "从父（父亲的兄弟）" 和 "兄长" 的意思，通过对比中西相关史料，他认为莫贺咄侯屈利俟毗可汗实为统叶护之兄长而非其从父，进而将 Ziebel 及其子设（Shad）这一支与后来的可萨（Khazar）汗室联系起来。[②] 但是，这一新说难以成立，一方面，拿 "俟毗" 去和 Ziebel 对音有较大疑问， "毗" 对音 bel 尚无不可， "俟" 对音 "zie" 则基本不可能；[③] 另一方面，Ziebel 一般复原为 Jabghu/Yabghu 即汉文的 "叶护"，[④] 而 "俟毗" 作为 "乙毗" 的异译，其原文应是 " * elbi"，[⑤] 因此，莫贺咄侯屈利俟毗可汗不是射匮和统叶护的兄弟，在没有其他有力证据的情况下，仍应依照汉文史料的记载，假定其为统叶护之从父（伯父或诸父，即父亲的兄弟），因而也就是达头之子、都六/都陆可汗的兄弟。[⑥] 那么，上述记载中前去投奔肆叶护的 "西面都陆可汗及莫贺咄可汗二部豪帅" 就是肆叶护祖父和从祖父的部下，因而也就是达头可汗两个儿子都六和莫贺咄的部下，当时是 630 年前后，距离都六、射匮活动的 7 世纪初不过 20 余年，旧部多还健在也属合理。

若上述推论可从，那么这也是在除了论述射匮为都六之子以外的又一处史料中提到达头之子都六，只是采用了与 "都六" 完全同音的异译形式 "都陆"，值得注意的是，没有用 "咄陆" 或 "咄六"，这似可表明，此名是早期形式，则其人大可

---

① 刘昫等撰《旧唐书》卷 194 下《突厥下》，中华书局，1975，第 5182 页；杜佑《通典》卷 199《边防十五·北狄六·突厥下》，中华书局，1988，第 5456 页。

② Étienne de la Vaissière，"Oncles et frères: les qaghans Ashinas et le vocabulaire turc de la parenté"，*Turcica* 42，2010，pp. 268-270；Étienne de la Vaissière， "Ziebel Qaghan Identified"，*Constructing the seventh century*，ed. by C. Zuckerman（Travaux et mémoires 17），Paris 2013，pp. 741-748.

③ 在中古汉语—突厥语对音材料中，"俟" 一般与古突厥语 il~/el~、ir~/er 对音，相关较新讨论参见储泰松、张爱云《中古音译词中的 "俟" 字》，《汉语史学报》2016 年第 1 期，第 35~46 页。

④ 沙畹：《西突厥史料》，冯承钧译，中华书局，2004，第 201 页。

⑤ 关于突厥尊号 "乙毗" 的复原及与 "俟毗" 的勘同，参见本文第四节。

⑥ 岑仲勉：《西突厥史料补阙及考证》，中华书局，1958，第 124 页。

推定为达头之子，即与突厥始建号者讷都六设/都六同名的那个都六/都陆。也可以推知，若上述达头的兄弟 Τούρξαθ/Tourxanth/ *Türk-šad 被汉文史料记载，其译名也更可能被写作"都六设"而非"咄陆设"。到肆叶护为止，都六、莫贺咄、射匮、统叶护等室点密系早期首领的谱系相对清晰明确，如图 1 所示。

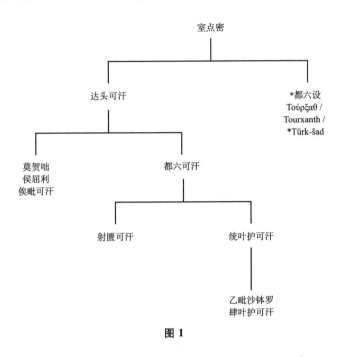

**图 1**

## 三 "tü-rü g ka-γan" 与都六可汗

《慧思陶勒盖碑》在第 5 列与第 10 列中两次提到"ni-ri ka-γan"，这一人物被比定为突厥的泥利可汗已经基本没有争议。① 现有研究表明，泥利可汗的在位时间

---

① Vovin 认为泥利可汗是布民（Bumïn）可汗之孙，这显然有误，根据新疆昭苏《小洪那海石人铭文》记载，泥利可汗是木杆可汗之孙，因而应为布民可汗之曾孙。参见朱振宏《从"小洪那海突厥石人"探讨泥利、泥撅处罗父子与隋朝关系发展》，严耀中主编《唐代国家与地域社会研究——中国唐史学会第十届年会论文集》，上海古籍出版社，2008，第 392 页；Alexander Vovin, An Interpretation of the Khüis Tolgoi Inscription, *Journal Asiatique* 306. 2（2018）：307；Étienne de la Vaissière, The Historical Context to the Khüis Tolgoi Inscription, *Journal Asiatique* 306. 2（2018）：316；魏义天《慧思陶勒盖碑铭的历史背景》，敖特根、马纳琴译，刘进宝主编《丝路文明》第五辑，上海古籍出版社，2020，第 149 页；包文胜《泥利可汗与突厥政局的发展》，《内蒙古社会科学》2021年第 2 期，第 59~61 页。

为 587~604 年，① 所以《慧思陶勒盖碑》的建立年代也可以大致推定在这一时期。《慧思陶勒盖碑》在两次提到 "ni-ri ka-ɣan" 时都紧接着提到 "tü-rüg ka-ɣan"，这一短语目前一般被译为 "突厥可汗" 或 "突厥人的可汗"，② 或者与前面的 "ni-ri ka-ɣan" 连起来被解读为 "突厥的泥利可汗"（the qaghan of the Turks Niri）。③ 在新近研究中包文胜提出：碑文中两次出现 "ni-ri ka-ɣan tü-rüg ka-ɣan"，"ni-ri ka-ɣan" 和 "tü-rüg ka-ɣan" 两者既可以是并列关系，也可以是从属关系，按照古突厥语表达方式，从属关系的可能性较大，即叫将该短语理解为 "突厥泥利可汗"。④ 但是，上述诸说都难以解释一个问题：若 "tü-rüg ka-ɣan" 意为 "突厥可汗"，那就和一同提到的 "ni-ri ka-ɣan"（"泥利可汗"）不在同一个层面了——泥利可汗难道不是突厥（人）的可汗吗？退一步说，即使需要强调泥利可汗的突厥属性，似乎也没有必要在 "tü-rüg" 的后面再加一个 "ka-ɣan"。若按从属关系理解，"作为 '突厥可汗' 的 '泥利可汗'" 这种表达显得颇为怪异，在碑文中还两次出现，这一解读就更加令人疑惑。

突厥卢尼文《阙特勤碑》和《毗伽可汗碑》，在提到突厥人的先祖、汗国的缔造者布民可汗（即土门）和室点密可汗时，其原文采用了 "bumïn qaɣan istämi qaɣan" 这样的表达方式，⑤ 在这里，"bumïn qaɣan" 和 "istämi qaɣan" 两者显然是并列关系而非从属关系，并且布民可汗的地位要高于室点密可汗。以此类推，

① Étienne de la Vaissière, Maurice et le qaghan：à propos de la digression de Théophylacte Simocatta sur les Turcs, *Revue des Études Byzantines*, 68, 2010-b, p. 222；魏义天、赵飞宇、马翊斐：《东罗马皇帝莫里斯和突厥可汗：泰奥菲拉克特·西摩卡塔所记突厥史料》，《西域研究》2018 年第 2 期，第 93 页；Étienne de la Vaissière, The Historical Context to the Khüis Tolgoi Inscription, *Journal Asiatique* 306.2 (2018)：316；魏义天：《慧思陶勒盖碑铭的历史背景》，敖特根、马纳琴译，刘进宝主编《丝路文明》第五辑，上海古籍出版社，2020，第 149 页；朱振宏：《新见两方突厥族史氏家族墓志研究》，朱玉麒主编《西域文史》第 8 辑，科学出版社，2013，第 200~202 页；朱振宏：《西突厥与隋朝关系史研究（581~617）》，稻乡出版社，2015，第 179 页；包文胜：《泥利可汗与突厥政局的发展》，《内蒙古社会科学》2021 年第 2 期，第 64 页。

② Alexander Vovin, An Interpretation of the Khüis Tolgoi Inscription, *Journal Asiatique* 306.2 (2018)：307, 311；敖特根、马静、黄恬恬：《惠斯陶勒盖碑文与回鹘的崛起》，《敦煌学辑刊》2020 年第 3 期，第 118~119 页；包文胜：《泥利可汗与突厥政局的发展》，《内蒙古社会科学》2021 年第 2 期，第 62 页。

③ Étienne de la Vaissière, The Historical Context to the Khüis Tolgoi Inscription, *Journal Asiatique* 306.2 (2018)：316；魏义天：《慧思陶勒盖碑铭的历史背景》，敖特根、马纳琴译，刘进宝主编《丝路文明》第五辑，上海古籍出版社，2020，第 149 页。

④ 包文胜：《泥利可汗与突厥政局的发展》，《内蒙古社会科学》2021 年第 2 期，第 62 页。

⑤ 沙畹：《西突厥史料》，冯承钧译，中华书局，2004，第 1 页；Talât Tekin, *A Grammar of Orkhon Turkic*, Bloomington：Indiana University, The Hague：Mouton and Co., 1968, pp. 232, 263；芮传明：《古突厥碑铭研究》，上海古籍出版社，1998，第 243 页；耿世民：《古代突厥文碑铭研究》，中央民族大学出版社，2005，第 120、150 页；温拓：《阙特勤碑札记三则》，《青海民族大学学报》（社会科学版）2017 年第 3 期，第 43~44 页。

《慧思陶勒盖碑》中"ni-ri ka-γan"和"tü-rüg ka-γan"两者是并列关系的可能性更高，因而将"tü-rüg ka-γan"中的"tü-rüg"理解为族名"突厥"的看法值得商榷。结合前文所论，此处的 tü-rüg 应该理解为尊号，其汉文对音正是西突厥室点密系尊号中常见的"都六"/"都陆"/"咄六"/"咄陆"，而现有材料中，以"都六"/"都陆"/"咄六"/"咄陆"为尊号，又具有可汗身份，且最接近该时代区间（587~604）的候选人里，符合所有条件的唯有达头之子、射匮与统叶护之父都六。① 那么，《慧思陶勒盖碑》中两次与"ni-ri ka-γan"（泥利可汗）同时提到的"tü-rüg ka-γan"就极有可能正是达头可汗之子都六可汗。②

　　有学者指出，射匮之父都六是否为可汗，史无明文，但一般都将都六列为可汗，其统治时期约在仁寿三年至大业初年（603~605）。③ 不过，前文已经论及，都六的可汗身份在史料中其实是有明确表述的，一方面，"射匮者，都六之子，达头之孙，世为可汗，君临西面"的记载表明都六无疑是继达头之后君临西面的可汗；另一方面，肆叶护与莫贺咄争位之时曾收纳了西面都陆可汗及莫贺咄二部豪帅，其中"都陆可汗"即统叶护之父、肆叶护之祖都六，与莫贺咄是兄弟关系，该处径直将"都六"/"都陆"与"可汗"这两个词连写在一起，也直接呼应着《慧思陶勒盖碑》中的"tü-rüg ka-γan"。岑仲勉推测，都六继位为西面可汗的时间大约在开皇二十年（600），背景正是其父达头可汗改称步迦可汗、君临漠北、入承大可汗之际。④

　　在漠北步迦可汗政权于仁寿三年（603）崩溃之前，先有"泥利可汗及叶护俱

---

① 突厥可汗名号中有"都六"、"都陆"或"咄陆"的有三人：达头之子都六，吞阿娄拔奚利邲咄陆可汗（泥孰莫贺设/大渡可汗），乙毗咄陆可汗（欲谷设），但后两人都活动于 7 世纪 30 年代之后，参见姜伯勤《敦煌吐鲁番文书与丝绸之路》，文物出版社，1994，第 98 页；塞诺注意到了后两人的可汗号中都含有"都陆（都六）"或"咄陆"，并特别指出不可将这两人弄混，但其却未意识到后两人的可汗号中所包含的乃是"咄陆"而非"都六（都六）"，并误将"咄陆"（To~lu）写作"都陆"（Tu~lu），是为失察，参见 D. Sinor, The Legendary Origin of the Türks, E. V. Žygas, P. Voorheis（eds.）, *Folklorica: Festschrift for Felix J. Oinas*, Bloomington, 1982. pp. 227-228；丹尼斯·塞诺《突厥的起源传说》，吴玉贵译，北京大学历史系民族史教研室译《丹尼斯·塞诺内亚研究文选》，中华书局，2006，第 58 页。

② Maue 认为《慧思陶勒盖碑》中第 1、8、9 列中出现的 törö~ks 可能是达头之子"都六"；魏义天则认为其可读作 torog 怀疑是"铁勒"；Vovin 对这两种看法都不同意，而将其理解为蒙古语"出生"（to be born）的过去分词。参见 Dieter Maue, Signs and Sounds, *Journal Asiatique* 306.2（2018）：294；Alexander Vovin, An Interpretation of the Khüis Tolgoi Inscription, *Journal Asiatique* 306.2（2018）：304；Étienne de la Vaissière, The Historical Context to the Khüis Tolgoi Inscription, *Journal Asiatique* 306.2（2018）：317, 318；魏义天：《慧思陶勒盖碑铭的历史背景》，敖特根、马纳琴译，刘进宝主编《丝路文明》第五辑，上海古籍出版社，2020，第 151、153 页。

③ 吴玉贵：《西突厥新考——兼论〈隋书〉与〈通典〉、两〈唐书〉之"西突厥"》，《西北民族研究》1988 年第 1 期，第 129 页；吴玉贵：《突厥汗国与隋唐关系史研究》，中国社会科学出版社，1998，第 443 页。

④ 岑仲勉：《西突厥以何时分裂》，《西突厥史料补阙及考证》，中华书局，1958，第 108~109 页。

被铁勒所败"之事，虽然对于其事发生的具体时间尚存争议，[①] 但基本可以确定在仁寿年间，且不晚于步迦逃离漠北的仁寿三年。达头奔吐谷浑之后，室点密系与木杆系联合的西部集团经历了重组，大业元年（605）之后，都六之子射匮暂时附隶于泥利之子处罗，故而可以推测，在这不到三年的时间内，木杆系的泥利—处罗集团与室点密系的都六—射匮集团之间发生了激烈的权力争夺矛盾并以前者的暂时胜出告一段落，[②] 进而也有理由推测，还在达头入主漠北称步迦可汗的时期，泥利与都六之间即形成了一种既合作又竞争的关系，因而两者在仁寿年间奉达头之命联合讨伐铁勒部落的情形也就完全有可能出现。一些学者认为，上述记载中与泥利可汗一同被铁勒击败的叶护可能就是达头之子都六，[③] 但这一猜测尚无直接证据，主要是基于其后一系列事件结果的逆向推理。另一些学者则认为，该叶护从上下文看应为泥利可汗属下之某叶护，[④] 因而不太可能是达头之子都六。上述岑仲勉关于都六在开皇二十年（600）即出任西面可汗的看法并非定论，在达头入主漠北称步迦可汗的时期，其子都六的职衔只是叶护而非可汗的可能性还无法被完全排除。[⑤] 那

---

① 段连勤认为在仁寿元年（601）；吴玉贵认为在仁寿三年（603），或者在 602 年末或 603 年初；薛宗正认为在仁寿三年（603）。参见段连勤《丁零、高车与铁勒》，上海人民出版社，1988，第 352 页；吴玉贵《西突厥新考——兼论〈隋书〉与〈通典〉、两〈唐书〉之"西突厥"》，《西北民族研究》1988 年第 1 期，第 128 页；吴玉贵《突厥汗国与隋朝关系史研究》，中国社会科学出版社，1998，第 29、36 页；薛宗正《突厥史》，中国社会科学出版社，1992，第 174~175 页；薛宗正《从西部突厥到西突厥汗国》，《新疆大学学报》（哲学社会科学版）2008 年第 1 期，第 71 页。

② 任宝磊：《新疆地区的突厥遗存与突厥史地研究》，博士学位论文，西北大学，2013，第 107 页。

③ 薛宗正：《西突厥开国史考辨——兼评沙畹说和王諲说》，《新疆社会科学》1985 年第 4 期，第 96 页；薛宗正：《从西部突厥到西突厥汗国》，《新疆大学学报》（哲学·人文社会科学版）2008 年第 1 期，第 71 页；朱振宏：《从"小洪那海突厥石人"探讨泥利、泥撅处罗父子与隋朝关系发展》，严耀中主编《唐代国家与地域社会研究——中国唐史学会第十届年会论文集》，上海古籍出版社，2008，第 395 页；朱振宏：《新见两方突厥族史氏家族墓志研究》，朱玉麒主编《西域文史》第 8 辑，科学出版社，2013，第 202 页；朱振宏：《西突厥与隋朝关系史研究（581~617）》，稻乡出版社，2015，第 178~179 页；包洪军：《前突厥汗国分裂与灭亡问题探微》，硕士学位论文，内蒙古大学，2017，第 26 页。包文胜认为该"叶护"是达头可汗之子，但并未明确将其与都六勘同，参见包文胜《泥利可汗与突厥政局的发展》，《内蒙古社会科学》2021 年第 2 期，第 64 页。

④ 段连勤：《丁零、高车与铁勒》，上海人民出版社，1988，第 366 页。内藤みどり及池田知正也持有类似的看法，参见内藤みどり『西突厥史の研究』，早稲田大学出版部，1988，第 422 页；池田知正「7 世紀初頭までの突厥の政局：諸首長とその所部の分析を通して」『東洋文化研究所紀要』第 149 册，東京大學東洋文化研究所，2006，第 352（17）页。

⑤ 首任继往绝可汗阿史那步真曾在乙毗咄陆可汗手下担任咄六/咄陆叶护，表明"都六"/"都陆"/"咄六"/"咄陆"也可作为叶护的尊号，参见吴玉贵《阿史那贺鲁降唐诸说考异》，《新疆大学学报》（哲学·人文社会科学版）1989 年第 1 期，第 42 页；吴玉贵《突厥汗国与隋唐关系史研究》，中国社会科学出版社，1998，第 327 页；钱春丽《唐濛池大都护阿史那怀道墓志考》，《文博》2016 年第 1 期，第 79 页。

么，《慧思陶勒盖碑》中泥利可汗与都六可汗的同时出现，就可以与上述关于泥利与都六两者之间素有渊源的假说交相呼应；同时，两人名号在《慧思陶勒盖碑》中列举的先后顺序，一方面体现了土门系大可汗地位更高的传统，另一方面可能也表明了其间势力强弱的差异，而这也正好符合并预示了不久之后两者继承人之间权力斗争的结果。

## 四　西突厥钱币上的"咄陆"与"乙毗"

前文提到，"都六/都陆""咄陆"等尊号曾不止一次出现在西突厥可汗的头衔中，在西突厥汗国的钱币上也可以找到对应的粟特语铭文"twrk"，这一套专名当即 * türük ~ * türk 的对译。① 将这些西突厥钱币上的"twrk x'γ'n"释读为"突厥可汗"并不准确，如上所论，应将其复原为汉文史料中的"都六可汗"或"咄陆可汗"，则钱币的发行者可能是都六可汗/都陆可汗、吞阿娄拔奚利邲咄陆可汗（泥孰莫贺设/大渡可汗）和乙毗咄陆可汗（欲谷设）中的一位。在这三人之中，后两者均活动于 7 世纪三四十年代，且世系尚不明确；都六可汗则活动于 6 世纪末 7 世纪初，且是达头之子、肆叶护之祖父。

得益于近年钱币学的研究成果，西突厥常见的尊号"乙毗"已经基本考定可复原为 * elbi/yelbi，这个词在西突厥钱币的粟特语铭文中写作"'yrpy"，一个明显的例据是统叶护可汗之子肆叶护可汗，其尊号的全称在汉文中写作"乙毗沙钵罗肆叶护可汗"，② 正好对应一类西突厥钱币上的粟特语铭文"'yrpy 'šp'r' sy［r］cpγw x'γ'n"。③ 祖耶夫（Ю. А. Зуев）早先已经指出，阿史那思摩的可汗号"乙弥"和

---

① В. В. Тишин，К имени « короля тюрков » в « Хронике Фредегара » // Вестник Института востоковедения РАН. 2020. № 3（13）. С. 90-99.

② 吴玉贵指出，《通典·突厥》作"乙毗沙钵罗肆叶护可汗"是正确的形式，两唐书《突厥传》等史料中的"乙毗钵罗肆叶护可汗"少了一个"沙"字。参见吴玉贵《突厥汗国与隋唐关系史研究》，中国社会科学出版社，1998，第 307 页。

③ G. Babayar，Batı Köktürk Kağanlığı'nın "Elbi İşbara Sır Cabgu - Kağan" ünvanlı sikkeleri // GLOBAL - Turk. 2017. № 3-4. S. 105-115；该铭文早期曾被释读为 "βγγ cpγw x'γ'n 'yrpy 'šp'r'"（圣天叶护可汗乙毗沙钵罗）、"cpγw x'γ'n 'yrpy'šp'r'sy（?）"（叶护可汗乙毗沙钵罗肆（?））等，参见 G. Babayarov，The Old Turkic Titles Qaghan，Jabghu and Jabgu - Qaghan on the Coins of the Western Turkic Qaghanate // Жусуп Баласагындын "Куттуу билими" - X - XI кылымдардагы борбордук Азиядагы мусулмандык кайра жарапуунун кузгусу - Жусуп Баласагындын 1000 жылдыгына арналган V "Кыргыз жана Карахандар каганаттары" эл аралык илимий - тажрыйбалык жыйынынын（2016 - жылдын 16 - 18 - сентябры）баяндамалары, - Бишкек, 2016, p. 31.

西突厥常见尊号"乙毗"都可以复原为突厥语"∗jelbi/yelbi"。① 学界较新的看法认为,粟特文"'yrpy"与古萨满教的 ∗ Yelbi(有魔法的)一词有关,表示"圣明",是西突厥的习用尊号,与之对应的 Bögü 一词则是东突厥的习用尊号。②

　　根据正面的图案和背面的徽记类型,近年被初步释读的"twrk x'γ'n"钱币至少可以分为两个大类。③ 第一类正面是人像,背面是里拉琴(Lyre)状徽记(非常接近统叶护可汗钱币上的徽记),徽记周围环绕着粟特语铭文,巴巴雅尔(G. Babayar)对其较新的释读为"pny 'krt twrk x'γ'n",④ 卢湃沙(P. B. Lurje)基于巴巴雅尔早年的方案将其释读为"'š-βr'(?) twrk [x] 'γ'n pny",建议将其人比定为名号是"沙钵罗可汗"的阿史那贺鲁(651~656),⑤ 可是,汉文史料记载阿史那贺鲁的尊号全称是"泥伏沙钵罗叶护"或"沙钵罗可汗",⑥ 其中并不包含"咄陆"一词,故其说不确。从徽记类型的分期来看,该类钱币铸造时代较早,可能发行于 6 世纪最后 25 年至 7 世纪初之间,⑦ 据此笔者倾向于推测其发行者为达头之子都六,铭文中的"twrk x'γ'n"并非表示政治或种族含义的"突厥可汗",而应释读为统治者的尊号"都六可汗"。第二类"twrk x'γ'n"钱币的徽记与第一

---

① Ю. А. Зуев, *Ранние тюрки: очерки и идеологии*, Алматы: Дайк-Пресс, 2002, С. 181-182.

② G. Babayarov & A. Kubatin, "Old Turkic Titles and Epithets in Turco-Sogdian Coins of Central Asia", Шамсиддин Камолиддин (ред.), *Проблемы древней и средневековой истории Чача. Выпуск 6: История. Археология. Нумизматика*, LAMBERT Academic Publishing, 2020, pp. 83-84.

③ G. Babayar, Batı Köktürk Kağanlığı'nın "Elbi İşbara Sır Cabgu-Kağan" ünvanlı sikkeleri // *GLOBAL-Turk*. 2017. No 3-4. S. 105; G. Babayar, "Soğdça Yazılı "Türk-Kağan" Ünvanlı Batı Köktürk Sikkeleri Üzerine" // Kerkük Çok Irak Değil. Prof. Dr. Eşref Buharali'ya Armağan. *Türk Tarihine Dair Yazilar-II*. Ankara. 2017, S. 615-635.

④ G. Babayarov, The Old Turkic Titles Qaghan, Jabghu and Jabgu-Qaghan on the Coins of the Western Turkic Qaghanate // Жусуп Баласагындын "Куттуу билими" - X-XI кылымдардагы борбордук Азиядагы мусулмандык кайра жарапуунун кузгусу - Жусуп Баласагындын 1000 жылдыгына арналган V "Кыргыз жана Карахандар каганаттары" эл аралык илимий-тажрыйбалык жыйынынын (2016-жылдын 16-18-сентябры) баяндамалары, - Бишкек, 2016, p. 28; G. Babayar, "Soğdça Yazılı "Türk-Kağan" Ünvanlı Batı Köktürk Sikkeleri Üzerine" // Kerkük Çok Irak Değil. Prof. Dr. Eşref Buharali'ya Armağan. *Türk Tarihine Dair Yazilar-II*. Ankara. 2017, S. 617, 620-621.

⑤ G. Babayar, *Köktürk Kağanlığı Sikkeleri Kataloğu. The Catalogue of the Coins of Turkic Qaghanate*. Ankara, 2007, s. 71, No 38; В. В. Тишин, К имени «короля тюрков» в «Хронике Фредегара» // Вестник Института востоковедения РАН. 2020. № 3 (13). С. 95.

⑥ 吴玉贵:《阿史那贺鲁降唐诸说考异》,《新疆大学学报》(哲学社会科学版) 1989 年第 1 期,第 43 页。

⑦ G. Babayarov, The Old Turkic Titles Qaghan, Jabghu and Jabgu-Qaghan on the Coins of the Western Turkic Qaghanate // Жусуп Баласагындын "Куттуу билими" - X-XI кылымдардагы борбордук Азиядагы мусулмандык кайра жарапуунун кузгусу - Жусуп Баласагындын 1000 жылдыгына арналган V "Кыргыз жана Карахандар каганаттары" эл аралык илимий-тажрыйбалык жыйынынын (2016-жылдын 16-18-сентябры) баяндамалары, - Бишкек, 2016, pp. 26, 28.

类近似，但正面是骑马人像，且背面的粟特语铭文不是整圈环绕着徽记，而是半圈环绕在徽记下部并分为两行，其铭文暂时被释读为"prn twrk x'γ'n"，① 但疑问颇大。仔细观察该类钱币中的 10 枚样品拓片，② 根据第 1 枚和第 7 枚样品释读出的第一个词"prn"显然只是一个词的后半部分，③ 其前半部分在相对完整的第 3、4、5、6、10 枚样品上可以看到，④ 比较接近"'yr"，因此，第一个词有可能被释读为"'yrpy"，即"乙毗"。⑤ 这 10 枚钱币样品中，第 6、8 枚比较特别，第一行写"'yrpy"，第二行写"twrk"，几乎看不到"x'γ'n"；其余则基本都是第一行写"'yrpy twrk"，第二行写"x'γ'n"。假若这一释读能够坐实，那么就可以将第二类"twrk x'γ'n"钱币的发行者推测为"'yrpy twrk x'γ'n"（"乙毗咄陆可汗"）。由于相关粟特铭文的释读尚不能十分确定，对上述"twrk x'γ'n"钱币的分类、断代与比勘工作也还有待于更加细致和充分的研究，但无论如何，"twrk"一词的释读是相对可靠的，将其复原为汉文的"都六"或"咄陆"而非"突厥"，也将会有助于后续的进一步考订。

突厥官号"俟斤"有"乙斤"的异译形式，⑥ 突厥—铁勒部族名"炽俟"也有"职乙"的异译形式，⑦ 由此可以推知，"俟毗"很可能也是"乙毗"的异

---

① G. Babayar, "Soğdça Yazılı "Türk-Kağan" Ünvanlı Batı Köktürk Sikkeleri Üzerine" // Kerkük Çok Irak Değil. Prof. Dr. Eşref Buharali'ya Armağan. *Türk Tarihine Dair Yazilar–II.* Ankara. 2017, S. 617, 621–622.

② G. Babayar, "Soğdça Yazılı "Türk-Kağan" Ünvanlı Batı Köktürk Sikkeleri Üzerine" // Kerkük Çok Irak Değil. Prof. Dr. Eşref Buharali'ya Armağan. *Türk Tarihine Dair Yazilar–II.* Ankara. 2017, S. 635.

③ G. Babayar, "Soğdça Yazılı "Türk-Kağan" Ünvanlı Batı Köktürk Sikkeleri Üzerine" // Kerkük Çok Irak Değil. Prof. Dr. Eşref Buharali'ya Armağan. *Türk Tarihine Dair Yazilar–II.* Ankara. 2017, S. 621.

④ 其中第 1 枚见于 Babayar 2007：65 的 No.29，第 6 枚见于 Babayar 2007：64 的 No.27，第 9 枚见于 Babayar 2007：65 的 No.28；参见 G. Babayar, *Köktürk Kağanlığı Sikkeleri Kataloğu. The Catalogue of the Coins of Turkic Qaghanate.* Ankara, 2007.

⑤ 对比参考"'yrpy'šp'r' sy［r］cpγw x'γ'n"（"乙毗沙钵罗肆叶护可汗"）钱币上的粟特语铭文"'yrpy"。

⑥ 伯希和：《中亚史地丛考》，冯承钧译，冯承钧编译《西域南海史地考证译丛》第一卷第五编，商务印书馆，1962，第 132~133 页；蒲立本：《上古汉语的辅音系统》，潘悟云、徐文堪译，中华书局，1999，第 10~11 页；护雅夫：《〈旧唐书·西突厥传〉笺注》，内田吟风等：《北方民族史与蒙古史译文集》，余大钧译，云南人民出版社，2003，第 115 页；稻葉穣「泥孰攷」『東方學報』（2010），85：684；罗新：《中古北族名号研究》，北京大学出版社，2009，第 147 页；芮传明：《古突厥碑铭研究》（增订本），商务印书馆，2017，第 263 页；辛时代：《契丹早期职官探究》，《渤海大学学报》（哲学社会科学版）2017 年第 5 期，第 25 页；王小甫：《炽俟为 Chigil 考》，《边塞内外：王小甫学术文存》，东方出版社，2016，第 183 页；储泰松、张爱云：《中古音译词中的"俟"字》，《汉语史学报》2016 年第 1 期，第 37 页。

⑦ 内田吟风：《初期葛逻禄族史之研究》，陈俊谋译，《民族译丛》1981 年第 6 期，第 31 页；王小甫：《炽俟为 Chigil 考》，《边塞内外：王小甫学术文存》，东方出版社，2016，第 169~180 页。

译形式。① 那么，"乙毗"/"俟毗"出现在西突厥可汗号中的例子就可以由统叶护之子肆叶护上推到统叶护之从父、都六之兄弟、达头之子莫贺咄。无论是乙毗咄陆可汗，乙毗沙钵罗肆叶护可汗，还是莫贺咄侯屈利俟毗可汗，这些西突厥可汗活动的时段都已是 7 世纪三四十年代。在更早的时段，"乙毗"/"俟毗"的尊号有可能已经行用，一些相关的线索同样也仅见于突厥的西部集团，即将室点密系与木杆系都包含在内。在新疆昭苏《小洪那海石人铭文》第 6 列中，魏义天于 2010 年释读的"（čwr）-p'y nry x'γ'n"被吉田丰在 2011 年重新释读成了"（'yr）-p'y nry x'γ'n"，② 若该读法成立，则泥利可汗的名号全称为"乙毗泥利可汗"，即其完整的可汗号中可能也含有尊号"乙毗"。③ 尽管这还不能被视为定论，但尊号"都六/都陆/咄六/咄陆"与"乙毗/俟毗"更多见于室点密系与木杆系所在的西部集团则是基本无疑义的。

## 五　咄六设与思摩的世系

作成于 581~582 年的《布古特碑》记叙了突厥佗钵可汗即位、执政及去世后不久发生的一些事情。④ 该碑有婆罗米文和粟特文两部分铭文，早年解读的粟特文部分将突厥可汗号"佗钵"/"他钵"复原释读为"t'sp'r"，一直令学界困惑不已。⑤ 近

---

① 稲葉穣认为莫贺咄乙毗可汗就是莫贺咄俟毗可汗，并称其为统叶护可汗的兄弟，参见稲葉穣「泥孰�」『東方學報』（2010），85：683。笔者案，其说不成立，《通典》与《旧唐书》中的"莫贺咄乙毗可汗"在《新唐书》中作"乙屈利失乙毗可汗"，作为咄陆可汗泥孰之侄、咥利失可汗之子及乙毗射匮可汗之父，其人与统叶护可汗的伯父莫贺咄侯屈利俟毗可汗是不同的两个人。参见吴玉贵《突厥汗国与隋唐关系史研究》，中国社会科学出版社，1998，第 310 页；余太山主编《西域通史》，中州古籍出版社，2003，第 149~150 页。

② Étienne de la Vaissière, Maurice et le qaghan：à propos de la digression de Théophylacte Simocatta sur les Turcs, *Revue des Études Byzantines*, 68, 2010, p. 221；魏义天、赵飞宇、马翊斐：《东罗马皇帝莫里斯和突厥可汗：泰奥菲拉克特·西摩卡塔所记突厥史料》，《西域研究》2018 年第 2 期，第 93 页；吉田豊「ソグド人と古代のチュルク族との関係に関する三つの覚え書き」『京都大學文學部研究紀要』（2011），50：4。另见于徐文堪编《现代学术精品精读：西域研究卷》，上海人民出版社，2014，第 477 页。

③ 松井太也注意到了这一可能性，参见松井太、宮紀子『モンゴル時代の「知」の東西』を読む，『内陸アジア言語の研究』（2019），34：70。

④ Étienne de la Vaissière, The Historical Context to the Khüis Tolgoi Inscription, *Journal Asiatique* 306. 2（2018）：316；魏义天：《慧思陶勒盖碑铭的历史背景》，敖特根、马纳琴译，刘进宝主编《丝路文明》第五辑，上海古籍出版社，2020，第 149 页；Yutaka Yoshida, Sogdian Version of the Bugut Inscription Revisited, *Journal Asiatique* 307. 1（2019）：101-103；吉田豊：《布古特碑粟特语部分再考》，王丁译，《中山大学学报》（社会科学版）2020 年第 2 期，第 109~111 页。

⑤ Yutaka Yoshida, Sogdian Version of the Bugut Inscription Revisited, *Journal Asiatique* 307. 1（2019）：97，99-101；吉田豊：《布古特碑粟特语部分再考》，王丁译，《中山大学学报》（社会科学版）2020 年第 2 期，第 105~106、108~109 页。

年随着婆罗米文《慧思陶勒盖碑》的解读，《布古特碑》婆罗米文部分也开始得到初步解读，① 同时相关专家对《布古特碑》粟特文部分也进行了重新解读，纠正了早年释读中的一些错误，基本考定"佗钵"／"他钵"的粟特文是"t'tp'r"，② 婆罗米文是"ta-d pa-r"；③ 并且，这一读法还得到另一种汉字音译形式"达拔"（汉语中古音＊d'ât b'wăt）的印证，后者出现在汉文《阿史那思摩墓志》里，《阿史那思摩墓志》称思摩是达拔可汗的孙子。④

　　一些学者不同意将达拔可汗勘同于佗钵可汗，而将其比定为达头可汗。⑤ 但这

① Alexander Vovin, Groping in the Dark: The First Attempt to Interpret the Bugut Brāhmī Inscription, *Journal Asiatique* 307. 1（2019）：121-134；Alexander Vovin, "A Sketch of the Earliest Mongolic Language: the Brāhmī Bugut and Khüis Tolgoi Inscriptions", *International Journal of Eurasian Linguistics*. 1（2019）：162-197.

② Yutaka Yoshida, Sogdian Version of the Bugut Inscription Revisited, *Journal Asiatique* 307. 1（2019）：99, 100；吉田丰：《布古特碑粟特语部分再考》，王丁译，《中山大学学报》（社会科学版）2020年第2期，第107、108页。

③ Alexander Vovin, Groping in the Dark: The First Attempt to Interpret the Bugut Brāhmī Inscription, *Journal Asiatique* 307. 1（2019）：123, 126, 127；Yutaka Yoshida, Sogdian Version of the Bugut Inscription Revisited, *Journal Asiatique* 307. 1（2019）：99；吉田丰：《布古特碑粟特语部分再考》，王丁译，《中山大学学报》（社会科学版）2020年第2期，第107页。

④ Yutaka Yoshida, Sogdian Version of the Bugut Inscription Revisited, *Journal Asiatique* 307. 1（2019）：99-100；吉田丰：《布古特碑粟特语部分再考》，王丁译，《中山大学学报》（社会科学版）2020年第2期，第108页。赞同将达拔可汗比定为佗钵/他钵可汗的看法，还可参见铃木宏節「突厥阿史那思摩系譜考：突厥第一可汗国の可汗系譜と唐代オルドスの突厥集団」『東洋学報』（2005），87/1：47~48；王义康：《突厥世系新证——唐代墓志所见突厥世系》，《民族研究》2010年第5期，第88页；朱振宏：《新见两方突厥族史氏家族墓志研究》，朱玉麒主编《西域文史》第8辑，科学出版社，2013，第198~199页；吴玉贵：《古代突厥汉文碑志叙录》，《理论与史学（第1辑）》，中国社会科学出版社，2015，第136、145页；包洪军：《前突厥汗国分裂与灭亡问题探微》，硕士学位论文，内蒙古大学，2017，第11页。

⑤ 艾冲：《唐太宗朝突厥族官员阿史那思摩生平初探——以〈李思摩墓志铭〉为中心》，《陕西师范大学继续教育学报》2007年第2期，第60页；艾冲：《阿史那思摩家族世系新探》，成建正主编《陕西历史博物馆馆刊（第19辑）》，三秦出版社，2012，第49~54页；尤李：《阿史那思摩家族考辨》，达力扎布主编《中国边疆民族研究（第四辑）》，中央民族大学出版社，2011，第14~15页；杨瑾：《唐李思摩墓壁画中的"翼兽"图探究》，樊英峰主编《乾陵文化研究（九）》，陕西出版传媒集团、三秦出版社，2015，第64页；杨瑾：《汉唐文物与中外文化交流》，陕西人民出版社，2018，第247页；胡蓉、杨富学：《长安出土〈统毗伽可贺敦延陁墓志〉考释》，《青海民族研究》2017年第1期，第118页；冯景运：《"北突厥莫贺咄"考辨》，丁伟、樊英峰主编《乾陵文化研究（十二）》，陕西出版传媒集团、三秦出版社，2018，第151页；朱德军：《优容·征服·怀柔：唐初二帝经营东突厥战略述论》，《宁夏社会科学》2018年第4期，第200页。李丹婕先是列出对立双方的意见不予表态，但在同文的另一处提到思摩的祖父和父亲战败后逃亡吐谷浑，似乎又默认了将达拔比定为达头而非佗钵的前提，参见李丹婕《比较视野下入华突厥酋长的身份与认同——以阿史那/李思摩为例》，朱玉麒主编《西域文史（第十一辑）》，科学出版社，2017，第198、200页。

一看法经不起推敲，除了对音上的明显不合之外，还会导致如下矛盾：其一，据《阿史那思摩墓志》可知达拔可汗之父为伊力可汗，而汉文与拜占庭史料都记载达头可汗之父为室点密可汗（即 Dizaboul/Silziboul/Istämi），[①] 伊力可汗与室点密可汗是兄弟而非同一人，[②] 所以这一矛盾相当突出；[③] 其二，在将达拔可汗比定为达头可汗的基础之上，有学者进一步推论思摩之父咄六设（墓志作"咄陆设"）即是达头可汗之子都六，[④] 然而，从《阿史那思摩墓志》称思摩以"可汗之孙"而非"可汗之子"得授波斯特勒，可确定其父的官称只是设而不是可汗，前文已经论证达头之子都六却是可汗，这就又一次出现了难以调和的矛盾。另有学者试图对"达拔"与"达头"这两个明显不合的对音做出解释，认为"拔"的原文是"bäg"，表示主人、首领、统治者，是一种头衔，在北族政治名号中是"头""酋领"之义，由此"达头"中的"头"可以看作对"达拔"中"拔"的意译。[⑤] 这一看法也非常难以成立，一方面，所谓"拔"的原文是"bäg"的说法十分可疑，不成立的可能性极高；[⑥] 另一方面，将"达头"解释为半音译与半意译结合的混合译名也缺乏理据——"达头"的原文在希腊文和粟特文材料中都有出现（ταρδου/trδw），其古突厥语可以复原为"＊tardu"，鄂尔浑卢尼文中的"tarduš/tardus"是其派生词，系表示西面或右翼的行政组织或区划的名称，汉文"达头"明显是对

① 汉文记载见《新唐书》卷 215 下《突厥下》，中华书局，1975，第 6055 页。拜占庭史料见 R. C. Blockley, ed. & trans. *The History of Menander the Guardsman*. 1985，pp. 179，277；H. 裕尔《东域纪程录丛》，张绪山译，云南人民出版社，2002，第 181~183 页；沙畹《西突厥史料》，冯承钧译，中华书局，2004，第 200~202、215~216 页。

② 墓志中的"伊力可汗"就是史书中的突厥汗国缔造者"伊利可汗"土门，参见鈴木宏節「突厥阿史那思摩系譜考：突厥第一可汗国の可汗系譜と唐代オルドスの突厥集団」『東洋学報』（2005），87/1；46；王义康《突厥世系新证——唐代墓志所见突厥世系》，《民族研究》2010 年第 5 期，第 88 页；尤李《阿史那思摩家族考辨》，达力扎布主编《中国边疆民族研究（第四辑）》，中央民族大学出版社，2011，第 13~14 页；吴玉贵《古代突厥汉文碑志叙录》，《理论与史学（第 1 辑）》，中国社会科学出版社，2015，第 145 页。

③ 尤李认定达拔可汗就是达头可汗，而达头可汗之父其实是伊利可汗之弟室点密可汗，因而其不得不认为伊利可汗应该是思摩的曾叔祖而不是墓志所记的曾祖父，由此将该记载归咎于墓志作者的讹误，参见尤李《阿史那思摩家族考辨》，达力扎布主编《中国边疆民族研究（第四辑）》，中央民族大学出版社，2021，第 15 页。笔者按，《阿史那思摩墓志》为官方钦定，在志主亲属关系方面出现错误记载的可能性非常低，故其说不易成立。

④ 艾冲：《阿史那思摩家族世系新探》，成建正主编《陕西历史博物馆馆刊（第 19 辑）》，三秦出版社，2012，第 54 页。

⑤ 尤李：《阿史那思摩家族考辨》，达力扎布主编《中国边疆民族研究（第四辑）》，中央民族大学出版社，2011，第 15 页。

⑥ 陈恳：《罗新〈中古北族名号研究〉对音评议》，《中西文化交流学报》2015 年第 2 期，第 13、14、15、17、18、21 页。

"＊tardu"一词的音译，不是意译，也非音意混译。关于这一点，从"达头"尚有"达度""大度"等多种异译形式也可以得到佐证。[①]

为何"佗钵"／"他钵"又被称为"达拔"？此处尝试稍做解释。"达拔"的译名可能出自思摩本人或其家人的祖先记忆，时为7世纪40年代，汉语文字业已经过统一东西南北的隋代及唐初的标准音整理，因此较为符合《切韵》体系的中古韵书规范，而"佗钵"／"他钵"的译名出自与佗钵可汗同时代的北齐、北周译语人，时为6世纪七八十年代，处于魏晋南北朝大分裂时代末期，汉文尚未经过《切韵》等标准音规范，故而与稍后才出台的《切韵》体系中古韵书可能有所不合，主要的差异在前一音节，按照《广韵》，"佗""他"不是入声字，而"达"则是"−t"韵尾的入声字；对比《布古特碑》粟特文及婆罗米文碑文中的"t'tp'r"及"ta-d pa-r"可知，见于《阿史那思摩墓志》中的"达拔"是晚期的译名，更加符合中古韵书的发音；而见于传世史籍的"佗钵"／"他钵"则是早期的译名，该对音形式既有可能反映了"佗""他"等字在当时的某种北部方音中具有"−t"韵尾，也有可能缘于当时的译语人省略了前一音节末尾的辅音"t/d"而未予译出。

在《阿史那思摩墓志》面世之前，史书对思摩出身与世系的记载是不够明晰的，只提到其父为咄六设，且其本人是颉利的从叔，但具体出自阿史那氏的哪一支则无从确定。[②] 一些学者将"咄六设"与"突利设"（沙钵略之弟处罗侯曾任该职）联系起来，推测思摩与启民是胞兄弟或从兄弟，同为乙息记可汗之孙。[③] 但从

① 马小鹤：《公元八世纪初年的粟特——若干穆格山文书的研究》，《中亚学刊（第三辑）》，中华书局，1990，第132~133页；吴玉贵：《突厥汗国与隋唐关系史研究》，中国社会科学出版社，1998，第59、76页；芮传明：《古突厥碑铭研究》，上海古籍出版社，1998，第250页；芮传明：《古突厥碑铭研究》（增订本），商务印书馆，2017，第211页；G. Babayar, Coins of the Western Turkic Qaghanate with a title "Tardu-Qaghan" // *Turkic Studies Journal*. Astana, № 1（1）/ 2019, pp. 15-17；G. Babayarov & A. Kubatin, "Old Turkic Titles and Epithets in Turco-Sogdian Coins of Central Asia", Шамсиддин Камолиддин（ред.）, *Проблемы древней и средневековой истории Чача. Выпуск 6: История. Археология. Нумизматика*, LAMBERT Academic Publishing, 2020, p. 77；郭万里：《突厥汗国左翼若干问题研究》，硕士学位论文，内蒙古大学，2020，第9~11、15页。

② 岳绍辉：《唐〈李思摩墓志〉考析》，《碑林集刊（三）》，陕西人民美术出版社，1995，第52页；鈴木宏節「突厥阿史那思摩系譜考：突厥第一可汗国の可汗系譜と唐代オルドスの突厥集団」『東洋学報』（2005），87/1：41~42。

③ 護雅夫『古代トルコ民族史研究Ⅰ』山川出版社、1967、307~308；池田知正「六世紀末葉における突厥可汗の系譜と継承」『東洋学報』（2000），82/1：131；鈴木宏節「突厥阿史那思摩系譜考：突厥第一可汗国の可汗系譜と唐代オルドスの突厥集団」『東洋学報』（2005），87/1：42~43。笔者案，护雅夫从"从叔"的记载中只注意到行辈的高低，即只意识到思摩比颉利高一辈，却忽略了"从"字所表述的亲缘距离，故其关于思摩世系的考证存在明显缺陷。

前文论证可知，"咄六"是"türük"的对音，"突利"则是"tölis"／"töliš"的对音，[1] 两者截然不同，所以咄六设与突利设不是同一人。由上述讨论可以确认，思摩是达拔可汗即佗钵可汗之孙、菴罗可汗之侄，出自土门系而非室点密系，具体而言属于佗钵系的第三代，从这一角度看，他和同时代另两位大可汗汗位竞争者泥利与启民的家世极为类似，即同样都出自土门系，但又都不是可汗之子：木杆系的泥利是木杆可汗之孙、阿波可汗之侄，乙息记系的启民则是乙息记可汗之孙、沙钵略可汗之侄。[2] 启民、泥利与思摩的谱系如图2所示。

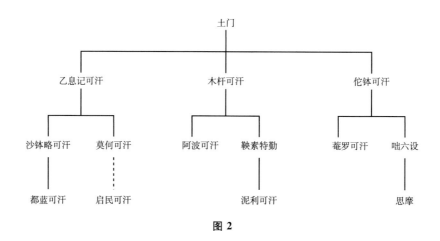

图 2

土门系下三大支系的第一代之间的权力交接相对平稳，大可汗汗位在同胞兄弟之间顺次传递，从乙息记到木杆，再从木杆到佗钵。然而，到第二代便起了争执，佗钵系的菴罗本欲遵从父汗遗命让位于木杆系的阿波，但国人不从，经多方博弈，最后是乙息记系的沙钵略坐上了大可汗之位，却也很快开启了突厥汗国持续约20

---

① 芮传明：《古突厥碑铭研究》，上海古籍出版社，1998，第249~250页；芮传明：《古突厥碑铭研究》（增订本），商务印书馆，2017，第211页；郭万里：《突厥汗国左翼若干问题研究》，硕士学位论文，内蒙古大学，2020，第9~11、15页。

② 关于启民可汗染干的父亲，传统文献与出土墓志中有三种不同的说法，分别是沙钵略可汗摄图、莫何可汗处罗侯和阿波设，学界至今未能达成共识，比较而言以处罗侯之说更为通行，相关讨论参见岑仲勉《突厥集史》，中华书局，1958，第512页；護雅夫『古代トルコ民族史研究Ⅰ』，1967，第296页；池田知正「六世紀末葉における突厥可汗の系譜と継承」『東洋学報』（2000），82/1：126~130；王义康：《突厥世系新证——唐代墓志所见突厥世系》，《民族研究》2010年第5期，第89~91页；朱振宏：《东突厥阿史那染干生平事迹探析》，《唐都学刊》2017年第2期，第89~91页。从都蓝时代继任汗国左翼首领突利可汗一事来看，染干无疑是处罗侯在政治上的继承人，至于其中的血缘关系尚需进一步研究，故本文在谱系图中用虚线表示莫何可汗处罗侯与启民可汗染干之间的关系。

年之久的内战。从这一暂时性的结果来看，三大支系中力量较强的是和木杆系，佗钵系相对弱小，并稍稍地偏向乙息记系，乙息记系正是在佗钵系的有限支持下才在第一次竞争中勉强胜出，而不甘失败的木杆系则转而与西面的室点密系结盟成为西部集团。在内战接近尾声的时候，汗位的争夺者差不多都到了第三代，此时木杆系—室点密系的西部集团也日益稳固，泥利是这一集团的首领之一，那么思摩所代表的佗钵系是否仍然偏向乙息记系并始终位于都蓝、启民等首领所在的东部集团之中呢？某些迹象表明，答案可能是否定的。以下我们提出并尝试论证，突厥内战期间的佗钵系并非一直处于东部集团，而是在中间发生过变动，并且这一变动为时不短，因而在佗钵系内部留下了若干印记，对这些印记的探讨将在一定程度上揭示佗钵系的西部集团背景。

## 六　佗钵系的西部集团背景

如前所述，"咄陆"一称，是"突厥"的异译，与突厥本部阿史那集团始兴地区密切相关，作为一个相对特殊的尊号，多见于萨彦—阿尔泰及西域天山一带，而罕见于阿尔泰山以东的蒙古高原。[①] 由此观之，出自佗钵系的思摩的父亲拥有"咄六设"／"咄陆设"这一官号就显得十分突兀。身为佗钵的儿子、菴罗的兄弟，咄六设基本不可能从阿尔泰山以西的室点密或达头政权中获得这一官号，考虑到前述达头的异母兄弟 Tourxanth（咄陆设）也活动于这一时期，[②] 该可能性就变得更小。出于类似因素的考虑，在佗钵担任大可汗期间（572~581）、菴罗继任大可汗的短暂时段（581），以及沙钵略出任统一汗国的大可汗期间（581~583），咄六设从蒙古高原上最高可汗处获得这一特殊官号的可能性也不大。那么，我们就将不得不设想，思摩的父亲可能是在突厥内战时期（583~603）获得"咄六设"这一官号的。而根据前述对"咄陆"一词的探析，这一官号不太可能是东部集团（沙钵略、莫何、都蓝、启民）所授，而更像是西部集团（达头、

---

① 尊号"咄陆"／"咄六"几乎从不见于东突厥汗国，但在西突厥汗国中则较为常见，其后不但可接"可汗"，还可以接"叶护"、"设"、"啜"甚至"俟斤"等多种官号。参见内藤みどり『西突厥史の研究』，1988，第156~158、403页。

② 内藤みどり认为，576年瓦伦丁出使西突厥时，正值室点密可汗去世，当时的权力格局是咄陆设主管西部，而新即位可汗的达头主管东部，参见内藤みどり『西突厥史の研究』，1988，第401~404页。

阿波、泥利）所授，也就是说，代表佗钵系势力的菴罗在 581 年让出大可汗之位之后，被沙钵略封为第二可汗，降居独洛水地区，起初本来属于乙息记系主导的东部集团，在那之后菴罗下落不明，但从其兄弟即思摩之父曾任呫六设一事推测，佗钵系所部后来似乎一度又投向了阿波—泥利或达头领导的木杆系—室点密系西部集团，即其并未随沙钵略率领的东部集团败退漠南投降隋朝。在西部集团统治漠北期间，思摩之父被立为呫六设，很可能统领漠北铁勒诸部中的一部分，菴罗及其继承人则继续以小可汗的身份统领佗钵系本部及漠北铁勒部分族落；思摩应该是继承了其父所领部众，后来更进一步，继承统领了佗钵系在漠北的全部势力——在仁寿、大业之际被启民击败收降之前，思摩曾短暂地担任过俱陆可汗，此也是由漠北诸部共推而成。①

随着思摩被启民击败，佗钵系被并入乙息记系，思摩也成为启民所建东突厥汗国中的边缘人物。但在颉利政权灭亡（630）之后，进入唐朝的思摩逐渐得到重用，并于贞观十三年（639）被太宗扶立为唐朝羁縻统治下漠南突厥人的可汗，然而，身为乙弥泥孰俟利苾可汗的思摩获得乙息记系突厥诸部的支持相当有限，② 其中原因众多，但思摩所在的佗钵系在突厥内战期间一度叛离东部集团、归降西部集团，这或许也是值得考虑的一大因素。西部集团对佗钵系的影响不仅体现在思摩父辈的名号上，也在思摩本人及其下一代的名号上有所体现。据《阿史那思摩墓志》记载，思摩在漠北出任俱陆可汗之前曾任波斯特勤，波斯显然与突厥

---

① 据《旧唐书·突厥传》记载，颉利可汗败时，北荒诸部将推车鼻为大可汗；思摩当日之被漠北诸部推为可汗，情形殆与车鼻类似，"俱陆可汗"也可能在某一范围内被视为大可汗。铃木宏節认为，思摩称汗即位的时间可以推定在仁寿三年（603）铁勒背叛、达头逃亡之后，并在注释 15 中提出"俱陆可汗"可以复原为古突厥语"külüg qaγan"，意为"有名声和荣誉的可汗"；参见鈴木宏節「突厥阿史那思摩系譜考：突厥第一可汗国の可汗系譜と唐代オルドスの突厥集団」『東洋学報』（2005），87/1：52、64。关于思摩败降于启民从而失去汗位的时间可考定在仁寿、大业之际（即 604~605 年），参见本文第八节。

② 思摩在以乙息记系为主体的颉利旧部中的威望和号召力本就不足，当其以可汗身份统领东突厥余部渡河北上后，《旧唐书·突厥传》载"思摩不能抚其众，皆不惬服。至十七年，相率叛之，南渡河，请分处于胜、夏二州之间，诏许之"，《新唐书·突厥传》亦载"居三年，不能得其众，下多携背，思摩惭，因入朝愿留宿卫"。参见岑仲勉《突厥集史》，中华书局，1958，第 234 页；岳绍辉《唐〈李思摩墓志〉考析》，《碑林集刊（三）》，陕西人民美术出版社，1995，第 56 页；艾冲《唐太宗朝突厥族官员阿史那思摩生平初探——以〈李思摩墓志铭〉为中心》，《陕西师范大学继续教育学报》2007 年第 2 期，第 63 页；吴玉贵《突厥第二汗国汉文史料编年辑考》，中华书局，2009，第 179~183 页；尤李《阿史那思摩家族考辨》，达力扎布主编《中国边疆民族研究（第四辑）》，中央民族大学出版社，2011，第 24 页；李丹婕《比较视野下入华突厥酋长的身份与认同——以阿史那/李思摩为例》，朱玉麒主编《西域文史（第十一辑）》，科学出版社，2017，第 202 页。

西部关系更为密切；① 思摩在漠南被封授的可汗号"乙弥泥孰俟利苾"也呈现出明显的西部风格——"乙弥"可视为"乙毗"的异译，② 而无论"乙毗"还是"泥孰"，都更多地出现在西部集团首领的名号中，是典型的西突厥式尊号。③ 至于思摩之子李遮匐，后来竟然以西突厥别帅的身份出现在史书中，这大概也可归因于其成长环境中仍然环绕的西部集团遗风。④

## 七　泥利与达头势力的东渐

近年的研究表明，新疆昭苏《小洪那海石人铭文》主要基于木杆系的视角撰写而成，即将木杆系作为正统，认为只有木杆可汗的后人才有资格即位大可汗。⑤除了提供确认泥利是木杆之孙的可靠证据之外，《小洪那海石人铭文》第6~7列还提供了另一个不见于汉文史料的重要信息，即泥利于兔年坐上了大可汗的宝座。在备选的571年、583年、595年和607年这几个兔年中，唯有595年符合相关条件，

---

① 作成于大业十二年（616）的《突厥人彻墓志》是目前所见最早的西突厥人汉文碑志，志主彻是塞北突厥人，又为"俟斤之苗胄、波斯之别族"，说明波斯一度被突厥征服过，志主可能出自嚈哒/挹怛，先投波斯，再入突厥，后又随西突厥部落流至隋朝。参见李树辉《嚈哒史迹钩沉》，《西北民族大学学报》（哲学社会科学版）2008年第4期，第22页；李树辉《乌古斯和回鹘研究》，民族出版社，2010，第147页；朱振宏《隋〈□彻墓志〉笺证考释》，《碑林集刊（十八）》，三秦出版社，2012，第50、59页；朱振宏《西突厥与隋朝关系史研究（581~617）》，稻乡出版社，2015，第336~342、356~358页；张乃翥《佛教石窟与丝绸之路》，甘肃教育出版社，2014，第225~235页；吴玉贵《古代突厥汉文碑志叙录》，《理论与史学（第1辑）》，中国社会科学出版社，2015，第144~145页。

② Ю. А. Зуев, *Ранние тюрки: очерки и идеологии*, 2002, С. 181；岑仲勉认为"乙弥"即 itmiš 之对译，但"弥"与 miš 并不能精确对音，兹不取。参见岑仲勉《突厥集史》，中华书局，1958，第221页。

③ "乙弥"是"乙毗"的异译，后者在西突厥中甚为常见；"泥孰"等尊号多流行于西部突厥地区，疑非突厥起源，有可能来源于挹怛，参见稲葉穰「泥孰攷」『東方學報』（2010），85：684~683、679~678。

④ 铃木宏节认为，"遮匐"可以复原为čamūk，多见于粟特诸王的人名中，可能来源于挹怛语。参见鈴木宏節「突厥阿史那思摩系譜考：突厥第一可汗国の可汗系譜と唐代オルドスの突厥集団」『東洋学報』（2005），87/1：53~54。此外，史载仪凤二年（671）有西突厥别帅李遮匐联合西突厥十姓可汗阿史那匐延都支扇动蕃落，联合吐蕃，侵扰安西，后被唐将裴行俭擒获，众多学者将该李遮匐与思摩子遮匐勘同，并指出其虽已在唐朝生活数十年，却仍然保有较强的（西）突厥种族与文化认同。参见张沛编著《昭陵碑石》，三秦出版社，1993，第113页；伍伯常《萃处京畿——从宅昭陵功臣家族迁居考述》，《中华文史论丛》2008年第3期，第328、335~336页；马驰《唐代蕃将》，三秦出版社，2011，第248页；胡蓉、杨富学：《长安出土〈统毗伽可贺敦延陁墓志〉考释》，《青海民族研究》2017年第1期，第118页；李丹婕：《比较视野下入华突厥酋长的身份与认同——以阿史那/李思摩为例》，朱玉麒主编《西域文史（第十一辑）》，科学出版社，2017，第204页；温佳祺：《唐代阿史那氏研究——以碑铭和墓志为中心》，硕士学位论文，陕西师范大学，2019，第82页。

⑤ 包文胜：《泥利可汗与突厥政局的发展》，《内蒙古社会科学》2021年第2期，第63页。

由此可以确知，泥利于 595 年即位大可汗。[①] 魏义天提出，拜占庭史料中保存的一份突厥可汗发给罗马皇帝莫里斯（582~602）的国书恰能印证上述情形，基于对巴尔干地区一系列历史关联事件的研究，可以将突厥可汗发出国书一事的时间推定在 595 年而非以往认为的 598 年，[②] 那么与莫里斯通信的突厥可汗很可能是泥利而非以往认为的达头，那封国书正是泥利在 595 年成为大可汗之后向罗马皇帝发出的即位通告。[③] 这一新说并非定论，其中的许多论证还需要进一步检验，有待于更多其他材料的印证。关于上述突厥可汗发给罗马皇帝的国书，虽然暂时难以坐实到底是达头发出的还是泥利发出的，但可以将其看成是西部集团联合发出的，即代表着木杆系—室点密系联盟的泥利可汗和达头可汗，并且是以统一的突厥汗国大可汗的名义发出的。不过，该国书提到，突厥可汗在征服嚈哒（Abdel）之后，曾联合 Stembis 可汗讨伐阿瓦尔（Avar），Stembis 可汗一般被比定为室点密可汗，[④] 若该突厥可汗本身出自室点密系，其作为最高大可汗再去联合西面的室点密可汗的行为就难以理解，故依此推断，发出国书的突厥可汗出自西部集团中木杆系的可能性更高，该国

---

① Étienne de la Vaissière, Maurice et le qaghan: à propos de la digression de Théophylacte Simocatta sur les Turcs, *Revue des Études Byzantines*, 68, 2010, pp. 221-222；魏义天、赵飞宇、马翊斐：《东罗马皇帝莫里斯和突厥可汗：泰奥菲拉克特·西摩卡塔所记突厥史料》，《西域研究》2018 年第 2 期，第 93 页；Étienne de la Vaissière, "Away from the Ötüken: A geopolitical approach to the 7th c. Eastern Türks," in J. Bemmann, M. Schmauder (ed.), *The Complexity of Interaction along the Eurasian Steppe zone in the first Millennium AD*, (Bonn Contributions to Asian Archaeology, 7), Bonn, 2015, p. 453；Yutaka Yoshida, Sogdian Version of the Bugut Inscription Revisited, *Journal Asiatique* 307.1 (2019)：104；吉田豊《布古特碑粟特语部分再考》，王丁译，《中山大学学报》（社会科学版）2020 年第 2 期，第 113 页。

② Étienne de la Vaissière, Maurice et le qaghan: à propos de la digression de Théophylacte Simocatta sur les Turcs, *Revue des Études Byzantines*, 68, 2010, p. 220；魏义天、赵飞宇、马翊斐：《东罗马皇帝莫里斯和突厥可汗：泰奥菲拉克特·西摩卡塔所记突厥史料》，《西域研究》2018 年第 2 期，第 92 页。

③ Étienne de la Vaissière, Maurice et le qaghan: à propos de la digression de Théophylacte Simocatta sur les Turcs, *Revue des Études Byzantines*, 68, 2010, p. 222；魏义天、赵飞宇、马翊斐：《东罗马皇帝莫里斯和突厥可汗：泰奥菲拉克特·西摩卡塔所记突厥史料》，《西域研究》2018 年第 2 期，第 93 页。

④ 巴克尔：《鞑靼千年史》，向达、黄静渊译，河南人民出版社，2016，第 118 页；沙畹：《西突厥史料》，冯承钧译，中华书局，2004，第 223 页；H. W. Haussig: Theophylakts Exkurs über die skythischen Völker, *Byzantion* XXIII (1953) pp. 332-333；岑仲勉：《突厥集史》，中华书局，1958，第 951 页；蒲立本：《上古汉语的辅音系统》，潘悟云、徐文堪译，中华书局，1999，第 11 页；余太山：《柔然、阿瓦尔同族论质疑——兼说阿瓦尔即悦般》，《嚈哒史研究》，齐鲁书社，1986，第 172 页；余太山：《古代地中海和中国关系史研究》，商务印书馆，2012，第 318 页；吴玉贵：《西突厥新考——兼论〈隋书〉与〈通典〉、两〈唐书〉之"西突厥"》，《西北民族研究》1988 年第 1 期，第 116 页；D. 西诺、S. G. 克利亚什托尔内：《突厥帝国》，马小鹤译，B. A. 李特文斯基主编《中亚文明史（第 3 卷）》，中国对外翻译出版公司，2003，第 279 页。此外，内田吟风通过把 Stembis 复原为 Sie-tua-biek 将其比定为施多那（都蓝）可汗，余太山已指出其对音牵强、问题极多，根本无法成立；Harmatta 通过把 Stembis 复原为 Čebi/J ễbi 将其比定为俟毗（即达头之子，都六（转下页注）

书的撰写也存在主要基于木杆系视角的迹象；再考虑到泥利可汗之名在《慧思陶勒盖碑》中两次出现且地位高于室点密系的都六可汗，因此，本文倾向于有保留地赞同魏义天的上述新说，将发出国书的突厥可汗比定为泥利。

从木杆系的视角来看，595 年即位大可汗的泥利才是正统，而同一时期之前在 588 年即位大可汗的都蓝，以及之后在 600 年即位大可汗的达头/步迦，都被视为僭主不获承认。但是，汉文史料记载 587 年阿波被擒后，泥利继任木杆系可汗，直至 595 年才升级为大可汗，这似乎表明，成为突厥大可汗可能还有一个需要先决条件，即必须占据于都斤山大牙。① 因而，595 年泥利之称大可汗也就很可能意味着其取代都蓝入主了于都斤山大牙，又因木杆系的大本营在于都斤山以西的金山一带（主要包括今科布多盆地、阿勒泰地区及准噶尔盆地北部），② 故泥利在此前应当经历了一个势力逐渐向东发展的过程。另一方面，作为室点密系代表且全程经历了突厥内战的达头，在内战前期一度在东方消失了近十年，直到 594 年之后才又重新出现在蒙古高原，③ 这里面也存在一个势力先向西收缩后又重新向东扩张的过程，其中的东渐过程正好与泥利的动向相呼应。上述泥利与达头势力的东渐行动在现有史料中还存在较多缺环，下面我们尝试在前贤研究成果的基础之上，根据对新旧材料的考订对其过程进行初步的复原。

起初，达头并未直接介入土门系突厥的大可汗汗位争夺，只是作为外援出手救助阿

（接上页注④）之兄），但前文已经论及，"俟毗"/"乙毗"的原文是 * elbi / yelbi，对音并不确切，故其成立的可能性也不大。参见内田吟風『北アジア史研究　鮮卑柔然突厥篇』同朋舍，1975，第414、421 页；内田吟风等《北方民族史与蒙古史译文集》，余大钧译，云南人民出版社，2003，第266、272 页；Harmatta, János: "The Letter Sent by the Turk QAΓAN to the Emperor Mauricius". *Acta Antiqua Academiae Scientiarum Hungaricae* 41，2001，pp.116~117；余太山：《柔然、阿瓦尔同族论质疑——兼说阿瓦尔即悦般》，《噘哒史研究》，齐鲁书社，1986，第 176、179~180 页；余太山：《古代地中海和中国关系史研究》，商务印书馆，2012，第 322、326、344~345 页。

① 薛宗正：《突厥史》，中国社会科学出版社，1992，第 110、116 页；郭万里：《突厥汗国左翼若干问题研究》，硕士学位论文，内蒙古大学，2020，第 48~52 页。

② 木杆系的势力范围主要根据木杆可汗之子阿波可汗大逻便在内战爆发前的统辖地加以推测而得。参见马长寿《突厥人和突厥汗国》，上海人民出版社，1957，第 25 页；段连勤：《关于西突厥与西突厥汗国早期历史的几个问题——兼与王谳同志商榷》，《新疆社会科学》1984 年第 3 期，第 95~101、110~111页；段连勤：《丁零、高车与铁勒》，上海人民出版社，1988，第 344~345 页；薛宗正：《突厥史》，中国社会科学出版社，1992，第 144~146 页；项英杰等：《中亚：马背上的文化》，浙江人民出版社，1993，第 148 页；任宝磊：《新疆地区的突厥遗存与突厥史地研究》，博士学位论文，西北大学，2013，第 80~81 页；朱振宏：《西突厥与隋朝关系史研究（581~617）》，稻乡出版社，2015，第 94 页。

③ 岑仲勉：《突厥集史》，中华书局，1958，第 68~69 页；段连勤：《关于西突厥与西突厥汗国早期历史的几个问题——兼与王谳同志商榷》，《新疆社会科学》1984 年第 3 期，第 103、108 页；吴玉贵：《西突厥新考——兼论〈隋书〉与〈通典〉、两〈唐书〉之"西突厥"》，《西北民族研究》1988 年第 1 期，第 125页；朱振宏：《西突厥与隋朝关系史研究（581~617）》，稻乡出版社，2015，第 154~155 页。

波，在木杆系看来，土门系大可汗的位置在佗钵去世之后理应回归木杆之子阿波，故而当乙息记之子沙钵略即位大可汗之后不久，土门系突厥内战迅即爆发，一开始阿波被沙钵略击败向西溃退，遂求助于西面的室点密系，在得到达头的援助后，阿波实力大增，向东反攻沙钵略，收复失地，并入主漠北，占据于都斤山大牙；沙钵略节节败退，与其弟处罗侯撤至漠南，并投降隋朝，[①] 此时（585）可以认为（从木杆系的角度），阿波已登上大可汗之位，而达头位于幕后，基本不直接出面，主要固守其室点密系本土。开皇五年（585）阿波君临漠北、称大可汗之际的突厥形势，如图3所示。

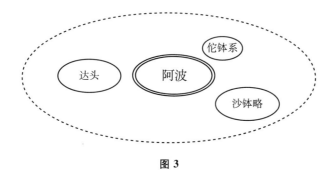

图 3

其后，在隋朝的援助下，乙息记系开始复兴变强，沙钵略去世后处罗侯继位为莫何可汗，发起反攻，一举擒获阿波（587），并持续西征，当其中流矢身亡（588）之后，沙钵略之子都蓝即位，继续向西打击木杆系及西部集团；[②] 几乎在都蓝即位的同时，阿波之侄泥利也即位了（587），由于两三年前木杆系才夺回的大可汗宝座又被乙息记系夺走，连带着于都斤山大牙也落入其手，[③] 因此刚刚即位的泥利尚无法自称大可汗，但其显然也不承认都蓝的正统大可汗地位。从木杆系以及西部集团的角度视之，都蓝是一个与大可汗有亲缘关系的篡权者，在突厥可汗发给罗马皇帝的国书中，这个人名叫 Turum，显然正是都蓝，"他兴兵造反且势力日益

---

① 吴玉贵：《西突厥新考——兼论〈隋书〉与〈通典〉、两〈唐书〉之"西突厥"》，《西北民族研究》1988年第1期，第123页；吴玉贵：《突厥汗国与隋唐关系史研究》，中国社会科学出版社，1998，第27页；薛宗正：《突厥史》，中国社会科学出版社，1992，第156~157页；龚荫：《中国民族政策史》，云南人民出版社，2014，第438页。任宝磊认为，虽然此时沙钵略已撤离于都斤山，但没有确凿史料证明阿波已经占据于都斤山王庭，故倾向于阿波仍据守其北牙。参见任宝磊《新疆地区的突厥遗存与突厥史地研究》，博士学位论文，西北大学，2013，第81页。

② 此时染干作为处罗侯在左翼势力的继承人，被都蓝封为突利可汗，继续执掌汗国左翼。参见郭万里《突厥汗国左翼若干问题研究》，硕士学位论文，内蒙古大学，2020，第22、30、43、46、54页。

③ 吴玉贵：《西突厥新考——兼论〈隋书〉与〈通典〉、两〈唐书〉之"西突厥"》，《西北民族研究》1988年第1期，第124页；薛宗正：《突厥史》，中国社会科学出版社，1992，第157~160页；郭万里：《突厥汗国左翼若干问题研究》，硕士学位论文，内蒙古大学，2020，第22页。

壮大"并一度"在鏖战中处于上风",① 指的就是阿波被擒、泥利即位初期土门系突厥内乱的政治局面——乙息记系的都蓝步步紧逼，木杆系的泥利则节节败退，开皇十年（590）高昌被突厥破四城，这很可能是西征的都蓝所为，当时都蓝的前锋势力或许已经西越金山进入西域东部的东天山一带，而该地域接近传统上木杆系势力范围的西南边境。② 开皇十年（590）的突厥形势，如图4所示。

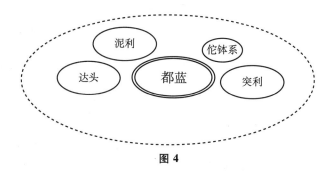

**图 4**

矢志恢复木杆系大可汗地位的泥利似乎已经被逼到了绝境，接下来便开始了绝地反击，在其后发给罗马皇帝的国书中有如此描述：

> 可汗派遣一名使臣向另外三位大可汗（求援）。这是他们的名字：Sparzeugun、Kunaxolan、Tuldich。在所有人聚集到伊卡尔（这是大平原中部的一个地区）之后，他们的敌人相聚在此激烈厮杀，篡权者阵亡，他的同盟丢盔弃甲落荒而逃；在经历一场大屠杀之后，可汗重新收复失地。可汗通过使节向莫里斯皇帝传递了胜利的境况。③

① 魏义天、赵飞宇、马翙斐：《东罗马皇帝莫里斯和突厥可汗：泰奥菲拉克特·西摩卡塔所记突厥史料》，《西域研究》2018年第2期，第94页；冯承钧译沙畹《西突厥史料》相关部分作："可汗亲属名Touroum者，聚兵以叛，窃据汗位，可汗攻之不胜"，见沙畹《西突厥史料》，冯承钧译，中华书局，2004，第221页；关于将Turum/Touroum比定为都蓝，另参见沙畹《西突厥史料》，冯承钧译，中华书局，2004，第225页，冯承钧之注二；Harmatta, János: "The Letter Sent by the Turk QAΓAN to the Emperor Mauricius". *Acta Antiqua Academiae Scientiarum Hungaricae* 41, 2001, p. 115.

② 薛宗正：《突厥史》，中国社会科学出版社，1992，第162~163页；龚荫：《中国民族政策史》，云南人民出版社，2014，第440页；朱振宏：《西突厥与隋朝关系史研究（581~617）》，稻乡出版社，2015，第160~166页。

③ 魏义天、赵飞宇、马翙斐：《东罗马皇帝莫里斯和突厥可汗：泰奥菲拉克特·西摩卡塔所记突厥史料》，《西域研究》2018年第2期，第94页。冯承钧译沙畹《西突厥史料》相关部分作："乃遣使征Sparzeugoun, Rounaxola, Touldikh三大可汗之兵，援军既集，在大平原中Ikar地方作战，敌人初颇顽抗，旋伪汗殁于阵，敌军遂溃，可汗肆行屠杀，复得其国，可汗乃遣使告Maurice帝以此种武功。"见沙畹《西突厥史料》，冯承钧译，中华书局，2004，第221页。

关于另外三位可汗真实身份的考订，目前尚无确切可靠的意见；① 伊卡尔（Ikar）之战的具体位置暂时也难以确认，一般多认为其位于西域某处，② 比较接近木杆系

---

① 关于 Sparzeugun，Haussig 将其复原为 ∗Špar-säɣun（"沙钵略–将军"）；岑仲勉认为 Spar 与 "始波罗" 有关，zeugun 则与 "军队"（德语 Leug）或 "将军"（Sangun）有关；内田吟风将其比定为沙钵略；魏义天也认为其与 "Ishbara Sangun" 有关，但具体是谁还难以确定；薛宗正将其比定为潘那可汗；Harmatta 则将其比定为达头曾孙沙钵罗叶护（Išpara jeβɣü）。参见 H. W. Haussig：Theophylakts Exkurs über die skythischen Völker，*Byzantion* XXIII（1953）pp. 376~377；岑仲勉《突厥集史》，中华书局，1958，第 948 页；内田吟風『北アジア史研究　鮮卑柔然突厥篇』，1975，第 454 页；Étienne de la Vaissière，"Theophylact's Turkish Exkurs revisited，" in V. Schiltz（ed.），*De Samarcande à Istanbul*：*étapes orientales*. Hommages à Pierre Chuvin-II，Paris，CNRS Editions，2015，p. 101；薛宗正《突厥史》，中国社会科学出版社，1992，第 144、166 页；Harmatta，János："The Letter Sent by the Turk QAΓAN to the Emperor Mauricius". *Acta Antiqua Academiae Scientiarum Hungaricae* 41，2001，pp. 115-116。关于 Kunaxolan / Rounaxola，Haussig 将其复原为 ∗Qunašolhan（∗Qunoq-šulhan），岑仲勉认为或可复原为 "曷那萨"，视作 "曷萨那" 之误导，也可复原为 "撅泥处罗"，视作 "泥撅处罗" 之误导；内田吟风将其比定为沙钵略之弟处罗侯可汗；薛宗正将其比定为泥利可汗；Harmatta 则将其比定为达头的另一个曾孙伽那设（Qanaq šad）。参见 H. W. Haussig：Theophylakts Exkurs über die skythischen Völker，*Byzantion* XXIII（1953）pp. 377-378；岑仲勉《突厥集史》，中华书局，1958，第 961 页；内田吟風『北アジア史研究　鮮卑柔然突厥篇』，1975，第 454 页；薛宗正《突厥史》，中国社会科学出版社，1992，第 166、276 页；Harmatta，János："The Letter Sent by the Turk QAΓAN to the Emperor Mauricius". *Acta Antiqua Academiae Scientiarum Hungaricae* 41，2001，pp. 115-116。关于 Tuldich，冯承钧在沙畹《西突厥史料》的补注中认为可比定为突利，同意其说的还有内田吟风、薛宗正、魏义天、朱振宏等；Haussig 认为 Tuldich 可复原为 ∗Tulyɣ，进而关联于西突厥十箭东部联盟之名 "都陆" / "咄陆"（∗Tul-oq）；Harmatta 则认为 Tuldich 应比定为达头之子都六（Tuliq）；参见沙畹《西突厥史料》，冯承钧译，中华书局，2004，第 225 页；H. W. Haussig：Theophylakts Exkurs über die skythischen Völker，*Byzantion* XXIII（1953）p. 378；内田吟風『北アジア史研究　鮮卑柔然突厥篇』，1975，第 454 页；薛宗正《西突厥开国史考辨——兼评沙畹说和王譞说》，《新疆社会科学》1985 年第 4 期，第 93 页；Harmatta，János："The Letter Sent by the Turk QAΓAN to the Emperor Mauricius". *Acta Antiqua Academiae Scientiarum Hungaricae* 41，2001，pp. 115-116；Étienne de la Vaissière，Maurice et le qaghan：à propos de la digression de Théophylacte Simocatta sur les Turcs，*Revue des Études Byzantines*，68，2010，p. 223；魏义天、赵飞宇、马翊斐《东罗马皇帝莫里斯和突厥可汗：泰奥菲拉克特·西摩卡塔所记突厥史料》，《西域研究》2018 年第 2 期，第 94 页；Étienne de la Vaissière，"Away from the Ötüken：A geopolitical approach to the 7th c. Eastern Türks，" in J. Bemmann，M. Schmauder（ed.），*The Complexity of Interaction along the Eurasian Steppe zone in the first Millennium AD*，（Bonn Contributions to Asian Archaeology，7），Bonn，2015，p. 453；Étienne de la Vaissière，"Theophylact's Turkish Exkurs revisited，" in V. Schiltz（ed.），*De Samarcande à Istanbul*：*étapes orientales*. Hommages à Pierre Chuvin-II，Paris，CNRS Editions，2015，p. 101；朱振宏：《西突厥与隋朝关系史研究（581~617）》，稻乡出版社，2015，第 169~171 页。

② 关于伊卡尔（Ikar），岑仲勉认为或可比于伊吾卢；Haussig、内田吟风认为可能在西域，或即唐书地理志中于阗疏勒道的要冲 "繁馆"；魏义天则提出，Ikar 或是粟特语 ɣɣrt "宽阔的" 的误译，并非地名，或是希内乌苏（Shine~Usu）碑中提到的 Yogra~Yarïš（南 31，葛逻禄居地附近的一个平原）。参见岑仲勉《突厥集史》，中华书局，1958，第 948 页；H. W. Haussig：Theophylakts Exkurs über die skythischen Völker，*Byzantion* XXIII（1953）p. 381；内田吟風『北アジア史研究　鮮卑柔然突厥篇』，1975，第 456 页；Étienne de la Vaissière，"Theophylact's Turkish Exkurs revisited，" in V. Schiltz（ed.），*De Samarcande à Istanbul*：*étapes orientales*. Hommages à Pierre Chuvin-II，Paris，CNRS Editions，2015，p. 101。

及室点密系的传统势力范围，故而前往该处支援的另外三位可汗，很可能都出自西部集团。进一步，如果认定发出求援信使的大可汗是泥利，那么前往援助的三位可汗中就不太可能出现乙息记系的可汗，原因是从启民之子与泥利之子曷萨那有世憾并最终导致曷萨那命丧东突厥入唐使者之手一事，可推知启民与泥利也必然势不两立，①因而 Tuldich 不可能是突利可汗染干；②相比之下，更为合理的是哈尔马塔（Harmatta，János）提出的看法，将 Tuldich 比定为都六可汗，③如果该看法成立，那么这也是目前所知达头之子都六在史料中的第一次出现，甚至比《慧思陶勒盖碑》中的"tü-rüg ka-γan"还要早。对于另两个可汗，哈尔马塔将其分别复原为"＊Išpara jeβγü"（沙钵罗叶护）和"＊Qanaq šad"（伽那设），从而将其都比定为达头的曾孙；④将这两个人物比定虽然较为牵强，但其名号的对音复原却颇有价值，多见于室点密系贵族的这两个名号看上去更符合西部集团的传统，因而前面这两个可汗来自西部集团的可能性也更高；从排位顺序推测，其可能是木杆系的小可汗，也可能是室点密系的小可汗，而地位均高于都六。

　　伊卡尔之战可能发生在 593~594 年。593 年汉文史籍第二次提到泥利时，其正与都蓝身边的大义公主进行连结，或可将该举动视作以泥利为首的西部集团在反攻之前的情报准备工作的一部分；⑤594 年再一次出现在东方的达头与都蓝交兵，两方争相

① 关于曷萨那（即泥撅处罗可汗达漫）在唐廷遇害的原因，史料有两种不同记载，一说是应东突厥可汗使者要求，一说是应西突厥射匮要求，一般认为前一记载更可信，并将该东突厥可汗具体确定为启民之子处罗（奚纯）而非始毕，相关分析参见刘义棠《突回研究》，（台北）经世书局，1990，第49~52、683~685页；朱振宏《从"小洪那海突厥石人"探讨泥利、泥撅处罗父子与隋朝关系发展》，严耀中主编《唐代国家与地域社会研究——中国唐史学会第十届年会论文集》，上海古籍出版社，2008，第412~414页；朱振宏《西突厥与隋朝关系史研究（581~617）》，稻乡出版社，2015，第225~228页。关于启民与泥利处罗之间的敌对竞争关系，参见邓伟《隋至唐初的东、西突厥关系》，硕士学位论文，新疆师范大学，2012，第20页；包文胜：《泥利可汗与突厥政局的发展》，《内蒙古社会科学》2021年第2期，第64~65页。
② 伊卡尔的具体地理位置与突利所在的漠北东部距离遥远，也可佐证前往伊卡尔会战的可汗中不太可能有突利。
③ Harmatta, János："The Letter Sent by the Turk QAΓAN to the Emperor Mauricius". *Acta Antiqua Academiae Scientiarum Hungaricae* 41, 2001, pp. 115-116.
④ Harmatta, János："The Letter Sent by the Turk QAΓAN to the Emperor Mauricius". *Acta Antiqua Academiae Scientiarum Hungaricae* 41, 2001, pp. 115-116.
⑤ 薛宗正：《突厥史》，中国社会科学出版社，1992，第163~164页；龚荫：《中国民族政策史》，云南人民出版社，2014，第440页；Étienne de la Vaissière, Maurice et le qaghan：à propos de la digression de Théophylacte Simocatta sur les Turcs, *Revue des Études Byzantines*, 68, 2010, p. 223；魏义天、赵飞宇、马翊斐：《东罗马皇帝莫里斯和突厥可汗：泰奥菲拉克特·西摩卡塔所记突厥史料》，《西域研究》2018年第2期，第94页。朱振宏认为，泥利此前是大可汗都蓝属下掌管东突厥西面的小可汗，大义公主事发之后，泥利恐都蓝报复，才逃离东突厥，依附西突厥达头可汗。参见朱振宏《从"小洪那海突厥石人"探讨泥利、泥撅处罗父子与隋朝关系发展》，严耀中主编《唐代国家与（转下页注）》

向隋朝请援，这可能表明西部集团已经发动战略反攻进入了东部集团的本土，或因西部集团内部达头在南、泥利在北，故隋朝获取到的主要是达头方面的情报。这样，泥利赢得了反攻都蓝的关键战役——伊卡尔之战，此战扭转了突厥内战的走势，都蓝从此由盛转衰，达头也由此更深程度地卷入了内战，在西方与波斯的战事告一段落之后，再度回归东方。① 泥利乘胜收复了木杆系故地，并很可能趁势东进君临漠北，控制（但未必入驻）了于都斤山大牙，于是在595年宣告登上了大可汗的宝座。② 开皇十五年（595）泥利君临漠北、称大可汗之际的突厥形势，如图5所示。

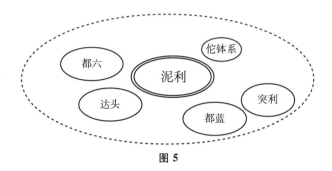

图 5

　　土门系内争中，乙息记系、木杆系和佗钵系三大势力的强盛程度决定了哪一方可以成功夺取大可汗之位，其中主要是乙息记系与木杆系之争，故而获得佗钵系的支持就成为胜出的关键。沙钵略能够上位在于其获得了菴罗的支持，即乙息记系因争取到了佗钵系而压倒了木杆系；阿波击败沙钵略主要是得到了达头的援助，当时佗钵系的情况不明，但可以推测其并未随乙息记系的沙钵略和处罗侯撤往漠南，而是留在漠北臣服于阿波；都蓝就任大可汗肯定也降服了漠北的佗钵系，并将漠北东部（即左翼的北区）分封给了同为乙息记之孙的突利可汗染干（即后来的启民可汗）；③ 而

---

（接上页注⑤）地域社会研究——中国唐史学会第十届年会论文集》，上海古籍出版社，2008，第392~395页；朱振宏《西突厥与隋朝关系史研究（581~617）》，稻乡出版社，2015，第108~112、175~178页。本文不同意这一看法，因583年突厥内战正式爆发之后，木杆系和乙息记系始终势不两立，史料中从来没有出现过一方臣服于另一方的记载，故而关于泥利曾经一度臣服于都蓝而后才叛逃西去的推测是不太可能成立的。

① 薛宗正：《突厥史》，1992，第163、166页；龚荫：《中国民族政策史》，云南人民出版社，2014，第440页。

② Étienne de la Vaissière, Maurice et le qaghan : à propos de la digression de Théophylacte Simocatta sur les Turcs, *Revue des Études Byzantines*, 68, 2010, pp.220-223；魏义天、赵飞宇、马翊斐：《东罗马皇帝莫里斯和突厥可汗：泰奥菲拉克特·西摩卡塔所记突厥史料》，《西域研究》2018年第2期，第92~94页。

③ 还在处罗侯为左翼首领之时，染干曾经担任过镇守、监视漠北铁勒诸部的官职，其牙帐应位于左翼北区；在接替处罗侯出掌左翼之后，其牙帐大部分时间仍在左翼北区，依然统辖着相当多的铁勒部众。参见郭万里《突厥汗国左翼若干问题研究》，硕士学位论文，内蒙古大学，2020，第22、30、43、45、46、54页。

当泥利复兴、再度降服佗钵系之后，大可汗之位重归于木杆系就无争议了。在这一系列变动中，位于漠北土拉河流域的佗钵系在更多的时段都处于木杆系及达头的势力范围之内，因而其内部保留了若干西部集团背景的印记。在佗钵系臣服于泥利的同时，漠北的铁勒诸部也随之倒向西部集团，而染干在漠北左翼的处境则越发艰难，于是趁势南下，迎娶隋朝公主，时在 597 年。①

达头对于土门系内争秉持了类似"离强合弱"的策略，早先支持阿波，后来支持泥利，都是出于平衡土门系各派势力之考虑，旨在防止乙息记系过于强大而危及自身利益。当木杆系的泥利击败都蓝复兴之后，达头调整政策，逐渐后退至漠南的乙息记系靠拢，在汉文史料中就表现为开皇十七年（597）之后，达头开始配合都蓝对抗隋朝；而在乙息记系内部分裂为都蓝与启民两派之后，达头也协助都蓝进攻亲隋的启民。② 开皇十九年（599），都蓝与启民之争达到高潮，都蓝引达头联军进攻启民，在合力将启民所部击败之后，都蓝却突然遇刺身亡，达头旋即收拾残局，统一土门系各派（不包括已投降隋朝的启民残部），入主于都斤山大牙，称大可汗，并将可汗号升级为"步迦"，时在开皇二十年（600）。③ 在这一事件中，泥利很可能被迫让出了本已控制的于都斤山地域，并将大可汗的名位同时让出。开皇二十年（600）步迦君临漠北、称大可汗之际的突厥形势，如图 6 所示。

这是室点密系第一次登上土门系大可汗的宝座，故而必然激起众多不满与抗

① 作为都蓝主政时期的突利可汗，染干并不是北面可汗而是东面的小可汗，因"突利"是"左翼，东面"之意，所谓"突利本居北方，以尚主之故，南徙度斤旧镇"并非是说从北面区域往南迁到于都斤山，而是突厥汗国左翼辖区也有南北之分，染干原本在左翼北区，以铁勒诸部为统治中心，后来才往南迁移到接近漠南阴山、黄河与长城一带的度斤镇，参见郭万里《突厥汗国左翼若干问题研究》，硕士学位论文，内蒙古大学，2020，第 30、53、54、67 页。关于度斤镇不在漠北于都斤山而在漠南，参见護雅夫「度斤舊鎮」小考——北魏の北辺一，『古代トルコ民族史研究Ⅲ』，山川出版社，1997，第 298～334 页；牟发松《北魏军镇考补》，《魏晋南北朝隋唐史资料》第 7 期，武汉大学历史系魏晋南北朝隋唐史研究室，1985，第 67 页；王亦军《李益诗文杂考》，王亦军、裴豫敏编注《李益集注》，甘肃人民出版社，1989，第 519～522 页；徐冲《新出北魏长孙忻墓志疏证》，《早期中国史研究》第八卷第一期，2016，第 157～158 页。
② 段连勤：《关于西突厥与西突厥汗国早期历史的几个问题——兼与王讜同志商榷》，《新疆社会科学》1984 年第 3 期，第 108 页。吴玉贵：《西突厥新考——兼论〈隋书〉与〈通典〉、两〈唐书〉之"西突厥"》，《西北民族研究》1988 年第 1 期，第 125～126 页；薛宗正：《突厥史》，中国社会科学出版社，1992，第 167～168 页；邓伟：《隋至唐初的东、西突厥关系》，硕士学位论文，新疆师范大学，2012，第 10 页；龚荫：《中国民族政策史》，云南人民出版社，2014，第 441 页。
③ 吴玉贵：《西突厥新考——兼论〈隋书〉与〈通典〉、两〈唐书〉之"西突厥"》，《西北民族研究》1988 年第 1 期，第 126 页；薛宗正：《突厥史》，中国社会科学出版社，1992，第 168～171 页；邓伟：《隋至唐初的东、西突厥关系》，硕士学位论文，新疆师范大学，2012，第 10 页；龚荫：《中国民族政策史》，云南人民出版社，2014，第 441 页；朱振宏：《西突厥与隋朝关系史研究（581～617）》，稻乡出版社，2015，第 168～169 页。

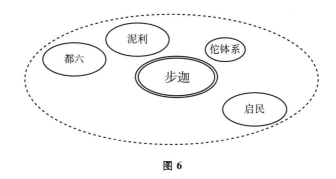

图 6

争。之后达头重点解决隋朝扶植的启民余部问题，多次南下犯塞，但启民在隋朝尤其是长孙晟的援助与谋划下，逐渐复兴变强，不仅没有让达头占到便宜，反而开始策反漠北旧部。达头对漠北的统治逐渐瓦解，铁勒诸部反抗激烈，东面、南面的部落纷纷南下投附启民，西面的部落也屡次击败泥利及叶护等意欲反叛自保，北面的部落暂时主要处于佗钵系的统领下，情况不明。仁寿三年（603），漠北局势彻底失去控制，达头向西北的退路被隔断，遂不得不向西南逃入吐谷浑，漠北大乱，启民趁势招揽旧部，铁勒诸部则在短时期内经历了剧烈的政治变动。①

## 八　思摩败降于启民的时间

步迦可汗政权于仁寿三年（603）崩溃后，漠北的突厥政治势力主要分裂为三部分：第一部分是都六，达头之子，代表室点密系；第二部分是泥利，阿波之侄，代表木杆系；第三部分是菴罗或其继承人，可能是菴罗本人，也可能是其兄弟或子侄，② 代表佗钵系。由于漠北变乱剧烈，上述三大势力中前两者的首领很快都告亡故，继承者分别是都六之子射匮与泥利之子处罗。从《慧思陶勒盖碑》上泥利的地位高于都六来看，有可能在达头消失之后，西部集团内部木杆系再度压倒室点密系，泥利很快便收服了都六，并为自身后继者打下了牢固的统治基础，故而下一代的处罗

① 段连勤：《关于西突厥与西突厥汗国早期历史的几个问题——兼与王謏同志商榷》，《新疆社会科学》1984年第3期，第109页；吴玉贵：《西突厥新考——兼论〈隋书〉与〈通典〉、两〈唐书〉之"西突厥"》，《西北民族研究》1988年第1期，第126~127页；薛宗正：《突厥史》，中国社会科学出版社，1992，第171~175页；邓伟：《隋至唐初的东、西突厥关系》，硕士学位论文，新疆师范大学，2012，第10页；朱振宏：《西突厥与隋朝关系史研究（581~617）》，稻乡出版社，2015，第171~173页。

② 史书未记载菴罗的卒年，与菴罗活动年代接近的沙钵略卒于587年，但达头则从576年即位起一直活动到603年，故依据现有材料尚难确定仁寿三年时菴罗是否仍然在世。

即位后势力一度相当强盛，令射匮附隶于其下。实际上这主要是因为处罗继承了其父的政治资本并延续了之前的内部强弱态势。① 其后，因隋朝介入，启民复兴，射匮先是暂臣服于处罗，不久即击败后者，恢复了室点密系对西突厥的统治，并迫使处罗投降了隋朝。② 由此，突厥汗国正式分裂为东西两个相对独立的部分，汗室也各自固定为乙息记系和室点密系；而木杆系在入隋之后辗转投往唐朝，改称曷萨那可汗的泥利之子处罗（达漫）终亡于启民之子处罗（奚纯）的使者之手，③ 佗钵系则在菴罗之侄思摩的率领下附隶于启民，直至与启民之子颉利一同败降于唐朝。④

与此同时，铁勒诸部也经历了大规模的迁徙和离散。⑤《隋书·长孙晟传》载：

> （仁寿）三年，有铁勒思结、伏利具、浑、斛萨、阿拔、仆骨等十余部，尽背达头，请来降附。达头众大溃，西奔吐谷浑。晟送染干安置于碛口。⑥

---

① 岑仲勉认为，都六之死，史失其载，推测可能与其父达头同时失败，或遂死于仁寿三年（603），参见岑仲勉《西突厥史料补阙及考证》，中华书局，1958，第108页。笔者案，从《慧思陶勒盖碑》上泥利、都六同时出现却未提达头/步迦来看，都六有可能在达头失败逃奔吐谷浑之后继续存在，但地位已低于泥利，而其卒年及射匮即位之年尚不明晰，不过从当时局势推测，应与泥利去世、处罗即位的年代相距不远。

② 吴玉贵：《突厥汗国与隋唐关系史研究》，中国社会科学出版社，1998，第43~45页；朱振宏：《从"小洪那海突厥石人"探讨泥利、泥撅处罗父子与隋朝关系发展》，严耀中主编《唐代国家与地域社会研究——中国唐史学会第十届年会论文集》，上海古籍出版社，2008，第404~405页；朱振宏：《西突厥与隋朝关系史研究（581~617）》，稻乡出版社，2015，第190~191页；任宝磊：《新疆地区的突厥遗存与突厥史地研究》，博士学位论文，西北大学，2013，第84、107~109页。

③ 曷萨那（达漫）在唐朝李渊宫中遇害，乃出于东突厥处罗可汗（奚纯）使者的要求，相关分析参见刘义棠《突回研究》，（台北）经世书局，1990，第49~52、683~685页；朱振宏《从"小洪那海突厥石人"探讨泥利、泥撅处罗父子与隋朝关系发展》，严耀中主编《唐代国家与地域社会研究——中国唐史学会第十届年会论文集》，上海古籍出版社，2008，第412~414页；朱振宏《西突厥与隋朝关系史研究（581~617）》，稻乡出版社，2015，第225~228页。

④ 吴玉贵注意到，传统史料记载思摩在贞观四年（630）突厥汗国灭亡之后与颉利同时被唐军擒获，但据墓志记载，思摩降唐是在贞观三年（629）突厥亡国之前而非之后。李丹婕也指出，与史书记载有所不同，根据墓志提供的线索，思摩很可能在与颉利一同被擒之前就已经加入了唐朝的阵营，故有内应之嫌。参见吴玉贵《古代突厥汉文碑志叙录》，《理论与史学（第1辑）》，中国社会科学出版社，2015，第146页；李丹婕《比较视野下入华突厥酋长的身份与认同——以阿史那/李思摩为例》，朱玉麒主编《西域文史（第十一辑）》，科学出版社，2017，第199~201页。

⑤ 小野川秀美：《铁勒考》，王恩庆译，《民族史译文集》第6集，中国社会科学院民族研究所历史研究室资料组，1978，第43~45页；段连勤：《丁零、高车与铁勒》，上海人民出版社，1988，第351~357页。

⑥《隋书》卷51《长孙晟传》，中华书局，1973，第1335页。另按，"铁勒"与"思结"之间不应点断，盖以铁勒为总称，参见岑仲勉《突厥集史》，中华书局，1958，第84页；王帅帅《铁勒仆固部研究》，硕士学位论文，西北大学，2017，第18页。

《旧唐书·回纥传》载：

> 大业元年，突厥处罗可汗击特勒诸部，厚敛其物，又猜忌薛延陀，恐为
> 变，遂集其渠帅数百人尽诛之，特勒由是叛。特勒始有仆骨、同罗、回纥、拔
> 野古、覆罗，并号俟斤，后称回纥焉。①

《新唐书·回鹘传》载：

> 大业中，处罗可汗攻胁铁勒部，衰责其财，既又恐其怨，则集渠豪数百悉
> 坑之，韦纥乃并仆骨、同罗、拔野古叛去，自为俟斤，称回纥。②

上述《新唐书·回鹘传》中的"大业中"即对应《旧唐书·回纥传》中的"大业
元年"，亦即605年，据其可知，603年铁勒诸部尽背达头降附启民，然而到605
年铁勒诸部即又因反抗征税无度而尽背处罗分别自立，在短短不到三年的时间内，
铁勒诸部的宗主发生了多次变化：起初几乎都隶属于达头（室点密之子），然后有
一部分短暂隶属于思摩（佗钵之孙），更多的部分陆续隶属于启民（乙息记之孙），
随即又几乎都隶属于处罗（木杆之曾孙），最后又大部分反叛自立。上述诸宗主涵
盖了土门系下三大支系与室点密系，其中的每一次变化通常都缘于前一任宗主的失
败，从而引发隶属关系的迁移，但从启民到处罗的变化则相对突兀，单据史料记载
来看，启民似并未遭遇明显失败，却在很短的时间内失去了大部分铁勒部落的宗主
权，那么，其间到底发生了什么？个中的关键事件之一，是俟陆可汗思摩被启民可
汗染干击败，此前曾长期处在西部集团统治下的佗钵系从此转而附隶于东部集团的
乙息记系。下面我们将要考证，启民破思摩一事只能发生在仁寿四年（604）下半
年至大业元年（605）之间。

据《阿史那思摩墓志》记载，启民破思摩后将其献给隋炀帝，"拘于隋室。炀
帝亲释其缚，赐物五百段，仍放还蕃"。因炀帝即位于仁寿四年（604）七月，由
此推知，启民破思摩必在此时间点之后。③ 思摩虽为启民所破，而其麾下之回纥、

① 《旧唐书》卷195《回纥列传》，中华书局，1975，第5195页。
② 《新唐书》卷217上《回鹘传》，中华书局，1975，第6111页。
③ 尤李把启民破思摩之事定在开皇十九年（599），将其作为启民在晋王杨广协助之下打败达头可汗、
  "铁勒于是分散"的结果，参见尤李《阿史那思摩家族考辨》，达力扎布主编《中国（转下页注）

同罗、仆骨等铁勒部落并未随之稳固地归属于启民，因为我们发现，上述部落至迟于大业元年（605）已经处于西突厥处罗可汗统领之下，并在之后不久又叛离处罗，首领自称俟斤，保聚于郁督军山，再后来归属于始毕,① 也就是说，回纥、同罗、仆骨等部在大业元年之后即与启民没有发生过任何关系，同时也与思摩没有发生过任何关系，因此，回纥、同罗、仆骨等部与启民或思摩发生关系的时段只能是在大业元年及之前。从《阿史那思摩墓志》的叙述可知，启民破思摩之前的一段时间，回纥、同罗、仆骨等部臣属于思摩，而思摩被启民俘获时，回纥、同罗、仆骨等部的去向则不明确，其既有可能随思摩一同臣属于启民，也有可能暂时逃出另投他处，但无论如何，确定无疑的是，当大业元年再提到回纥、同罗、仆骨等部时，其已经归属于西突厥处罗可汗，且在此后与启民或思摩再无任何关系，因此，统领着回纥、同罗、仆骨等部的俱陆可汗阿史那思摩被启民击败并俘获一事只能发生在仁寿四年（604）七月与大业元年（605）之间。②

---

① 上页注③）边疆民族研究（第四辑）》，中央民族出版社，2011，第 19 页；另池田知正也有类似看（接法，参见池田知正「7 世紀初頭までの突厥の政局：諸首長とその所部の分析を通して」『東洋文化研究所紀要』第 149 册，2006，第 355（14）页。笔者按，其说难以成立，《阿史那思摩墓志》明确记载是炀帝于隋室亲自释思摩缚并赐物放还，将其说成是墓志使用了晋王杨广称帝之后的称呼"炀帝"、当时杨广的身份仍然是晋王的这一解释过于迂曲牵强，缺乏可靠证据；同时，《阿史那思摩墓志》中思摩为启民所破的记载可以与《新唐书·突厥传》中"始，启民奔隋，碛北诸部奉思摩为可汗启民归国，乃去可汗号"的记载相对照，"启民归国"应理解为步迦政权崩溃之后启民逐渐招辑旧部重建东部汗国之事，故而也不可能早于仁寿末年。

① 关于回纥等部叛离西突厥处罗自立，后复归降于东突厥始毕，参见下一节；另可见哈密顿《九姓乌古斯和十姓回鹘考》，耿升译，《敦煌学辑刊》（创刊号），兰州大学历史系敦煌学研究室，1983，第 133 页；宋肃瀛《回纥的由来及其发展》，《西域史论丛（第一辑）》，新疆人民出版社，1985，第 59~60 页；杨圣敏《中国少数民族文库：回纥史》，吉林教育出版社，1991，第 46~47 页；张方《铁勒同罗部的盛衰和迁徙》，《河南教育学院学报》（哲学社会科学版）2006 年第 1 期，第 73 页；赵靖、杨富学《仆固部与唐朝关系考》，《新疆大学学报》（哲学·人文社会科学版）2011 年第 6 期，第 60 页；赵靖：《唐代仆固部历史考论》，硕士学位论文，西北民族大学，2012，第 11 页；邓伟《隋至唐初的东、西突厥关系》，硕士学位论文，新疆师范大学，2012，第 25 页；陈恳《回纥早期的居地与牙帐》，余太山、李锦绣主编《欧亚学刊（新 8 辑）》，商务印书馆，2018，第 191 页；吴飞《漠北回纥兴起历程若干问题研究——以回纥与唐朝关系史为中心》，博士学位论文，内蒙古大学，2020，第 46 页。

② 艾冲、冯景运认为思摩为启民所破、转而依附东突厥一事发生于仁寿四年（604）或大业元年（605），但其推论前提是认思摩为达头之孙、都六之子，本文第五节已考证该前提不能成立；李丹婕认为启民归国、思摩去可汗号一事大约发生于大业初年（605），但未作详细论证。参见艾冲《唐太宗朝突厥族官员阿史那思摩生平初探——以〈李思摩墓志铭〉为中心》，《陕西师范大学继续教育学报》2007 年第 2 期，第 61 页；冯景运《"北突厥莫贺咄"考辨》，丁伟、樊英峰主编《乾陵文化研究（十二）》，陕西出版传媒集团、三秦出版社，2018，第 151 页；李丹婕《比较视野下入华突厥酋长的身份与认同——以阿史那/李思摩为例》，朱玉麒主编《西域文史（第十一辑）》，科学出版社，2017，第 199 页。

## 九 七世纪初铁勒诸部的动向

启民既破思摩，原属思摩的回纥、同罗、仆骨等部去向如何？《册府元龟》、《唐会要》与两《唐书》关于铁勒的几条记载或可提供些许线索。《册府元龟》载：

> 至隋开皇中，启民灭都滥，铁勒亡败，依于西藩。至曷婆那可汗，征税无度，铁勒咸怨，遂以延陀之祖乙失钵为野咥可汗，居燕末山。[1]

《唐会要·铁勒》载：

> 隋大业中，西突厥处罗可汗强盛，铁勒诸部皆臣之。后处罗征税无度，铁勒相率而叛归。[2]

《旧唐书·铁勒传》载：

> 初，大业中，西突厥处罗可汗始强大，铁勒诸部皆臣之，而处罗征税无度，薛延陀等诸部皆怨，处罗大怒，诛其酋帅百余人。铁勒相率而叛，共推契苾哥楞为易勿真莫贺可汗，居贪汗山北，又以薛延陀乙失钵为也咥小可汗，居燕末山北。西突厥射匮可汗强盛，延陀、契苾二部并去可汗之号以臣之。回纥等六部在郁督军山者，东属于始毕，乙失钵所部在金山者，西臣于叶护。[3]

《新唐书·回鹘传》载：

> 西突厥处罗可汗之杀铁勒诸酋也，其下往往相率叛去，推契苾哥楞为易勿真莫贺可汗，据贪汗山，奉薛延陀乙失钵为野咥可汗，保燕末山。而突厥射匮

---

① 王钦若等编纂，周勋初等校订《册府元龟》（校订本）卷956《外臣部（一）·种族》，凤凰出版社，2006，第11077页。
② 《唐会要》卷96《铁勒传》，中华书局，1955，第1725页。
③ 《旧唐书》卷199下《北狄传》，中华书局，1975，第5343~5344页。

可汗复强，二部黜可汗号往臣之。回纥、拔野古、阿跌、同罗、仆骨、白霫在
郁督军山者，东附始毕可汗；乙失钵在金山者，西役叶护可汗。[①]

据此，铁勒先是全部或大部臣服于强盛的西突厥处罗可汗（"铁勒诸部皆臣之"），
后又"相率而叛"，《唐会要·铁勒》加在"叛"后的这个"归"字，透露出了若
干部落的动向——对漠北部落而言，先"臣之"而后"叛归"，意味着其在叛离处
罗后又返回到了漠北原居地。综合上述材料可以推知，经过达头（步迦）扰乱的
漠北铁勒诸部，在达头崩溃逃离之后，起初并未归顺启民，而是先整体投附西部突
厥集团（"铁勒亡败，依于西藩"），亦即泥利可汗与都六可汗的联合政权，后来
又主要分裂为东西两个部分，西部因被泥利之子处罗征税无度奋起反抗而建立起契
苾—薛延陀联合的铁勒汗国，东部则组成了以回纥为首的六部联盟，首领自为俟
斤，保聚郁督军山（于都斤山）。[②] 由此看来，在思摩败降于启民之时，原属思摩属
下的回纥、同罗、仆骨等部是否暂时附隶于启民虽不确定，但其很快便都投入了西部
集团的处罗可汗治下，原因则可能是当时处罗十分强盛，其势力盖过了启民，从而使
得大部分的铁勒部落都服从其统治。于是，在 604 年七月与 605 年之间某时，思摩本
部被启民击败并俘获，其属下的回纥、同罗、仆骨等部则在不久之后投附于西部集
团。其后在 605 年某时，处罗征税无度，大肆屠杀抗税的铁勒诸酋，西部集团属下的
铁勒诸部开始全面反抗，契苾、薛延陀称可汗建国于白山、金山之间，回纥、同罗、
仆骨等部则叛归郁督军山（于都斤山）并自为俟斤。[③] 大业元年（605）铁勒诸部反
抗叛离处罗可汗并分为东西两部，自立时期的突厥形势，如图 7 所示。

---

① 《新唐书》卷 217《回鹘传》，中华书局，1975，第 6134 页。
② 关于西部契苾—薛延陀所建铁勒汗国始末，参见段连勤《丁零、高车与铁勒》，上海人民出版社，
　　1988，第 353～356 页；钱伯泉《铁勒国史钩沉》，《西北民族研究》1992 年第 1 期，第 91～100 页；
　　邓伟《隋至唐初的东、西突厥关系》，硕士学位论文，新疆师范大学，2012，第 20～25 页；任宝磊
　　《新疆地区的突厥遗存与突厥史地研究》，博士学位论文，西北大学，2013，第 107～109 页。关于东
　　部回纥等六部与漠北九姓的关系，参见陈恳《突厥铁勒史探微》，花木兰文化出版社，2017，第
　　81～82 页；青格乐《"Toquz Oγuz（九姓）"历史探析》，硕士学位论文，内蒙古大学，2020，第
　　23～24 页。关于此一时期东西两部分铁勒集团之间的关系，目前尚未有定论，一些学者认为东部的
　　回纥等部在政治上附属于西部的契苾—薛延陀汗国，但并无确凿证据，参见姜伯勤《高昌文书中所
　　见的铁勒人》，《文物》1986 年第 12 期，第 56 页；杨圣敏《中国少数民族文库：回纥史》，吉林教
　　育出版社，1991，第 46 页。
③ 宋肃瀛认为，两《唐书》的相关记载不正确，回纥等部叛去自称俟斤的时间不在 605 年处罗可汗杀
　　薛延陀诸酋豪之时，而应在 600 年隋大破步迦可汗之后不久，但其说理据不足，且有悖于当时漠北
　　的政治形势，故难以成立。参见宋肃瀛《回纥的由来及其发展》，《西域史论丛（第一辑）》，新疆
　　人民出版社，1985，第 59 页。

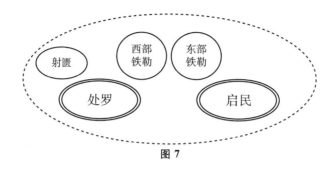

图 7

　　基于上述讨论，605 年反抗西突厥处罗可汗、叛离之自为俟斤、保聚郁督军山（于都斤山）的回纥首领，就不太可能是菩萨，而更可能是其父时健俟斤或更早的首领。薛延陀首领夷男和契苾首领何力均主要活动于贞观年间，可能与同时期的回纥首领菩萨年龄较为相近，这两人分别是 605 年建立铁勒汗国的薛延陀首领乙失钵和契苾首领歌楞的孙子，[①] 基于这一点来推算，菩萨的父亲时健俟斤在 605 年的铁勒抗暴自立事件中很可能还只是相对年幼的晚辈，而何力的祖父歌楞与夷男的祖父乙失钵则明显要更高一辈。事实上，回纥在 604~605 年脱离思摩，归附西藩即突厥西部集团时，西藩的可汗是泥利或其子处罗，而回纥在 605 年反叛并脱离西藩时，泥利已卒，其可汗则确定是处罗，也就是说，回纥与西藩可汗之间，可以确认的事件是回纥曾经叛离处罗，假如回纥与泥利发生过关系，则只能是在 604 年泥利去世之前，而那时候菩萨极可能尚未成年，甚至还未出生，[②] 因此基本不太可能出现菩萨击败泥利之事。[③]

─────────────

① 关于乙失钵之孙为夷男，《资治通鉴》、两《唐书》等多种史料均有明确记载，迄无争议；关于契苾歌楞与契苾何力为祖孙关系，史料记载存在些许歧异，相关考辨参见段连勤《隋唐时期的薛延陀》，三秦出版社，1988，第 47~48 页；马驰《铁勒契苾部的盛衰与迁徙》，《中国历史地理论丛》1999 年第 3 期，第 100 页；董春林《唐代契苾氏家族考论》，《石河子大学学报》（哲学社会科学版）2007 年第 3 期，第 45 页。

② 史载夷男卒于贞观十九年（645），但生年无法确定；契苾何力卒于仪凤二年（677），其生年难以确定，但根据相关史料记载的线索，可以推测出何力的出生年代大致在 611~620 年；另外，与契苾何力活动年代相近的太宗手下的得力蕃将功臣，还有生于大业五年（609）的阿史那社尔与生于大业七年（611）的阿史那忠，其出生时间均可作为何力、夷男及菩萨的生年参考。关于夷男与契苾何力的卒年，参见岑仲勉《突厥集史》，中华书局，1958，第 238、288 页；关于契苾何力生年推测的相关线索，参见马驰《铁勒契苾部的盛衰与迁徙》，《中国历史地理论丛》1999 年第 3 期，第 100~102 页；关于阿史那社尔与阿史那忠的生年，分别参见朱振宏《阿史那摸末墓志笺证考释》，杜文玉主编《唐史论丛（第十五辑）》，陕西师范大学出版社，2012，第 214 页；岑仲勉《突厥集史》，中华书局，1958，第 784 页。

③ 关于《慧思陶勒盖碑》与回纥菩萨有关、尤其可能与回纥菩萨击败或杀死泥利有关的推测，参见 Étienne de la Vaissière, The Historical Context to the Khüis Tolgoi Inscription, *Journal Asiatique* 306. 2 (2018)：317–319；魏义天《慧思陶勒盖碑铭的历史背景》，敖特根、马纳琴译，刘进宝主编《丝路文明》第五辑，上海古籍出版社，2020，第 152~155 页；敖特根、马静、黄恬恬《惠斯陶勒盖碑文与回鹘的崛起》，《敦煌学辑刊》2020 年第 3 期，第 124~128 页。

# 十　余论

面目模糊的达头之子都六，几乎从未在汉文史料中被直接提及，仁寿年间达头亡奔吐谷浑之前曾有泥利及叶护为铁勒所败，该叶护被一些学者推定为都六，并无可靠证据，更多是缘于从泥利与都六的下一代处罗与射匮之间的联合竞争关系的倒推。不过，泥利与都六也确有可能在史料中同时被提到，但不是在汉文中，也不是在粟特文中，根据我们在本文提出的新发现，其在史料中被同时提到是在罕为人知的婆罗米文——《慧思陶勒盖碑》中，两次紧接"ni-ri ka-ɣan"（泥利可汗）提到的"tü-rüg ka-ɣan"并不是"突厥可汗"，而应是"都六可汗"。"泥利—都六"联盟存在时间虽短（603～604），却上承"阿波—达头"（583～587）和"泥利—达头"（587～600），下启"处罗—射匮"（604～611），是从突厥西部集团发展到西突厥汗国的关键阶段，其中因达头的长寿与强势，都六长期居于幕后不显，《慧思陶勒盖碑》的破译有力地证实了这一联盟的存在。《阿史那思摩墓志》证明，思摩属佗钵系，其父咄六设是佗钵可汗之子，与达头可汗之子都六可汗并非一人；"咄六设"／"咄陆设"的名号表明佗钵系曾经接受过西部集团的统治。佗钵系的"西部集团化"发生在"泥利—达头—都六"联盟统治漠北的时段，即587～604年；其中前半段是东部集团的都蓝可汗占优，后半段则是西部集团占优，思摩的青少年时期大都位于后半段这一时段，"咄六设"／"咄陆设""波斯特勤""乙弥""泥孰"等名号均明显受到西部集团的影响。另外，自从菴罗被封为第二可汗降据独洛水地区之后，在整个突厥内战期间，似乎没有迹象表明佗钵系的居地发生过明显变动，即其可能始终活动于都斤山东面的独洛水（今土拉河）流域一带，直到思摩称俱陆可汗旋即败降于启民为止。达头亡奔吐谷浑之后、思摩败降于启民之前的突厥形势，如图 8 所示。

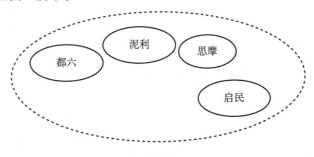

**图 8**

从地理位置上看，《慧思陶勒盖碑》所在的谷地属于土拉河流域，[①] 与佗钵系居地相距较近；从宗教背景上看，佗钵、菴罗重视佛教，《布古特碑》中数见佛教用语，《慧思陶勒盖碑》同样如此；从语言文字上看，《布古特碑》与《慧思陶勒盖碑》都采用婆罗米文，其语言都属于某种古代蒙古语族语言（可能是鲜卑语或柔然语），这说明两者应有较深渊源。[②] 基于上述多方面背景的考察，我们倾向于推测，《慧思陶勒盖碑》的建立者较可能是出自佗钵系的可汗，[③] 如果做更进一步的假设，有可能即是在仁寿三年（603）铁勒反叛、达头逃亡后被漠北诸部共推为俱陆可汗的佗钵之孙思摩，建立时间在"泥利—都六"联盟统治漠北期间（603～604），当时西部的铁勒部落集团分属泥利与都六，东部的铁勒部落集团则分属思摩与启民。[④] 在604或605年思摩为启民所破之后，铁勒部落大部分并未归顺启民，而是先投附了西部集团（泥利—都六或处罗—射匮），605年铁勒因处罗征税无度而反抗，遂脱离突厥统治，西部契苾—薛延陀建立汗国，东部回纥等叛离保聚郁督军山（于都斤山）自立。《慧思陶勒盖碑》创作的时间可能在603年或604年，这与新疆昭苏《小洪那海石人铭文》的创作时间非常接近，[⑤] 两篇铭文中已经共同出

---

① Étienne de la Vaissière, The Historical Context to the Khüis Tolgoi Inscription, *Journal Asiatique* 306. 2 (2018)：315；魏义天：《慧思陶勒盖碑铭的历史背景》，敖特根、马纳琴译，刘进宝主编《丝路文明》第五辑，上海古籍出版社，2020，第148页。

② Étienne de la Vaissière, The Historical Context to the Khüis Tolgoi Inscription, *Journal Asiatique* 306. 2 (2018)：316；魏义天：《慧思陶勒盖碑铭的历史背景》，敖特根、马纳琴译，刘进宝主编《丝路文明》第五辑，上海古籍出版社，2020，第149页；Alexander Vovin, Groping in the Dark：The First Attempt to Interpret the Bugut Brāhmī Inscription, *Journal Asiatique* 307. 1 (2019)：121–134；Alexander Vovin, "A Sketch of the Earliest Mongolic Language：the Brāhmī Bugut and Khüis Tolgoi Inscriptions", *International Journal of Eurasian Linguistics*. 1 (2019)：162–197.

③ 在《慧思陶勒盖碑》破译之前，大泽孝曾推测其所在地遗迹是佗钵之子菴罗（Umna）的陵墓和纪念碑；魏义天认为，大泽孝的假说在碑铭地点属土拉河流域及碑铭采用婆罗米文这两点上都非常在理，唯有碑铭内文本身才能对其有所修正——第5列和第10列出现的突厥可汗泥利活动于595～604年，比581～582年晚了一代，因而认为在碑铭中没有出现的菴罗是碑铭的作者就比较困难了，作者应该是与泥利可汗相同时代或更晚时代的人，参见 T. Ōsawa, "Historical significance on the coexistence of languages, cultures and cult–believes under the early old turkic kaghanate from the Ötükän yïš to the Tianshan regions," in *Nasledie L. N. Gumileva i sovremennaja evrazijskaja integracija. Trudy IX Evrazijskogo nauchnogo foruma, posvjashchennogo 110 – letiju so dnja rozhdenija L'va Nikolaevicha Gumileva*, Astana：ENU, 2012；Étienne de la Vaissière, The Historical Context to the Khüis Tolgoi Inscription, *Journal Asiatique* 306. 2 (2018)：316；魏义天《慧思陶勒盖碑铭的历史背景》，敖特根、马纳琴译，刘进宝主编《丝路文明》第五辑，上海古籍出版社，2020，第149页。

④ 若这一假说成立，则《慧思陶勒盖碑》中所述去世的故可汗应当也出自佗钵系，且故可汗的死亡可能也与603年漠北铁勒之乱有关。

⑤ 泥利卒于604年，《小洪那海石人铭文》为处罗为纪念其父泥利而作，故其时代当在604年之后、处罗政权崩溃之前某时。参见 Étienne de la Vaissière, Maurice et le qaghan：à propos de la digression （转下页注）

现了泥利可汗，《慧思陶勒盖碑》碑文中还出现了与泥利可汗并称的都六可汗，《小洪那海石人铭文》则还出现了泥利可汗之子处罗可汗（cwry x'γ'n），[①] 有理由期待，当时西部集团中一些著名首领的名字也很有可能出现在尚待进一步解读的《小洪那海石人铭文》中。这正如吉田丰所说："布古特和昭苏两篇铭文年代相近，取以互校必将结出累累硕果，不过，这应以首先制作出昭苏铭文的优质拓片或3D照片为前提。"[②]

---

（接上页注②）de Théophylacte Simocatta sur les Turcs，*Revue des Études Byzantines*，68，2010，p.222；魏义天、赵飞宇、马翀斐《东罗马皇帝莫里斯和突厥可汗：泰奥菲拉克特·西摩卡塔所记突厥史料》，《西域研究》2018年第2期，第93页；Étienne de la Vaissière，The Historical Context to the Khüis Tolgoi Inscription，*Journal Asiatique* 306.2（2018）：316；朱振宏《新见两方突厥族史氏家族墓志研究》，朱玉麒主编《西域文史》第8辑，科学出版社，2013，第200~202页；朱振宏《西突厥与隋朝关系史研究（581~617）》，稻乡出版社，2015，第179页；包文胜《泥利可汗与突厥政局的发展》，《内蒙古社会科学》2021年第2期，第64页。

① 大澤孝：「新疆イリ河流域のソグド語銘文石人について—突厥初世の王權に關する一資料—」『国立民族学博物館研究報告別冊』（1999），20：351~355；林梅村：《小洪那海突厥可汗陵园调查记》，《法国汉学》丛书编辑委员会编《粟特人在中国——历史、考古、语言的新探索》，中华书局，2005，第261页；陈凌：《突厥汗国与欧亚文化交流的考古学研究》，上海古籍出版社，2013，第24~28页。

② Yutaka Yoshida，Sogdian Version of the Bugut Inscription Revisited，*Journal Asiatique* 307.1（2019）：104；吉田丰：《布古特碑粟特语部分再考》，王丁译，《中山大学学报》（社会科学版）2020年第2期，第113页。

《中国与域外》第五辑（2023.06）第 60～92 页

# 中国与印度的取火透镜考[*]

［美］劳费尔（B. Laufer）著　　芮传明[**]译

**摘　要**：取火透镜是古代世界有意义的发明之一。学术界对它的发明者以及各地之间的传播关系，有着许多不同的看法。本文着重谈论了中国和印度的取火透镜，批驳了中国在四千多年前就已知晓取火透镜的观点，认为水晶制作的取火透镜是从印度经海道传入中国的，时间晚至 7 世纪初。至于印度的取火透镜，则是 4～6 世纪期间从罗马帝国的希腊化东方地区传入的。此外，本文还对汉文古籍中的各种谬误记载做了精细的考证，正确地分辨了火珠、火齐、玫瑰、琉璃、琅玕诸名间的区别；正确指出，"火珠"一名才是水晶制作的取火透镜的真正名号。

**关键词**：取火透镜　火珠　火齐　中国　印度

## 一　欧洲古人利用光学透镜取火

在古代世界，无论何处使用水晶透镜，都是毫无例外地借助它的光学特性来取火。这种方法不见于各地的任何原始部落中，而只存在于居住在地中海周围、印度、中国等文明高度发展的民族。霍夫（W. Hough）在其颇有意思的《生火之法》（*The Method of Fire-Making*）[①]中正确地指出："在生成'净火'的几种方法中，镜子和透镜为那些拥有聚光器具的文明民族提供了一种有价值的方法。很难说这是一种范围广泛和普遍流传的取火方法，但可能是当时的祭师和科学人士所熟知的事

---

* 译者注：此文是作者《光学透镜》（*Optical Lenses*）的上半部分，其下半部分，如作者在下文的注释中所言，是有关亚洲的眼镜史。但是经译者查检，这部分文字嗣后似乎未见于正式刊物中，或许出于某种原因，作者嗣后并未发表，甚或并未撰写。此文原载《通报》，系列二，卷 16，第 2 号（1915 年 5 月），第 169～228 页。

** 芮传明，上海社会科学院历史研究所研究员。

① 载 *Report of National Museum*（国家博物馆报告），Washington，1890，p.408。

情，并被视为神秘和珍奇之物。"

下文所做探讨的重点在于对这一有意义论题的新研究，涉及中国和印度。[①] 中国和印度并未隐约出现他们视野中的使用透镜的时代孤立，而是分享了由希腊文化激励和扩散的伟大世界文明的成果。因此，本论题也像其他一切文化—历史问题一样，必须置于世界史的框架内进行思考。有鉴于此，首先察看一下我们所知的西方世界古人有关火镜的情况，是不无益处的。

古典时代的人们知道两种生火的光学器具：用以聚焦阳光的凹形取火镜和凸形取火透镜。它们是否得归功于希腊人的发明天赋，或者是否为希腊人借鉴此前美索不达米亚文明而制作的仿制品，凭借我们现有的知识，是无法做出判断的。1845年，莱亚德（H. Layard）在尼尼微（Nineveh）的亚述国王阿淑尔那西尔帕（Ashur-naṣir-pal）宫中发现了一枚平凸的水晶透镜，其直径为 1.5 英寸，焦距为 4.5 英寸；形状宛如我们如今的取火镜，尽管加工得有点粗糙。[②] 现代技术人员承认，它具有很好的取火功能。[③] 然而，我们还需要更多的证据，才能确认取火镜最初是由幼发拉底河流域诸族发明的。

最早的使用取火透镜的可靠文献证据，见于阿里斯托芬（Aristophanes）的喜剧《云彩》（*The Clouds*）的著名场景中；此剧撰于公元前 423 年，下文所引是斯特雷普西亚德（Strepsiades）和苏格拉底（Socrates）的对话（笔者引自 T. Mitchell的译文）。[④]

> 斯特雷普西亚德：我已想出办法了。干了这事，是要忏悔的。
>
> 苏格拉底：说说你的想法！
>
> 斯特雷普西亚德：你已经注意到，这是很好的机会。商铺里有一种小玩
> 具，能够生出火来，燃烧东西……
>
> 苏格拉底：哦，人们通常称它为取火玻璃。

---

① 笔者这篇研究源起于芝加哥两位杰出的眼科医生布劳利（Frank Blawley）和希尔（Emory Hill）的建议，他们将要出版一部综合性的眼科学百科全书，亟盼获得有关亚洲光学镜片史的可靠资料。本文的第二部分即是有关眼镜的历史。

② *Discoveries among the Ruins of Nineveh and Babylon*（尼尼微与巴比伦废墟的发现物），p. 197。

③ 见 Niemann 与 Du Bois 之文，载 Krämer, *Der Mensch und die Erde*（人类和地球），Vol. VII, p. 162；Feldhaus, *Technik der Vorzeit*（往日的技术），col. 667。

④ 剧情是这样的：斯特雷普西亚德欠了五塔兰同的债务。他试图逃避债务，从而想用火镜来焚毁用蜡印记录的诉状。

斯特雷普西亚德：你说对了，就是它。

苏格拉底：说下去！

斯特雷普西亚德：设想法警来了，向我出示他的诉状。注意，我就这样站着，站在太阳光里，测算着距离，把火镜聚焦到他的诉状上，使之顷刻间灰飞烟灭！

苏格拉底：天呐，这是预谋的犯罪！

这段译文是有些意译的，并未突出对于理解取火透镜十分重要的技术要点。斯特雷普西亚德把它描绘成漂亮和半透明的石头，而苏格拉底在上述引文中称之为"取火玻璃"（Burning-Glass），即希腊语"hyalos"（ὕαλος）。这意味着在希腊文献中，该词最早用于表示"玻璃"的意思。① 因此，阿里斯托芬所谓的"取火透镜"是用玻璃制成的。② 然而，支持这一观点的论据绝不令人信服。

最早清楚谈及玻璃的希腊作者是希罗多德（Ⅱ，69），他在谈到埃及人将耳环戴在其驯养的鳄鱼耳朵上时，称之为"熔石"；在谈述埃塞俄比亚人的棺材时，也首次使用了"ὕαλος"（hyalos）一词（Ⅲ，24），而在此则非常明显地具有"水晶"或其他透明石料的意思，③ 因为"他们将尸身放在挖空了的水晶柱中；在他们的国度里开采了大量的水晶"④。如果希罗多德所说的"ὕαλος"意为"水晶"（这已由其段落内本身的文字证实），那么，我们没有任何理由不把阿里斯托芬的"ὕαλος"也理解成"水晶"之意。

除了上引段落外，这位伟大的喜剧作家还在另一段内也使用了此词：在《阿卡奈人》（The Acharnians）中，出访波斯后返回的希腊使臣报告："他们在接待我们时，我们不得不喝了酒；金杯和水晶杯中斟满了甘美的烈酒。"弗里尔（J. H. Frere）对"水晶"一词译得完全正确。然而，布留姆纳（Blümner）、摩根（M. H. Morgan）及其他作者却将希腊文献最早谈及的该容器理解成玻璃器皿。⑤ 我

---

① Blümner，*Technologie*（《工艺学》），Vol. Ⅳ，p. 384。

② M. H. Morgan，"De ignis eliciendi modis apud antiquuos"（《古代生火诸法》），in *Harvard Studies in Classical Philology*（《哈佛古典语言学研究》），Vol. Ⅰ，1890，p. 46。这是对希腊、罗马取火法的最完全研究，包括了取火透镜和取火镜子。

③ 有些学者认为它是东方的雪花石膏或芳石，它被切成薄片后是透明的。

④ Achilles Tatius 也称无色水晶为 ὕαλος ορωρυγμενη。

⑤ 摩根在谈论这段文字时说道，早在阿里斯托芬时代，雅典就使用玻璃器皿了。然而，依笔者之见，从这段文字只能推测出波斯宫廷中使用这种质料的器皿，而阿里斯托芬不过是模糊地了解罢了。此外，据说此石在药剂师的店铺里出售，这证明该物被视为一种神物。

则认为，它提到的似乎更可能是金质的酒杯和水晶的酒杯。

为了成功地将《云彩》谈到的取火透镜说成是用玻璃制作的，摩根不得不求助于并无证据支持的两个理论。他说道，从阿里斯托芬的话中可以清楚地看出，在他那个时代，玻璃十分珍稀，因为他称之为"宝石"（gemma）。此外，据说这种石料是在药剂师的店铺中出售的，这便证明了这种材料是被视作神迹的。假若我们采纳合理和自然的解释，即将引文中的"ὕαλος"理解为专指"水晶取火透镜"中的"水晶"，那么摩根所谓的"神迹"便消失了，[①] 我们也没有必要再让阿里斯托芬把玻璃说成宝石了。阿里斯托芬的描述确实非常符合"水晶"特征。我们还有另外的历史根据可以证实这样的观点：最初的取火透镜是用水晶而非玻璃制成的；通过对汉文和梵文资料的研究，便能证明这一点。

确实，摩根将水晶为人所知的时间点限定在古典时代的晚期，仅稍早于奥古斯都（Augustus）。他列举了罗马诗人辛纳（Helvius Cinna）和斯特拉波（Strabo，他曾说水晶见于印度）作为最早谈及水晶的作家。[②] 然而，这个观点是不正确的。泰奥弗拉斯托斯（Theophrastus，前372~前287）曾清楚地说，无色水晶是半透明的石料，它与红宝石、紫水晶等都可以制成图章戒指。[③]

比希腊人之取火透镜的制作材料更为重要的问题是，取火透镜的用途和使用方式究竟如何。阿里斯托芬之喜剧场景给予我们两点启发。一是完全了解了取火透镜的功用。斯特雷普西亚德所说的法律文书肯定是制在一块蜡牌上的，内容涉及他的法定债务，他想用取火透镜熔化掉蜡牌，从而逃避司法制裁。这种行为当然并不合法，而只是斯特雷普西亚德突发的机灵想法，遂遭到苏格拉底的嘲笑。

因此，毁坏法院文书并不是取火透镜的真正目的，它们的真正用途可以从药剂师店铺都藏有火镜的事实推测出来。在这一点上，摩根因忽视了普林尼的说法而有

---

① Liddell 和 Scott 在其《希英词典》（*Greek-English Lexicon*）采用了这种解释。

② *Harvard Studies in Classical Philology*（哈佛古典语言学研究），Vol. I, pp. 44, 48-49。

③ *De lapidibus*（《宝石》），V. 80。这一事实与 Krause（*Pyrgoteles*《皮戈莱斯》，p. 16）和 Schrader（*Reallexkon*《真正词汇》，p. 152）所言者相同。泰奥弗拉斯托斯是谈及水晶的第一位希腊作者。众所周知，κρυδταλλος 一词见于荷马的作品中，但是义为"冰"；另一个类似的例子是义为"冰"和"水晶"的希伯来语 qerah。所以，这种矿石的实际使用时间肯定远比文献记载所显示的早。它被列入美索不达米亚圆柱印章所用的材料中（Handcock, *Mesopotamian Archaeology*《美索不达米亚考古》，p. 287），也是克里特、迈锡尼和古希腊时期之凹雕饰品的材料（D. Osborne, *Engraved Gems*《宝石雕刻》，pp. 25, 283）。关于古人的水晶，通常可参看 L. de Launay, *Minéralogie des anciens*（《古人的矿物学》），Vol. I, pp. 22-28；C. W. King, *Antique Gems*《古代宝石》，pp. 90-97。

些误入歧途了。下文转引了普林尼的文字，他使我们确信，在医疗中，水晶透镜用以灸灼皮肤。假如中国人也采用了同样的疗法，那么，公元前5世纪雅典的药剂师在其货架上置放取火透镜，可能并非出于稀奇古怪的用途，而是出于很现实的目的：把它们作为某些外科手术的器械而出售给大众。在古代，灸灼疗法使用得十分普遍，人们发明了许多形式的灸灼疗法，至今存留着不计其数的案例。①

泰奥弗拉斯托斯在其关于火的论文中谈道，若以某种方式加工水晶、青铜和银，便能使之成为取火的器具。

普林尼在其《博物史》中两次提到了取火透镜，一是水晶透镜，一是玻璃透镜（23~79）。在有关水晶的那章中，他说道："我发现，有些医学著作声称，对着阳光的水晶球是烧灼人体的最有用的发明物。"② 值得注意的是，中国医师也将水晶透镜用于完全相同的方面。在另一段中，普林尼说道："假如将充满水的玻璃球放在阳光下，则会产生高热，从而点燃衣服。"（XXXVI，69，§199）

3~4世纪杰出的基督教作家拉克坦提乌斯（Lactantius）写道（显然是受了普林尼的影响），若将装满水的玻璃球放在阳光下，其水反射出来的光便会生出火来，即使在酷寒中也是如此。③

博学的塞维利亚（Sevilla）主教伊西多禄（Isidorus，570~636）观察到，对着阳光的水晶会产生火，以致点燃干枯的蘑菇和树叶。④ 他的知识显然源自普林尼。

除了普林尼的著述之外，一首希腊诗《俄菲卡》（Orphica），或者被人误题的《俄耳甫斯》（Orpheus），清楚地谈到了水晶透镜，认为其神奇的性能源自石头，是预言家西奥多马斯（Theodamas）向俄耳甫斯揭示的。如刚才所推测的，此诗并不是从公元前500年左右流传下来的作品，⑤ 而是显然带有亚历山大时代晚期的标记，故当是纪元之后的产物。该作品在水晶之后又提及了一系列宝石（诗节170~184）。神灵不能阻止手上佩戴闪亮透明水晶的人进入神庙祈祷：他的愿望

---

① J. S. Milne，*Surgical Instruments in Greek and Roman Times*（《希腊罗马时期的外科器械》），pp. 116-120. 米尔尼声称："普林尼的作品中载有很少有用信息，对于我们的目的绝无用处。"但是普林尼提到的取火透镜在他关于烧灼物的那一章内占有合适的地位，并有助于更好地理解第120页中希波克拉底（Hippocrates）的文字。

② XXXVII，10，§28.

③ *De ira Dei*（《愤怒》），X.

④ *Origines*，XVI，13，1. 希波克拉底（Hippocrates）和鲍尔（Paul）曾谈到在灸灼疗法中使用蘑菇。

⑤ Krause，*Pyrgoteles*，p. 6. 这件作品的确切撰写日期无法确定。参看 Bernhard，*Grundriss d. griech. Lit.*《希腊文学概论》，Vol. II，pt. I，p. 359；以及 Susemihl，*Gesch. d. griech. Lit. in der Alexandrinerzeit*（《亚历山大时期的希腊文学史》），Vol. I，p. 866。

必须得到允诺。水晶放在干燥的木刨花上，一旦阳光照射它，顷刻便会生烟、冒火，最终烈焰腾起，被人们视为圣火。没有其他祭祀比贡献这种圣火更能令诸神愉悦的了。

因此，古人在医疗方面使用光学透镜，用以灸灼皮肤；在宗教崇拜方面，则用以获得圣火。塞内卡（Seneca）在其著述中还表述了光学透镜可以放大物体的观念：透过灌满水的玻璃球看又小又模糊的字母，可以显得更大更清晰。① 莱辛（Lessing）机智而令人信服地证明了这一论断②：从放大球到放大镜是一种飞跃；古人探索放大的原因，并不在于玻璃瓶的球形，而是在于其中灌满了水。此外，塞内卡的这段文字除了叙述其自身的体验外，并未证明任何其他东西；事实上，古代并无有关放大镜的传说。庞培（Pompeii）、诺拉（Nola）和美因兹（Mainz）都曾发现过透镜，对此，马夸特（Marquardt）说，它们不是别的，只是放大镜而已。③但是笔者并不认可这个结论，而是认为它们乃是取火透镜。④

## 二　中世纪欧洲和阿拉伯人的取火透镜

中世纪的欧洲无疑相当受惠于古人在某些领域的知识。这一时期的矿物学知识主要基于法国雷恩主教马博杜斯（Marbodus，1035~1123）的重要著述，该书题为《宝石》（De lapidibus pretiosis），用拉丁文六步格诗的形式书写。这诗基本上以普林尼、索利努斯（Solinus）的著述以及《俄菲卡》为依据而写成，将古典时代有关宝石的传说介绍给中世纪的欧洲，成为至少四位法国宝石匠的资料来源；并且，直到16世纪末之前，它都成功地保持着作为宝石专业优秀教材和药学院古典手册的地位。⑤ 在该书的第41节，马博杜斯对水晶透镜做了如下的评说："将它对着阳光，它便突生烈焰；依靠灵巧双手的操作，其光束能点燃干菌。"⑥

有关这个问题的进一步探讨，我们可以转引梅根堡（Megenberg，1309~1378）

---

① *Quaestiones naturales*（《自然问题》），I，6，5.
② *Briefe，antiquarischen Inhalts*（《经典文学丛书》），No. 45.
③ *Privatleben der Römer*（《罗马人的私生活》），p. 752.
④ 摩根（M. H. Morgan）（*Harvard Studies in Classical Philology*，Vol. I，1890，p. 46）与马夸特（Marquardt）、萨肯（Sacken）都不同意莱辛的观点，但是证据不足，显然是因为并未认真地理解莱辛强有力的论证。
⑤ 参看潘尼尔（L. Pannier）的《中世纪法国宝石匠》（*Lapidaires français du moyen âge*），第15页及以下，Paris，1882。
⑥ 见金（C. W. King）的英译文《古代宝石》（*Antique Gems*，p. 411）。

《自然书》(*Book of Nature*)中的一句话:"如果阳光照射在圆形水晶上,就能点燃易燃物,犹如绿宝石使用的方式一般。假如它像苹果一样圆,并在潮湿时置于阳光下,那么就能点燃已经熄灭的煤炭。"此外,可参看培根(Roger Bacon,1214~1294)的《大著作》(*Opus maius*)一书①;他试图分析取火透镜的操作机理。然而,培根的文章依赖于阿拉伯物理学家伊本·阿尔海曾(Ibn Alhazen,965~1040)的著述,他对这个问题的研究更为深刻和科学。②

阿拉伯人对于水晶透镜的知识,又是以古典作者的著述为基础,并主要与迪奥斯科里兹(Dioscorides)的名字相关联。这位希腊学者的阿拉伯文版本的《药物论》(Ibn al-Baiṭār 编)谈道,用硬铁敲击水晶,会产生大量的火花;③ 其中还提到,当阳光中的水晶将光束照在一块黑色亚麻布上时,亚麻布便被点燃;又,人们可以用这个方式获得火。④ 9世纪的阿拉伯文著述《石雕厅》(历来错误地归之于亚里士多德的作品)谈到了水晶以同样的方式产生火花,只是没有提及透镜,而此书的希伯来文和拉丁文译本倒是提及的。⑤

13世纪的阿拉伯百科全书编者卡兹维尼(Qazwīnī,1203~1283)说道:"如果将水晶对着太阳,再将一片碎布或一薄片棉花置于附近,后者就会着火;这样的火能照亮物体。还有另一种水晶,纯度稍逊于前一种水晶,但是更加坚硬;视其外表,往往会误认为盐。然而,若用硬钢敲击,则很易发出火星,因此用作诸王随员的打火器。"⑥

---

① The "*Opus maius*" of Roger Bacon(培根的《大著作》),ed. by J. H. Bridges,Vol. I,p. 113,Oxford,1897.

② 参看 S. Vogl,*Physik Roger Bacos*(物理学家罗杰·巴科斯),p. 80。关于更近代的取火透镜应用案例,据说某些古英文的烟盒盖上有一枚透镜,以供紧急情况下使用;至今,博物学家们还偶然用其便携式透镜替代火柴。见 *Horniman Museum and Library*,*Handbook on Domestic Arts*(《家庭艺术手册》),I,p. 35。

③ 古代的拉普兰人大量使用水晶,以取代燧石。有个亲身体验的目击证人使我们确信,用钢敲击水晶,能比燧石产生更多火星(J. Scheffer,*Lappland*《拉普兰》,p. 416,Frankfurt,1675)。而在北欧的史前时代,石英也被用来生火。参看 G. F. L. Sarauw,*Le feu et son employ dans le nord de l'Europe auxs temps prehistoriques*(《史前北欧的火及其使用》),载 *Annales du XXe Congrès archéol*,*et hist. de Belgique*,Vol. I,Grand,1907,pp. 196~226,主要为第 213 页及以下诸页。

④ L. Leclerc,*Traité des simples*(《草药论》),Vol. III,p. 342.

⑤ Ruska,*Steinbuch des Aristoteles*(《亚里斯多德之石书》),pp. 170,171. 其拉丁文版本中的 rotundatus 一词即是取火透镜。

⑥ Ruska,*Steinbuch aus der Kosmographie des al Qazwīnī*(《卡兹维尼宇宙学中的石书》),p. 9. E. Wiedemann 说道,阿拉伯文的作者在"水晶"之后漏掉了"球"字;他认为卡兹维尼清楚地提到了"水晶"。见 *Sitzungsberichte der phys. -med. Soz. Erlangen*(《埃尔兰根身体与医药学会会刊》),Vol. 36,1904,p. 332。

阿拉伯人有关取火镜的知识，也同样以希腊人的科学为基础，如安特缪斯（Anthemius）和戴可利斯（Diocles）就该论题进行的讨论所展示的那样。①

## 三　驳斥有关中国古人懂得取火透镜的几种说法

谈及中国的情况时，我们面对着一大堆令人困惑的推想和观点，只有在清晰梳理这些纷杂的说法之后，我们才有可能讨论真正的事实。希尔（E. Hill）医生最近说："据说中国皇帝早在公元前 2283 年就用透镜观察星辰了。"② 这是民众观念的表述，它认为中国人了解透镜要早于希腊人；不过，我们将会看到，透镜绝不是中国人的发明。

当时，中国人不可能制造透镜，因为制作透镜所需的材料——玻璃或水晶，那时尚未被他们获知。况且，在这个案例中，并未见到中国人声称自己发明了透镜的任何言辞。谈及所谓"透镜"——不知为何人所创——的这段文字见于最古老的汉文史料《书经》（II，5）中，其中谈到了舜帝的天文活动：据说，他使用了一种玉质仪器观察天象，但是文中未对此物予以描述，而只有后世注疏者的解释。③ 然而，无论这一器具的石质有多坚硬和不透明，它与透镜肯定毫无共同之处。

即使像施古德（Schlegel）④ 和佛尔克（Forke）⑤ 这样的专业汉学家也声称，早在希腊人知道取火透镜之前，中国人在纪元前就已知道取火透镜了。然而，他们的结论是基于对汉文史料的错误理解得出的。我们将仔细地查究，看看这些学者是如何得出其结论的。在此同时，笔者将证明，中国在纪元之前根本不知道水晶或玻璃的透镜。

8 世纪的司马贞《三皇本纪》载，女娲"蛇首人身"，⑥ 后因功高而成为三皇之一。但是诸侯共工不服，"乃与祝融战，不胜而怒，乃头触不周山。天柱折，

①　Wiedemann, *Sitzungsberichte der phys. -med. Soz. Erlangen*, Vol. 37, 1905, p. 402.

②　*Ophthalmic Record*（《眼科报告》），Vol. 23, 1914, p. 504.

③　见 Legge, *Chinese Classics*, Vol. III, p. 33; Couvreur, *Chou king*, p. 14; Chavannes, *Mémoires historiques de Se-ma Ts'ien*（《司马迁之史记》），Vol. I, pp. 58-59；以及拙著《玉》（*Jade*），第 104 页及以下。

④　对于施古德的观点，将会作进一步的讨论。

⑤　见其 *Lun-heng*（《论衡》），pt. 2, pp. 96-98。

⑥　女娲最初为男身君主，但从公元 2 世纪开始，在汉代的浮雕上都呈现女身了。

地维缺。女娲乃炼五色石以补天。断鳖足以立四极，聚芦灰以止淫水，以济冀州。于是地平天成，不改旧物"①。同样的传说也见于以哲学家列子署名的《列子》一书中，② 现行的校订版则很可能不会早于汉代。在公元前 2 世纪的《淮南子》③ 和王充的《论衡》④ 中亦然如此。王充指出，这是久远古代普通大众都相信的传说。

每个没有偏见的学者都会承认，涉及女娲的这个传说是个真正的神话。它暗示了一个宇宙灾难，并以原始和天真的想象力设计了一个现实的权宜之计，用以修复被这灾难摧毁的天和地。思维趋势倾向于演绎的古人可能借助了彩虹现象：在原始人的心灵中，彩虹犹如石头般的补丁，用以修补被暴风雨破坏的天空；石英或玛瑙的鲜艳色彩可能暗示了石料色彩与彩虹色彩之间的观念的联想。石料的复合色彩可能显示了冶炼过程的效果；不管怎样，传说中的"熔石"是不能从字面上来理解的；在此，金属的冶炼被幼稚地转化成了石头的冶炼。

既然情况是如此，或者我们对神话的诠释意味着如此，那么对于每个头脑清醒的人来说，这不过是荒诞神话的要素，不能视之为真正的现实，不能据以得出"中国人之工业成就"的具有深远影响的结论。然而，我们的一些汉学家却持有不同的看法。女娲熔炼五色石之说为他们展示奇妙的猜想提供了很好的机会。迈尔斯（Mayers）支持"五色石即煤"的观点，认为女娲是发现其有用性能的第一人。⑤ 拉科佩里（Lacouperie）在一篇颇为有趣的文章中，煞费苦心地证明该传说与玻璃的导入和煤矿的发现毫无关系，尽管他自己也并未得出任何积极的结论。⑥

王充在谈到阳燧时说道："阳燧取火于天。五月丙午日中之时，消炼五石，铸以为器，乃能得火。"⑦ 据佛尔克（Forke）之见，王充所说的阳燧，"其材质肯定

---

① 参看沙畹（Chavannes）《司马迁之史记》（*Mémoires historiques de Se-ma Ts'ien*），Vol. I, pp. 11, 12; H. J. Allen, "Ssūma Ch'ien's Historical Records"（《司马迁之史记》），in *Journ. Roy. As. Soc.*, 1894, p. 247; Mayers, *Chinese Readers Manual*（《中国读者手册》），p. 162; Hirth, *Ancient History of China*（《中国古代史》），p. 11。

② 见《列子·汤问》。参看 E. Faber, *Naturalismus bei den alten Chinesen*（《中国古人的自然主义》），p. 104; L. Giles, *Taoist Teachings from the Book of Lieh Tzū*（《〈列子〉中的道家教义》），p. 85; L. Wieger, *Les pères du système taoiste*（《道家体系之父》），p. 131。

③ 见《佩文韵府》卷 21。

④ A. Forke, *Lun-heng*（《论衡》），pt. 1, p. 250; pt. 2, p. 347。

⑤ *Notes and Queries on China and Japan*（《中日释疑》），Vol. II, p. 99.

⑥ *T'oung Pao*, Vol. II, 1891, pp. 234–243.

⑦ 见王充《论衡》卷 16《乱龙篇》。参看 Forke, *Lun-heng*, pt. II, p. 351。

是一种玻璃，否则它不可能具有取火玻璃镜的功能。① 如今用以制作光学器具的无色玻璃是由五种石质和土质物构成的，即硅石、氧化铅、碳酸钾、石灰和陶土。道家在其炼金术研究中可能会发现这样的混合物"。

佛尔克将"阳燧"或"遂"解释为取火玻璃镜，甚至从《周礼》中也看出了对取火玻璃镜的描述，最后，他得出结论道："古希腊人是知道取火反射镜的。公元前300年左右，欧几里得（Euclid）在其著述中谈到过它们。人们相信，公元前214年，阿基米德（Archimedes）曾经利用这类反射镜焚毁了锡拉库萨（Syracuse）的罗马舰队；当然，这可能是个传奇故事。普鲁塔克（Plutarch）在其《努马生平》（*The Life of Numa*）中谈道，维斯塔祭师们（Vestals）通常用取火反射镜点燃圣火。由于《周礼》撰于公元前11世纪，故中国人不无可能是独立地发明了取火反射镜，远在希腊人了解火镜之前。"

金斯米尔（Kingsmill）曾说："马克斯·缪勒不适当地将神话故事说成语言疾病。对于这类文字，我们或可归入现代神话类；这些神话因我们对中国及其艺术的描述而得以不断发展。"② 笔者的理解是，人们之所以将取火透镜的发明归之于中国古人，是因为误解了一些术语的含义。毕欧③、施古德④、夏德⑤和沙畹⑥都曾清楚地展示，《周礼》所言的取火器具是用金属镜制作的，汉文注疏者对此未有更多的说法。即使如此，佛尔克在转引他们的说法时，却仍然死板地坚持他那"取火玻璃镜"的观点。遗憾的是，他并未告诉我们，周代的中国人是如何在根本不知"玻璃"一名——当然也就没有这种材料——的情况下获得玻璃的。在佛尔克看来，假若王充所言的"熔石"即是玻璃，那么女娲熔炼的五色石也当是同样的材质。于是，就

---

① 我们在下文将看到，这个说法是个谬论，实际上是不可接受的。其技术问题并非如佛尔克所言，是如此容易解决的。王充并未谈论五色石，只是谈到女娲传说时提及了"五色石"。其文中的"五石"一名，仅是"五色石"的不严格名称或略称。假如在此所说的多色石即是一种石英石，那么从技术角度来看，佛尔克的观点并非完全错误；因为从技术上说，石英是可以制作玻璃的。约在十年之前，黑留斯（C. Heraeus）在哈瑙（Hanau）成功地进行了这个实验：石英在纯铱的容器中冶炼，达2000℃，而石英的熔点是1700℃。超过这一熔点后，石英便呈玻璃状。这一工艺难度很高，十分复杂，很难想像只在我们这个时代才能成功的操作技术会被远古的中国人所熟知；须知他们有关玻璃的知识也是源于西方的。然而，如果所谓的"五色石"是如下文所示，乃是一种玛瑙或皂石（这种可能性极大），那么佛尔克的说法就全无价值了。

② *Chinese Recorder*（《教务杂志》），Vol. VII, 1876, p. 43.

③ *Biot*, *Le Tcheou-li*（《周礼》），Vol. II, p. 381.

④ Schlegel, *Uranographie chinoise*（《中国星象学》），p. 612.

⑤ Hirth, *Boas Anniversary Volume*（《博厄斯纪念卷》）pp. 226–227.

⑥ Chavannes, *Le T'ai Chan*（《泰山》），pp. 188–189.

得到了这令人困惑的结果：不仅仅是玻璃材质的取火镜，还有一般意义上的玻璃，都确实是中国人的发明；玻璃的发明可以追溯到遥远的史前时代。

有关"五色石"或杂色石确实存在的信息，最初见于郦道元（卒于 527 年）的著述《水经注》，是为有关中国各地河流的撰述。它载："㟍山北溪，水所经皆石山，路无土岸。其水虚映，俯视游鱼，如乘空也。浅处多五色石。"① 在另一段落中，他提到了五色石的雕刻，这是在 220 年用来装饰魏文帝之皇宫的。

杜绾撰于 1133 年的《云林石谱》中谈道，今湖北省荆南府之松滋附近的溪水中有五色石，"间有莹彻，纹理温润如刷丝，正与真州玛瑙不异"②。

《佩文韵府》卷 100 所引《莱州志》记载了一个传说，谓山东省北部沿海的莱州府城掖县产五色石，可制作器皿、盆碟等物，被《禹贡》称为"怪石"。③ 莱州之石相当著名，这是一种滑石或皂石，中国人用以雕刻成各式各样的零星器物，亦可将石磨成粉末，压制成各种形状。④ 其色调多种多样，相当悦目，因此颇具艺术效果。菲尔德博物馆拥有好几件乾隆年间的莱州石艺术品，其人物完全用各色莱州石精巧地雕刻和镶嵌制成。这种石料比较软，所以很容易雕刻。⑤

因此，我们注意到，在纪元之后的年代里，中国人将"五色石"视同于形形色色的玛瑙或皂石。然而，这并不意味着被传说归为远古时代的"五色石"最初即是指这种或那种玛瑙或皂石；不管古名"五色石"传达了怎样的原始信息，它只是在较近的时代才演变成了某种玛瑙和皂石。然而，一旦形成这样的限制，那么女娲的五色石就很可能并非其他什么材质了，至少，并无正当的理由证明它为何应该是其他什么材质。⑥

对于这个解释，佛尔克（Forke）可能会反驳道，前文所引王充之语并未如女

---

① 参看 Chavannes, *T'oung Pao*（《通报》），1904，p. 563。

② 真州玛瑙见于江宁府六合县的沙土中。据杜绾的描述，这种玛瑙或者纯白，或者五色；五色者的特性与松滋县的五色石相同，当地人用来雕刻佛像。

③ Legge, *Chinese Classics*（《中国经典》），Vol. III, pp. 102, 104；Couvreur, *Chou king*（《书经》），p. 67；参看《汉书》卷 28。

④ F. V. Richthofen, *Schangtung*, pp. 199—200；A. Williamson, *Notes on the Productions of Shan-tung*（《山东物产考》）（*J. China Branch R. As. Soc.*, Vol. IV, 1868, p. 69）；Becher, *Notes on the Mineral Resources of Eastern Shan-tung*（同上引书，Vol. XXII, 1888, p. 37）；A. Fauvel, *The Province of Shantung*（*China Review*, Vol. III, 1875, p. 375）。

⑤ 《云林石谱》卷中对此有所描述。

⑥ T. de Lacouperie 有关其五色石的观点是以山西省的某些地质环境为基础的（*T'oung Pao*, Vol. II, p. 242）：据 A. Williamson 说，那里某些山坡的岩层从下到上显露在外，多色的陶土犹如彩虹的色调。假如汉文记载所言者是"土"，那倒还说得过去，但是它们偏偏顽固地坚持说是"石"，那么，即使是古代的中国人也会承认"土"和"石"是完全不同的两个概念。

娲传说那样，说她是炼"五色石"，而是说熔炼"五石"（五种不同的石头），因此问题的性质改变了。然而，佛尔克的反驳是不成立的。因为王充本人解决了这个问题。如已经引述的那样，王充在两处谈到了女娲的传说，指出她是用"五色石"补天的。在《谈天篇》中，他对该传说做了长篇幅的讨论，无情地讥讽它，并改用另一措辞说道："以五色石补天，尚可谓五石若药石治病之状。至其断鳌之足以立四极，难论言也。"所以，在王充的用词中，"五色石"与"五石"是可以互换的指称同一物的两个名称。显而易见，无可辩驳的事实是，王充所说的熔炼"五石"与女娲传说中的熔炼"五色石"完全是同一回事。假如女娲传说中不涉及玻璃，那么相应地，不能像佛尔克声称的那样，在王充的这段文字中找到有关玻璃的信息。

如今，尚有一个问题需要解答：为什么王充用五色石来描绘一种器具？而按其他汉籍记载来看，该物乃是金属镜子。我们知道，古代中国人拥有石镜。夏德曾指出，永明三年（485），在湖北襄阳附近的一座古墓中发现了一面玉镜，博学的江淹声称此为周宣王（前 827~前 782）时物。[①]《云林石谱》卷 3 谈到了两个地方有"石镜"。一是永州祁阳县的浯溪山，"山岩之侧有立石一片，广数尺，色深青润，光可照物十数步。士人谓之石镜。"二是杭州临安县的山中，也有"一石，光明如镜"，与浯溪山的相仿。如今在苏州，仍能买得到用大理石雕刻的这类石镜。

当我们现在对王充的记载进行批判性分析时，会发现他融合了三个不同的概念。第一，借自女娲传说的所谓"炼石"；第二，浮现在其脑海中的对石镜的回想；第三，对周朝及其之后用以生火的金属镜的追忆。易言之，他的描述乃是直截了当的文学调和，将三个不同来源的资料拼凑在一起，因此不能将它视作可信和权威的信息来源，无法得出符合事实真相的结论。它绝对无法证明任何事实，如玻璃、取火玻璃、取火镜子或任何其他器物。佛尔克关于中国人早就拥有了取火玻璃镜的观点是站不住脚的。比他的假设可靠得多的事实是，欧洲的古人首先使用了取火透镜。[②]

施古德（Schlegel）把似乎更为令人难以对付的一件武器引入了讨论中。《淮南子》的作者刘安是汉朝的皇室成员、哲学家和炼金术士，卒于公元前 122 年。

---

① *Chinese Metallic Mirrors*（《中国金属镜》），载 *Boas Anniversary Volume*，p. 216.

② 佛尔克至今未能清楚地辨别取火透镜和取火镜子。我打算就取火镜的问题撰写一篇论文，将特别关注希腊取火镜与中国取火镜的关系。在此我将预告的是，在该文中，我也认为希腊人首先制作了取火透镜。

施古德声称刘安说过这样的话："今亦不必用猛金也。以水精大珠向日对照，以草纸承其下一点透明，纸焦烟起，即得火矣。"于是，这表明中国人在公元前 2 世纪就已懂得用透镜取火了。这本是一个很有说服力的证据，但遗憾的是，《淮南子》从未有过这样的说法，这不过是施古德错误地将后世人的话归之于刘安而导致的结果。

施古德转引的所谓刘安之语，归根结底，实际上只是一句话——"阳燧见日，则燃而为火"，其余的话却非这位哲学家，而是后世的注疏者所言。施古德所引此语实际上并不是摘自《淮南子》原文，而是从近世的《留青日札》①转引的。不过，我们只要参看一下《淮南子》原文，就知道真正的情况是什么了。《淮南子》只知道用金属的凹面镜取火，而对于用水晶或其他任何透镜取火的问题一无所知。他反复谈及前者，而对后者则未置一词；其他的同时代人也未提及后者，因为在 7 世纪初以前，水晶或玻璃透镜尚未出现在中国人的视野中。②

## 四　取火透镜并非中国人的发明，他们缺乏这方面的知识

尽管中国人曾经知道透镜以及透镜的某些光学性能，但是透镜仍然不是他们发明的，而是他们从印度引进的。下文的研究将证明这一事实。论题有些复杂，从未被任何中外学者提出过。我们必须深入分析原始资料，用批判的眼光筛选资料，因为后世的中国学者始终未能正确地引述古代文献。不管怎样，对于他们的说法，不经仔细的检视是不能采纳的。

16 世纪的伟大医学权威李时珍，耗费毕生精力于其杰作《本草纲目》上。他概括有关光学透镜"火珠"的知识道："《说文》谓之火齐珠③。《汉书》谓之玫瑰，音枚回。《唐书》云：'东南海中有罗刹国，出火齐珠，大者如鸡卵，状类水精，圆白，照数尺。日中以艾承之则得火。'用灸艾炷不伤人。④今占城国有之，名朝霞大火珠。又，《续汉书》云，哀牢夷⑤出火精、琉璃，则火齐乃火精之讹，

---

① 明代田艺蘅撰写的三十九卷笔记。
② 施古德有关中国古人早就了解取火透镜的另一个观点，将在下文有关冰透镜的段落中讨论。
③ 我们并无恰当的词语来翻译汉字"珠"的意思。它不仅义为"珠子""珍珠"，也有通常为圆形的"珍宝""宝石"之意。D'Herbelot 已正确地解释了这些不同形状的含义（*Bibliothèque orientale*《东方图书馆》，Vol. IV, p. 398）。
④ 此句并非《唐书》所载，而是李时珍自己的话。解释则见下文。
⑤ "哀老夷"即今老挝人，诸部组成掸国，公元 1 世纪最初见于历史。据地在今四川、云南等地。

正与水精对。"①

从下面的讨论中我们将看到，这一说法是非常不确切的，并且是毫无批判性的；这一缺陷的责任并不仅仅在于李时珍一人，而是在其缺乏批判性的前辈身上已经存在了。首先，我们注意到，李时珍不加选择地使用了三个名称：火珠、火齐珠、玫瑰（枚回）。笔者十分怀疑他把"火珠"与"火齐珠"视为同一种说法，②因此笔者将论证，它们属于两种不同的矿物，与汉文古籍中的两个不同传说相关。

事实上，无论是《说文》还是《汉书》，都未谈到取火透镜；李时珍倒是很正确地追溯它们出自"罗叉国"，不过误将它们指为《唐书》中的"火齐珠"，而非"火珠"。《唐书》确实是最早谈及取火透镜的可靠汉文典籍。我们还注意到，李时珍并未提及王充或《淮南子》对于取火透镜的任何知识，就笔者所知，没有任何中国学者对此提出过看法。我们将在下文讨论《本草纲目》引发的各种问题。

## 五　"火齐"并非取火透镜，而是云母

最早对"火齐珠"③出出定义的中国史籍是《梁书》卷 54《诸夷传》（亦见《南史》卷 78《夷貊传》）。它列数了包括火齐珠在内的印度的物产，并描述它

---

① 见《本草纲目》卷 8《金石部》。此注为"水精拾遗"中的附录。F. de Mély 从日文类书转译了这段文字（*Lapidaires chinois*, p. 60），颇有错译汉名之处。此外，将"火珠"译成 lupe，也是不可接受的。"火齐"并不是如李时珍所言，乃"火精"之误，而是指一种能取火的红色水晶，白色水晶则既能取水也能取火（《物理小识》卷 7）。事实上，火精与火齐是指两种不同的矿物。古人对于无色水晶的看法也分为两种：一方面，它是水晶（因为外貌像冰），另一方面，它是火晶（用钢敲击，会出火花；或者作为透镜，可生火）。夏德很正确地从古典传说中导出了前一种说法（*China and the Roman Orient*, p. 233）。我回到本专题，具体介绍一下涉及中一希关系的一系列研究。普林尼认为，水晶是过度挤压而成的一种冰，它只见于冬天冰雪非常严酷的地方（XXXVII, 9, §23）。公元前 1 世纪的 Diodorus Siculus 的观点则与此相反。他认为水晶源自硬化成冰的最纯净的水，但是它不是因严寒，而是因太阳的高温而硬化。著名的法国主教 Marbodus（1035~1123）则在其诗《宝石》（*De lapidibus pretiosis*, §41）中驳斥了冰冻论。在中国，这个说法也遭到了人们的质疑，如曹昭在其《格古要论》（刊于 1387 年）中说："多年老冰为水晶，然日本国有青水晶、红水晶，则水晶非冰明矣。"

② *Notes on Turquois in the East*（东方绿松石考），p. 28.

③ 夏德与柔克义（*Chau Ju-kua*, p. 113）表达了这样的看法："火齐"似乎是个外来词，然而，却不知道所指的意思是什么。这个假设几无可能，因为"火齐"乃是一个很标准的古汉语词，具有合乎逻辑的含义。它见于古代经典《礼记》的《月令》篇中："（仲冬之月），乃命大酋，秫稻必齐，麴蘖必时，湛炽必洁，水泉必香，陶器必良，火齐必得。"于是，"火齐珠"一名就完全符合"控制火的珍珠或宝石"之意。如下文进一步展示的那样，"火齐"用以指称中国本土的一种矿物，归入云母属；中国人在印度人接触它之前就已了解它。例如，《拾遗记》卷 5 载，汉武帝的弄臣董偃曾经使用火齐屏风；同书卷 8 谓三国时期的吴国有当地制作的火齐指环。在此不拟再就这一论题作更多的探讨，因为我将在有关云母的专论中谈论它。

道："火齐状如云母①，色如紫金，有光耀；别之则薄如蝉翼，积之则如纱縠之重沓也。"然而，这段文字不仅见于《梁书》和《南史》，也见于 3 世纪万震所撰的《南州异物志》，它开宗明义地说："火齐出天竺。"② 此书所言无疑成为后世史家的资料来源。

这一简短的描述足以使人认识到，这种矿物即是云母（mica），是以单斜晶系形成结晶的，基本上由硅酸铝构成。其所有品种的显著特点拥有是完美的基解理，它的晶体因此可被劈裂成最薄的片层，即中文所谓的"蝉翼"。正是由于这一性能，以及薄片的高度弹性（云母因此而区别于柔韧而呈箔状，却无弹性的矿物滑石），还有耐高温性和不良导电性，云母拥有了商业价值。

然而，中国人最初并不是从印度得知云母的。中国的许多地方都产云母。万震的同时代人张勃撰有《吴录地理志》，"西俙县有火齐，如云母，重沓可开，色黄似金"。这显然是云母的特性，我们称这个品种为"de chat"，即"金云母"。③ 我们注意到，有一种云母在中国被称为"火齐"，而中国人只不过发现了印度也有这种矿物。所以，"火齐"一词并不是梵文的译名，这种所谓的梵文名是不存在的。

---

① 毕欧（E. Ebiot）认为，汉文"云母"即是西文所说的 mica［in Pauthier Bazin, *Chine modern*（《近代中国》），vol. II, p. 558.］；他不同意雷慕沙（Rémusat）关于此名即珠母的解释（Palladius 在其《汉俄词典》卷 2 第 543 页误释了此词），指出了具有不同名称的七种物品。吉尔茨（Geerts）描述了同名"云母"的不同品种［见 *Produits de la nature japonaise et chinoise*（《日本和中国的天然物产》），Vol. II, pp. 426-433］；史密斯（P. Porter Smith）则误将"云母"当作 talc（滑石），尽管其标题仍作 mica（云母）［见 *Contributions toward the Material Medica of China*（《对中国草药的贡献》），p. 210］。施古德（G. Schlegel）对于该论题的几点看法都很不确切（*T'oung Pao*, Vol. VI, 1895, p. 49），我在此只指出其"云母乃现代词语"的错误观点。在东方学家的许多研究中，我们遇到了"mica 或 talc"的措辞，对于 mica 与 talc 为两种迥然不同的矿物这点而言，我们再强调也不过分；甚至，我们很难理解，为什么它们曾被相互混淆？在现代中国和日本的科学矿物学词汇中，"云母"一名被用以指称 mica，而 talc 则是"滑石"或"肥皂石"；所以，对于"云母"的比定是绝对肯定的。汉名"云母"当是源于这样的信仰：该矿石形成了"云"的根据，即，严格地说，是其云状外貌启发了这个大众信仰的产生。云母的梵文名为 adhra，见于 5 世纪的《鲍尔手稿》中（A. F. R. Hoernle, *The Bower Manuscript*, pp. 11, 117）。此词的字面含义为"云彩""大气"等，因此十分奇妙地对应于同一矿物的汉文名"云母"。中国的炼金术士内服云母粉，以求长寿；而若将云母置于墓中，则被认为可以保存尸身，免于腐败。

② 转引自《太平御览》卷 809："火齐出天竺，状如云母，色如紫金。离别之节如蝉翼，积之如纱縠重沓。"《本草纲目》卷 8《金石部》"琉璃"条云："南天竺诸国出火齐，状如云母，色如紫金。重沓可开，拆之则薄如蝉翼，积之乃如纱縠，亦琉璃、云之类也。"

③ 如今，中国人称之为"金星石"或者"金精石"见 Geerts, *Produits de la nature japonaise et chinoise*《日本与中国之天然物产》，Vol. II, p. 430；D. Hanbury, *Science Papers*, p. 219；F. Porter Smith, *Contributions toward the Material Medica of China*（《对中国草药之贡献》），p. 148；他说江南也是云母的产地，这可能与上引汉籍所言者相同。《大清一统志》卷 244 谈到，江西九江府城德化县产云母。

"火齐"也被中国人用来指称位于东南亚的一些国家。天监十八年（519），扶南王阇邪跋摩"遣使送天竺旃檀瑞像、婆罗树叶，并献火齐珠、郁金、苏合等香"。又，530年和535年，丹丹国王两次遣使梁廷，献象牙、火齐珠、古贝、琉璃、香药等物。关于丹丹国的情况所知甚少，所以无法确认它是哪个国家。《新唐书》卷222下《南蛮传下》谓单单（当即丹丹）国在振州（位于今海南岛）的东南方，多罗磨的西边，我们因此知道了它的大致方位。施古德在讨论《梁书》的这段文字时，并未提供任何证据，就把"火齐"译成"Labrador feldspat"（拉长石），[1] 这是一个随意和没有根据的观点。[2] 可以完全肯定的是，扶南与丹丹都处于印度文明的影响范围内。扶南通过与印度的频繁交流而获得了钻石，[3] 其"火齐珠"无疑也是以同样的方式获自印度的。

在汉籍中，"火齐"不仅是印度、扶南、丹丹等国的物产之一，也是波斯——萨珊王朝时期的波斯——的土产之一。[4] 既然波斯当时与印度有着密切的往来，那么，波斯的火齐以及被中国人说成是其土产的其他许多物品，也非常可能来自印度。下文谈论"玫瑰"一名时，我们将两次提到波斯。

在汉文古籍中，凡是谈到使用取火透镜之处，均未提及"火齐"。[5] 火齐的唯一用途便是照明和透明，并很持久。这就确认了这样的事实："火齐"乃是云母，在中国和印度的最早应用是窗户和灯具。[6] 云母的一种，名为"白云母"（muscovite）的矿物，至今仍用作为灯罩、火炉观察孔上的防火屏，以及实验室里防护屏，以在观察高温炉子的加工进程时免于被酷热灼伤。这就很清楚，为什么中国人称此矿物为"火齐"（火的管控）了。另外一点也十分清楚：既然云母在任何意义上都不可能被做成取火透镜，那么"火齐即是火珠（取火透镜之俗称）"的

① *T'oung Pao.* Vol. X, 1899, p. 460.
② 施古德（G. Schlegel）的观点是：所谓的"丹丹（单单）国"应该位于马来半岛上，即是神秘的 Dondin，被14世纪的鄂多立克置于锡来（Ceylon）和中国之间。但此说遭到伯希和的驳斥。
③ 有关印度与大秦、扶南、交趾等地的钻石贸易，可参看《新唐书》卷221上。
④ 见《北史》卷97、《魏书》卷102以及《隋书》卷83。
⑤ 有些中国学者之所以得出"火齐即取火透镜"的结论，可能部分地出于《拾遗记》卷三之"火齐镜"（当即云母镜）记载的触动和启发。《拾遗记》云，周灵王（前571~前545）时，名为韩房的使者从渠胥国来，献诸多宝物，其中有一面"火齐镜"，宽达三尺。"暗中视物如昼。向镜语，则镜中影应声而答。"夏德认为（*Boas Anniversary Volume*, p. 228），此镜实际上演示了声反射和光反射的理论。至于这些文字就像其书一样，都是杜撰的。将事件置于周灵王时期，是严重的时代错误；关于"渠胥国"，我们则一无所知。
⑥ 《太平御览》卷808转引了《洛阳宫殿记》，谈及云母的窗户，在阳光下散发出耀眼的光芒（"宫中有林商等观，皆云母置窗里，日照之，炜炜有光"）。此外，《邺中记》谈到，石虎用云母制作扇子。

说法就绝对错了。

只是因为这两种矿物制成的器物之名有着共同的"火"字要素，才引发了中国语言学者的这个假设。然而，标志二者属性的两个"火"字有着根本性的区别。就云母而言，它指的是我们所说的星芒现象，即，通过一薄层云母观看烛焰时，会展现出星辰般的闪烁光芒，这种现象也见于蓝宝石，主要展现在某些金云母上。瓦特（Watt）指出，这种材料经常用在窗户上，从而有助于观察到这种特殊的性能。中国人完全了解云母的这种性能，这点已由洛阳宫殿窗户使用云母的记载予以证实。晋朝裴渊所撰《广州记》中也有一段类似的记载："增城县，有云母，向日出，照之晃曜。"①

## 六　琉璃和琅玕并非取火透镜

我们注意到，李时珍也提出了"琉璃（梵文 vaiḍūrya）即火齐"的观点；此说可追溯至 8 世纪上半叶的陈藏器——《本草拾遗》的作者。此书似已佚失，但其部分被引用的内容则保存在后世的各博物史著述，尤其是 1108 年的《证类本草》和明代李时珍的《本草纲目》中。二书所引陈藏器之语道："《集韵》云：琉璃，火齐珠也。"当然，这显然不是编成于 1034～1039 年间《集韵》②，而当是指晋代吕静所编的《集韵》或《韵集》③。在此，我们面对的是词典编纂者的纯语言学观点，它几乎不可能是其个人对实物之考察研究而得出的结论，④ 也不太可能是梵文"vaiḍūrya"对某种云母的称呼。

由于"琉璃"一名指的是某些水晶品种⑤，以及某些玻璃状的物品，因此从理论上说，取火透镜是可能用这种材料做成的，然而在文字记载中，却未曾见过这类

---

① 平板玻璃引入东亚后，便取代了云母，但是仍见于西藏的一些特殊器物上。西藏人制有大量"魅盒"（gau），其中尺寸大者状似神龛，其金属面上开有一窗，使人可以看到内部的像。如今，其窗户通常用欧洲的玻璃覆盖，但是也有用云母片覆盖的。今青海地区的妇女仍在使用云母，作为其奇特首饰的装饰。

② Watters, *Essays on the Chinese Language*（《中国语言论集》），p. 60.

③ 见《隋书》卷 32《经籍志》。《太平御览》卷 809 转引了《韵杂》中的相同定义，而"韵杂"可能是"韵集"的笔误。

④ 这一探讨也证实了引发史密斯（F. Porter Smith）将"火齐"视同于天青石的原因 [ *Contributions toward the Material Medica of China*（《对中国草药之贡献》），p. 120 ]：因为他认为"琉璃"即天青石，而随后又见到了"火齐即琉璃"的比定关系。

⑤ 在此最好使用泛称"石英"，因为我们无法断定每一例中指的是水晶。

案例。不过，有一个孤证谈到了用这种材料制作的观视透镜。

499 年，佛僧慧深声称在游历最遥远东方的扶桑岛后返回中土，并撰写了有关扶桑岛之奇观的游记。众所周知，若干欧美学者都将这传说中的扶桑国置于今天的墨西哥或美洲的其他地方，并声称中国人在哥伦布之前九百年就已发现了美洲大陆。另一些思路清晰的学者则将"扶桑"置于库叶岛或日本附近的诸岛。

然而，即便是这种稳健的态度也没能规避一个根本性的谬误。因为据慧深所述，"扶桑"并不是一个国度，而是一种想象物品，是由各种各样要素混杂成的地理神话，正如笔者将在其他地方展示的那样。就这点而言，扶桑对我们颇有意义，因为中国人最早谈及的观视镜与它联系在了一起。据说，6 世纪初，"扶桑国使使贡观日玉，大如镜，方圆尺余，明澈如琉璃。映日，以观见日中宫殿，皎然分明"①。

这里所说的扶桑国"遣使朝贡"云云，其真实性颇可怀疑，因为梁朝的正史中未见记载，"扶桑"当是一个想象物。此外，记载此事的《梁四公记》是由四位绅士（蜀闿、觑杰、㪍𩵋、仉督）与梁武帝（502～549）的聊天记录构成，其内容显示了清楚的奇事异闻倾向，充斥源自西方的传说。尽管如此，所有这一切均未降低它最早记载观视镜——通过它，可以清楚看到远处的物体——的价值。私以为，施古德（Schlegel）所表达的"观日宝石即水晶"的观点并无大错。②

利兰（Leland）在其《扶桑，或中国佛僧在五世纪发现美洲》一文中也引用了这段文字，以支持他的"扶桑即美洲"假设，并试图将汉籍记载中的观视镜类比于古秘鲁人用以点燃其圣火的金属取火镜。贝勒（Bretschneider）以其极具批判性的智慧和坚实的资料驱散了利兰的梦魇，但是只通过降低相关汉籍记载的可信度来驳斥了他的观点。③

这种观点是不足取的。诚然，我们不一定要相信真有使者来自扶桑，因为它并

---

① 见《太平御览》卷 805 所引张说的《梁四公记》。

② *T'oung Pao*, Vol. III, 1892, p. 139.

③ *Über das Land Fu Sang*（扶桑国考），载 *Mitt. d. Ges. Ostasiens*（东亚学会通讯），Vol. II, No. 11, 1876, pp. 1–11. 贝勒曾误将该书题义理解为"名叫梁四公的那人的回忆录"。后在其《中国植物志》（pt. I, p. 169）中作了正确的解释。在他所注释的一本 12 世纪的书籍志中，他把《梁四公记》说成是完全不可信的著述，因为作者所谈者几乎全是荒诞奇事和令人难以相信的故事。这仅仅是传统的中国文献批评模式。实际上，此书中的奇妙故事对我们而言有着不可估量的历史价值，其中的许多故事确切地复现了西方的传说。

未得到正史的确认，然而，书中描述的观日镜却并非作者张说的个人编造，而肯定是真实的。它无疑是能够清晰观看远处宫殿建筑的一种透镜，不过，它依然不是取火透镜，而利兰将它类比于秘鲁人的金属取火镜，则更是不着边际了。再说，所谓的秘鲁人的取火镜也只不过存在于德拉维加（de la Vega）的想象中，他的幻想故事已被泰勒（Tylor）戳穿。①

我们不无可能追溯到这一观视镜——它被想象为与神话传说中的扶桑国相关——的真正来源。记载本故事的《梁四公记》中另有一段有趣的文字："扶南大舶从西天竺国来，卖碧玻黎镜②，面广一尺五寸，重四十斤，内外皎洁；置五色物于其上，向明视之，不见其质。问其价，约钱百万贯文；帝令有司算之，倾府库偿之不足。其商人言，此色界天王③有福乐事，天澍④大雨，众宝如山，纳之山藏，取之难得。以大兽肉投之藏中，肉烂粘宝，一鸟衔出，而即此宝焉。举国不识，无

---

① *Researches into the Early History of Mankind*（《人类早期史研究》），New York，1878，pp. 250-253.

② 鲍狄埃（G. Pauthier）最早注意到了这段文字，他在其《西安府碑铭》（*L'inscription de Si-ngan-fou*，Paris，1858，p. 31）中十分正确地将"玻黎"解释为"水晶"（rock-crystal）。伯希和（Pelliot）则认为这里的"玻黎"即是通常所说的"玻璃"（glass），其语源相当于梵文 sphaṭika［*Bull. de l'Ecole française*（《法国远东研究学刊》），Vol. III，p. 283］。然而，sphaṭika 也义为水晶（rock-crystal）。依我之见，汉文名"玻黎""玻瓅"等均源自 sphaṭika，在大部分古籍中都是这个意思。下文将列举基于其他资料的证据，在此则仅讨论这段文字。有两条重要的理由使得我们不可能将《梁四公记》所说的该镜子视为玻璃镜。首先，商人所讲的这则故事乃是西方"钻石谷"传说的翻版，展示的是宝石而非玻璃问题；有关该传说的大量不同版本都异口同声地说到红锆英石、钻石，或一般意义上的宝石。可以非常确信的是，一面普通的镜子不可能达到如此的高价，也不可能引起如此的轰动，更不可能与具有如此特色的传说联系在一起。其次，当时的西方尚未发明玻璃镜，因此我认为，6世纪的印度、扶南已经了解玻璃镜的这种结论似乎是不太可靠的。夏德（Hirth）也将来自扶南的这面镜子看成是"绿玻璃"的材质，并对如此难以置信的高价感到不解；他以此事来支持其"古代西方人已了解玻璃镜"的观点［*Chinese Metallic Mirrors*（《中国金属镜》），in *Boas Ann. Vol.*，p. 219］。然而，夏德的辩说是不对的。我们不得不研究一下贝克曼（J. Beckmann）的著名和极具天赋的论著《发明史》（*Beiträge zur Geschichte der Erfindungen*，卷 3，尤其是第 302～335 页；这部不朽著作的英译版刊于 1814 年），我们因此完全认定夏德的说法是毫无根据的。而贝克曼的结论（其书撰于 1792 年）既得到古典语言学的支持（Morgan，*Harvard Studies in Classical Philology*，Vol. I，1891，pp. 50-51），也得到现代技术史的证实（Feldhaus，*Technik der Vorzeit*《旧时技术》，col. 1044）。清楚的事实是，现代意义上的真正的玻璃镜直到 13 世纪下半叶才出现在欧洲，而在古典时代，它们是不存在的。当然，我并不否认"玻黎"在后世意为 glass（玻璃），但是确切的时间却仍有待认定。

③ 色界，梵文 Rūpadhātu 之意译，三梵界中的第二界。弗兰克（O. Franke）有关该专题的详细讨论尤其值得一读（*Chinesische Tempelinschrift*《中国寺庙铭文》，pp. 47-50）。在此所言的天王（Devarāja）即是毗沙门，护持正法，守护须弥山的北方，统领夜叉；也是古婆罗门教的财神。

④ 译者注：劳费尔将汉文"天澍"误成了"天树"，从而解释为梵文 devataru，以及是因陀罗天之五神树云云。实际上，在此的"澍"字显然是"降（雨）"之意，谓天上如降雨般地落下许多宝石。读者宜辨清。

敢酬其价者。"

在此记载的与水晶镜相关的故事乃是众所周知的"钻石谷传说"的略微粗糙和不完全的版本，至今为世人所接受的最古老的西方版本，则见于塞浦路斯之萨拉米斯主教爱比法（Epiphanius，约 315~403）的著述中。[①] 又，奇书《梁四公记》的作者替我们保留了这一传说的最早的中国版本，它与爱比法的故事的相似程度令人惊奇。其文云："梁天监中，有蜀杰公谒武帝[②]，尝与诸儒语及方域，西至西海[③]。海中有岛，方二百里。岛上有大林，林皆宝树。中有万余家，其人皆巧，能造宝器。[④] 所谓拂林[⑤]国也。岛西北有坑盘坳，深千余尺。以肉投之，鸟衔宝出，大者重五斤。彼云是色界天王之宝藏。"[⑥]

笔者不打算在这里讨论涉及相应阿拉伯版本和中国版本的这一有趣传说的历史和发展，而将在其他文章中探讨该专题。当前只要做如下陈述便足够了：中文版本最接近爱比法的版本；中文版本早于所有的阿拉伯文版本；中文版本比见于伪亚里斯多德（Pseudo-Aristotle）之《石雕》（*Lapidarium*）中的最早的阿拉伯文版本更为纯净；这个传说是从拂林直接传播至中国的。

笔者在此回顾了《梁四公记》中的这两段文字，旨在让读者了解《梁四公记》作者张说的见识，从而获得判断张说所言观视镜——它被说成由扶桑使臣所贡——之用途的基础。不无道理的一个假设是，此物肯定是西方的制品之一，并且已为采纳了扶南、印度、拂林之传说的张说所了解。所以，我们完全可以推测，所谓的扶桑视镜实际上是叙利亚（拂林）的制品，可能经由印度和柬埔寨（扶南）而运抵

---

① *Epiphanii opera*（《伊皮法尼文集》），ed. Dindorf，vol. IV，p. 190，Leipzig，1862。依据这些新的汉文资料，我已在研究钻石的一篇文章（尚未发表）中具体地讨论了这一传说的历史，因此这里不再深入探讨这个问题。

② 即是指南朝梁政权的第一位皇帝，464~549 年。见 Giles，*Biographical Dictionary*（《古今姓氏族谱》），p. 285。

③ 关于"西海"，可参看 Hirth，*Journ. Am. Or. Soc.*，vol. XXXIII，1913，p. 195。

④ 这里的"造宝器"，当是指古代的凹雕。

⑤ "拂林"在其他载籍中亦作"拂菻"。在此，我们见到了最早提及"拂林"的汉文记载，比我们以前所知的日期早了一个世纪：夏德曾将"拂菻"见于史载的时间置于 7 世纪上半叶。此文既然提及天监年间（502~520）和梁武帝，则表明中国人得知拂林国的时间当在 6 世纪初。这个看法与伯希和的观点完全一致，他认为"拂林"之名的最初出现时间是 550 年左右，也可能更早 [*Journal asiatique*（《亚洲杂志》），1914 年，第 3~4 月号，第 498 页]。

⑥ 见《图书集成·经济汇编·食货典》卷 321《宝货总部纪事》。显然，最后一句并不是该故事的固有要素（因为这"宝石"出自拂林，而非印度），而是中国作者张说的插补，是他转引的扶南商人从印度听来的的故事。

中国，其传播途径当与昂贵的水晶镜一样。[1]

　　唐代的苏恭将名为"琅玕"之物视同于"火齐"，[2] 同时将前者说成是琉璃的一种。寇宗奭在其成于 1116 年的《本草衍义》中指出了此说的错误，他说道，琉璃是生于火之物，而琅玕不是，故二者不可能是同一种材质。因此，苏恭的"琅玕即火齐"的比定确实未被后世的任何学者采纳。[3]

## 七　矿物学术语"玫瑰"

　　最后，我们得探讨一下"玫瑰"一名。按李时珍之说，它也是指称透镜。它最初见于司马相如的《子虚赋》中，被说成是四川的矿物之一。[4] 郭璞（276~324）将它释为"石珠"；晋灼说它即是火齐珠；颜师古（581~645）重复了此语，并补充道："火齐珠，今南方之出火珠也。"[5] 这些定义相当模糊，不能令人满意，因为它们是由语言学者给出的，而他们完全可能从未见过我们所谈论的这种石材。颜师古错在将"火齐"比同于"火珠"，因此他将火齐视同于玫瑰，也可能是错误的。成于 2 世纪前期的《说文》将"火齐"解释为"玫瑰"的同义词。如上文所示，火齐属于云母类，那么，如果"玫瑰"确实等同于"火齐"，则它也是一种云母，从而不可能是取火透镜。

---

① 在笔者打算进行的中国—希腊研究中，我列举了几则见于扶南的希腊民间传说，它们随后传播至中国。

② 见《证类本草》卷 5；亦见《急就篇》的注释（《佩文韵府》卷 7）。

③ 在古代，"琅玕"似是一种矿物。早在《禹贡》中，它被说成是雍州的一种物产。但是其确切的性质无法断定，注疏者至多说它是制作珠子的一种石材。理雅各说它是天蓝石或天青石，这纯粹是臆测了。《说文解字》称它是类似玉的石材，《尔雅》说它产自昆仑，《别录》则谓它出自蜀地的平泽。《魏略》《后汉书》《梁书》《魏书》均谓琅玕是大秦的物产之一，但是它们都没有解释它的具体含义。我们发现，琅玕也见于龟兹和中天竺国（《梁书》卷 54）。唐代以降，中国的博物学家和药物学家，始自陈藏器，都将琅玕描述为一种珊瑚，如树一般，有根有枝，长在海底。人们用网捕捞。本为红色，但出水之后，其色转暗。《云林石谱》卷下载："明州昌国县沿海近浅岸水底生琅玕石，状似珊瑚……初出水，色甚白；经久，微紫黑。"李时珍不同意用"琅玕"之名称呼这种海洋生物，而是认为应该称"珊瑚"；至于琅玕，则只是产于山地的石材。参看 Schlegel，*T'oung Pao*，vol. Ⅵ，1895，p. 58；F. de Mély，*Lapidaires chinois*（《中国宝石》），p. 56；Hirth and Rockhill，*Chao Ju-kua*，pp. 162，226。"琅玕"一名似乎是拟声词，模拟响石敲击时发出的声音（比照义为石相击声的"硍"字）。在北京话中，"琅镗"用以表达锣、鼓的嘈杂声。可参看 Watters，*Essays on the Chinese Language*（《中国语言论集》），Chapter Ⅳ。这一观点也解释了"琅玕"从石材演变成珊瑚的原因，因为《云林石谱》清楚地说，这状似珊瑚的琅玕石"扣之有声"。

④ 参见《史记》卷 117、《汉书》卷 57。颜师古标其读音道："玫音枚，瑰音回，又音瓌。"

⑤ 这句话很有意思，因为它证明了透镜是在 7 世纪上半叶传入中国的；我们将看到，《唐书》证实了这个事实。

"玫瑰"也被列入汉元帝时期（前 48~前 33）史游所撰《急就章》[①] 中，提到用"玫瑰"制作的瓮，注释很简单地用"美玉"二字表述其材质。这个解释排除了它是取火透镜的任何可能性。[②]

司马相如所说的"玫瑰"到底指什么？没有任何一个中国注疏者真正知道。他们的解释不过是暂时掩盖了他们对此物的无知。有一点似乎相当肯定：蜀地的"玫瑰"并非云母（"火齐"）。首先，就我们所知，那里不产云母。其次，"玫瑰"一名也指称植物"rose"[③]，因此矿物"玫瑰"也可能是指色似玫瑰的一种石材。有鉴于此，它似乎也绝无可能用以制成透镜，确实，并无相应的记载谈及"玫瑰"的用途。所以，此例只是对"玫瑰"的含义进行了文字上的扩展。此词的最初含义已经湮灭，从而被随意地推测为与"火齐"同样的含义，扮演了其异名的角色。

"玫瑰"与"火齐"真正互换的案例见于《南史·波斯传》，在此，"玫瑰"被列为波斯国的物产之一；但是在《北史》《魏书》《隋书》的类似段落中，却由"火齐"之名取代了"玫瑰"。因此，《南史》中的"玫瑰"十分可能也是指印度的云母。公元 3 世纪鱼豢所撰的《魏略》将"玫瑰"说成是大秦的物产，[④] 此外，嚈哒国王妃也以"玫瑰五色"装饰其很高的头饰。[⑤]

在驳斥了中外学者五花八门的猜想之后，我们最终廓清了讨论真正问题——中国的取火透镜史——的道路。在汉语中，只有一个术语符合此物的含义，即"火珠"。

---

[①] 关于此书，见沙畹的重要研究 *Documents chinois découverts par Aurel Stein*（《斯坦因发现的中国文献》）（pp. 1-10）。在此提到的这段文字见《骈字类编》卷 70。

[②] 6 世纪的志怪著述《述异记》称："蛇珠，蛇所吐者。南海俗谚云：'蛇珠千枚，不及玫瑰。'亦蛇珠贱也。玫瑰，亦是美珠也。"

[③] 学名 Rosa rugosa，开红色和粉红色的花。参看 G. A. Stuart，*Chinese Materia Medica*（《中国草药》），p. 381；M. J. Schleiden，*Die Rose*，*Geschichte und Symbolik*（《玫瑰的历史与象征意义》），p. 228。他列举了好几种中国的玫瑰花。日本的博物学家小野兰山（Ono Ranzan）说，宝石"玫瑰"是因其色似玫瑰花而得名，并引宋应星《天工开物》之语为证 [Geerts，*Produits de la nature japonaise et chinoise*（《日本与中国之天然物产》），vol. II，p. 360]。我未在《天工开物》中找到这条资料，只是见到《图书集成》载："至玫瑰一种，如黄豆、绿豆，大者则红、碧、青、黄，数色皆具；宝石有玫瑰，如珠之有玑也。"（《图书集成·经济汇编·食货典》卷 335《宝石部汇考》）尽管如此，我仍相信小野兰山是在其他汉籍中见到了这类说法，只是将它误植于《天工开物》罢了。

[④] 参看 Hirth，*China and the Roman Orient*（《中国与罗马东方》），p. 73。

[⑤] 见杨衒之《洛阳伽蓝记》卷 5。

# 八　取火透镜传入中国

最早谈及"火珠"的汉文史籍是《新唐书》卷 222 下《南蛮传下》。它们和属于矮黑人种的一个马来部落（俗称"罗刹"）有关，这些人居住在婆利（Bali）以东的群岛上。《新唐书》称，"（婆利）多火珠，大者如鸡卵，圆白，照数尺。日中以艾①藉珠，辄火出"。措辞稍有变动的同样内容也见于《旧唐书》卷 197，然而，它颇有意思地添加了"状如水精"一语。因此，我们可以正确地得出如下结论：这些"火珠"即是水晶凸透镜，其光学性能被用于灸灼疗法的取火。②

于是，人们像使用旧时的取火铜镜（阳燧）一样使用取火透镜。4 世纪崔豹的《古今注》卷下载："阳燧，以铜为之，形如镜。照物则影倒，向日则火生，以艾炷之则得火。"

《旧唐书》卷 197《南蛮传·林邑国》也指出了这一事实："（贞观）四年（630），其王范头黎遣使献火珠，大如鸡卵，圆白皎洁，光照数尺，状如水精；正午向日，以艾承之，即火燃。"正是唐代史籍的这段记载使李时珍得以对火珠做了上文所引的综述。然而我们发现，他并未准确引用原文，而是误将"火齐珠"替代了"火珠"。我们业已知道，"火齐珠"是指云母，它不能制作透镜，而"火珠"则是指水晶。二者之间有着根本性的区别。同时，他声称的"（透镜）今占城国有之，名朝

---

① 中文"艾"的学名为 Artemisia vulgaris，是中国的一种常见植物，自古以来用以灸灼皮肤；日本人称这种疗法为 moxa 或 mogusa。将最好的艾叶在石臼中和水磨碎，清除粗糙的颗粒后再将余者晒干。将一小撮卷成豌豆状的小丸，放在患处或打算灸灼处。点燃艾的最好方式是使用取火透镜 [参看 G. A. Stuart, *Chinese Materia Medica*（《中国草药》），p. 53]。有关这一加工法的最有趣和具体的记载，见 17 世纪 Engelbert Keampfer 的著述 [*History of Japan*（《日本史》），Glasgow, vol. III, pp. 277-292]。他说，日本人用燃烧的碎木片或香点燃艾。

② 见 Groeneveldt, *Notes on the Malay Archipelago*（《马来群岛考》），p. 206 [in *Miscell. Papers relating to Indo-China*（《印度支那论集》），Vol. I]。他最早指出了《新唐书》中这段有价值的描述，但是忽略了《旧唐书》中的相应段落，因此错误地认为"（火珠）显然是一种取火镜，但是其材质是玻璃还是水晶，以及它在何地制造，我们却无法确定"。如下文所示，我们可以肯定，这些水晶透镜是在印度制作的。Groeneveldt 的另一个错误是将火珠归之于婆利而非罗刹的物产。伯希和曾清楚地指出，《唐书》中经常出现这类混淆现象，并引用资料说，罗刹的蛮人为了兜售水晶透镜而赴瞻婆；"俗以夜为市，自掩其面"（*Bull. de l'Ecole française*, vol. IV, p. 283, note 3）。施古德（G. Schlegel）也从《广州府志》转引了同样的文字，并作了不确切的翻译："当地产红宝石（火珠），状似水晶。"（*T'oung Pao*, vol. IX, 1898, p. 178；1901, p. 334）然而，红宝石肯定不像水晶，也不能制成光学透镜。C. Puini 已经指出，"火珠"是一种石英 [*Enciclopedia sinico-giapponese*（《倭汉三才图会》），p. 65, Firenze, 1877]。

霞大火珠"一语也并不正确，盖因众所周知，"朝霞"乃是一种特殊的织物。[1] 显然，由于《新唐书》在谈到环王（林邑）向唐进贡的物品中，"朝霞布"与"火珠"紧挨在一起，故导致了李时珍产生误解。

《隋唐佳话》载："贞观初，林邑献火珠，状如水精。云得于罗刹国。其人朱发黑身，兽牙鹰爪也。"[2]

从中国人带有贬义的"罗刹"（Rākshasa）描述来看，他们是个令人憎恶的野蛮部落（但是其文明可以达到精确航海，与瞻婆进行贸易的程度），所以他们自己肯定没有能力制造取火透镜。[3] 那么，他们的取火透镜是从哪里来的？《新唐书》卷 221《西域上·天竺传》载，贞观十五年（641）印度摩伽陀国遣使唐廷，所贡物品中包括取火透镜——"火珠"；又，个失蜜/迦湿弥逻（Kashmir）"出火珠、郁金、龙种马"。[4] 后一条记载亦见于玄奘的《大唐西域记》，[5] 而他的记述出自亲身的见闻，故无疑是唐代官修史书的资料来源。阿拉伯的矿物学家——如阿克法尼（al-Akfānī）——也知道克什米尔地区产水晶。[6]

开元初，罽宾（Kashmir）国贡"上清珠"，"其珠清明洁白，可照一室"。或许，此珠也可理解为水晶取火透镜。

---

[1] Pelliot, *T'oung Pao*, 1912, p.480；Giles, *Adversaria Sinica*（《崦山笔记》）, p.394；Laufer, *T'oung Pao*, 1913, pp.339, 340；《岭外代答》卷 6。

[2] 汉文"罗刹"译自梵文 Rākshasa，原指红颈、赤眼，有獠牙，夜间游荡，危害人类的食人魔。Groeneveldt 和 Schlegel 认为罗刹国即是尼科巴群岛，伯希和认为其地当在爪哇以东的巴厘岛，Gerini 则认为罗刹在马来半岛南部，但是该观点与汉籍记载相冲突。印度人相信 Rākshasa 的主要居地是在锡兰，因此俗称锡兰为"罗刹居地"。在史诗《罗摩衍那》中，国王罗摩与锡兰的凶魔大战。罗刹国在环绕莲花生大士（生活在 8 世纪）的西藏传说圈中扮演着重要的角色。若将"罗刹"看成为诸如锡兰维达人那样的部落，是颇为诱人的，但是就地理环境而言，是肯定不可能将"罗刹"置于锡兰境内的。像"罗刹"（Rākshasa）这样的诨号肯定是印度的上层阶级对下层原始部落的称呼，因此，有关"罗刹"部落的印度传说无助于我们对唐代"罗刹国"方位的认定；该地当如伯希和正确主张的那样，是巴厘之东的一个岛屿。可能是文明高度发展的爪哇和巴厘人将"罗刹"之名加给了其邻近的原始部落。

[3] Gerini 错误地将"罗刹"置于马来半岛南部的东岸，因此猜想与这些水晶透镜相关的水晶"很可能"产于那个地区。这个观点无关紧要，因为无论那里是否出产水晶，当地人都不会去开采；即使他们开采了，也不会将其加工成透镜。例如，石英常见于安达曼群岛，但是当地的土著只是把它制成刮脸和纹身的小碎片，同时却连击石取火的方法也一无所知（E. H. Mann, *Journ. Anthrop. Inst.*, vol. XII, 1883, p.381）。

[4] 《新唐书》卷 221 下《西域下·个失蜜传》。参看 Chavannes, *Documents sur les Tou-kiue occidentaux*（西突厥史料）, p.166.

[5] Julien, *Mémoires sur les contrées occidentales*（《西域记》）, vol. I, p.167。他译作"玻璃透镜"（glass lenses）；亦见 Watters, *On Yuan Chwang's Travels in India*（《玄奘印度游记研究》）, vol. II, p.261。

[6] 见 Wiedemann, *Zur Mineralogie im Islam*（《伊斯兰矿物学》）, p.206。阿克法尼卒于 1348 年。

佛僧和旅行家义净于 671 年至 695 年间赴印度游历，他评说道："又，飞丹则诸国皆无，服石则神州独有。然而水精、白石有出火者，若服之则身体爆裂。时人不别，枉死者无穷。由此言之，深须体识。"①

在中国的炼丹术中，玉和云母构成的制剂起着重要的作用，虔诚的信奉者服食它们，旨在获得长寿，乃至永生。② 当水晶取火透镜出现在中国后，十分自然地激发了"石内含火"的信仰。由于火被认为是属"阳"的要素，是雄性、创生、生命的本源，所以"含火"的矿石便有助于强体，延寿。而内服水晶的有害影响，则如义净所想，也是很容易理解的：既然水晶透镜能导致物体起火，则同样会引发人体生火。

《唐书》有关罗刹国的信息，当是因常骏于 607 年出使赤土国后所得："（炀帝）乃使屯田主事常骏使赤土国，致罗刹。"（《隋书》卷 24《食货志》）"其东即罗刹也，与婆利同俗。隋炀帝遣常骏使赤土，遂通中国。"（《新唐书》卷 222 下《南蛮传下》）所以，中国人最早了解取火透镜的时间当是 607 年。7 世纪上半叶，瞻婆与中国之间有关取火透镜的贸易颇为活跃。所以，如上文所言，颜师古很正确地指出，在他那个时代，取火透镜是从南方输入中国的。而罗刹透镜的最终来源则是印度，然而我们至今无法断定，这些透镜是通过什么渠道从印度运至罗刹的？在这一点上，我们的知识中有个无法填补的空白，我只能猜测苏门答腊或爪哇，抑或两国都是这一贸易的中介者。遗憾的是，并无证据支持这个观点。

令人颇感好奇的是，罗刹这样一个文明落后的部落居然拥有取火透镜，并在从印度转运至瞻婆和中国的过程中发挥着重要的作用。可用我们熟知的当今的人种环境来解释这一现象：罗刹虽然熟悉天然的火及其使用方式，却始终是一个不懂任何实际取火方法的部落。例如，在现代的安达曼人中，便有这样的部落。关于他们，E. H. 曼（E. H. Man）说道："安达曼人不会取火，也无传说表明他们相信其祖先在这方面胜过他们。他们生活在两个岛屿附近，一个岛上有座死火山，另一个岛上

---

① 义净：《南海寄归内法传》卷 3《进药方法》。参看高楠顺次郎之作，如 Record of the Buddhist Religion（《佛教传录》），p. 135。他将"白石"误释成冰长石（adular），其实此物不产于中国，中国人对它也一无所知。"白石"频繁见于唐代用大理石雕凿的佛教感恩碑铭中，至今仍用以指大理石。义净的"白石"可能是用来翻译梵文 sitopala（义为白石）一名，而 sitopala 乃是 sphaṭika 的同义词，因此"白石"是一种石英或水晶 [R. Garbe, Die indischen Mineralien（《印度矿物》），p. 87]。高楠顺次郎谈到"服石"之事：石料被捣成粉末，和人其他配方，揉成丸子。

② 隋朝时期，尚见到《服玉方法》这样的著述（见《隋书》卷 34《经籍志三》）。

有座活火山，所以若推测他们最初是从这些火源获得火的知识，也并非没有道理。由于不懂得任何生火方法，他们非常关注避免熄火的措施，并确实具备了很好的技能。他们在扎营和旅行时，其保存火的方法十分简单和有效。当他们要离开营地数天时，除了随身携带一根或几根慢燃的圆木外（若逢潮湿天气，则在圆木外再包裹几层树叶），他们还将一根燃烧的大圆木或柴捆置于一个遮蔽之处，使之可以慢燃数天。这样，当他们需要时，便能重新点火。"[1]

英国人将火柴传入了这些部落中，从而使之空前地提升了其能力，获得更多资源。值得注意的是，安达曼人并未将家庭之火视为神圣或家庭关系的象征；他们甚至没有关于火之熄灭与污染的信仰。当取火透镜最初从印度传入之前，罗刹人肯定也生活在这同样的环境中。他们不懂得任何实用的取火方法，也无任何拜火仪式。他们欣然采纳了用透镜取火的简易方法，就如现代的安达曼人采纳欧洲人的火柴一样。至今，大部分时间待在户外的那些原始部落——诸如雷布查人和藏人——依然偏爱使用透镜生火。

唐慎微撰于 1108 年的《证类本草》除了称"火珠"外，还有"火燧珠"一名。[2] 并称在宋代，中国也制作取火透镜。笔者不知道中国在唐代是否已能制造此物。

## 九　印度和暹罗的取火透镜

上文所引的汉籍记载足以清晰地让我们推断，所谓的"火珠"是用水晶雕成的凸面透镜。它们用于灸灼，其方式与普林尼所记者相同。它们从克什米尔或者属于印度文化区的其他地域，经罗刹和瞻婆而传入中国。简言之，中国人所获得的取

---

① *Journ. Anthrop. Inst.* , vol. XI, 1882, p. 272；亦见 vol. XII, 1883, p. 150。

② 如《证类本草》卷 3 有"火燧珠，向日取得火"之语。这是有关玻璃的一段文字后的结论之句。《证类》和《本草纲目》都认为此名义为水晶。李时珍说，此名的同义词是"水玉"，见于《山海经》和司马相如的《上林赋》中。"其莹如水，其坚如玉，故名水玉。与水精同名。"唐慎微和李时珍的观点可以溯源至唐代陈藏器的说法，他对于玻璃的定义是："玻璃，西国之宝也。玉石之类，生土中。或云千岁冰所化，亦未必然。"据我所知，如今没有人会像李时珍那样，再把"颇黎"说成玻璃的原名，并说它是"国名"了。《太平御览》卷 808 引《天竺记》云："大雪山中有宝山，诸七宝并生，取可得。惟颇黎宝生高峰，难得。"于是，我们见到了与《宝石检测》（*Ratnaparīkshū*）中相同的印度观念，据该书，水晶是尼泊尔的物产。印度人是肯定不会在喜马拉雅山巅探寻玻璃的。泥婆罗（尼泊尔）国王用珍珠、颇黎、贝壳、珊瑚、琥珀装饰自己（《新唐书》卷 221 上）。他的所谓"颇黎"肯定是一种水晶，而非玻璃（glass）。唐代的佛僧慧苑在其《华严经音义》卷 1 解释"颇黎"道："其状少似水精，然有赤，有白者也。"

火透镜乃是印度制品。因此，我们可以合理地认为，指称这类透镜的汉文名"火珠"当是相应梵文词的译名。事实上也正是如此：有个梵文合成词"agnimaṇi"，其前一部分"agni"义为"火"，后一部分"maṇi"则义为"珍珠""珠子""珠宝"等，与汉字"珠"的意思完全吻合。[①]

此外，据博赫林克（Böhlingk）的《梵文词典》，"agnimaṇi"是石料"sūryakānta"的别名，意为"为太阳所喜爱"，之所以如此称呼，是因为它在太阳光的照射下会产生火。其他同义词尚有"tapanamaṇi"（太阳宝珠）、"dīptopala"（明亮之石）、"agnigarbha"（火精）；菲诺特（Finot）正确地将所有这些名称都视同于水晶。[②]

谈论印度宝石的 *Navaratnaparīkshā* 在"水晶"专题中说道，这种石料在阳光的照耀下会生出火来。它被行家俗称为"sūryakānti"。来自克什米尔的医师那拉哈里（Narahari，他于 15 世纪初撰写了 *Lapidarium*）评论这种石料道："假如它光滑，纯净，内部没有裂隙、瑕疵，假如将它磨光到清晰地映出蓝天，假如它经阳光照射后能生出火来，那么这便是真品。"[③] 那拉哈里还详谈了水晶的医药性能，并赋予它"神圣的"属性，若有幸的话，它能获得太阳的喜爱。

---

① 尽管"火珠"一名是模仿了梵文词 agnimaṇi，但是此词毕竟早已存在于未受印度文化影响的中国，有着迥然不同的含义。《晋书》卷 99《桓玄传》记载了一则传奇故事："其母马氏尝与同辈夜坐，于月下见流星坠铜盆水中，忽如二寸火珠，冏然明净。竞以瓢接取，马氏得而吞之，若有感，遂有娠。及生玄，有光照室，占者奇之，故小名灵宝。"显然，这一"火珠"是源于流星的产物。类似的记载亦见于《竹书纪年》：禹帝的母亲修己"出行，见流星贯昴；梦接意感，既而吞神珠。修己背剖，而生禹于石纽。"（参看 Legge, *Chinese Classics*, vol. III, p. 117）《晋书》卷 25《舆服志》在描述皇太子的服饰时，也提到了火珠："皇太子金玺龟钮，朱黄绶，四采……朱衣绛纱襮，皂缘白纱，其中衣白曲领。带剑，火珠素首。"文中并未解释"火珠"之意，可能是指光焰闪烁的宝石吧。又，《拾遗记》卷 5 描述秦始皇的墓冢时，也提到了火珠："又于海中作玉象鲸鱼，衔火珠为星，以代膏烛，光出墓中，精灵之伟也。"同书卷 7 谓魏文帝时"外国献火珠龙鸾之钗"，当是用火珠装饰的龙凤形发夹。

② *Lapidaires indiens*（《印度宝石》），p. XLXII.

③ R. Garbe, *Die indischen Mineralien*（《印度矿物》），p. 89. 加布（Garbe）之所以误将此石视为日长石（sunstone），是因为错误理解了梵文名 sūryakānta 的意思，从而推测此名即是欧人所说的 sunstone。其错误在于：首先，日长石不产于印度，而产于西伯利亚的上乌丁斯克（Verkhne Udinsk）附近、挪威的特韦德斯特兰（Tvedstrand）和希特卢（Hitterö）、北卡罗来纳州的斯泰茨维尔（Statesville），以及宾夕法尼亚州的特拉华县。见 Bauer, *Edelsteinkunde*（《宝石传说》），pp. 528, 529。其次，我们——并非印度人——之所以称呼日长石（feldspar）为"太阳石"（sunstone），是因为它反射出源于氧化铁、赤铁石或针铁石之微晶体的灿烂黄色光（Farrington, *Gems Gem Materials*, p. 179）。这种现象完全不同于印度人所称"为太阳所喜爱"的某种水晶的情况。再次，据那拉哈里，日长石像"太阳石"一样，都不能制成取火透镜。加布得出这个结论后，不得不说那拉哈里错误地将加布所谓的 sunstone 归入石英类。但实际上，并未谈及"我们的"sunstone 的这位克什米尔医师却完全正确地将水晶归入了石英类；犯错误的只是加布本人。

　　在印度，利用透镜取火并不是很古老和常见的做法，远比不上欧洲的古典时代。① 据我们所知，在印度历史上最古老的吠陀时代，也只有用木棍摩擦的取火方法。吠陀文献经常提到，火神阿耆尼（Agni）从两根打火棍（araṇī）中诞生。它们是火神的双亲，上方火棍是父亲，下方火棍是母亲。或者，两根火棍都被视作母亲，因为据说火神有两个母亲。②

　　印度教十八部《往世书》中最古老的《伐由往世书》（Vāyu Purāna）（可能撰成于 4 世纪上半叶③）谈到了三种火：一，太阳火，即纯净火或神火；二，雷电之火，来自雷击点燃的树木；三，摩擦所生之火。我们不知道第一种火是如何命名的。若相信这种天火是聚焦阳光而获得，是使用透镜的结果（犹如至今暹罗仍在使用的那样），那倒十分诱人。然而，这样的结论几乎是不合情理的。其要表达的，很可能只是神圣或先验的火，就像希腊神话中普罗米修斯的火那样。古伊朗人的圣书《阿维斯塔》也区分了五种火，燃烧在阿胡拉·马兹达（Ahura Mazda）面前的天火是众所周知的，④ 并无记载谈到伊朗人使用取火透镜。⑤

　　我尚未见到梵文医药文献中有关取火透镜的记载，⑥ 但是古印度确曾将取火镜

---

① 当然，取火透镜的使用有其局限性，它得依赖晴朗的天气和强烈的阳光。在夜间，当人们最需要火时，它却是无法使用的。

② 参看 A. A. Macdonell, *Vedic Mythology*（《吠陀神话》），p. 91；H. Oldenberg, *Religion des Veda*（《吠陀宗教》），p. 105；R. Roth, "Indische Feuerzeug"（《印度的取火器》），*ZDMG*, vol. 43, pp. 590-595；F. Spiegel, *Arische Periode*（《雅利安时代》），p. 147。E. Thurston 在其《南印度人种学笔记》（*Ethnographic Notes in Southern India*, Madras, 1906, pp. 464-470）中很好地描述了现代印度的取火方法。

③ V. A. Smith, *Early History of India*（《印度古代史》），Oxford, 1914, p. 305.

④ A. V. W. Jackson, in *Grundriss der iranischen Philologie*（《伊朗语言学概论》），vol. II, p. 641；W. Geiger, *Ostiranische Kultur*（《东伊朗文化》），p. 253.

⑤ 古代印度人与伊朗人之拜火信仰的一个重要区别，在于前者的取火仪式占据主导地位［L. D. Barnett 在其新书 *Antiquities of India*（《印度古物》）中作了精彩而简洁的描述，pp. 156-161］。伊朗人则热衷于寻找天然火的地点［Jackson, *Zoroaster*（《琐罗亚斯德教》），pp. 98-101］，所以，人工取火并非其仪式的一部分。Dieulafoy 搜集了有关波斯拜火的极有价值的资料（*Suse*, 第 393 页及以下诸页）。《阿维斯塔》谈到了火器，却未谈具体细节，因此我们似乎没有关于伊朗人取火之法的资料。由于波斯的拜火仪式曾传播至世界各地（罗马、印度、中国等），所以这类资讯的匮乏更令人感到可悲。我们有充分的理由推想，波斯的祭司麻葛（Magi, 在印度称 Maga, 在中国称穆护）在取火透镜的传播中肯定发挥了一定的作用；但是这个想法目前仍属推测，因为我们完全缺乏这方面的证据。然而，一个奇特的巧合值得注意：暹罗人的圣烛是利用透镜产生的"天火"点燃的；而波斯国王则将这样的"天火"长久保存在一盏灯中，作为其权力永存的象征。带有这种神秘观念的表达方式为亚历山大大帝的继承者们所接受，嗣后，这又传播到了罗马帝国，"天火"被视作点燃罗马皇宫中的不息之火的标志；在官方祭典上，设于皇帝之前。

⑥ 有关印度医师使用灸灼疗法的情况，可参看 Hoernle 翻译的 *Suçruta Samhitā*, pp. 74-80。

使用于医疗实践中。这种可能是用金属制作的镜子①两度见于医典 Ashṭānga-Hṛidaya② 中。其中一例称，某些药物是在这镜上研磨的；与此类似的另一种做法则见于著名的《鲍尔手稿》（*The Bower Manuscript*，成于 5 世纪中叶）的一张处方中："用胡椒粉和姜黄粉在镜面上反复摩擦，然后涂在严重受伤的眼睛上，则能快速痊愈。"上书谈到的另一例则说，若遭鼠啮而受伤，可用箭或镜子治疗，或者如霍恩勒（Hoernle）博士所猜测的，用反射的聚焦阳光治疗伤口。③

由于印度文献中极度缺乏有关现实事物的资料，并且没有正确的年代信息，我们无法追溯印度人使用取火透镜的起始点，就这点而言，只有汉文记载才提供了可信的原始资料。研究印度的学者们从未涉及这个问题，因此如今可能是第一次听说印度存在过取火透镜。中文史料将中国最初引进这类透镜的时间定在 7 世纪初，这使我们可以推测，印度制造和使用取火透镜的时间要早于这个时期。尽管初看之下，这个结论无足轻重，但是它在证实下述事实上却意义重大：早在阿拉伯人入侵印度（710）之前，印度就已存在取火透镜了，因此，"取火透镜由阿拉伯人传入印度"的观点是不对的。

阿克巴（Akbar）宫廷中每年用水晶透镜获得圣火，皇室的所有火源都取自这一"圣火"。阿布尔·法齐（Abul Fazl，1551~1602）在其史书中描绘该仪式道：④"中午，当太阳进入白羊宫十九度时，整个世界被光明所笼罩。他们把一片圆形的光亮白石置于阳光中，印地语称此石为"sūrajkrānt"。随后，一片棉布靠近它，因石片的炽热而被点燃。这个天火是由专门的人士操作取得的。点灯者、持炬者以及皇室的厨师都在司职时使用它。每当年终时，他们便更新圣火。保存圣火的容器称为'火壶'。还有一种明亮的白石，名为'chandrkrānt'，若将它置于月光下，便会滴出水来。"⑤

至今，取火透镜仍在暹罗的固定典礼上使用，如新年庆典，或者佛教僧侣的剃发仪式，用以获得"天火"（fai fa）。所用的器物是一支巨大的蜡烛，俗称"胜

---

① 有关古印度的镜子，见笔者的 *Dokumente der indischen Kunst*（《印度艺术文献》），I，p. 174。

② 意即"医学八部精华"，被认为是医师伐八他（Vāghbaṭa）所写，可能成于 8 世纪以前。见 J. Jolly, *Indische Medicin*（《印度医药》），p. 8；Jolly 在 *ZDMG*，vol. 54，1900，pp. 260-274 对此书的撰成年代进行了充分的讨论。

③ 参看 A. F. R. Hoernle, *The Bower Manuscript*（《鲍尔手稿》），p. 160。

④ H. Blochmann, *Ain I Akbari*（《阿克巴政权》），vol. I，Calcutta，1873，p. 48.

⑤ 这个印地语词相当于梵文 candrakānta，义为"为月亮所喜爱"，就像上文所说的梵文 sūryakānta/印地语 sūrajkrānt（义为"为太阳所喜爱"）那样，也用以指称水晶透镜。Candrakānta 是一种无色水晶，印度人通常相信，它被月光照射后会流出水来［Finot, *Lapidaires indiens*（《印度宝石》），（转下页注）

烛"（thien chai），在某个皇家寺庙的首席祭司的指导下制备。"胜烛"为重达 26
磅的单支蜡烛，长约 5 英尺；烛芯由 108 根棉线构成，"108"被佛教徒视为神圣
的数字。蜡烛的外周铭刻着具有魔力的咒语和图形，它们形成于历代的传统习
俗中。

　　这种圣烛通常用"天火"点燃，天火由坐落在镀金或上釉的华丽支架上的巨
大取火镜（wen fai）利用阳光而产生。此火先保存在一盏灯中，等到"吉祥时刻"
到来，再用以点燃"胜烛"。此灯置于国王面前，他手持一支称为"燃烛"的蜡
烛，在念诵一段祈祷文时点燃天火。然后，国王将燃烛交给首席祭司，后者则用它
来点燃"胜烛"。在此过程中，随从的僧侣一起念诵一段祈祷文。点燃的"胜烛"
被保存在专门的白色网罩中。在熄火时也要举行庄严的仪式。①

# 十　冰透镜

　　人人都知道，若将一薄片冰雕成凸透镜状，则能使之成为效果很好的取火镜。
中国人便有这样的经验。汉籍中有一本《博物志》，搜罗了关于各种奇事异物的笔
记，其卷 4 载："削冰令圆，举以向日，以艾于后承其影，则得火。"要指出的是，
这条记载列于"戏术"目下，故这种取火法似乎只是吞火、吞剑之类的杂技演员
的把戏。尽管如此，李时珍却很机智地将它列入有关艾绒的论述（《本草纲目》卷
15）中，似乎医师用冰透镜点燃艾绒，治疗其病人，是十分常见的疗法。

　　然而，这个观点仍是有些疑问的。据说，艾因为使用时以冰透镜点燃，故获
"冰台"之名。上引《博物志》被认为由张华（232~300）撰写，若公元二世纪

---

　　（接上页注⑥） p. XLVII]。藏文将此词译作 c'ušel（义即"水"和"晶体"），并解释道："绝妙的魔石，
　　被认为具有生水甚至降雨的魔力。"[Jäschke, *Tibetan-English Dictionary*（《藏英词典》），p. 562]
　　Grenard 认为 [*Mission scientifique dans la Haute Asie*（《北亚的科学考察团》），vol Ⅱ，p. 407]，"藏族
　　巫师使用的，具有降雨或止雨魔力的"这种石材可能是玉；然而，这个观点是不能接受的。藏语
　　"玉"作 yang-ṭi 或 g-yang-ṭi [*Polyglat Dictionary of K'ien-lung*（《御制五体清文鉴》），Ch. 22，
　　p. 64]，有关其历史，我将另外撰文进行探讨。藏语中也有一个指称取火透镜的名称 mi šel，义为
　　"火"和"晶体"；或者名为 sreg byed šel，意为"燃烧的晶体"。雷布查语中的类似名称则为 mi šel
　　或 šel mi [Mainwaring-Grünwedel, *Dictionary of the Lepcha Language*（《雷布查语词典》），pp. 285,
　　434]。据 H. von Schlagintweit 称 [*Reisen in Indien und Hochasien*（《印度与高地亚洲旅行记》），
　　vol. Ⅱ，p. 201]，传入中国的取火透镜在西藏地区被广泛地用于生火，他曾亲眼见到锡金人使用这样
　　的玻璃片点燃火绒。
① 参见 G. E. Gerini, *The Tonsure Ceremony as performed in Siam*（《暹罗的剃发仪式》），Bangkok，1893，
　　p. 161。有关日本的水晶透镜，可参看 Geerts, *Produits de la nature japonaise et chinoise*（《日本与中国
　　之天然物产》），p. 243。

的张华确实撰写了此书，那么引人注目的事实是：在取火透镜最初从印度传入中国之前四百年，中国就已知道取火透镜了，则它显然出自中国本土的观念。确实，有人就是这样认为的，而施古德（Schlegel）则更进一步，[①] 将它作为"中国之取火透镜起源于本土"的重要论据。但这种辩解会像冰块一样轻易地融化消失。

施古德也参考了伟烈亚力（Wylie）的《中国文献纪略》（*Notes on Chinese Literature*），我们从第 192 页上得知，最初由张华撰写的《博物志》在宋代佚失；今版的《博物志》可能是后世根据其他诸书中的转引辑录的，从而古版中的许多文字都未见于今本。因此，不能保证今本中的任何文字都出自张华的亲笔。在此所谈的这段文字是李时珍从陆佃（1042~1102）所编的《埤雅》中转录的，所以我们可将它视作 11 世纪下半叶的说法。当然，它肯定要远早于那个时期，但是它不可能是张华的亲笔，最早也不可能早于七世纪上半叶，当时，取火透镜刚刚为中国人所知。

如上文所引，《唐书》记载了罗刹国的取火透镜，完全把它视为一种新鲜事物，描述了它的使用和功能，无可争辩地证明了，他们此前对取火透镜一无所知。唐代的作者并未明确表示取火透镜见于较早时期，相反，颜师古声称它们是在"当今"，即他的同时代传入的。而有关 3 世纪的史籍中，也绝未谈到当时流行这类透镜。

任何具有批判眼光的读者看到类似《博物志》伪史料的这种记载，都会马上意识到，其措辞都是以《唐书》的记载为基础的，并且在很大程度上依赖于《唐书》。实际上，正是在域外水晶透镜传入中国之后，有关冰透镜的经验才可能在中国传播。这个观念并不是中国人通过自然观察或光学研究（他们从未从事过这样的工作）得来的，而是依据"水晶由冰化成"的自然哲学，将冰作为昂贵水晶的临时取代物而得到的。貌似同源的两种物品水晶和冰，被中国人认为能够产生同样的效果。

## 十一　结论

如今，当我们试图重构取火透镜的通史时，引人注目的主要事实是：尽管存在

---

① *Uranographie chinoise*（《中国星象学》），p. 142；*Nederlandsch-Chineesch Woordenboek*（《荷汉词典》），vol. I，p. 674；*T'oung Pao*，vol. IX，1898，p. 179。施古德之"冰透镜使用于玻璃发明之前"的断言纯属虚构，未见于任何汉文记载中。

若干狂热者的反对观点，但是从未有丝毫迹象表明中国人曾声称他们发明了取火透镜；与此相反，他们倒承认其取火透镜来自罗刹国和瞻婆国，亦即意味着此物源自印度。像中世纪欧洲人和阿拉伯人从希腊、罗马人那里获得取火透镜一样，中国人从印度引入了取火透镜。因此，这里的核心问题是，印度和希腊到底存在着怎样的关系，或扮演着怎样的角色？

最初，希腊人确实有资格在时序上排在前面，其相当确定的日期是公元前 423年：当时，阿里斯托芬撰写了《云彩》。我们可以断言，那时候，印度尚未知晓取火透镜，因为我们只能追溯其起始点至 7 世纪。这一专例中的反证倒是比较确凿：古印度人具有强烈的"圣火"观念，它在宗教崇拜中占据着突出的地位，因此，如果真有这种能实现其"天火"美梦的杰出人造物（取火透镜），他们是绝不会不置一词的。事实是，没有一条梵文仪规曾谈到取火透镜之类的器物，所以它肯定未在印度人的文化生活中产生任何意义。

有鉴于此，非常不可能——也不是绝无可能——的是，印度人独立发明了取火透镜。即使我们基于汉文古籍得出的结论（"取火透镜在 7 世纪以前使用于印度"）在未来被印度研究的新成果取代，它也很难改变我们的根本性观点，推翻"这类透镜使用于印度的中世纪时期"的结论。我们有充分的理由坚持这一观点，并将取火透镜的传入与希腊—罗马文明对印度的影响联系起来。

首先，我们可以否定"亚述将取火透镜观念传入印度"的说法。若是这种情况，那么我们可以有把握地推测，取火透镜在印度出现的时间极早，同时也出现在波斯。然而事实是，琐罗亚斯德时代的波斯与吠陀时代的印度一样，完全未见这类器物。这个考察也证明了我们的结论"取火透镜在美索不达米亚的作用完全微不足道"是正确的。如果它们在早期的美索不达米亚曾经发挥过作用，那么我们也应该在极古时代的希腊发现它们的踪迹。如果我们无法明确解答"取火透镜的最初发明源于何时、何处"的问题，那么如今就得满足于将希腊人视作最早使用光学透镜的民族的阐释——我们知道这是正确的。

我们深刻印象的第二个反证是亚历山大的远征不可能是取火透镜传入印度的原因。我们没有必要坚称这是因为亚历山大时代的史家对此默不作声，而同时代的印度史家亦然如此。若谓亚历山大的天才将取火透镜传播到了印度的边境地区，却直到中世纪才结出成果，那简直是不可思议的。如上文所言，阿拉伯人也未将取火透镜传入印度。

假如严格地遵照我们的编年，则可将时间清楚地定在笈多时期，广义而言，是公元 300~650 年。尤其是在 4 世纪和 5 世纪，许多领域都展开了非凡的智力活动，[1] 数学、天文、医学等，各个方面都烙上了可以察觉到的西方影响的印记。[2] 确实，如史密斯（Smith）所强调的那样，印度在这一时期的杰出成就主要来自和外部文明——包括东方和西方——的交流，而印度与罗马帝国的交流是毋庸置疑的。4 世纪末，旃陀罗笈多二世（超日王）对摩腊婆（Mālwā）和娑罗蹉（Surāshtra）的征服打开了北印度与西方诸地的交流之路，从而易于接受欧洲的观念。

于是，一个合理的结论是，取火透镜并非经由希腊人，而是经由罗马帝国的希腊化东方地区传入印度的，其时段在 4 世纪至 6 世纪之间，后在 7 世纪初传入中国。依笔者之见，《鲍尔手稿》中提及的取火镜的传入也当在这一时期，其传播方向与此相同。

---

① V. A. Smith, *Early History of India*（《印度古代史》），p. 304.

② 主要参看 A. Weber, "Die Griechen in Indien"（《印度的希腊人》），in *Sitzungsberichte Berliner Akabemie*（《柏林学会会刊》），1890, pp. 921-925; G. d'Alviella, *Ce que l'Inde doit a la Grèce*（《希腊对印度的贡献》），Paris, 1897, pp. 95-119; G. Thibaut, *Indische Astronomie*（《印度天文学》），pp. 43, 76。

圣彼得堡彼得保罗要塞

# 专题·中古海洋世界

《中国与域外》第五辑（2023.06）第 95～122 页

# 三韩与辰王：3 世纪以前的朝鲜半岛南部

## 甘怀真[*]

　　**摘　要：**本文探讨 3 世纪以前朝鲜半岛南部的政治状态，主要对象是三韩与辰王。在研究方法上，本文重在考察此地复数与多元的行动者（政团或族群）间如何建立政治关系。本文尤其重视移民现象及其效应。效应之一是政团波动与王权联动。如本文讨论了辽东人卫满政团灭掉箕子朝鲜，朝鲜王准逃亡半岛南部建立辰/韩王权。又如汉朝在平壤建乐浪郡，这里的政团因移入南方的真番而有辰韩联盟。半岛南部的政治状态是从四面八方移入的政团共同创造出来的。除了北方的朝鲜，还有西方来的汉人，东北方的夫余/濊人，以及南来的倭人。本文也借此检讨朝鲜史通说之"辰王—三韩"学说，而指出辰王是由外来王在忠清南道所建立的政权，此王权以祭祀王的形式统合了半岛南部的诸政团。在此过程中，外来的政团与移民仍一拨拨到此建国。统一的辰王形象是 3 世纪中期曹魏欲在此地建立其属国才有的。但此辰王政权一开始就有名无实。本文的另一重点是从册封体制的观点探讨何为中国的属国。辰王、三韩在其历史上皆为中国（汉、曹魏）的属国无疑，但我们必须回到历史实态认识这类作为"东夷"的属国，此实态是本文所说的天下政体。当我们探讨此时期的中韩关系时，不是将注意力置于中国与韩国的互动，而是关注当地多数政团的竞合。

　　**关键词：**三韩　辰王　册封

---

　　* 甘怀真，台湾大学历史学系。

# 前　言

本文探讨 3 世纪以前朝鲜半岛南部的政治状态，重点在于三韩（马韩、辰韩、弁韩）与辰王。这段历史关乎韩国（朝鲜）作为民族国家的起源，故研究成果丰硕。[①] 就史料而言，不可能有新的文献史料，虽然有新出考古资料，但就政治制度史而言，都不足以改变既有的典范。本文其实也没有提供新的文献史料。然而此研究获得突破的关键在于我们有了中国古代外夷属国体制的新认识，故可以借此对关键史料《三国志·魏书·东夷传·韩传》（下文简称《韩传》）做史料批判与再利用。本文也以此新的观点，站在检讨民族史学的立场上，重新解读《韩传》，并借此重构 3 世纪以前三韩与辰王的历史。

笔者重启此研究是为了批判若干研究过度以民族史学观点诠释史料与建构韩国古代史，所以本文的见解与之前建构的历史与通说有不同。如通说认为，朝鲜半岛南部自古以来有韩民族，且曾建立辰国，其后再分为三韩。作为三韩统合的辰王政权在 3 世纪中期为中国（曹魏）所灭亡。由于史料有缺，只能说本文的答案是正确解读《韩传》后所做的可能性最大的推论。当然这些推论犹有可商榷的余地。只希望这些讨论可以作为未来再研究之资。

此通说会被广泛接受除了 20 世纪民族史学的作用外，也与我们对《韩传》的错误解读有关。《韩传》的史料价值虽应得到较高的评价，但终究是一份由官方得到的外夷属国纪录而制作成的史料。所以该文献要从当时中国的外夷政策的观点考察。[②] 拜近年来关于中国古代中外关系研究的丰盛成果，我们可以借由这些研究所得的史实回头检讨《韩传》中对于朝鲜半岛政治状态的记述，可以区别出何为中国官方所见的册封体制的事实，何为在地事实。本文正是从册封事实与在地事实两立的观点，借由对《韩传》的史料批判，重新建构 3 世纪以前的韩地历史。

---

① 韩国史专业学者的论文如卢泰敦《三韓에對한認識의變遷》，《韩国史研究》1982 年第 38 期；申铉雄《三韓起源과三韓의成立》，《韩国史研究》2003 年第 122 期；文昌鲁《〈삼국지〉한전(韓傳) 의"삼한(三韓)"인식》，《동북아역사논총》2017 第 55 期；朴大宰《삼한시기 논쟁의 맥락과 접점》，《韩国古代史研究》2017 年第 87 期。

② 参考甘怀真《第三世纪辰王政权与东亚册封体制》一文中关于《三国志·东夷传》的讨论。

　　为进入本文课题，先扼要说明 3 世纪之前的册封体制。[①] 公元前 221 年秦始皇政权消灭了战国诸国，将其改为郡县。于是全中国只有一个"国家"，即秦，当时称为"天下一家"。但秦始皇的"大一统"只是"天下一家"的开端，此后的汉继承秦制，并循着战国大国向外扩张的轨迹，继续向郡县领域外的地域设置郡县，当时称为"置郡"与"置吏"。如沿着战国燕国扩张的踪迹，在中国东北、朝鲜半岛北部设置了乐浪等四郡；沿着秦国扩张的踪迹在河西走廊设置武威、敦煌等郡；沿着越国扩张的踪迹继续在福建、广东、广西、越南北部设郡，并灭掉南越国；沿着蜀国扩张的踪迹开通"西南夷道"。置郡的政策延续到公元前 1 世纪的后期。东汉以后，汉正式废止了设置新边郡的政策，即停止了置郡，并实行四夷属国制度。汉将郡县领域内外不属于郡县治理的政团视为外夷，并承认其为自主与自立的团体。即外夷政团首长由其政团自己的规则产生，汉朝政权也不介入其统治集团与人民的关系。但汉对这类首长，依其政权的大小，分别授予国王、侯、邑君、邑长等中国爵位，使之与汉建立封建关系，具体表现在贡赋规定上。但汉仍未放弃郡县制原理，规定这类外夷之国、邑等政治单位又可"比郡县"，即将其视同郡县，而隶属于特定的郡。

　　2 世纪的后期起，东亚的新局势是大国崛起：一类大国是汉的州，另一类是汉郡县域外的外夷。关于前者，结果之一是汉末各州的自立，"三国"鼎立即结果，汉灭亡。除魏、蜀、吴三国外，另一大国是本文将讨论的公孙氏燕国。辽东郡在公孙氏政团的主导下成为大国，同时崛起的大国有鸭绿江中上游的高句丽。曹魏在 238 年消灭了公孙氏燕国，又在 245 年与高句丽作战。曹魏官方因为这几场战争的结果，无论主动与被动，都将其势力伸入了"东夷"地区。《韩传》的撰写也拜这几场大战之赐而获得更多史料。[②]

　　此外，本文也采用"形成与重层"的方法，并借此反省民族史学。民族史学是为近代民族溯源，主张一个民族是自古以来的一个人群单位，所谓土生土长，有其固有领域。此民族可以在某历史阶段分别由几个政权分区治理。如朝鲜半岛南部有韩民族，此韩民族又分为三韩。然而，本文也借韩地政治演变之实例，证明对于一个地域社会而言，人群（含政团）皆是外来的。就形成而言，一个地域社会的人群是在不同时期、从不同的地方移入的。就重层而言，一个地域社会是由这些不

---

①　主要根据甘怀真《从册封体制看汉魏的国际关系》，吴玉山编《中国再起：一个历史与国关的对话》，（台湾）台大出版中心，2018。

②　甘怀真：《第三世纪辰王政权与东亚册封体制》，《新史学》2011 年第 3 期，第 9~70 页。

同类的人群重层建构而成，于是出现阶级，在最上层的人群形成统治阶级，此上层之人的名称也会成为全体人群的名称。

于是一个大型地域社会有多元的行动者。我们在探讨韩地历史时，不可只设定中国与韩国的二元对抗。中国又可以分为朝廷、郡与州，以及燕人系、齐人系等。韩国又可分为在公元前 2 世纪以前即居住在此地的诸人群及其政团，以及其后一批批移入的人群及其政团，如本文所论。而且这些政团又与中国官方联盟对抗。

本文也从这个角度重新解读以《韩传》为主的文献所提供的史料，以政团的移动、联动与在地化为焦点。公元前 3 世纪后期起，秦、汉两朝依次建立政权，中国成为郡县制国家。约公元前 195 年，以卫满为首的燕国政团移出至朝鲜，并夺取了朝鲜政权。被灭的古朝鲜统治集团移出至忠清南道，以外来王治理当地既存的人群。这个政权自称"韩"，而中国（乐浪郡）称为辰。其后大量的人群从朝鲜（半岛西北部）移入半岛中部西岸地区，这些人被称为韩人。其中从朝鲜（半岛西北部）移入者在黄海南道、京畿道建立了辰韩政团联盟，从半岛东北移入者建立了名为"韩濊"的政团联盟。辰韩中的一些政团再移入庆尚北道，在这里遭遇从东方与南方而来的倭人政团，而形成新的政团联盟，即《韩传》所说的三韩之辰韩。韩濊又在半岛西南部建立政权，其政团联盟即马韩。以辽东郡人为主的汉人系政团在公孙氏政权的主导下建立带方郡。带方郡与韩濊中的汉城百济合作，经营马韩之地。曹魏又消灭了公孙氏政权，取消了韩地的边郡属国体制而改用新的外夷属国体制，对此本文将有所讨论。

# 一　韩国的形成

从考古、文献史料可以推论自公元前 3 世纪后期以后，从东亚大陆来的人群一拨一拨移入朝鲜半岛。目前的考古证据也可以告诉我们，从公元前 3 世纪至 3 世纪，朝鲜半岛可分为六个文化地理区：一是鸭绿江中上游，主要政团有高句丽；二是大同江流域，有朝鲜及其后的乐浪郡；三是汉江流域，先有真番，后设带方郡，以及诸朝鲜系、濊人系政团；四是忠清南道以牙山湾为中心的韩；五是西南海岸（全罗道）的马韩；六是庆尚道的辰韩、弁韩与倭。①

---

① 概论书可参考吉井秀夫《古代朝鲜墳墓に见る国家形成》，东京大学出版会，2010。

　　我们可以依《韩传》，将公元前 2 世纪至 3 世纪中期的朝鲜半岛南部的历史阶段称为"三韩时期"。此三韩即《韩传》所说的马韩、辰韩与弁韩（弁辰）。然而，所谓三韩，是陈寿根据曹魏在这个地区所实施的外夷属国制度所得出的学说。三韩当然是事实，不是陈寿杜撰的，却只是反映曹魏的外夷属国制度。且此时的朝鲜半岛南部没有汉文行政，所以无论韩、马韩、辰韩还是弁韩都是中国官方记录中所说的，是由中国的外夷属国制度所下的定义。所以我们不能预设《韩传》所说的三韩是在历史中传承的政治实体。

　　近代学者多主张马韩在朝鲜半岛西南部，辰韩在东南部，而弁韩在辰韩的南部。这种通说是受到百济出于马韩与新罗出自辰韩之说的影响。其说又可追溯到唐官修史书《北史》。《北史》说百济"盖马韩之属"，新罗则"其先本辰韩种"。[1]《三国史记》也承袭唐代史官之说。现代学者就根据中国正史与《三国史记》，以百济之地推论马韩，以新罗推论辰韩。但这只能视为唐代学者的学说，至于是否是事实可存疑。

　　《三国志·东夷传》的史料价值可高度评价，然而对该史料要批判性利用，因为其所记的史实主要集中于 3 世纪前半叶，且是从外夷属国制度的立场记述的。就其所记三韩七十九国而言，只能确定这是 3 世纪前期的状态，至于之前、之后则另当别论。目前学者对《韩传》所记的韩地七十九国的现在所处的位置有一些看法。主要争议是辰韩究竟是在今天的庆尚北道还是朝鲜半岛中部邻乐浪郡处。[2] 此二说其实并无矛盾，因为中国记录中的辰韩不同时期在不同的地点。

　　综观整个汉代，不见汉朝廷称此地为韩。因为半岛南部作为一个政治地理单位须等到 3 世纪的曹魏在这里实施外夷属国体制，彼时才有三韩与辰王体制。而且，韩是战国的大国国名，西汉初年汉之封国中还有韩国，所以汉朝不会将外夷与外夷之地取名为韩。在记录中，半岛南部之政权名为韩，始自古朝鲜王准，因其国为卫满所灭而逃亡至"韩地"称"韩王"。《韩传》记其事，曰：

　　　　侯准既僭号称王，为燕亡人卫满所攻夺，将其左右宫人走入海，居韩地，自号韩王。其后绝灭，今韩人犹有奉其祭祀者。汉时属乐浪郡，四时朝谒。[3]

---

① 李延寿：《北史》卷九四，中华书局，1974，第 3118、3122 页。
② 李丙焘：《韩国古代史》（上），金思烨译，六兴出版，1979，第 327~328 页。
③ 陈寿：《三国志》卷三〇《东夷列传·韩》，中华书局，1980，第 850 页。以下引用的正史，皆据中华书局 1980 年标点本。本文主要是考证《韩传》，为省篇幅，以下不再列出版权信息。

这段话是记古朝鲜为卫满所灭亡后，其首长准与其政团主要成员"走入海"，到"韩地"，自称为"韩王"。据《韩传》，公元3世纪前期，此韩王政权已"绝灭"。"走入海"当指从平壤西部大同江口出海。至于登陆后所居之"韩地"何在，只能推测。因为此时朝鲜的南方有真番，其地在今天的黄海道南部与京畿道，故侯准所居之"韩地"当在真番的南方，即今天的忠清南道。且这条史料在辰王相关记述之后，所以可从文脉推定曹魏时的辰王是传承自朝鲜王准的王统。辰王治所在马韩之月（目）支国。学者多认为该地在忠清南道天安市稷山郡。① 该地在今天是首尔通往东南之庆尚道与南方之全罗道的交通要道。附近的牙山市临近通往西边牙山湾的河流，在当时或许更接近海，是一个海港市。此海港市与其上游之祭祀圣地是韩地的政治中心，此处的首长即《韩传》所说的辰王。此地当是王准据以称韩王的政治中心。

我们没有任何证据可以推论称韩王的理由。或许韩字之音（han？kan？）是王者的自称。又，该史料说韩王是"自号"，即中国方面并没有承认此王号。上引史料又说侯准所建的韩政权在汉时属乐浪郡，即作为乐浪郡的属国，双方有制度化的"朝谒"关系。由于这段史料是在讲辰王，故可以推论该韩政权从中国方面所受的官号是辰。所以我们可以将此位于今天安市的政权视为韩/辰。

此韩/辰王所领有的韩地的四至在何处？因为此韩政权不是领域国家，所以无法追究其领土的边界。我们可以推想，韩/辰王以首长的身份组织了广域政团联盟，其王权负有祭祀、贸易与司法裁判的功能。王准应建立了以今天安市为核心地的韩王统，但其后如何演变则不得而知。这里所说的王统，是指一个由政治中心联结的政治网络构成的客观结构。一个王统主要靠三项制度才得以运作，即共同语、货币与中介者。中介者可以是官员、商人、僧侣。在历史上，不同的政团会夺取并传承同一个王统。王统传承而政权转换即中国史中的朝代。韩王统也应经历几次朝代交替。如上引《韩传》所记，传承自古朝鲜王准的政团虽被"绝灭"，但该王统仍存在。新的强势政团以承续此王统作为其政权的正当性理由。

韩王准率其政团进行移民的行动不是特例，其后应有大量政团、人群从朝鲜半岛西北部移民至韩地，这类移入的政团与韩/辰王间有封建关系，包括贸易、祭祀、司法等，被称为韩人。两类韩人建构了两个政权联盟：一是朝鲜系移民所建立的辰

---

① 参考李丙焘《韩国古代史》（上），金思烨译，六兴出版，1979，第314~316页。《后汉书》记为目支国，见范晔《后汉书》卷八五《东夷列传·韩》，中华书局，1965，第2818页。

韩，二是濊人系移民所建立的马韩。以下先讨论辰韩。

《韩传》所记的辰韩在今天的庆尚北道。然而这是 3 世纪曹魏外夷属国体制下的事实。辰韩作为政团联盟先成立于黄海南道与京畿道。关于这段史实，《魏略》所记廉斯是重要史料。这是有名的史料，论者多矣，① 于此解读，是要再根据辰韩政团的斗争的历史脉络分析出相关史实。其文虽长，应讨论所需，仍抄录于下：

> 初，右渠未破时，朝鲜相历溪卿以谏右渠不用，东之辰国，时民随出居者二千余户，亦与朝鲜贡蕃不相往来。至王莽地皇时，廉斯鑡为辰韩右渠帅，闻乐浪土地美，人民饶乐，亡欲来降。出其邑落，见田中驱雀男子一人，其语非韩人。问之，男子曰："我等汉人，名户来，我等辈千五百人伐材木，为韩所击得，皆断发为奴，积三年矣。"鑡曰："我当降汉乐浪，汝欲去不？"户来曰："可。"鑡因将户来出诣含资县，县言郡，郡即以鑡为译，从芩中乘大船入辰韩，逆取户来。降伴辈尚得千人，其五百人已死。鑡时晓谓辰韩："汝还五百人。若不者，乐浪当遣万兵乘船来击汝。"辰韩曰："五百人已死，我当出赎直耳。"乃出辰韩万五千人，弁韩布万五千匹，鑡收取直还。郡表鑡功义，赐冠帻、田宅，子孙数世，至安帝延光四年时，故受复除。

这条史料提供了朝鲜（朝鲜半岛西北部）的人群移居到其南方而成为辰韩的实例。时间是公元前 2 世纪后期。该集团的人数高达上万人。其领袖"朝鲜相历溪卿"是卫氏朝鲜的统治阶级成员，因为卫氏朝鲜内部的斗争而移出。"东之辰国"，应是平壤或附近东南方向的黄海南道、京畿道地区。此地是《魏略》所说的"辰国"，当即韩人之地，亦即前述韩王所控制之地，但中国的记录称为辰国。又根据其地邻近乐浪郡，故推测应在黄海南道、京畿道。历溪卿集团移民至此，此集团被记录为廉斯。在当时不使用汉字的条件下，廉斯与历溪当是不同的汉字表记，廉斯即历溪。约一百年后其首长为廉斯鑡，是"辰韩右渠帅"。虽不可确知右渠帅为何，但可推论应为辰韩的政团联盟的大首长。此辰韩当是此地以朝鲜系移民为主所建立的政团联盟。

---

① 笔者也曾讨论过，见甘怀真《东北亚古代的移民与王权发展：以乐浪郡成立为中心》，相关考证可参照。

这条史料的主旨是记廉斯鑡背叛辰韩而投靠乐浪郡。此事件反映了辰韩内部的斗争。《魏略》记廉斯鑡与户来的相遇，该史料说户来是"汉人"。所谓"汉人"是指从中国郡县而来之人，应是从乐浪郡而来。因为户来是乐浪郡人，说的是汉语，更确切地说是朝鲜方言。根据扬雄所著的《方言》，北燕与朝鲜为一方言区，其方言为北燕/朝鲜方言。[1] 早期的卫满集团当是使用此北燕方言，进入朝鲜后将此北燕方言带入而有新的朝鲜语。这种北燕/朝鲜方言是卫氏朝鲜的官方共同语，其后乐浪郡也以此为共同语。历溪卿出仕卫氏朝鲜也肯定使用此北燕/朝鲜方言。从这条史料可知，至廉斯鑡时期，辰韩的共同语是韩语，即"韩人"之语。作为共同语的韩语应是韩/辰王政权集团使用之语。从此共同语现象可看出韩地的整合情状。廉斯鑡也肯定使用韩语，但也会使用北燕/朝鲜方言。

本条史料记辰韩与乐浪郡争夺人口。《魏略》所记的户来属于人数一千五百人的集团。该史料说"为韩所击得"，从该文判定此"韩"应是辰韩。这部分移民被击得的可能性有二：一是这群在辰韩之地的乐浪移民为辰韩政团所捕获，二是辰韩越界至乐浪郡捕获"生口"。此一千五百人"皆断发为奴"，被捕获后以刑徒的身份在此生产。从户来的工作是"田中驱雀"推知其所从事的是农业。而文中所谓"伐木"，当是开垦的行为，即开垦新土地以为农地。[2] 若廉斯鑡出其"邑落"就有此开垦集团，可以推测在这个时间点上京畿道有大量的乐浪郡移民移入，且聚落交杂。

于是乐浪郡与辰韩间发生战争。《魏略》中叙述廉斯鑡与户来相偕赴乐浪郡。廉斯鑡是借户来证明辰韩掠夺乐浪郡人口，乐浪郡也以此为罪名作势征讨辰韩。乐浪郡派出水军进入辰韩，《魏略》说是"从芩中乘大船入辰韩"。我们无法确知芩中在何处，推测在含资县（今黄海南道瑞兴郡）东方礼成江畔，乐浪郡军队从这里的港口沿礼成江南航进入辰韩，即借由江华湾再进入其他河域，如汉江。[3]

这条史料提供了"降伴辈"一词。只是《三国志》标点本"逆取户来。降伴辈尚得千人"的断句是错的，应点断作"户来降伴辈"，即以户来为代表的"降伴辈"。户来此时在乐浪郡，甚至是以人质的身份留在那里，故乐浪军队迎接的不会

① 严耕望：《扬雄所记先秦方言地理区》，《严耕望史学论文选集》，（台北）联经出版公司，1991，第71~94页。

② 也有学者推定户来集团是至韩地从事铁的开采，见铃木靖民《文献からみた加耶と倭の鉄》，《国立歴史民俗博物館研究報告》第110集，2004，第145~160页。

③ 参见王绵厚、朴文英《中国东北与东北亚古代交通史》，辽宁人民出版社，2016，第127页。

是户来。"降伴辈"在史料中只出于此，可从字面推定其义是指被征服的团体，这一词应是由朝鲜半岛所使用的口语所转换而来的汉文名词。

此"降伴辈"原应是一千五百人，其中五百人已死，只剩一千人。廉斯鑡威胁辰韩统治者，必须赔这五百人的损失。廉斯鑡代表乐浪郡恐吓辰韩："若不者，乐浪当遣万兵乘船来击汝。"这是赤裸裸的军事威胁。结果辰韩赔了一万五千人以及弁韩布一万五千匹。《魏略》所记像是剧情，一些细节无法尽信。无论如何，即使细节可能有误，仍能由这条史料得见边郡政权与境外政权间的规范。此规范可称作封建协议。即各方政权（中国边郡、外夷政权）原则上同意其境外之人民可以移入自己的势力范围内的荒地。但掠夺其他政团的人口则不被允许。辰韩之罪在于掠夺了乐浪郡的人口。我们可以凭借此封建协议想象彼时的移民与建立政权的活动。如乐浪郡也接受其北方的濊人进入其领域而成为具有某种自立性的团体。这次战争是乐浪郡以辰韩破坏了封建协议为由发起的。

此事件的结局是廉斯成为边郡属国。廉斯鑡向乐浪郡投降。所谓投降，是廉斯鑡将其所领导的"邑落"作为乐浪郡的属国。《魏略》只记廉斯鑡受"赐冠帻、田宅"，但推测当时中国的王朝政权授予廉斯鑡的爵位应是"邑君"。公元44年有廉斯君长苏马谉受册封为"汉廉斯邑君"的记录，《后汉书》记："韩人廉斯人苏马谉等诣乐浪贡献。光武封苏马谉为汉廉斯邑君，使属乐浪郡，四时朝谒。"① 此邑君是东汉赐给外夷君主的爵制之一。

再根据《魏略》，直到东汉安帝延光四年（125）时，廉斯的统治者仍受中国方面的政治礼遇。该文中记廉斯君长一直到该年都"故受复除"，其义是指廉斯君长因为有爵位可以免除赋役，此赋役当指廉斯国（邑）向乐浪郡所提供的物资与劳务。这条史料可以使我们再探汉的边郡属国体制，至少也可窥探汉对朝鲜半岛南部的治理方式。汉边郡（如乐浪郡、带方郡）在其域外设立属国，以贸易与武力的方式对其进行控制，即"兵威财物"，以"服属""役属"外夷政权。② 笔者也将这种属国制度称为封建的属国制度。另一类属国制度即前述汉朝廷的四夷属国制度，这类的属国"比郡县"，所以可以视为郡县下的属国。廉斯君主受汉朝廷册封

---

① 范晔：《后汉书》卷八五《东夷列传·倭》，中华书局，1965，第 2820 页。

② 著例有二。一是卫满朝鲜，司马迁《史记》卷一一五《朝鲜列传》云："以故满得兵威财物侵降其旁小邑，真番、临屯皆来服属，方数千里。"参见司马迁《史记》，中华书局，1959，第 2986 页。二是西汉前期南越国，《史记》云："佗因此以兵威边，财物赂遗闽越、西瓯、骆，役属焉，东西万余里。"参见司马迁《史记》，中华书局，1959，第 2969 页。

为邑君，即其国（邑）是属四夷属国，其国之名冠"汉"也是一证。至于这类君长如何可以"故受复除"，应对其制再予以考察。

廉斯鑡之例使我们看到辰韩政团中投靠乐浪郡者，此外则有外移至朝鲜半岛东南之庆尚北道者。辰韩政团转移至域外的原因一方面是辰韩多被并为乐浪郡或其后成立的带方郡之属国，另一方面是韩濊政团在半岛西岸的中部强大起来。所以辰韩的一些政团转移至庆尚北道。《韩传》所述的辰韩即在庆尚北道。

第二类是濊人系移民。濊人是生活于鸭绿江流域的人群，多数受高句丽支配。自公元前2世纪以后，也源源不断移入半岛北部，再至南部。濊人系的移民中的强势者是其后的百济。当时没有百济之称，这部分移民被泛称为韩濊。这类韩濊之人当出自北方高句丽政团所支配的下级政团，其后所形成的百济则自称出自夫余。①

我们可以推论此韩濊诸政团建立了被称为马韩的政团联盟。韩濊之人在进入半岛南部后也成为韩人，其政团肯定与在月支国的韩/辰王间有着封建关系。至于如何有马韩之称，则不得而知。

马韩一词首次出现于《韩传》。《后汉书·东夷传·韩传》中所记的马韩则抄自《三国志》，而且其中一些记录只能视为范晔的学说，没有史料价值。《后汉书·安帝纪》记121年至122年间高句丽攻打玄菟郡，并与夫余发生战争之事。高句丽联军是由"高句骊、马韩、秽貊"组成。② 《后汉书·高句骊传》记此事，曰："（高句骊王）宫遂率马韩、濊貊数千骑围玄菟。"③《三国史记》亦记有此事件，说此马韩为被灭亡后复国的政团。这只能被视作《三国史记》为自圆其说而杜撰的说法，因为《三国史记》认为此时马韩早为百济所灭，理应无马韩。其说实不足相信。若我们认为《后汉书》的史料有所本，则至迟在2世纪前期已有马韩之说。据《韩传》，在2世纪中期，高句丽侵略辽东，战事也发生在鸭绿江畔近西安平之地（其地在辽宁省丹东）。该史料说高句丽杀了乐浪郡带方县令并抓到了乐浪郡太守妻子，可知乐浪郡派军参战，连在今天黄海北道的带方县也参战了。于是可以推测朝鲜半岛（尤其是北部）的其他政团也参战了。濊（秽）、貊是高句丽势力范围内的政团，在朝鲜半岛的东北部。该史料中的马韩应指乐浪郡南方的政团（联盟）。在2世纪时，无百济之称，故被记为马韩。马韩最有可能指的是与高句

① 参见杨军《百济起源略考》，《东疆学刊》2017年第4期，第52~55页。
② 范晔：《后汉书》卷五《孝安帝纪》，中华书局，1965，第234页。
③ 范晔：《后汉书》卷八五《东夷列传·高句骊》，中华书局，1965，第2815页。

丽有关系的韩濊/汉城百济。

　　史料有阙，史家无法具体描述史实的细节。但从《三国史记》描写筑城栅与屯田之事可知汉城百济是如何向其南方武装移民并建国的，即建一座城并支配外围的直属人民。虽然《三国史记》所记百济的初期只有汉城百济，但也可以推测其他的百济（韩濊系）政团移民至半岛西南部并建立政权的过程。5 世纪初期的广开土王碑（好太王碑）让我们知道了 4 世纪后半叶该地的多元人群状态。高句丽从被征服地征调至王都附近的烟户（陵户）是其人民中的"韩秽"。这些"韩秽"应是本文所说的韩濊，即濊人系韩人。广开土王碑记半岛南部各国（城）之内有韩濊，这些韩濊作为当地的统治集团，在战败后被强制迁徙至高句丽王都。① 虽然我们无法知道具体的历史进程，但可以推论此形成于 1 世纪韩地（主要是京畿道、忠清南道）的韩濊政团是逐步移民至南部并建立政权的。

　　从考古证据知道从新石器时代起，移民开始在全罗道建立部落与部落联盟。但即使到了《韩传》所记录的 2 世纪和 3 世纪，这里的政治状态仍很原始。《韩传》中的"马韩"条描述了这群人的政治单位是"邑"，一"邑"治理诸"落"。且特别强调"无城郭"。然而，"马韩"条却又叙述这里有"国"、城。所以这里明显有两套政治系统，反映两类人群，即统治集团与被统治者。《韩传》描述马韩之地曰："其俗少纲纪，国邑虽有主帅，邑落杂居，不能善相统御。""邑落"住的是这里的原住民，其政治组织的状态是原始与散漫的，且邑落具有相当大的自立性。另外，《韩传》之"马韩"条记载了这里的"国"的状态，曰："凡五十余国。大国万余家，小国数千家，总十余万户。"学者或认为这些"国"是从"邑"自主变化而来的，但从《韩传》的脉络推论，这种落后政治形态的邑落不会自主转变为"国"。故此五十余国应是外来的强大政权建立的，此外来王者应是带方郡官方。

　　《韩传》记建"国"，曰："其国中有所为及官家使筑城郭，诸年少勇健者，皆凿脊皮，以大绳贯之，又以丈许木锸之，通日讙呼作力，不以为痛，既以劝作，且以为健。"此史料非常生动地描述了马韩人民如何为"官家"筑城。这些为"国""官家"服劳役的"年少勇健者"是"国""官家"依户籍征调的"邑落"人民。"马韩条"记有大国、小国的家数，证明有户籍制，但制度粗糙。我们很难推想这种筑城行为是一个原"无城郭"的政治社会会自主做出来的。史料中的"官家"

---

　　① 参考甘怀真《广开土王碑文中的烟户——兼论古代东亚的守墓人制度》，《早期中国史研究》2016 年第 1 期，第 57~100 页。

应指带方郡官方。

当时韩濊政团中的一支是我们所称的汉城百济，也是 4 世纪百济统治集团渊源所自。若据《三国史记》，百济始祖温祚所率领的集团移入京畿道的时间在公元前 1 世纪末。《三国史记》特别书写温祚只是因为他是 4 世纪以后百济政权的始祖，其实移入此地或再至南方的韩濊人有很多政团。温祚集团只是其中之一，其根据地在汉城（首尔），故被称为汉城百济。韩濊集团在这里成为强权的原因是拥有先进的政治制度，此由《三国史记》所记百济建国一事可推知。此政团拥有筑城（栅）与编组农民的技术。

汉城百济在这里所筑城（栅）中有一种是慰礼城。这一类的栅建在交通要道上，所以《三国史记》才会说建栅"以塞乐浪之路"[1]，即在通往乐浪的道路上建立军事基地，阻止从乐浪通过"路"向外移民。栅是军事基地，亦是屯田。记录中有瓶山栅、秃山栅、狗川栅、熊川栅等。城有大豆山城、汤井城、古沙夫里城、述川城、斧岘城等。关于屯田，33 年的记录曰："下令国南州郡，始作稻田。"[2] 即都城以南之州郡，开始由官指导其民经营农场种植稻米。我们可以推想，百济掠夺了其北方乐浪郡之人而将他们迁入百济南方编组为农民。从筑城栅与编组农民可以推论，汉城百济的政治水平已到郡县制水平。然而，这应该是汉城百济政团的独特之处，不能代表韩濊的一般政治水平。而汉城百济的政治制度应源自长期与中国郡县的交流。

我们可以推论，在 1 世纪、2 世纪，以韩濊系为主的政团在忠清道、全罗道建立政权，这个政团联盟有马韩之称。我们无法知道这个政团联盟的状态，只能推测此马韩政团以韩/辰王为其共同首长。至于马韩政团中的强势者是否取代了韩/辰王，以至于有韩王权改朝换代的现象，只能推测。关于这一点，会在下文再予讨论。

此时的马韩是政团联盟，并非领域国家。若说它的范围包括全罗道，也是历时变化的结果。根据考古证据，可以知道至 1 世纪、2 世纪，乐浪郡与朝鲜半岛西南部几乎没有交流，未发现两地间相互交流的文物证据，其中锦江流域与乐浪郡交流的文物证据少见。若以《韩传》中所划分三韩而论，马韩地区相对辰韩、弁韩，

---

[1] 金富轼：《三国史记》卷二三《百济本纪一》温祚王十一年条，金思烨译，明石书店，1997，第 458 页。

[2] 金富轼：《三国史记》卷二三《百济本纪一》多娄王六年条，金思烨译，明石书店，1997，第 459 页。

与中国的交涉较少。由乐浪郡而来的中国文物多出现在庆尚道（洛东江流域、岭南地方），即辰韩、弁韩之区域。① "乐浪郡—韩/辰王—马韩诸国—马韩邑落"应是当时的贸易路线，忠清道、全罗道由此路线得到来自乐浪郡的物品。所以一直到2 世纪后期，马韩政团对于全罗道的支配力度很小，其支配领域应只到锦江流域。

《韩传》"马韩"条说："其北方近郡诸国差晓礼俗，其远处直如囚徒奴婢相聚。"虽无法明确区别"北方"与"远处"，但此"北方"应指京畿道与忠清道，而"远处"指全罗道。"北方"因受郡县体制的作用，故有比较先进的政治组织与秩序，相对之下，"远处"的组织方式则较落后。这套论述包含文明高低的观点，客观反映了全罗道的政治组织仍处于较原始的状态。

总之，自公元前 2 世纪至 2 世纪的约四百年间，《韩传》所说的韩、韩地、韩国形成。其源起是公元前 2 世纪前期朝鲜系之朝鲜王准政团在忠清南道建国，此国为韩/辰。借助政团间的封建的政治关系，此韩/辰王权的势力范围达黄海南道、京畿道、忠清道，以及庆尚北道部分地区。其后，不同类的人群由境外移入此地区，与韩/辰王建立封建关系，于是被统称为韩人。一类是以朝鲜系政团为主的辰韩，一类是以韩濊系政团为主的马韩。在这数百年间，辰韩政权控制了黄海南道、京畿道部分地区、庆尚北道，马韩控制了京畿道部分地区、忠清道，以及全罗道部分地区。

## 二　辰韩与倭

上文中已用较多篇幅讨论了马韩，本节主要讨论辰韩，兼论弁韩。《韩传》所说三韩之辰韩主要在庆尚北道。如前文所论，辰韩作为政团联盟首先出现在黄海南道与京畿道。前文讨论了此辰韩的政治斗争与政治环境的变化。若干朝鲜系政团曾移民至庆尚北道。这类朝鲜系移民在这里遭遇倭人。《韩传》所记辰韩包含两类群体。其一是从"古之亡人避秦役来适韩国"者，其二是"男女近倭，亦文身"者。这显然是两类群体。"避秦役来适韩国"者是泛指从中国郡县而来者，但实际上是从朝鲜（半岛西北部）而来。《韩传》说"天下叛秦，燕、齐、赵民避地朝鲜数万口"。时间可上溯到公元前 3 世纪后期，因避所谓秦役而到朝鲜，再由朝鲜至"韩

---

① 朴淳发：《百济国家形成过程の研究：漢城百济の考古学》，木下亘、山本孝文译，六一书房，2003，第 269~271 页。

国"。此"韩国"可泛指半岛南部，但此处具体指辰韩。《韩传》说辰韩人称乐浪人为"阿残"，意指其同类人仍留在乐浪，这是辰韩人从朝鲜而来的证据。又辰韩之人的外貌与倭人相似，尤其有文身的特征，证明这里倭人是强势人群，朝鲜系的人也沾染了倭人的习俗。

《三国史记》所记的新罗起源与早期发展的记录可供考证这两类人群的相遇与整合。金富轼采用辰韩即新罗的说法。故《三国史记》在记新罗源起时采用了《韩传》"始有六国"之说，其《新罗本纪》说新罗源自辰韩六村或六部。冠上辰韩之名只是为了遵循中国正史《三国志》之说以使《三国史记》具有正当性与权威性。《三国史记》又说，此六村之人是"朝鲜遗民"。[1] 六村、六部之说也与其后新罗有六部的政治制度有关。

但《三国史记》在记新罗起源时，一方面说新罗是从辰韩六村演变而来，又说有三集团从外部移入，《三国史记》记其为三姓，朴、昔、金。这些集团的移入在《三国史记》中以始祖诞生的神话方式被记录下来。去除神话的宗教性，可以推测朴氏集团是"朝鲜遗民"，此朴氏是辰韩六村中的高墟村人，同时又是六部的"王"。若顺着前文关于辰韩的推论，此朴氏集团最可能是从黄海南道、京畿道的辰韩之地移入者。这类朝鲜系集团有如廉斯投靠乐浪郡者，也有选择出走者。出走者是向东南移民，溯汉江接洛东江，移入庆尚北道。他们在这里遇到了由南与东移入的倭人，二者相联盟而在以庆州为中心的庆尚道建构了新的政治单位，即《韩传》所说的辰韩。

《三国史记》又说当时统治阶级中有瓠公之人，"本倭人"。[2] 此类"倭人"遍布庆尚南北道。随着时间的推移，"朝鲜遗民"与"倭人"共同构建了新的政团，倭人是此政团联盟的重要成员。第四任王脱解王（尼师今）来自朝鲜半岛南端的倭国（金官国，即其后的伽倻国）。原属金官国（伽倻国）的脱解王率其政团移入庆州附近，而其政团成为辰韩政权之新盟主。从第一任王赫居世到第四任王脱解王（尼师今）的历程反映了统治集团势力的互动与消长。两类政团其后也摸索出交互执政的模式。《三国史记》清楚地让我们看到朝鲜遗民与倭人二集团通过各种社会关系的建构而逐渐合一。第十三任王味邹，即位时间是 262 年，此后倭人政团的势力压过了朝鲜系政团。

---

① 金富轼：《三国史记》卷一《新罗本纪一·赫居世居西干》，金思烨译，明石书店，1997，第 33 页。
② 金富轼：《三国史记》卷一《新罗本纪一》，金思烨译，明石书店，1997，第 33 页。

　　我们要注意，在《韩传》中，辰韩与弁韩是合并论述的，这不是因为陈寿的论述策略如此，而是辰韩与弁韩在 3 世纪前期其实是同一类人群建立的政权。辰韩、弁韩之分只是曹魏时的外夷属国体制下的分类，不一定是在地事实。在 1 世纪、2 世纪时，不同的人群移入此区，相互对抗、联盟，由此产生诸多政权，中国的记录称之为国。《韩传》说："弁辰与辰韩杂居。"其实当地无辰韩、弁韩之别。其后有辰韩之国与弁韩之国之别只是因为辰韩之十二国隶属辰王，而弁韩十二国则不属辰王而有自己的王。从《三国史记》所记新罗起源可知，主导其政权的是倭人政团，倭人肯定也主导了社会下层人群，所以《韩传》才记"男女近倭，亦文身"。由弁韩（弁辰）的十二国之上有一王权组织可知，弁韩才是庆尚北道的政治实体，而辰韩十二国则是较散漫的组织。

　　一如马韩之国，此辰韩十二国、弁韩十二国也是由曹魏的外夷属国体制所设定的国，它们的存在虽是事实，却是由外部强权编组的。由《韩传》的"辰韩""弁韩"条可知，这里的政治社会结构是"国—邑—落"。也应一如马韩，邑落是自主发展出来的下层政治组织，而国则是由外来的强势政团建构的上层政治组织。《韩传》说辰韩与弁韩"亦有城郭"，是相对于马韩的"无城郭"而言的。如前述，"无城郭"的马韩之地之所以有国，是因为国为带方郡所建，其中也应有韩濊政团的协助。而辰韩与弁韩的"城郭"则是强势的朝鲜/辰韩政团与倭人政团建立的。我们不能想象此"国"是该地域社会自主发展出来的一个自主的政治单位，也可以推论几个强势政团在这里建"国"。《韩传》"辰韩"条记有辰韩十二国。强势政团建有诸国，而诸国之间存在着封建关系。我们也不能认为庆尚北道只有辰韩、弁韩二十四国，只是这二十四国被中国（曹魏、乐浪郡）编入外夷属国。所以笔者言这是册封体制的史实，不是在地史实。

　　一方面，强势政团即其后的新罗，是我们所称的庆州王权的起源。据《三国史记》，此新罗政权以庆州盆地为中心，向外建城以为根据地。《三国史记》记述的是 4 世纪以后成立的新罗，所以我们也不能顺着该书的脉络以为此新罗政权是庆尚北道的唯一强权。

　　另一方面，通说又以为新罗在 3 世纪中期以前是辰韩十二国的斯卢，其实这是错的。前述新罗的变化并不是发生在斯卢一国之内。将新罗的渊源追溯到斯卢的史料是《梁书·东夷传·新罗传》，曰："新罗者，其先本辰韩种也。……辰韩始有六国，稍分为十二，新罗则其一也。……魏时曰新卢，宋时曰新罗，或曰斯罗。"至于斯卢、新卢之歧异，另当别论。此说法有可能是新罗为交通南朝，根据《韩传》编造了自身的历史，将自己定义为《韩传》中的辰韩之国，再以此证明自己曾是中国的册封国。① 我们是可以合理推测此斯卢（国、城）是庆州王权所建立的，甚至是该王权的核心地，但当时作为新罗前身的庆州王权不是只存在于此辰韩十二国之一的斯卢。

总之，在 3 世纪前半期，庆尚北道是多元人群与政团并立的状态。前文只提到了朝鲜系与倭人系两类人群，其实还有很多类群体。甚至有学者推定辰韩之人来自西域的大月氏。② 由于辰韩之人本身由多类人群组成，我们不宜认为他们只来自某处，所以有来自大月氏者则是有可能的。大月氏在公元前 2 世纪中期前住河西走廊至新疆东部这一区域，其后受汉与匈奴夹击，其国迁移，境内人群也四散。若说其中有一群人辗转移入朝鲜半岛也是有可能的。《韩传》也给了我们这样的信息，记辰韩之人曰："其言语不与马韩同，……有似秦人。"由于朝鲜半岛的移民主要为燕、赵、齐之人，故这段记载有其意义。无论如何，辰韩之人中有操秦方言者，说他们源自大月氏只能是一种推测，但辗转从中国西部而来则可能性极高。我们也很难将这种"有似秦人"者与"男女近倭"者想象成是同一类人，须理解为这是辰韩之不同类之人。

## 三　带方郡与"灭韩"

东汉 126 年以后，辽东郡与高句丽的战争激烈，长期战争造成了人群的迁移，移民冲击了中国东北之南部与朝鲜半岛北部的地方政治。2 世纪时，乐浪郡的在地支配力降低，其外部有高句丽入侵，内部土著政团坐大，郡政府因之弱化。其结果是原乐浪郡治下的汉人系移民进入朝鲜半岛中部。目前可以通过墓葬数据而得知的是原在平壤的汉人集团南移至黄海道。③ 这个现象在中国官方史料中亦可发现，如下所论。其结果之一是带方郡的成立。《韩传》记这段历史如下：

---

① 关于三韩与吴地、越地的文化交流是另一个课题，本书略去不论。参见成正镛、李昌柱、周裕兴《中国六朝与韩国百济的交流——以陶瓷器为中心》，《东南文化》2005 年第 1 期，第 24～30 页；赵胤宰《略论韩国百济故地出土的中国陶瓷》，《故宫博物院院刊》2006 年第 2 期，第 88～113 页；周一良《百济与南朝关系的几点考察》，载《周一良集》第四卷，辽宁教育出版社，1998，第 710～718 页。

② 韩永大：《古代韓国のギリシャ渦文と月支国——文化で結ばれた中央アジアと新羅》第 14 章《西に消え、東の韓に現れた月支国》，明石书店，2014。

③ 西本昌弘：《楽浪・带方二郡の興亡と漢人遺民の行方》，《古代文化》第 41 卷第 10 号，1989，第 576～591 页。较近的研究则是赵俊杰《乐浪、带方二郡的兴亡与带方郡故地汉人聚居区的形成》，《史学集刊》2012 年第 3 期，第 99～106 页。

桓、灵之末，韩濊强盛，郡县不能制，民多流入韩国。建安中，公孙康分屯有县以南荒地为带方郡。遣公孙模、张敞等收集遗民，兴兵伐韩濊，旧民稍出。①

即 2 世纪后期，以京畿道为中心的韩濊强大，其势力也扩张至半岛西南部。我们可以认为这也是高句丽势力的延伸。在此过程中，辽东郡的势力也同时扩张。120 年开始，辽东郡一步步建立环渤海湾王权。2 世纪 90 年代，公孙氏政权除了掌握辽东郡外，也控制了玄菟郡与乐浪郡以及山东半岛的部分地区。约于 204 年，辽东政权设带方郡。设立带方郡的方法有二。一是"分屯""荒地"。即辽东政权在置郡的同时，移入汉人系移民，在"荒地"上设立新的聚落。二是"收集遗民"。即借战争手段，打败韩濊，将韩濊政团所支配的原汉人系的人民，即"旧民"，编为郡县之民。② 在这个时期，韩濊控制了半岛西南部，尤指京畿道与忠清道。所以战后，带方郡顺势控制了韩地。

当时中国的郡县尤其是边郡允许存在封建政团。韩濊虽然战败，但在带方郡辖区内，韩濊之人仍可属其政团辖管，其政团与郡县政府间保有封建关系即可。此郡县、封建双轨与并存之制可以说是当时东亚的国际公法。被击败的韩濊政团也借由与带方郡的联盟而扩张势力。

《韩传》又曰："是后倭、韩遂属带方。"《韩传》并未记载带方郡如何支配韩地，《三国志·倭传》则记载了带方郡如何支配倭地的若干事实，如带方郡的"郡使"常驻伊都国，并巡行诸国。③ 韩地的情况应与之相似，带方郡也派出"郡使"控制韩地诸国。我们在《韩传》中所见马韩诸国的状况是此带方郡属国体制的表现。此体制应可再追溯到韩濊在 2 世纪于该地具有支配权时，不同的是带方郡使用了更多的郡县制的手段，如筑城、编户籍等。虽然在彼时，带方郡没有能力将韩地郡县化，但仍派出使节直接管理各国，并将周遭人民编入户籍，再依户籍征赋役。这也解释了为什么《韩传》可以描述韩地各国的人口状态。至于如何征赋役，另当别论。在这个时代，中国在新征服地推动郡县化是常态。如孙吴征服山越，蜀汉征服云南，都是向原外夷之地开拓并设置郡县。我们可以称之为另一拨的"置

---

① 陈寿：《三国志》卷三〇《东夷列传·韩》，中华书局，1980，第 851 页。
② 关于这个地区（京畿道为主）的人群情况，其讨论参考朴淳发《百济国家形成過程の研究：漢城百济の考古学》，木下亘、山本孝文译，六一书房，2003，第 63~72 页。
③ 陈寿：《三国志》卷三〇《东夷列传·倭》，中华书局，1980，第 854 页。

郡"，只是置郡的行动者是大国而不是汉朝廷。

我们也有证据可以推论带方郡与韩濊合作。其实这也符合封建制的一般原理。带方郡打败了韩濊，只能是要求韩濊将所支配的汉人系人民交出来，但没有将这些政团消灭。这些韩濊政团仍支配着其韩人系属民。所以带方郡必须与韩濊政团联盟以治理韩地。证据是辽东公孙氏与百济首长的通婚。《北史》记公孙度以女儿为百济首长"仇台"之妻。[1] 仇台是百济之何人，历来聚讼纷纭。[2] 若对照《三国史记》，娶公孙度女的应是肖古王。[3] 这条史料本身的可信度存疑，所记人物与时间皆错误。《三国史记》记责稽王（286~298年在位）事，曰："先是王娶带方王女宝菓为夫人，故曰带方我舅甥之国。"[4] 此带方王当指带方郡守。这种政治联姻在历史中是常见的，通常发生在两个敌对的政权互相联盟时。虽然对这些史料中的人物与时间的可信度应存疑，但汉城百济与带方郡合作的事实应是被记录下来。

238年，曹魏发动了消灭公孙氏政权的战争。魏同时派军队越海收复了乐浪郡与带方郡，即《韩传》所说："明帝密遣带方太守刘昕、乐浪太守鲜于嗣越海定二郡。"刘昕与鲜于嗣二人代表魏朝廷夺取乐浪、带方二郡，因为此二郡是公孙氏政权所辖管的部分。

灭公孙氏政权后，曹魏进行对于带方郡及其南方韩地的处分。《韩传》记："诸韩国臣智加赐邑君印绶，其次与邑长。其俗好衣帻，下户诣郡朝谒，皆假衣帻，自服印绶衣帻千有余人。"此条史料中的"韩国"，应指《韩传》中所记的三韩诸国，尤指马韩。《韩传》记这些国的大首长为"臣智"，小首长又有其他名称。[5] 这些"韩国"原服属于公孙氏政权管辖下的带方郡。

曹魏在战后立刻册封了诸韩国首长爵位。依汉制，首长之爵依政权大小依次是"国王，率众王，归义侯，邑君，邑长"。[6] 曹魏当继续实施此制，广封韩国诸国首长为邑君、邑长。这项册封行动反映了曹魏要在韩地实施的是汉制中的四夷属国体制，意欲以之取代（带方郡）边郡属国体制。

---

① 李延寿：《北史》卷九四《百济》，中华书局，1974，第3118页。
② 王民信：《百济始祖"仇台"考》，载《王民信高丽史研究论文集》，台湾大学出版中心，2010，第285~302页。
③ 此是不是史实可存疑，参考杨军《百济起源略考》，《东疆学刊》2017年第4期，第52~55页。
④ 金富轼：《三国史记》卷二四《百济本纪二》，金思烨译，明石书店，1997，第472页。
⑤ 参考武田幸男《三韩社会における辰王と臣智》（下），《朝鲜文化研究》1996年第3号，第1~23页。
⑥ 司马彪：《后汉书志》第二十八《百官奉》，范晔撰《后汉书》，中华书局，1965，第3632页。重新标点。

　　实施新的属国政策也意在笼络地方势力。中国官方赐给韩地首长中国式的衣服，即"衣帻"。《韩传》说韩地之俗"好衣帻"，其原因是这些外夷之人若穿戴中原式衣服则意味着取得与中国（边郡）贸易的许可证。"下户"之人若要到郡县贸易必须穿戴此"衣帻"，所以他们向国君（邑君、邑长）借这种衣服。这条史料将双方贸易的行为称为"朝谒"。而此"下户"指国之君长以下的地方领袖。①

　　238 年以后，曹魏名义上收复了乐浪与带方二郡，曹魏通过带方郡重编韩地的属国。然而，不到十年，中国边郡与韩国发生战事，时间在 246 年至 247 年。② 笔者称之为"正始韩国战争"。通说认为这是以马韩为首的韩国联合反曹魏的战争，更有人认为其是由辰王所领导，但此说可商榷。前文所说的各韩国乐于接受曹魏边郡政府的赐爵当然只是现象之一，不能因此推论韩地皆顺服曹魏，然而这些韩国势力要反抗曹魏，仍然要有特定的理由，不能单纯想象成被征服民族的反抗。过去一些民族史学所采用的中国与韩地诸国二元对抗论是错误的理解框架。辰王领导之说则是对辰王历史的错误认识，下文将讨论。

　　史料中关于这场战争的记录只存在于《韩传》，其文曰：

　　　　部从事吴林以乐浪郡本统韩国，分割辰韩八国以与乐浪。吏译转有异同，臣智激韩忿，攻带方郡崎离营。时太守弓遵、乐浪太守刘茂兴兵伐之，遵战死，二郡遂灭韩。

此"部从事"是幽州部之从事，部从事吴林代表幽州执行灭掉公孙氏政权以后的对韩国的处分。新政策是要将原带方郡属国的"辰韩八国"转属乐浪郡。战后，曹魏并未取消带方郡，但魏明帝任命了自己阵营的带方郡太守刘昕，约二年后再换为弓遵。从曹魏来的新太守肯定整肃了带方郡的原公孙氏政权的势力，此势力包括韩濊，尤指汉城百济。

　　前引文说，将"辰韩八国"从属带方郡转属乐浪郡，理由是"乐浪郡本统韩国"。韩国中的北方诸国作为乐浪郡属国是事实，前文论及的廉斯即为一例。廉斯曾是辰韩诸国之一国。这条史料所说的"辰韩八国"应是指在黄海南道、京畿道

①　铃木靖民：《文献から見た加耶と倭の鉄》，第 145~146 页。
②　池内宏（1878~1952）就主张这个时间点，我也以为正确。其考订见池内宏《公孙氏の带方郡设置と曹魏楽浪・带方二郡》，《史苑》第 2 卷第 6 号，1929 年 9 月，第 499~511 页。

的"辰韩"之八国，此辰韩不是《韩传》中所说的在庆尚北道的辰韩。[①] 马韩的诸韩国没有理由为了此八国的改隶而主动与曹魏作战。反对此政策的应是汉城百济，因为在此之前实际控制此辰韩诸国的是百济与其联盟的政团。此"辰韩八国"重隶乐浪郡应是为了解除汉城百济的支配权。

上引史料提供了事发的原因，即"吏译转有异同，臣智激韩愤"。此语不易解明，或记录有误。无论何种解法，无助理解战争原因，笔者暂省略讨论。[②] 又根据这条史料，事件起于韩方攻击带方郡崎离营。崎离营应是带方郡设在边界上的屯田之兵营，有学者认为在黄海道平山郡，即临近礼成江。[③] 韩地之国攻打带方郡屯田兵营当是为了争夺人口。此人口掠夺的记录见于《三国史记》。其《百济本纪·古尔王》条有如下记载：

> 魏幽州刺史毌丘俭，与乐浪太守刘茂、带方太守王遵，伐高句丽，王乘虚，遣左将真忠，袭取乐浪边民。茂闻之怒，王恐见侵讨，还其民口。[④]

此是发生在百济古尔王时的事件，推算时间是 246 年。从相关的人、事、物判断，显然此是此次韩国战争的一环。这里的百济是汉城百济。百济乘曹魏入侵高句丽的机会，"袭取乐浪边民"。所谓"乐浪边民"指乐浪郡南方边界附近之民，或许攻打崎离营是一连串战事中的一部分。其结局是百济古尔王归还了所掠夺的人口。《三国史记》对于这个时期的记录自不可尽信，但仍可推论此时百济与乐浪郡、带方郡间的人口掠夺的状况。乐浪郡取得"辰韩八国"的实质正是制度性的掠夺人口。这场战争是 238 年灭公孙氏政权、245 年高句丽战争的延续。曹魏虽然取得了带方郡，但仍与这里的强势政团如汉城百济进行对抗，双方仍在此地以武力争夺人口。

对于曹魏而言，这场战争意在击败公孙氏政权后再征服马韩政团的势力。这场战争的规模很大，带方郡、乐浪郡由太守率兵参战，带方郡太守弓遵战死。战争结

---

① 也有学者认为此"八国"是原真番郡辖下之诸县，其后这些政权组成辰韩，或说是辰国。见李丙焘《韩国古代史》（下），金思烨译，六兴出版，1979，第 28 页。

② 有学者根据百衲本质疑是现行《三国志》的错误，参见末松保和《新羅史の諸問題》，东洋文库，1954，第 121 页；栗原朋信《上代日本对外关系の研究》，吉川弘文馆，1978，第 129 页。这二位学者主张"臣智激韩愤"当是"臣幘沾韩忿"。近作参考이정빈《崎離營을통해본마한諸國과曹魏》，《百濟學報》2017 年第 22 号。

③ 이정빈：《崎離營을통해본마한諸國과曹魏》，《百濟學報》2017 年第 22 号。

④ 金富轼：《三国史记》卷二四《百济本纪二》，金思烨译，明石书店，1997，第 472 页。原文中带方太守记为朔方太守，明显错误，径改。至于太守之名记为王遵而非弓遵，则未改动。

果是"灭韩"。笔者强调，这不是中韩两国间的战争，所以此"韩"不是作为一国之韩国，且此时也无此韩国。"灭韩"不是指韩国亡国，应指以汉城百济为首的韩濊政团的联盟被"二郡"（带方郡、乐浪郡）镇压。

## 四　辰王体制

在"灭韩"后，曹魏并未因此更进一步以郡县制治理韩地。推其原因：其一，曹魏本来就要在韩地推动实施外夷属国体制；其二，曹魏其实也没有能力推行郡县制统治，因为这里的统治阶级由韩濊掌握；其三，此战争是发生在"二郡"与"韩国"，其"二郡"不等于中国（曹魏）。在"中国（曹魏）—边郡—外夷属国"的三角权力关系中，中国（曹魏）并不希望边郡过度向其境外扩张。

东汉以后的外夷属国制度中，首长的位阶由高至低依次为"国王，率众王，归义侯，邑君，邑长"。各（小）国的首长被封为邑君、邑长，其上则设置王与侯。韩地最高首长是辰王，即韩地之国王。曹魏到 266 年，即韩国战争后约二十年即灭亡，所以要考察曹魏所实施的册封体制颇为困难。无论如何，《韩传》仍为我们留下了关于辰王的记录。且辰王的史料只见于《韩传》，笔者先抄录其文以利讨论。

该史料分为两段。第一段是《韩传》在叙述马韩五十五国后，续曰："辰王治月支国。臣智或加优呼臣云遣支报安邪踧支濆臣离儿不例拘邪秦支廉之号。其官有魏率善、邑君、归义侯、中郎将、都尉、伯长。"第二段在叙述完辰韩、弁韩二十四国后，续曰："其十二国属辰王，辰王常用马韩人作之，世世相继。辰王不得自立为王。"

首先要说明的是，既有学说多认为正始韩国战争之后辰王被中国消灭，[1] 这是对《三国志·东夷传》的误解。依该传体例，它所叙述的政治状态都是 238 年以后尚存者。我们对于辰王体制认识的唯一凭证是《韩传》，也只能据此推论曹魏时期存在着辰王。至于又有学说认为正始韩国战争是由辰王领导，关于这一点，无法确认。我们推论这个时期韩濊政团所组成的马韩以韩/辰王为共同首长，若说这场

---

[1]　参见李丙焘《韓国古代史研究——古代史上の諸問題》，学生社，1980，第 249 页。武田幸男认为辰王成立于 3 世纪初，是韩地诸国推举出来以作为韩与公孙氏辽东政权、曹魏交涉的代表，参见武田幸男编《朝鮮史》，山川出版社，2000，第 46 页。三上次男则有 2 世纪末、3 世纪初之说，参见氏著《古代東北アジア史研究》，吉川弘文馆，1966，第 104 页。

战争的"韩国"方的首长是辰王,应属合理。只是战胜的曹魏并未因之废止辰(韩)王。

就《韩传》而论,辰王是韩国(复数的国)之王,非辰国之王。关于辰国,学者多认为这是韩地最早的国家,笔者也持此说,但此辰国是本文所说的公元前2世纪前期的韩国,中国方面记为辰国。且此韩/辰国不是一个涵盖半岛南部的领域国家。《后汉书·东夷传·韩传》说三韩"皆古之辰国也"[1] 则是错的。范晔所书《东夷传》的史料抄录自《三国志》,多处再自作解释,错误不少。《韩传》记韩有三种后,曰:"辰韩者,古之辰国也。"此说是否可信,可讨论,至少可知《三国志》说辰韩是古辰国。[2]

就中国册封体制的原理而言,中国(曹魏)所册封的外夷王者肯定是既有的首长,至于是否是在地最强势的首长则另当别论。若238年之后曹魏册封了辰王为韩地的最高首长,则此辰王肯定在之前就存在,且与中国(汉)之间已有朝贡等政治关系。此政权为何,其实陈寿已给我们答案。陈寿在"马韩"条中叙述了辰王。在这一段之后,记述朝鲜王准至韩地称王。所以依其文脉,陈寿已告诉我们辰王的王统。只是从韩王权"绝灭"至238年以后的辰王权间的变化没有史料以供论证。据本文的探讨,可以做如下的推论。韩王的政治中心在牙山湾,这里有海港市与宗教圣地。其后韩王权"绝灭",应是其他政团取代原韩王政团。若《韩传》所说的"辰韩者,古之辰国也"是史实,则先取代王准所传承下来的政权的是某辰韩政团。或许这也是辰之得名的原因,且中国也册封此王权为辰。最后取而代之的则是马韩。马韩取代说是通说,应可成立,但我们要再追究的是此马韩为何。由于此时的马韩不是一国,更不是民族国家,我们不会推论马韩的国王成为韩/辰王。最合理的推测是马韩诸强势政团首长"共立"此王。关于"共立",下文再讨论。我们也可以推论此韩/辰王的功能是对外贸易的中介者、对内技术的提供者与祭祀圈的主祭者。

我们可以推测辰王受魏册封是在238年战争之后,另一受册封的是日本的亲魏倭王。这两种册封是曹魏新的边郡属国政策的结果。曹魏的册封政策如《东夷传》所示,是采"一种、一大国、诸小国"原则。韩、倭各为一种,每种有诸多小国,再合为一大国,一大国有王,在倭是亲魏倭王,在韩则为辰王。中国册封的外夷之

---

① 范晔:《后汉书》卷八五《东夷列传·韩》,中华书局,1965,第2818页。

② 关于辰国的其他讨论,参见甘怀真《第三世纪辰王政权与东亚册封体制》,《新史学》2011年第3期,第9~70页。

一种中的一国君主为该种之最高首长，但也承认该种有其他首长。亲魏倭王的册封是好例。根据《倭传》，倭地为倭种人，有诸倭国。其中三十国的最高首长是亲魏倭王，此外还有狗奴国王。三韩中的弁韩则不隶属辰王。

《韩传》中的辰王不只是马韩之王，也是辰韩之王。《韩传》记辰韩与弁韩二十四国后，曰："其十二国属辰王。"由于该传又说弁韩之"十二国亦有王"，可见属辰王之十二国皆为辰韩之国。《韩传》在记录三韩诸国时，唯弁韩十二国冠弁辰之名，如弁辰狗邪国，而马韩、辰韩之国不会称马韩某国、辰韩某国。推其原因，此弁韩十二国不属于辰王体制内之国，其自组一大国而有其王。

再者，谁是辰王？我们可以知道亲魏倭王是卑弥呼，但我们不知道《韩传》所记的辰王是谁。《韩传》中记录了辰王制度，曰："辰王常用马韩人作之，世世相继。辰王不得自立为王。"这是不易解之语，颇有争议。字面的意思如下。辰王通常是以马韩人担任，辰王的王统世代相续，但辰王的王位相续却不是由辰王自己决定。辰王由马韩的诸国所共立，故辰王由"马韩人作之"。只是我们无法知道共立的方式。也因为辰王由马韩诸政团所共立，所以"不得自立为王"。其实这种共立的方式并不特别，同时期的倭国也是如此，卑弥呼就是由诸倭国所共立。《倭传》曰："倭国乱，相攻伐历年，乃共立一女子为王，名曰卑弥呼。"[①] 卑弥呼死后，"更立男王""复立卑弥呼宗女壹与"，[②] 皆是由共立所产生。

在238年战后，尤其是正始韩国战争结束后，曹魏虽然战胜，宣告"灭韩"，压制了汉城百济势力，却在实施新的外夷属国政策时依存在地的政治现实与制度。此共立辰王当是韩地的推举祭祀王的旧制，一如倭国推举"事鬼道，能惑众"的卑弥呼女王。[③] 笔者也推论，在此之前，辰王也是依此方式，由马韩首长"共立"产生。曹魏利用此传统，并借由中国册封体制使辰王为韩地的最高首长。又上引《韩传》之所以强调辰王由马韩人担任，是因为辰王所辖包括辰韩诸国，但能出任与共立辰王的只有马韩诸国的统治者。

在册封辰王的同时，曹魏也授予韩地的诸国统治者中国的四夷爵位，即"魏率善、邑君、归义侯、中郎将、都尉、伯长"之官名。此模式一如曹魏册封"亲魏倭王"。曹魏授予外夷诸国首长中国的官职，使这些政治人物具有中国官员的身份。辰王的爵号是"国王"，其下设有"魏率善"至"伯长"的官职。在这类官

---

① 陈寿：《三国志》卷三〇《东夷列传·倭》，中华书局，1980，第856页。
② 陈寿：《三国志》卷三〇《东夷列传·倭》，中华书局，1980，第858页。
③ 陈寿：《三国志》卷三〇《东夷列传·倭》，中华书局，1980，第856页。

职前加"魏",明言该官职是受自中国之魏。倭国之受册封亦同。倭女王卑弥呼于238年遣其国的官员难升米与牛利来洛阳朝见魏皇帝,中国方面除册封卑弥呼为亲魏倭王外,同时任命二位使者难升米与牛利分别为率善中郎将与率善校尉。[1]

《韩传》"辰王"条中的"魏率善"之官如率善中郎将、率善校尉是对应该政治领袖在当地的原政治位阶而来的中国官职。"归义"一称更是中国用来界定外夷的政治立场之词,作为中国官职更是无疑。该史料中的"中郎将""都尉"是率善中郎将、率善都尉。至于最后一个"伯长",当即"佰长"。曹魏有"率善佰长"之官名。此职是中国政权授予外邦的地方首长的官职,意即此人是治理百户之长。韩国庆尚州出土"魏率善韩佰长"之印章,可证"佰长"之官名的存在,也可见"佰长"之上加有"率善"。[2]此也间接证明"魏率善、邑君、归义侯、中郎将、都尉、伯长"一句的正确标点及意义当是"魏率善邑君、(魏率善)归义侯、(魏率善)中郎将、(魏率善)都尉、(魏率善)伯长"。当时辰王所治理的领域内的政治首长可依在地政治身份得到从归义侯到伯长不同层级的中国官职。

另一套官职系统是在地官职,也见于《韩传》。诸韩国的首长称臣智,小国首长则称邑借。辰韩与弁韩的小国首长又称险侧、樊濊、杀奚等。这些称号都是以汉字借音表现口语。各国首长通称臣智、邑借反映这个地区因政治整合而有了共同语,即韩语。险侧、樊濊、杀奚等称呼应来自各小国的方言,显示存在着多元的小国。

又上引辰王史料有"臣智或加优呼臣云遣支报安邪踧支溃臣离儿不例拘邪秦支廉之号"的记录。这是《韩传》中就字面而言最难解的,目前的标点本亦无法断句。笔者的推论如下。[3]《三国志·东夷传》的部分内容是直接抄录官方档案而得,因而杂乱无章。[4]"臣智或加"一段当是直接抄录自某档案,其云"加"某某之"号"应是记录马韩五十余国中的首长除了称臣智外,也有其他称号,如"优呼"。推其原因,臣智是韩地共同语(韩语)的称号,而各国也以方言称呼其首长,如某国称"优呼"。而这些称号被中原方面理解为臣智的加号。所以一些韩国的国君有三套官名。第一套是以其在地口语表现的官名,如优呼;第二套是以韩语表现的辰智;第三套是中原官职,如邑君。

① 陈寿:《三国志》卷三〇《东夷列传·倭》,中华书局,1980,第857页。
② 武田幸男:《三韩社会における辰王と臣智》(下),《朝鲜文化研究》1996年第3号,第1~23页。
③ 甘怀真:《第三世纪辰王政权与东亚册封体制》,《新史学》2011年第3期,第9~70页。
④ 井上幹夫:《『魏志』東夷伝にみる辰王について》,《統律令国家と貴族社会》,吉川弘文馆,1978。

总之，辰王体制源自曹魏的外夷属国体制。3 世纪以后，中原郡县领域外部发生很大的变化，即大国运动开始，中原必须重新定义这些外围新兴政权，于是采取新的四夷理论与制度。中国官方将郡县领域外部之人定义为"种人"，因其生物性之源流不来自中国之人，故可以不用受郡县治理。这些"种人"应生存在"天下"的外部。代表性的学说就是《三国志·东夷传》中所说的东夷九种。这个学说其实也是宣告中国的"置郡"再一次终止。外夷之国的存在是客观的事实，而中国皇帝能做的是册封他们的领导人中国官职，如国王、侯、邑君等，使这些政治领袖成为中国官员，但外夷的土地与人民则是自立的。

曹魏使用了汉的外夷君主爵制册封韩地的政治首长。这套体制的思想是"中国·郡县"对应"外夷·封建"。外夷的政治状态是封建的，即存在自主的政团，这些政团间有着上下隶属的封建关系。曹魏册封辰王并不等于曹魏主张有一辰国，而以辰王为其君主。辰王不是辰国之王。曹魏并没有将诸韩之国整合为一国，命其名为辰。辰王只是诸韩之国中政治位阶最高的首长，他与所隶属的诸（小）国首长间存在封建关系。

至于为什么曹魏不是册封韩王而是册封辰王，应是曹魏延续之前中国对韩/辰王的封号，故仍延续辰王之名。

既然《韩传》记载了辰王体制，我们没有理由怀疑其作为史实的真实性。但这只是中国册封的事实。至于是否是在地事实，则另当别论。除了《韩传》之外，没有任何辰王相关的记录。原因是在这段时期，中国、韩地的政治都发生巨变。正始韩国战争后约二十年，曹魏灭亡。3 世纪后半叶，汉城百济进行了对马韩地区的征服战争。辰王已名实俱亡。正始韩国战争被说成是"灭韩"，其实只是摧毁了原带方郡与汉城百济的联盟，以及汉城百济与诸马韩之国的封建关系。因为这个契机，汉城百济转型为一个官僚制的政权，借此发动了对马韩的征服战争，至 4 世纪成为东亚的大国。至于辰韩地区，从《韩传》就可以看出辰王与辰韩诸国的关系不深。而弁韩地区的政权一直是自立与自主的。

《三国志》记曹魏时之 261 年之事曰："乐浪外夷韩、濊、貊各率其属来朝贡。"[1] 韩、濊、貊都是种名。此濊指半岛东北部，有不耐、夫租等国。貊是乐浪郡北边的外夷，当也有诸国，只是史籍无明确记载。韩则是本文所说的韩地。这条史料让我们知道曹魏即使册封了辰王，仍视韩为一种而非一国，辰王是此一种之诸国的最高君长，但韩地尚有其他的王，如弁韩之王。又从这段记录可知韩为"乐浪外夷"，

---

① 陈寿：《三国志》卷四《三少帝纪》，中华书局，1980，第 148 页。

曹魏以乐浪郡负责韩地的外交。

三韩之马韩、辰韩与弁韩（弁辰）之说不会是无根据的，也是曹魏官方的记录之一。但辰韩、弁韩的说法并未在其后固定下来，所以只是曹魏一时的制度。马韩是西晋的说法。《晋书》记286年晋武帝时"马韩等十一国遣使来献"[①]，这应该是说韩地诸国之中的十一国来中国朝贡，但只记马韩，至于是否有辰韩、弁韩之名，则无从判断。《晋书》记辰韩、弁韩皆抄自《三国志》，没有史料价值。

又，《晋书·张华传》记西晋时张华，时任"持节、都督幽州诸军事、领护乌桓校尉、安北将军"，应加上幽州刺史。张华是幽州地区最高的军政长官、华夷的首长。《晋书》赞美张华曰："东夷马韩、新弥诸国依山带海，去州四千余里，历世未附者二十余国，并遣使朝献。"[②] 这是一条重要史料。其所指的马韩与新弥肯定在朝鲜半岛南部。与新弥相关的唯一一条记录出现于此，无其他证据可参照。无论如何，新弥是相对马韩而言的，所以不是《韩传》所记的韩地七十九国中的一国，而是一个所谓大国。《晋书》中有"二十余国"之说，可见新弥是诸小国的联盟。推定新弥当即新罗是最合理的，即新弥是新罗的另一个汉字表记。新弥之借音当近"shinya"，即"silla"。若然，则在290年左右，朝鲜半岛南部已出现两大政治单位，即西部的马韩与东部的新弥。

这条史料又说，马韩、新弥诸国中"历世未附者二十余国"。因为《韩传》所说的韩地七十九国是依带方郡属国体制，所以该史料只能反映公孙氏政权所辖的带方郡与这里的诸政权间的关系。正始韩国战争的一方是幽州，幽州打败了马韩，曹魏朝廷也制定了前述的辰王体制。辰王体制是一种新的册封体制，是朝廷想借册封之名治理这些外夷，具体就是使在地的政治首长成为中国官员。又随着中国局势的变化，州向大国发展，这些州想进一步支配其境外的诸政权与人群，这种现象在幽州最为明显，这条史料就是证据。幽州继公孙氏的辽东/燕国政权之后想再度介入朝鲜半岛南部的政局。对于幽州而言，朝鲜半岛南部的诸政权中多有"历世未附"者。且由这条史料也看出另一面，即马韩（百济）与新弥（新罗）作为这个区域的两大政治单位，它们也必须与北方的幽州互动，于是有张华为幽州刺史时的"遣使朝献"事件。进入4世纪以后，中国发生了所谓"五胡乱华"，西晋崩溃，朝鲜半岛南部渐形成百济与新罗两大政治单位并立的格局，东亚局势又有新变。

① 房玄龄等：《晋书》卷三《武帝纪》，中华书局，1974，第77页。
② 房玄龄等：《晋书》卷三六《张华传》，中华书局，1974，第1070~1071页。

# 结　语

　　移民现象及其效应是我们理解历史的关键之一。东亚古代一直存在大移民的现象。移民也形成了本文所说的地域社会"形成与重层"现象。本文考察了 3 世纪以前移民对于朝鲜半岛南部所造成的地域社会的人群重层现象及其在政治上的效应。我们可以将这些人群分为中国人系与非中国人系。此华夷之别不是源于民族差异，而是战国至秦汉间的天下制度造成的。①　尤以公元前 221 年秦始皇的"并天下"为里程碑，秦所建立的郡县所涵盖的区域为"天下"，其人民为中国人。相对的，非郡县治理下的人民则为外夷（蛮夷戎狄）。外夷不只有郡县整体区域外的人民，也包括郡县区域内部的人民。历史上的中国人是通过郡县制逐渐形成的。原战国大国区域内的人民皆成为制度上的中国人。

　　秦汉的"天下"不是固定的。借由"置郡"，即设置郡县政府，中国的"天下"随之扩大。伴随"置郡"，中国人移入该地，部分中国人成为当地人群中的上层。乐浪郡是从辽东郡移入官员而成立的，中国系之人如燕人、齐人移入并成为当地的豪族。在公元 1 世纪以后，汉终止了"置郡"政策，改用四夷属国体制。这类四夷属国虽"比郡县"，但中国不再设置郡县政府，也就不再输出移民。

　　汉朝廷停止"置郡"的原因之一是防止边郡向外扩张。虽然汉是"大一统"，但既有的战国诸国间的分野从未消失，"置郡"名义上是汉郡的设置，实际上是由原战国诸国所转换而成的边郡的扩张，如设置的乐浪郡是辽东郡的扩张，也是旧燕国的扩张。从"置郡"转换为四夷属国体制只是汉朝廷的政策，强势的边郡仍持续实行郡县制的手段向境外扩张。本文所讨论的辽东郡与带方郡即如此。

　　在公元前 3 世纪，由战国诸国所共建的"天下"成立，由秦始皇完成了天下统一，并在"天下"之内实施郡县制。另外，此"天下"之外存在着所谓外夷政权，即被泛称为"蛮夷戎狄"的诸政权。在汉代有匈奴、夫余、东胡、（古）朝鲜、夜郎、南越等。相对于中国的郡县制，这些外夷则以封建的方法扩张势力。所谓封建的方法就是武装移民，在各地建立新的聚落，与附近政团间建立封建的关系。在这个时代，封建式的移民合乎国际公约。所以在汉至西晋的五百年间，匈

---

　　①　关于天下的研究，参考甘怀真《从天下到地上：天下学说与东亚国际关系的检讨》，《台大东亚文化研究》2018 年第 5 期，第 289~317 页。

奴、东胡（鲜卑）之人不断进入中国的北方，夫余则由中国东北的南部进入朝鲜半岛。这类人构成了地域社会人群重层结构中的一部分。

公元前3世纪以前，朝鲜半岛已存在人群，其政治状态是本文所说的"邑落"。其后外来政权移入，外来王于此建国，新移民也重构了地域社会的人群结构。公元前3世纪时，燕国本部之外有三大政权，辽东、（古）朝鲜与夫余。后辽东成为燕郡再成为秦汉之郡。辽东郡内非中国人系的卫满移出并灭了古朝鲜。古朝鲜的统治集团至半岛中部西岸建韩/辰国。其后从原古朝鲜之地来的人依附此韩王权而称韩人。在本文所讨论的时间范围内，辽东郡渐成为大国，既控制乐浪郡，也在半岛中部西岸设立带方郡，并以带方郡为基地进行对半岛南部的郡县化工程。只是公孙氏政权被曹魏消灭，而曹魏对于韩地实行的是封建制的外夷属国政策。半岛的另一类移民是夫余系之人，这一类人在史书上被称为濊人。濊人在北部的高句丽与西南部的百济的组织下成为地域社会人群中的上层。此外，朝鲜系之人又从韩地移入了半岛东南部而在这里与倭人共建了《韩传》所说的辰韩、弁韩诸国。

总之，在3世纪后期，朝鲜半岛南部的人群上层统治阶级主要是（韩）濊系、朝鲜系与倭系之人。3世纪后期作为大型政治势力的幽州想再积极介入韩地，但因4世纪以后胡族国家的形成，且高句丽在313年占领了乐浪郡，而以失败告终。于是占据半岛南部地域社会上层的是非中国人系的濊人、朝鲜系人与倭人。而且在4世纪的胡族国家建国历程中，高句丽、新罗、百济之"三国"都选择"东夷化"，[①] 相对于匈奴、鲜卑之政团宣告自己是"中国"。

---

① 关于高句丽"东夷化"的探讨，见甘怀真《古代東亞國際關係中的高句麗(고대 동아시아 국제관계 속의 고구려)》,《史學志》(韩国檀国大学) 2015 年第 50 期。

《中国与域外》第五辑（2023.06）第 123~144 页

# 权在谁手：唐代海外贸易管理探析[*]

王贞平[**]

**摘 要：** 有唐一代的国际局势、国内政治、对商业贸易的态度、皇室取得蕃货的渠道促使唐廷对海外贸易采取了"地方化"管理。唐初，朝廷在高句丽、百济及西域先后用兵；对内力图打击地方分裂势力，巩固中央政府权威，但一直未能有效治理岭南，因而无暇亦无力直接控制海外贸易。时人认为朝廷介入商业贸易活动有违儒家伦理，有损自身道德形象，这也使唐廷对直接染指海外贸易有所顾忌。因此，华南港口地方官执掌海外贸易管理乃势所必然。他们肆无忌惮地贪污腐化，敲诈勒索外商，课以重税，这是其手握管理大权明确无误的证据。唐廷惯于派出"市舶使"在沿海港口采购官中所需舶来品。"市舶使"是朝廷临时委任的购物使，并没有取代地方官员直接管理海外贸易。

**关键词：** 市舶使　唐代　海外贸易　"地方化"管理

## 引 言

在中国古代传说和经典著作中，商朝已有经海路与邻国的零星交往[①]的记录。时至周朝，有记载表明越人和倭人曾到过中国。[②] 在大约公元前 1000 年，中国人

---

[*] 本文最初以英文发表，见 Wang Zhenping, "T'ang Maritime Trade Administration," *Asia Major* (3rd series), 4, part 1 (1991), pp. 7-38。龙达瑞曾节译了该文。见王利器、常思春编《稽古拓新集——屈守元教授八秩华诞纪念》，成都出版社，1992，第 324~339 页。这次在翻译成中文时，对标题略作改动，但保持了正文原貌，只在注释中补充了一些史料，并加入了近年来学界相关的研究成果。

[**] 王贞平，新加坡南洋理工大学。

[①] 孔颖达：《毛诗正义》卷二〇《商颂》（《十三经注疏》本，大化书局，1982，第 626 页）："相土烈烈，海外有截。"

[②] 王充撰，黄晖校释《论衡校释》卷五《异虚篇》，中华书局，1990，第 220、222 页。

的活动延伸到渤海沿岸一带。他们在春秋战国初期，已经大致掌握了海洋航行所必需的造船、航海技术。[①] 文献中屡屡出现意为"航海"的词语。孔子在抱怨人们对他的道德说教表示冷漠时曾说："道不行，乘桴浮于海，从我者其由与。"[②] 这寥寥数语表明，出海在当时已成为家喻户晓之事。

华南地区的越人是驾船好手。他们"以船为车，以楫为马，往若飘风，去则难从"，行船犹如内地人驾车骑马一般娴熟。[③] 当地人想必在汉人向岭南一带扩张之前，就已经有了海上贸易活动。秦王朝将华南并入版图，进一步促进了当地的贸易活动。考古学家在汉代港口遗址发现了来自东南亚国家的物品。[④] 当时的中国人已掌握了自雷州半岛至东南亚及印度洋航线的知识。[⑤] 这些记载和考古发现表明，汉代华南地区的对外贸易已经相当发达；西汉时的番禺（今广州）已成为贸易中心。[⑥] 珍珠、犀角、玳瑁等商品吸引着商人和百姓的目光，也激起了远在都城的达官贵人们的兴趣。[⑦] 广州[⑧]对外贸易兴旺发达，管理外贸有厚利可图，这自然就出现了谁享有购买蕃货的特权以及如何管理海外贸易的问题。

统一的中国幅员辽阔，朝廷授权地方官吏势在必行。广州远离京师，朝廷指令全赖当地官员执行，华南沿海港口的管理权因而掌握在他们手中。这表现在他们管理海外贸易时自身的贪腐行为上。地方官员是蕃货的主要消费者之一，他们通过敲

---

① Wu Yu-kan, "China's Overseas Intercourse and Trade in Olden Times," *Eastern Horizon*, 4, no.2 (1965), pp. 6-17. 关于汉代向华南地区扩张的讨论，可参考 Harold Wiens, *Han Chinese Expansion in South China* (Hamden, Conn.: Shoe String Press, 1954)。

② 邢昺：《论语注疏》卷五，《十三经注疏》本，大化书局，1982，第 2473 页。

③ 袁康：《越绝书》卷八，《四部丛刊》本，第 2 页下。左丘明：《国语》卷二〇《越语上》，《四部丛刊》本，第 1 页上、第 2 页下、第 3 页下；卷二一《越语下》，第 4 页上。

④ 广西壮族自治区文物考古写作组：《广西合浦西汉木椁墓》，《考古》1972 年第 5 期，第 30 页。位于广西西南部的合浦是西汉时的一大港口。从当地发掘出的物品包括玛瑙、琉璃、水晶、琥珀。一般认为，这些物品均来自东南亚地区。还可参考周连宽、张荣芳《汉代我国与东南亚国家的海上交通和贸易关系》，《复印报刊资料》1981 年第 3 期，第 15~30 页。

⑤ 《汉书》卷二八下《地理志》，中华书局，1962，第 1670~1671 页（下引此书皆同此版本，不再详列版本信息）。关于古代中印贸易的研究，见 Liu Xinru, *Ancient India and Ancient China: Trade and Religious Exchanges A.D.1-600* (Delhi: Oxford University Press, 1988)。

⑥ 《史记》卷一二九《货殖列传》，中华书局，1959，第 3268 页。

⑦ 《后汉书》卷六四《吴祐传》，中华书局，1973，第 2099 页（下引此书皆同此版本，不再详列版本信息）。番禺新上任的刺史向朝廷中拔擢、庇护他们的官员赠送蕃货几乎成为惯例。对汉代中国沿海地区买卖玳瑁的贸易活动的研究，见冈崎敬《たいまいを通じで古代南海貿易について》，*Silver Jubilee Volume of the Jinbun Kagaku Kenkyūsho* (Kyoto: Kyoto University, 1954), pp. 178-200。

⑧ 吴黄武五年（226）广州首次被定为州，辖南海、苍梧、高梁三郡。自 3 世纪至 6 世纪末，中国南方各朝廷都使用州、郡、县三级行政区划。西晋及南朝也承袭了这种做法。见洪亮吉《补三国疆域志》卷下，《丛书集成简编》本，台湾商务印书馆，1966，第 108 页。

诈勒索聚敛了大量珍宝以供私用，还"上承权贵，下积私赂，财计盈给，辄复求迁代"。这些恶行引起"吏民怨叛"。"中平元年（184）交趾①屯兵反，执刺史及合浦太守"②。

南方沿海州郡官员贪污腐化成风，朝廷却对此置若罔闻，听之任之。南宋人章如愚在《两广论》中曾论及朝廷对当地官员贪腐采取姑息态度的原因：朝廷在任命刺史、县令时，重内地州县的战略、经济要地，轻沿海地区，导致沿海地区官员的素质参差不齐。③当时，说服京官赴南陲上任颇不容易。这种任命通常被视为失宠于圣上而遭到贬谪。京官除非在任内严重渎职，一般不会赴任南方州县，都对到南方州县上任避之不及。④在他们心目中，南方远离京师，蛇蝎遍地，且多瘴气，与地狱相差无几。但对那些不能洁身自好的京官来说，南国城市，特别是广州，自有其不可抗拒的诱惑力：当地珍奇异货充溢，只要获得一小部分，即可保家人及子孙温饱有余。结果，"唯贫窭不能自立者，求补长史。故前后刺史皆多黩货"⑤。贪欲促使他们随意提高进口商品税率。《晋书》记："初，徼外诸国尝赍宝物自海路来贸货。而交州刺史、日南⑥太守多贪利侵侮，十折二三。至刺史姜壮时，使韩戢领日南太守。戢估较太半，又伐船调枹，声云征伐，由是诸国恚愤。"⑦

东晋、南朝的广州官员仍然腐败成风。他们以半价强行收购蕃商货物，再转手高价出售，坐收多倍厚利。⑧梁朝南海太守王僧孺对这种劣迹深感震惊，他感叹道："昔人为蜀部长史，终身无蜀物。吾欲遗子孙者，不在越装。"⑨像王僧孺这般

---

① 交趾辖今广东、广西大部分地区及今越南中、北部地区。
② 《后汉书》卷三一《贾琮传》，第1111页。
③ 章如愚：《山堂先生群书考索》卷五一，新兴书局，1969，第4页。
④ 李林甫曾以流放南方威胁政敌。参见《新唐书》卷二二三上《李林甫传》，中华书局，1975，第6346页（下引此书同此版本，不再注明）。直至唐末，广东大部分地区仍未开发。唐廷官员多以今江西与广东交界的大庾岭为汉人与少数民族居住区的分界。见宋之问《宋之问集》卷上，《四部丛刊续编》本，第14页下；卷中，第2页下、第11页下。派任广州刺史或交州太守因此而成为威胁政敌的有效手段，能迫使他们沉默不语，乃至退出政坛。有关论述可参考 Penelope A. Herbert, "Perceptions of Provincial Officialdom in Early T'ang China," *Asia Major* (3rd series), 2, part 1 (1989), pp. 25–58.
⑤ 《晋书》卷九〇《吴隐之传》，中华书局，1974，第2341页（下引此书皆同此版本，不再详列版本信息）。"以家人数多，俸入不足，求为镇守。旬月，检校右仆射、广州刺史、岭南节度使。"参见《旧唐书》卷一六二《郑权传》，中华书局，1975，第4246页（下引此书同此版本，不再注明）。
⑥ 这一地区大致相当于今越南平治省北部至大岭一代。
⑦ 《晋书》卷九七《林邑国》，第2546页。
⑧ 《隋书》卷二四《食货》，中华书局，1973，第673页（下引此书皆同此版本，不再详列版本信息）。
⑨ 《梁书》卷三三《王僧孺传》，中华书局，1973，第470页（下引此书皆同此版本，不再详列版本信息）。

廉洁的官僚，实属凤毛麟角，朝廷因而对他奖掖有加。① 但王僧孺的清廉只是暗夜中的一丝微光，在一般广州官员中，贪腐仍然痼疾难除。他们的官场生涯好似一个恶性循环：他们或因失宠于皇上而赴任南方州县，或因致富心切而离京上任，在任内大肆攫取财富以补偿政治上的失意，直至其恶行酿成大祸，被朝廷罢官免职，而继任的新官也很可能重蹈其覆辙。隋王朝结束了中国的分裂局面，建立起中央集权国家，但在清除官场陋习方面却收效甚微。②

# 一 "朝贡"与"收市"

唐代的海外贸易有了更广阔的发展。③ 当时的地理著作记载了位于今越南、新加坡、马来西亚、斯里兰卡、印度、巴基斯坦、伊朗、伊拉克的古国，④ 说明它们与中国已有了比较频繁的贸易往来。中国还通过由阿拉伯人、波斯人、印度人控制的远洋贸易，与位于今巴林、阿曼、也门乃至非洲东岸的坦桑尼亚的地区有了接触。⑤ 商船将精美的中国丝绸、瓷器、铜器运往这些地区，再把香料、宝石运回中

---

① 王励、阮卓就是这样的官员。《陈书》卷一七《王通传》，中华书局，1972，第 238 页；卷三四《阮卓传》，中华书局，1972，第 472 页。

② 《隋书》卷五五《侯莫陈颖传》，中华书局，1973，第 1381 页。《旧唐书》卷五九《丘和传》，第 2325 页。《新唐书》卷九〇《丘和传》，第 3777 页。

③ 夏秀瑞、孙玉琴《中国对外贸易史》（第一册）（对外经济贸易大学出版社，2001，第 92~107 页）对此有扼要介绍。海外贸易的数量已不可考。但是，南洋各国来华使节次数不断增加，从中可以看出唐代海外贸易相当活跃。和田久德《唐代南海遣使》（《东洋学》第 33 卷，1950，第 71 页）有唐代东南亚各国遣使来华一览表。据此表，高祖朝的 9 年当中，只有 5 国遣使来华；而在太宗朝的 23 年中，遣使来华者 34 国。关于海外贸易的论述，可参考 Michael Loewe, "Spices and Silk: Aspects of World Trade in the First Seven Centuries of the Christian Era," *Journal of Royal Asiatic Society*, 2 (1971), pp. 166-179。

④ 《新唐书》卷四三下《地理志下》，第 1153~1154 页。又见李昉等撰《太平御览》卷九三八（中华书局，1960，第 4168 页）所引唐代佚书《岭表录异》。

⑤ 关于在非洲发现的中国物品的讨论，见 Teobaldo Filesi（trans. David L. Morison），*China and Africa in the Middle Ages* (London: Frank Cass and Co. Ltd., 1972)。在印度尼西亚勿里洞曾发现了一艘 9 世纪来唐贸易的阿拉伯商船遗骸。相关的研究见 Michael Flecker, "A Ninth-Century Arab Shipwreck in Indonesia-The First Archaeological Evidence of Direct Trade with China," in Krahl, Regina, Guy, John et al. *Shipwrecked: Tang Treasures and Monsoon Winds* (Washington D. C.: Arthur M. Sackler Gallery, Smithsonian Institution, Singapore: National Heritage Board, 2011), pp. 101 - 199。还可参考 Denis C. Twitchett and Janice Stargardt, "Chinese Silver Bullion in a Tenth-century Indonesian Wreck," *Asia Major* (3rd series), 15, part 1 (2002), pp. 23-72。

国。广州港停泊着可容纳六七百人的"波斯舶"。泉州①、扬州、楚州②、广州及海南岛③都有来华经商的外商居住区。中国商人也相当活跃。他们赴日本、高句丽④，下南洋，至 9 世纪中叶，更远抵印度和波斯湾。

尽管唐代的海外贸易有了长足发展，朝廷却不认为有必要采取措施对此直接加以控制。原因是中国历代王朝一直不能有效地治理岭南。618 年唐朝建立后并未立即着手改变这种状况。居住在岭南地区的大部分是僚人、夷人和越人。隋末唐初，他们时常起兵反抗朝廷，遑论俯首帖耳，唯命是从。萧铣、林士宏、郑文进等地方豪族实际统治着岭南。唐廷不得不以分化瓦解的手段，勉强维持当地脆弱的势力均衡架构。⑤ 迟至 622 年，唐廷在岭南设置了"总管府"。⑥ 但朝廷对这个地区的控制，仍然要依赖归顺了唐朝的地方豪族。他们富甲一方，权袭数代。冯盎一族就有五人先后担任广州太守。⑦

此外，唐初朝廷当务之急是对内巩固政权，对外在高句丽、百济及西域诸国展开军事行动。这些都远比控制南海贸易更为紧迫。唐廷出于对自身道德形象的考虑，也对直接染指商业及海外贸易有顾忌。在士大夫看来，商业、税收与儒家伦理背道而驰，朝廷若参与其事，就是"与民争利"。因此，唐廷直到建立百年后，才采取措施，密切与岭南的经济贸易联系。716 年，开始在大庾岭筑路，以打通广州与京师的交通要道。大庾岭横亘在广东与江西之间。这道天然障碍使南方沿海与内

---

① 薛能《送福建李大夫》、包何《送李使君赴泉州》，彭定求等编《全唐诗》，上海古籍出版社，1986，第 490、1431 页（下引此书皆同此，不再详列版本信息）。

② 扬州、楚州在 706 年发生叛乱时，几乎被夷为平地。大食、波斯等国商人被抢掠，死害者达数千。见《旧唐书》卷一一〇《邓景山传》，第 3313 页；卷一二四《田神功传》，第 3533 页。司马光编著《资治通鉴》卷二二一，中华书局，1956，第 7102 页（下引此书皆同此，不再详列版本信息）。

③ 773 年，广州又发生了杀害蕃商的事件。见《旧唐书》卷一二二《路嗣恭传》，第 3500 页。

④ 白化文等《入唐求法巡礼行记校注》卷二（花山文艺出版社，2007，第 174 页）记"渤海交关船"，"交关"即贸易。渤海商人李光玄史上留名。他"往来于青社淮浙之间，贸易巡历"，"巡历新罗、渤海、日本诸国"。见《金液还丹百问诀》，《正统道藏》第 7 册，新文丰出版公司，1977，第 824 页。相关研究可参考石井正敏《〈金液還丹百問訣〉にみえる渤海商人李光玄について——日本渡航問題を中心に》，鈴木靖民編《古代日本の異文化交流》，勉誠出版，2008，第 598～609 页。石见清裕：《唐の国際貿易と渤海——朝貢・互市と貢献制》，铃木靖民编《古代日本の異文化交流》，勉誠出版，2008，第 637～652 页。

⑤ 《旧唐书》卷一〇九《冯盎传》记载，广州高法澄、新州冼宝彻反乱。唐廷依靠冯盎的势力才镇压了叛乱。

⑥ 《旧唐书》卷四一《地理志》，第 1711 页。

⑦ 《旧唐书》卷一〇九《冯盎传》，第 3288 页。关于隋末、唐初广州地区的局势，以及当地氏族对该地区控制的论述，见河原正博《漢民族華南發展史研究》，吉川弘文館，1984，第 83～124 页。

地间的交通运输十分困难。车马无法通过狭窄的盘山小径，货物全靠人肩挑背扛。① 凿通大庾岭便利了南货北运。货物可先自北江船运到岭南北部，过大庾岭入江西，再由赣江水运至长江，然后由大运河船运北上运往京师。②

唐廷虽然对海外贸易持"不直接干预"的态度，但不意味着对蕃货毫无兴趣。恰恰相反，唐廷和皇亲国戚是蕃货的主要消费者。但他们使用的蕃货不是直接购自市场，而是通过"时进"、"官市"及"朝贡"三个间接渠道获得。"时进"始于760年之后，③ 是对地方官进奉皇帝私人礼品的称谓。这些礼品被纳入内府，成为皇帝的私人收入。"时进"不定期。许多官员认为此举不甚得体，但也不构成犯法行为。

"官市"是朝廷赋予港口官吏的采购特权。他们先于百姓与外商交易，确保获得朝廷需要的蕃货。"官市"的起源很早，也不限于港口城市，在京师和边陲市场都有。④ 经"官市"购得的蕃货通常运往京师交少府监，由官员拣选进内，供宫中使用。⑤

与不定期的"时进""官市"相比，"朝贡"是朝廷行之有年的获得外国货品的固定制度。每年各道须向朝廷上交一定数量、品种的当地物产，它们是朝廷岁入的一部分。史书称这种做法为"任土作贡"，或简称"土贡"⑥，因每年进贡一次，故又称为"岁贡"⑦。经由这一渠道贡献给朝廷的蕃货有檀香、象牙、雀舌香、熏

① 张九龄：《唐丞相曲江张先生文集》卷一七，《四部丛刊》本，第5页。

② 全汉昇：《宋代广州的国内外贸易》，氏著《中国经济史研究》，新亚研究所，1976，第90页。

③ 《旧唐书》卷一五一《王锷传》，第4060页。"时进"是向朝廷取宠献媚。8世纪末，江西刺史改朝贡为"月进"，剑南甚至有"日进"。见《旧唐书》卷四八《食货志》，第2087页。

④ 《魏书》卷一一○《食货志》，中华书局，1974，第2858页（下引此书不再注明版权信息）。《隋书》卷二十八《百官下》，第798页。白居易：《白氏六帖事类集》卷二四，文物出版社，1987，第92页。"官市"的起源可追溯到西汉。见李林甫等《唐六典》卷二二，中华书局，1992，第580页（下引此书不再注明版权信息）。

⑤ 王溥：《唐会要》卷六六，商务印书馆，1936，第1156页（下引此书不再注明版权信息）。

⑥ 谢保成：《贞观政要集校》卷八，中华书局，2003，第432页。关于"土贡"问题的研究，可参考日比野丈夫《「新唐書」の土貢について》，《東方學報》第17冊，1949，第83~99页。又，可参宫薗和禧《唐代貢納物分布狀況》（1）、（2），《九州共立大學紀要》第17卷第1期，1982，第11~28页，第17卷第2期，1982，第35~58页；同氏《唐代物產表（1）——特に貢について》，《九州共立大學紀要》第15卷第2期，1980，第117~137页；王永兴《唐代土贡资料系年：唐代土贡研究之一》，《北京大学学报》1982年第4期，第59~65页；龚予等《中国历代贡品大观》，上海社会科学院出版社，1992；Edward H. Schafer, Benjamin E. Wallacker, "Local Tribute Products of the T'ang Dynasty," *Journal of Oriental Studies*, 4, nos. 1-2（1957-1958），pp. 213-248。

⑦ 《旧唐书》卷一七八《郑畋传》，第4633页。《贞观政要集校》卷八（第457页）记，太宗曾指出"岁贡"的弊病："比闻都督、刺史邀射声名，厥土所赋，或嫌其不善，逾境外求。"李林甫等《唐六典》卷三（第64页）也有"旧额贡献，多非土物，或本处不产，而外处市供"的记载。

陆香、紫檀及紫矿等。① 它们来自南洋各地，没有一件是中国土产，但唐廷却视之为各道的"土产"。这种奇怪的观念生动地反映了皇帝以自我为中心的理念：只要外国使节造访唐廷，外国商人来华经商，就是承认了天子的政治权威，接受了中国伦理道德的熏陶。他们的国家成了以中国为中心的世界的一部分，所贩运的货物因而是中国"土产"，不再是"蕃货"。

《唐六典》详记这些外国"土产"②，并规定一些道、州必须向朝廷进贡一定品种、数量的这类物品。③ 它们会与各道的土产一起被运到京城。其中广州、贵州的贡品只需运到扬州，由扬州府差纲部组织人马转运到京师。④ 贡品抵达后，存储在太府寺属下的右藏署。⑤

唐廷在举行觐见、祭祖⑥，赏赐臣下、外国君主、使节等仪式时要耗用大量蕃货⑦。外国的奇珍异宝也是皇亲国戚奢华生活中的必需品。⑧ 仅仅通过"时进""朝贡"显然无法满足对蕃货如此大量的需求，于是"官市"便应运而生。

## 二　广州刺史与市舶使究竟谁是海外贸易管理的操盘手

唐廷对广州的海外贸易采取"不直接干预"的态度，这使当地海外贸易管理

① 李林甫等：《唐六典》卷三，第 72 页；卷二〇，第 545 页；卷二二，第 573 页。《新唐书》卷四三上《地理志》，第 1095 页。李吉甫：《元和郡县志》卷三五，《景印文渊阁四库全书》，台湾商务印书馆，1983，第 3 页。关于东亚国家之间香料贸易的讨论，见山田宪太郎《東亞香料史研究》，中央公論美術出版，1976。

② 李林甫等：《唐六典》卷三，第 72 页；卷二〇，第 545 页；卷二二，第 573 页。《新唐书》卷四三上《地理志》，第 1095 页。

③ 如关内道负责处理来自吐蕃、突厥的贡物，河南道则负责处理来自新罗、日本的物品。见《唐六典》卷三，第 65~66 页。

④ Denis C. Twitchett："The Fragment of the Tang Ordinances of the Department of Waterways Discovered at Tun-huang," Asia Major（new series），6，no.1（1957），p.56.《旧唐书》卷一〇五《韦坚传》（第 3222 页）记 642 年韦坚为水陆转运使，他组织民工在长安开凿广运潭，竣工之后各地贡品可直接运到京师。

⑤ 李林甫等：《唐六典》卷二〇，第 545 页。

⑥ 李林甫等：《唐六典》卷二二，第 573 页。

⑦ 李林甫等《唐六典》卷一二（第 361 页）记内侍省内府局令职掌："掌中宫宝货给纳名数。"又见《新唐书》卷四六《百官志》，第 1193 页。所谓"宝货"包括不少外国物品。董诰等编《全唐文》卷二九七（大化书局，1987，第 1348 页。下引此书版本皆同此，不再详列版本信息）《唐朝故使持节河东州诸军事河东州刺史上护军王府君碑铭并序》记关于"宝货"的来源："抑闻赭□（石）明珠多从西域，异物奇玩必致于南州。期于服用□□，充光内府。"

⑧ 李林甫等：《唐六典》卷二〇，第 545 页。

权自然落入地方官员手中。这明确表现在 661 年颁布的《定夷舶市物例敕》中。① "例"是记录重大事件及唐廷处理措施的集大成的典范，供官吏在执行公务、判案时参考，但不具备行政、法律约束力。这表明，朝廷当时只向地方颁布了管理海外贸易的惯例，无意直接插手。这种做法毫不令人奇怪：只要唐廷能经由现有的三条渠道获得蕃货，就没有必要在广州设置管理海外贸易的专门机构。

唐代行政制度时有变化，广州主管官员的称呼也有"总管""都督"② "南海太守"③ "刺史"④ "岭南节度观察使"⑤ 等变化。622 年，广州纳入唐廷管辖，时称"广州总管府"，长史称"总管"。624 年，广州升格为"大都督府"，首长改称"大都督"。742 年，玄宗改州为郡，广州长史称为"太守"⑥。这个新的行政体制实行不久，758 年唐廷又改郡为州。自 8 世纪初，唐廷在一些边塞地区设置"节度使"，以加强对地方军事的控制。733 年，唐廷首次任命"岭南节度使"，辖广州、贵州、邕州、容州、安南五府。⑦ 据记载，广州刺史通常兼任"岭南节度观察使"⑧。为行文简洁起见，本文将广州长史一概称为刺史。

广州地方长官的头衔虽然历经变化，但其无疑一直享有管理海外贸易的全权。他既然有机会接触蕃货，营私舞弊就在所难免。广州刺史除少数能洁身自好外，大都以权谋私。⑨ 但是，唐廷对此也负有不可推卸的责任。大多数官员的俸禄低微，

---

① 陆心源：《唐文拾遗》卷一，《全唐文及拾遗》，大化书局，1987，第 4662 页。

② 《旧唐书》卷八九《王方庆传》，第 2897 页；卷一八七上《冯立传》，第 4873 页。《新唐书》卷一一六《王綝传》，第 4223 页。司马光编著《资治通鉴》卷二〇三，第 6420 页。

③ 《旧唐书》卷九八《卢怀慎传》，第 3070 页。《新唐书》卷一二六《卢怀慎传》，第 4418 页。

④ 《旧唐书》卷一三一《李勉传》，第 3635 页；卷一六二《郑权传》，第 4246 页；卷一六三《胡证传》，第 4259 页。

⑤ 《旧唐书》卷一五二《王栖曜传》，第 4070 页；卷一六二《郑权传》，第 4246 页；卷一六三《胡证传》，第 4260 页。司马光编著《资治通鉴》卷二二四，第 7214 页。

⑥ 杜佑：《通典》卷三三，中华书局，1984，第 188 页。王溥：《唐会要》卷六八，第 1384 页。

⑦ 李吉甫：《元和郡县志》卷三五，第 2~3 页。

⑧ 《旧唐书》卷一〇〇《李朝隐传》，第 3127 页；卷一三一《李勉传》，第 3635 页；卷一五四《孔巢父传》，第 4098 页；卷一六二《郑权传》，第 4246 页；卷一六三《胡证传》，第 4259 页。李翱：《李文公集》卷一一，《四部丛刊》本，第 93 页上。

⑨ 自唐立国至 8 世纪中，只有宋璟、裴由先、李朝隐、卢奂四位广州刺史清廉奉公忠。见《旧唐书》卷九八《卢怀慎传》，第 3070 页；《新唐书》卷一二六《卢怀慎传》，第 4418 页。有关广州官员贪腐的记载则比比皆是。如司马光编著《资治通鉴》卷二二四（第 7214 页）记徐浩，《新唐书》卷一四五《王缙传》（第 4717 页）、《旧唐书》卷一一八《元载传》（第 3414 页）记元载，《旧唐书》卷一六二《郑权传》（第 4246 页）、王钦若等《册府元龟》卷四五五（中华书局，1960，第 5395 页。下引皆同此版本，不再详列版本信息）记郑权，《旧唐书》卷一六三《胡证传》（第 4260 页）、《新唐书》卷一六四《胡证传》（第 5048 页）记胡证，《旧唐书》卷一五二《王栖曜传》（第 4070 页）记王茂元，王钦若等《册府元龟》卷四五五（第 5394 页）记党仁弘。

不能自赡，无法维持体面的生活。① 广州乃至全国的许多官员为求经济自立，养家糊口，纷纷置客舍、开邸店、营库房，从中取利。② 唐代的财政制度更要求地方自筹经费，应付政府开支。③ 官营贸易于是成为地方政府自筹经费的主要手段。既然地方官员的个人收入、当地政府的岁入都在相当程度上依赖贸易活动，④ 要求他们在管理海外贸易时廉洁公正自然难上加难。唐廷也意识到了这个问题，因而对地方官员的陋习视而不见，听之任之。⑤ 此外，广州远离京师，弹劾贪官的状子无法及时传递到朝廷，监察也就不可能及时前去惩治他们。

贪污虽然为一些广州刺史带来不义之财，却也使他们惹上杀身之祸。684 年，"广州都督路元睿为昆仑所杀。元睿暗懦，僚属恣横。……群胡怒，有昆仑袖剑直登听事，杀元睿及左右十余人而去，无敢近者，登舟入海，追之不及"⑥。另一说，路元睿本人也染指蕃货，应对事件负主要责任。⑦ 758 年，甚至发生了大食、波斯兵众攻打广州的恶性事件，刺史韦利见弃城而逃。⑧ 史料对此事缘由的记载语焉不详，但波斯及阿拉伯人在广州主要从事贸易，事件起因当与地方官贪污、勒索外商而酿成的争端有关。

当然，广州刺史并非个个都是贪官。武则天时，王方庆为广州长史。他大力阻止贪污之风蔓延，"在任数载，秋毫无犯。……当时议以为，有唐以来，治广州者无出方庆之右。有制褒之曰：朕以卿历职著称，故授此官，既美化远闻，实副朝寄"⑨。王方庆不徇私利，与前任和同僚形成鲜明对照。不过那些贪官的行径，恰恰是 8 世纪初海外贸易管理权操于地方官之手的明证。

---

① 《旧唐书》卷一一九《常衮传》，第 3445 页。王钦若等：《册府元龟》卷四八四，第 5787 页。
② 王溥：《唐会要》卷八六，第 1580 页。《新唐书》卷一七〇《王锷传》，第 5169 页。《旧唐书》卷一五一《王锷传》，第 4060 页。朝廷曾一再颁布敕令，禁止官员及其家属经商。见《旧唐书》卷九《玄宗纪》，第 213 页。
③ 有关地方政府岁入来源的分析，见 Denis C. Twitchett："Local Financial Administration in Early Tang Times," *Asia Major* (new series)，15 (1969)，pp. 98-114.
④ 地方官吏为筹措资金，有时出售作为税收或军饷征收而来的物品，有时直接与蕃商交易。见《旧唐书》卷六四《李元轨传》，第 2431 页；王溥《唐会要》卷八六，第 1582 页；杜佑《通典》卷一一，第 63 页；黄任《泉州府志》卷四〇，登文印刷局，1964，第 3 页上。
⑤ 被誉为历代皇帝楷模的太宗也曾对贪官表示同情。党仁弘自 640 年至 642 年任广州都督。他"坐枉法聚财百余万当死。太宗哀之，免为庶人"。见王钦若等《册府元龟》卷四五五，第 5394 页。
⑥ 司马光编著《资治通鉴》卷二〇三，第 6420 页。
⑦ 《新唐书》卷一一六《王方庆传》，第 4223 页。
⑧ 《旧唐书》卷一〇《肃宗纪》，第 253 页。
⑨ 白居易、孔传：《白孔六帖》卷八三，《四库全书》本，第 12 页。《旧唐书》卷八九《王方庆传》，第 2897 页。《新唐书》卷一一六《王方庆传》，第 4223 页。又，董诰等编《全唐文》卷九五（第 435 页）武则天《褒广州都督王方庆制》。

广州刺史掌握着对外贸易管理权以及对蕃商的司法权。蕃舶在广州靠岸下锚后，官吏即以船的长度粗略估算货物重量，并据此征税。这大致相当于今天的吨税，当时称为"下碇税"①。官吏在当地"蕃长"协助之下登记舶货。"蕃长"是地方官和外商的翻译，也是二者间的联络人。货物登记完毕后，地方官在"宴客亭"举行"阅货宴"，② 由外商展示舶货中的精品。这为贪官污吏敲诈勒索创造了机会。③

外国商船抵达广州后，官吏就在指定的市场进行"收市"。④ 661 年唐廷下敕，详细规定了"收市"的步骤："敕，南（海）中有诸国舶，宜令所司每年四月以前，预支应须市物，委本道长史，舶到十日内，依数交付价值市了，任百姓交易。其官市物，送少府监简择进内。"⑤ 即每年阴历四月，少府监差人将货物运交沿海港口官府，用作与蕃商交易的实物资本。外国商船通常由阴历五月起至六月初，乘西南季候风抵达广州。抵港后十天之内由官吏"收市"，在此期间其他人不得与船主交易。

初唐时，"收市"按唐廷认可的先例进行。⑥ 从 9 世纪起，"收市"的做法有所改变。新规定要求船主向地方官一次性交出所有货物，并扣除其中一部分充作将货物运往官仓所需的"舶脚费"。⑦ 货物将在官仓一直存放到季候风结束，至最后一艘蕃

---

① 《新唐书》卷一六三《孔巢父传》，第 5009 页。董诰等编《全唐文》卷七五，第 347 页。宋敏求编《唐大诏令集》卷一〇，学林出版社，1992，第 59 页（下引此书皆同此版本，不再详列版本信息）。李昉等：《文苑英华》卷四四一，中华书局，1966，第 2231 页（下引此书皆同此版本，不再详列版本信息）。马其昶：《韩昌黎文集校注》卷七，中华书局，1986，第 531 页（下引此书皆同此版本，不再详列版本信息）。程瑞礼《畏斋集》卷五《监抽庆元市舶右丞资德约苏穆尔公去思碑》（《四明丛书》本，中国文化研究所，1964，第 17 页上）亦记"下碇税"。唐人有丰富的船舶知识。例如，慧琳《一切经音义》卷二五［日本元文二年（1737）洛东狮谷白莲社刊本，第 17 页下］："舶，大船也。大者长二十丈，载六七百人者。"卷四七（第 11 页上）："今江南凡汛海船谓之舶，昆仑、高丽皆乘之。大者受盛之可万斛也。"卷六一（第 2 页上）："舶，海舟也。入水六十尺，驱使运载千余人。"彭定求等《全唐诗》卷二二九（第 2508 页）杜甫《夔州歌》："万斛之舟行若风。"真人元开《唐大和上东征传》（中华书局，1979，第 74 页）记婆罗门、波斯、昆仑舶，"其舶深六、七丈"。

② 张籍：《送郑尚书赴广州》，彭定求等《全唐诗》卷三八五，第 4304 页。王溥《唐会要》卷八四（第 1545 页）记 789 年，户部侍郎"请诸道津要都会之所皆置吏，阅商人财货"。广州的"阅货宴"当与此相关。

③ 《新唐书》卷一六三《孔巢父传》，第 5009 页。马其昶：《韩昌黎文集校注》卷七，第 531 页。

④ 顾炎武：《天下郡国利病书》卷三三，《四部丛刊》三编本，第 53 页下。学者认为，这部著作中关于清之前的大量记载言之有据，但仍须谨慎对待。

⑤ 王溥：《唐会要》卷六六，第 1156 页。

⑥ 陆心源：《唐文拾遗》卷一，《全唐文及拾遗》，大化书局，1987，第 4662 页。

⑦ 董诰等编《全唐文》卷七五，第 347 页。李昉等：《文苑英华》卷四四一，第 2231 页。宋敏求编《唐大诏令集》卷一〇，第 59 页。"脚"作为运费的其他用例有"脚直"，见《唐六典》卷三，第 80 页。"脚价钱"，见马其昶《韩昌黎文集校注》外集下卷，第 700 页；《白居易集》卷六三，第 1318 页；《新唐书》卷五二《食货二》，第 1358 页；司马光编著《资治通鉴》卷二三五，第 7578 页。胡三省的解释是："脚价，谓傔人负荷进奉物入内，有雇脚之费。"有时亦略记为"脚钱"，见《旧唐书》卷九八《裴耀卿传》，第 3081 页；卷一九〇中《文苑中》，第 5038 页。

船入港为止。官府这种做法旨在根据当年蕃货的供应量制定价格，以防价格飞涨。蕃商因而不能在抵岸后马上进行交易，有的不得不在广州滞留数月之久。有鉴于此，广州官府通常为外商提供逗留期间所需的生活用品。①

季候风一过，广州官吏向货主征收百分之三十的关税后，将货物发还。② 除此之外，还有一项依据货物的数量征收的特别税，用于对货物提供保护所需的开销。③ "收市" 随后开始。严格来说，"收市" 并非指由官府垄断所有蕃货的买卖，但广州官府为确保购得某些稀有商品，将它们列为 "禁榷" 品，一般人不准买卖。这种做法简称为 "禁"。④

刺史是管理广州海外贸易的行政首脑。他的下属 "市令"、"司仓参军事" 及 "参军事" 负责处理日常事务。⑤ 另有 "市丞" 和大约十四名公差协助 "市令" 执行公务。他们维持市场秩序，检查量衡器，杜绝哄抬物价，监视蕃客。⑥ 司仓参军事官拜从七品下。⑦ 在上州供职者，手下有两员 "佐"、五名 "史" 供其驱使。⑧ 司仓参军事的职责不限于保管经由 "收市" 和征收实物税收所得的蕃货。这些货物除一部分上贡朝廷外，其余的就成为州府的 "公家珍宝"。主管州府财政的司仓参军事以较

① 董诰等编《全唐文》卷一七二，第 784 页。

② 藤田丰八:《宋代的市舶司及び市舶條例》，池内宏编《東西交涉史の研究（南海篇）》，冈书院，1932，第 292~293 页。藤田丰八的说法主要依据晚唐时来华阿拉伯商人苏莱曼的记载。他于 851 年据在华亲眼所见的海外贸易状况撰成《东游见闻录》。1718 年，Abbé Eusèbe Renaudot 将其译为法文，后来译稿失传。1764 年，Deguignes 在法国皇家图书馆发现了 Renaudot 的译稿，但怀疑这并非记的译文，而是 Renaudot 自己的作品。1845 年，M. Renaud 对 1718 年的译稿仔细研究后，出版了自己的法译本 *Relation de Voyages faits par les Arabes at les Persans dans L'Inde et la Chine*。刘半农、刘小蕙曾将 Renaud 的法译本译为中文《苏莱曼东游记》（商务印书馆，1937）。张星烺《中西交通史料汇编》（中华书局，1977）第二编中有节录。对 Renaud 的介绍可参考 George Fadlo Hourani，*Arab Seafaring in the Indian Ocean in Ancient and Early Medieval Times*（New York：Octagon Books，1975），p. 72。

③ 张星烺:《中西交通史料汇编》第二编，中华书局，1977，第 201 页。

④ 刘蜕《刘蜕集》卷四（《四部丛刊》本，第 3 页）上："南海实管榷之地，有金珠贝甲修牙文犀之货。" 所谓 "管榷" "禁榷" 是对部分蕃货实行优先购买或垄断购买。

⑤ 隋唐时期，中外陆路贸易由 "交市监" 管理。值得指出的是，隋以前的陆路对外贸易管理也是由刺史或县令负责（见白居易《白氏六贴事类集》卷二四，文物出版社，1987，第 92 页下；李林甫等《唐六典》卷二二，第 580 页）。可见，唐代由地方官管理海外贸易是沿袭了前代的做法。

⑥ 王溥:《唐会要》卷八六，第 1583 页。关于市令职责的详细论述，见 Denis C. Twitchett，"The T'ang Market System,"*Asia Major*（new series），12，part 2（1966），pp. 211-213。

⑦ 如果市令在中州或下州任职，他的官阶是正八品或从八品下。见《旧唐书》卷四四《职官三》，第 1918 页。

⑧ 《新唐书》卷四九下《百官志四下》，第 1312 页。

高的价格出售这些物品，① 其所得即成为州府岁入的一部分。② 因此，司仓参军事在管理海外贸易过程中有相当大的权限。③ 参军事官拜九品，是刺史的直接助手。④ "参军事无常职，有事则出使。"他还"出使赞导"，接待刺史的访客。⑤ 因此，其很可能参与接待外商，协助司仓参军事向外商征税及参与"收市"等各项工作。⑥

蕃舶抵港使广州成为一座喧嚣热闹的国际商业都市。⑦ 地方政府为维护治安，要求"蕃长"告诫外商遵纪守法。⑧ 初时，广州蕃汉杂居，时有摩擦发生。836 年之后，官府划出地段专供蕃客居住。此举减少了唐人与蕃客之间的接触，有助于避免可能出现的冲突。⑨ 这个地段后来被称为"蕃坊"⑩，位于今广州市

① 李林甫等《唐六典》卷三〇（第 748 页）："仓曹、司仓参军事掌公廨、度量、庖厨、仓库、租赋、征收、田园、市肆之事。"又见杜佑《通典》卷三三，中华书局，1984，第 913 页；《新唐书》卷四九下《百官志四下》，第 1312 页。董诰等编《全唐文》卷五一九（第 2367 页）载梁肃《河南府仓曹参军厅壁记》详记仓曹参军的职能。相关讨论还可参考 Denis C. Twitchett, *Financial Administration under the T'ang Dynasty* (Cambridge：Cambridge University Press，1970)，p. 105；严耕望《唐代府州僚佐考》，氏著《唐史研究丛稿》，新亚研究所，1969，第 145 页。

② 陈明光、靳小龙《论唐代广州的海外交易、市舶制度与财政》（《中国经济史研究》2005 年第 1 期，第 115 页）指出：广州地方财政收入在一定程度上依赖海外贸易的各种实物税。

③ 《旧唐书》卷一五二《卢坦传》，第 4091 页。"公家珍宝"又称为"官物"（见《旧唐书》卷四八《食货上》，第 2087 页）。

④ 其人数因州的规模而异，上州四名、中州三名、下州二名。见《新唐书》卷四九下《百官志四下》，第 1317 页。

⑤ 杜佑：《通典》卷三三，中华书局，1984，第 189 页。《旧唐书》卷四二《职官一》，第 1811 页。《新唐书》卷四九下《百官志四下》，第 1314 页。严耕望：《唐代府州僚佐考》，氏著《唐史研究丛稿》，新亚研究所，1969，第 158 页。据《旧唐书》卷四四《职官三》，上州有参军事四名，中州三名，下州一名。

⑥ 明代史料亦记唐代参军事参与海外贸易管理。见陈懋仁《泉南杂志》卷上，《宝颜堂秘笈》本，新兴书局，1965，第 12 页。文中详细记述了唐代另一重要港口泉州的政府官员设置。由于泉州作为贸易港口，唐廷在 811 年将其升格为上州。见王溥《唐会要》卷七〇，第 1242 页。

⑦ 周勋初：《唐语林校证》卷八，中华书局，1987，第 728 页。周氏在同页注 5 中指出：此处原书作"奏报"，当改为"辐辏"。笔者以为是。"辐辏"与"喧阗"对仗，文气通顺。又见李肇撰，聂清风校注《唐国史补校注》卷下，中华书局，2021，第 295 页（下引此书同此版本，不再注明）。但史料中也有广州向朝廷奏报蕃舶入港的事例。《新唐书》卷二二二下《南蛮传下》（第 6306 页）："罗越者……商贾往来所凑集……岁乘舶至广州，州必以闻。"

⑧ 赞宁：《宋高僧传》卷一，中华书局，1987，第 7 页。王溥《唐会要》卷一〇〇（第 1799 页）记，唐末福建有来自三佛奇的蒲诃粟担任"都蕃长"。白化文等《入唐求法巡礼行记校注》卷四（第 479 页）记：泗州涟水县（今江苏省淮安市淮阴区东北）有"新罗坊"，坊内有"总管""专知官"，其职能大概与广州的"蕃长"类似。

⑨ 《旧唐书》卷一七七《卢钧传》，第 4592 页。《新唐书》卷一八二《卢钧传》，第 5367 页。

⑩ 顾炎武：《天下郡国利病书》，《四部丛刊三编》本，第二十九册，第 104 页上。范邦瑾：《唐代蕃坊考略》，《历史研究》1990 年第 4 期，第 152 页。但作者引朱彧《萍洲可谈》卷二（中华书局，2007，第 134 页）有关广州蕃长的记载"专切招邀蕃商入贡"，认为唐代的蕃长有招徕蕃商，扩大广州海外贸易之责。这混淆了唐、宋两代蕃长的职责，值得商榷。

光塔街一带。①

蕃商若犯下欺诈及其他罪行，会受官府的法律制裁。隐藏货物，申报不实，偷漏关税，逃避"官市"者将被判入狱。② 但"诸化外人，同类自犯者，各依本俗法"。如果是"异类相犯者，以（中国）法律论"③。官府对来华蕃商亡故后的财产处理有司法管辖权。朝廷有条文规定了外商法律继承人的确认、认领遗产的条件以及相关手续。初时规定，上述继承人只限于妻、子两类直系亲属，不问其是否在华。④ 831 年朝廷颁布敕令，放宽了对直系亲属的界定，以示天子对"蛮夷"亲属悲悯："死商钱物等，其死商有父母、嫡妻及男，或亲兄弟、在室姊妹、在室女、亲侄男，见相随者，便任收管财物。"⑤ 834 年，朝廷又规定："死商客及外界人身死，应有资财货物等，检勘从前敕旨，内有父母、嫡妻、男、亲侄男、在室女，并合给付。如有在室姊妹，三分内给一分。"据此文，兄弟本不在给还限内。但户部奏请，亡故外商亲兄弟相随者也应当有遗产继承权。不过，"如是亲兄弟、亲侄男不同居者，并女已出嫁者，兼乞养男女，并不在给还限。在室亲姊妹，亦请依前例，三分内给一分。如死客有妻无男女者，亦请三分给一分"⑥。上述法律继承人须在外商死后三个月内亲自向广州府提出认领遗产申请。9 世纪初，岭南节度使孔戣取消了这一时限："海道岁一往复，苟有验者不为限，悉推与。"⑦

朝廷对亡故外商遗产的处理惯例是："海商死，官管其赀。满三月无妻、子诣

① 梁嘉彬：《广东十三行考》，国立编译馆，1937，第 15 页。罗香林认为："蕃坊"是个设有围墙的区域，在"蕃坊"中，蕃客着本国服装，按本民族习惯生活。见氏著《中国通史》卷一，正中书局，1954，第 243 页。"光塔"即灯塔，顶端装有鸡状风向标。每年阴历五月、六月两个月，季候风由西南吹向东北。蕃客常于清晨登塔，祈祷本国商船平安抵达。见方信孺《南海百咏》，琳琅秘室丛书本，1853，第 10 页；仇巨川《羊城古钞》卷三，1806 年刻本，第 36~37 页。《郭祥正集》卷二〇（黄山书社，1995，第 322 页）有《同颖叔修撰登蕃塔》诗，卷八（第 162~163 页）有"蕃坊耸塔卓椽笔"诗句。
② 李肇撰，聂清风校注《唐国史补校注》卷下，第 295 页。
③ 刘俊文：《唐律疏议笺解》卷六，中华书局，1983，第 478~481 页。
④ 《新唐书》卷一六三《孔巢父传》，第 5009 页。马其昶：《韩昌黎文集校注》卷七，第 531 页。
⑤ 窦仪：《宋刑统》卷一二，中华书局，1984，第 199 页。
⑥ 窦仪：《宋刑统》卷一二，中华书局，1984，第 199 页。宋廷的相关规定也可参考。徐松：《宋会要辑稿》卷八六（中华书局，1957，第 3367~3368 页）记："蕃舶为风飘着沿海州界，若损败及舶主不在，官为拯救，录物货，许其亲属召保认状。"楼钥：《攻媿集》卷八六（《四部丛刊》本，第 4 页）记"真里富国大商"死后朝廷对其遗产的处理情状。
⑦ 《新唐书》卷一六三《孔巢父传》，第 5009 页。此条引文又见马其昶《韩昌黎文集校注》卷七，第 531 页；屈守元等《韩愈全集校注》，四川大学出版社，1996，第 2650 页。两者文字稍有出入，可参考。

府，则没入。"① 据 831 年的敕令："如死商父母、妻儿等不相随，如后亲属将本贯文牒来收认，委专知官切加根寻。实是至亲，责保讫，任分付取领，状入案申省。"② 比较 831 年及 834 年的敕旨，后者远比前者苛刻。其文曰："如无上件至亲，所有钱物等并请官收，更不牒本贯追勘亲族。"③ 这实际上是指示地方政府不必设法通知死亡蕃商原籍所在国的亲属，可径自将其遗产充公。但由于户部奏请，敕旨做了一些修改才下发地方执行。根据这项敕旨，"如是商客及外界人身死，如无上件亲族相随，即量事破钱物埋瘗，明立碑记。便牒本贯追访"④。

## 三　唐代"市舶使"在海外贸易管理中的作用

714 年，周庆立任"市舶使、右卫中郎将"⑤。这是"市舶使"首次出现在史料中。一些学者据此认为，自 8 世纪起，市舶使便主持海外贸易管理。⑥ 有西方学者将这个官职译为"Maritime Trade Commissioner"。⑦ 有的解释说，市舶使类似现代海关总署署长⑧，或港口负责人，职责是检视蕃船，征收关税，主持"收市"，以及防止某些货物非法流入或流出中国。⑨ 有些学者更认为，唐廷已建立了专门管

---

① 马其昶：《韩昌黎文集校注》卷七，第 531 页。《新唐书》卷一六三《孔巢父传》，第 5009 页。
② 窦仪：《宋刑统》卷一二，中华书局，1984，第 199 页。
③ 窦仪：《宋刑统》卷一二，中华书局，1984，第 199 页。
④ 窦仪：《宋刑统》卷一二，中华书局，1984，第 199 页；同书同卷（第 200 页）亦记，宋廷对来华使节、副使及其夫人在华去世者常予以厚葬。关于这些条例，可参考徐松《宋会要辑稿》卷八六，中华书局，1957，第 3367~3368 页。楼钥《攻媿集》卷八六（《四部丛刊》本，第 4 页）记，蕃商客死中国后，用信鸽与其家人取得联瘗。李肇撰，聂清风校注《唐国史补校注》卷下（第 295 页）记："舶发之后，海路必养白鸽为信。舶没，则鸽虽数千里亦能归也。"又，段成式《酉阳杂俎》卷一六（中华书局，1981，第 154 页）记："波斯舶上多养鸽，鸽能飞行数千里。辄放一只至家，以为平安信。"唐人也有养信鸽与家人联系的做法："张九龄少年时，家养群鸽。每与亲知书信往来，只以书系鸽足上，依所寄之处飞往投之。"见王仁裕《开元天宝遗事》卷上，中华书局，2006，第 16 页。
⑤ 《册府元龟》卷五四六，第 6547 页。王溥：《唐会要》卷六二，第 1078 页。《新唐书》卷一一二《柳泽传》，第 4176 页。
⑥ 宋人最先提出这个说法，见胡榘《宝庆四明志》卷六，《宋元方志丛刊》，中华书局，1990，第 1 页上。胡三省在注释中亦从此说。见司马光编著《资治通鉴》卷二二三，第 7157 页。
⑦ Charles O. Hucker, *A Dictionary of Official Titles in Imperial China* (Stanford, 1985), p. 428.
⑧ Wang Gungwu, "The Nanhai Trade," *Journal of the Malayan Branch of the Royal Asiatic Society*, 31, no. 2 (1959), p. 101.
⑨ 吴泰：《试论汉唐时期海外贸易的几个问题》，《海交史研究》1981 年第 3 期，第 52~62 页。乌廷玉：《隋唐时期的国际贸易》，《历史教学》1957 年第 2 期，第 7 页。和田久德：《唐代における市舶使の创置》，《和田博士古稀纪念東洋史論叢》，讲谈社，1960，第 1051 页。

理海外贸易的机构：市舶司。这些说法给人的印象是自 8 世纪起，海外贸易管理权已经从广州刺史转入市舶使手中。①

但是，8 世纪初的市舶使只是朝廷派往华南港口购置蕃货的特使，并不直接参与海外贸易管理。其实，"市舶使"三字已经道出了其职责之所在。"市"谓交易、购买；"舶"指远洋大船②，以区别于近海浅水航行的船只。因此，"市舶"二字暗示"市舶使"的活动大致限于由蕃舶购置货品。这个头衔较为确切的英译应该是"Commissioner for Trading with Foreign Ships"，意即"蕃舶交易使"。

几个世纪以来，唐廷惯例是遣使购置宫中所需物品。宫中官吏、宦官常被派往京师市场购物，这就是"宫市"。它是金部司主管的购物活动，一向是为朝廷和皇族购买日常用品的主要渠道。③ 由此看来，市舶使不外乎是"宫市"向沿海舶来品市场的延伸。所不同的是，"宫市"频繁，采购的是日用品，市舶使则只在朝廷有特殊需要时才出使购买蕃货。714 年周庆立以市舶使身份前往岭南，就与当年十二月玄宗封其子嗣真为曾王，封嗣初为鄂王，封嗣玄为鄢王的加冕仪式有关。④ 因事关重大，所费不赀，故遣使监督购置蕃货事宜。在一般情况下，朝廷则通过"朝贡"获得蕃货。7 世纪末，当朝廷派遣购物特使时，常称其为"市（某物）使"。"市珠玉使"就是一例。⑤ 这个头衔明确无误地表明了使者的职能和权限。

---

① 王冠倬：《唐代市舶司建地初探》，《海交史研究》1982 年第 4 期，第 101 页。林萌：《关于唐五代市舶机构问题的探讨》，《海交史研究》1982 年第 4 期，第 92~99 页。筑山治三郎：《唐代岭南の政治と南海贸易》，《京都产业大学论集》1971 年第 1 集，第 30~31 页。这些学者的看法都是基于《天下郡国利病书》卷三三（第 53 页下）的一条记载：市舶司始建于贞观十七年（643）。然而，正如桑原骘藏指出的：顾炎武的说法不足凭信；其中有关海外贸易的记载均出自《宋史》卷一八六《食货志下》。例证之一，是"贞观十七年（643）诏一路舶司"一语。此处的"一路舶司"实际来自宋代的"三路舶司"；且唐代称"道"，不称"路"。相关讨论见桑原骘藏《蒲寿庚の事迹》，岩波书店，1984，第 4 页。司马光编著《资治通鉴》卷二五三（第 8215 页）胡三省注虽言唐代已有市舶司，不过此处的"市舶司"可能是"市舶使"之误。
② 慧琳：《一切经音义》卷六一，第 2 页上。
③ 《新唐书》卷四六《百官志》，第 1193 页。宦官常在"宫市"时欺压卖主，名为"宫市"，实为抢夺。他们的丑行在 9 世纪之初的社会中臭名昭著。见钱易《南部新书》甲，中华书局，2002，第 11 页。又见 Bernard S. Solomon, *The Veritable Record of the Tang Emperor Shunzong* (Cambridge, Mass., Harvard University Press, 1955), pp. 15~16。学界对宦官开始主掌"宫市"的时间有三种说法：开元（714~741）说、天宝（742~756）说、贞元（785~805）说。相关介绍见宁欣《内廷与市场：对唐朝"宫市"的重新审视》，《历史研究》2004 年第 6 期，第 42 页。她在该文第 41 页、第 46 页指出，"宫市"由职事官操作到由宦官主持，标志着"内财政系统"的逐渐形成，在唐财政体制的发展中有重要意义。
④ 《新唐书》卷五《玄宗本纪》，第 124 页。
⑤ 董诰等编《全唐文》卷二六七（第 1213 页）记：高宗曾命杨至本往岭南充任"市阄□、珠玉使"。阙字可补"儿"字。赵翼：《廿二史札记》卷二〇（第 266 页）："唐时诸道进阄儿，号私白。"（转下页注）

"使"者，即特使。此字用于"市舶使"头衔中，说明这个官职为临时设置，并非常职。8 世纪之前，只有事属特殊，非由京官处置不可时，朝廷才遣"使"前往。"使"非定职，其人也不在派遣地常驻。711 年，唐廷设置"八节度十采访"，"使"首次成为常驻地方的朝廷大员。[①] 但在唐朝职官制度中，"市舶使"不属于这类官员。史料所记担任过此职的仅有二人而已。[②] 如果"市舶使"并不久驻广州和其他主要港口城市，则很难断定他是主管当地海外贸易的官员。

唐初的政治气候也使唐廷不可能贸然变"市舶使"为常设官职，使其直接控制广州海外贸易。初唐诸帝为博取民心，十分关注为自己树立廉洁、公正的形象。玄宗即位后重申这一目标，要求自己和皇室成员身体力行。他在 714 年颁布制书："乘舆服御，金银器玩，宜令有司销毁，以供军国之用。其珠玉、锦绣，焚毁于殿前。后妃以下，皆毋得服珠玉、锦绣。"几天之后，玄宗又颁布敕令："百官所服带及酒器、马衔、镫，三品以上，听饰以玉，四品以金，五品以银，自余皆禁之。妇人服饰从其夫、子。其旧成锦绣，听染为皂。自今天下更毋得采珠玉、织锦绣等物。违者杖一百，工人减一等。"[③] 玄宗还以身作则，决定"罢两京织锦坊"。正是在这种政治气候下，714 年 12 月，监选司殿中侍御史柳泽上奏，弹劾"岭南市舶司（使），右威卫中郎将周庆立，与波斯僧及烈等，广造奇器异巧以进"[④]。

唐朝帝王当然不是虔诚的苦行主义者。玄宗的节俭措施只不过是他即位之后的宣传措施。他欲向世人表明：在他治下，唐朝将沿着符合传统伦理观念的方向发展。不过仅仅两年后的 716 年，玄宗的节俭观念就动摇了。当时有人上言"海南多珠翠奇宝，可往营致，因言市舶之利"。玄宗又听说南海有长生不老之药，遂

---

（接上页注⑤）杨至本原为桂州都督府法曹参军，由都督周道务奏请朝廷充任这一使职。杨至本受命为特使，前往岭南购物，唐廷的这一做法，可视作玄宗向安南派出"市舶使"的先声。杨至本不仅购物，还买人。天宝年间的"花鸟使"是另一个臭名昭著的例子。他是朝廷秘密派往民间挑选美女的特使。元稹对此曾大加鞭笞。见《元稹集》卷二四，第 278 页；钱易《南部新书》庚，第 100 页。

① 李肇撰，聂清风校注《唐国史补校注》卷下（第 239 页）："开元已前，有事于外，则命使臣，否则止。"同书还记载了"押蕃使""会盟使""册立使"等与外交有关的使节，但没有"市舶使"。赖瑞和指出：即便是常驻地方的"使"，其职责也主要是满足唐廷新的政治、经济需要，而不存在侵夺地方官权力的问题。见氏著《唐代使职"侵夺"职事官职权说质疑》，杜文玉主编《唐史论丛》第 15 辑，三秦出版社，2012，第 49 页。

② 即周庆立和吕太一。他们分别在 714 年及 796 年任市舶使。见马端临《文献通考》卷六二，中华书局，1986，第 563 页。黄楼则认为，市舶使是"内诸司使中较早出现的常置的使职之一"。见氏著《〈进岭南王馆市舶使院图表〉撰者及制作年代考——兼论唐代市舶使职掌及其演变等相关问题》，《中山大学学报》（社会科学版）2009 年第 2 期，第 106 页。

③ 司马光编著《资治通鉴》卷二一一，第 6702 页。

④ 王溥：《唐会要》卷六二，第 1078 页。

"命监察御史杨范臣与胡人偕往求之"。这一举措招致不少批评。杨范臣上奏："陛下前年焚珠玉、锦绣，示不复用。今所求者何异于所焚者乎。彼市舶与商贾争利，殆非王者之体。"①

　　广州刺史兼任岭南节度使，统领二十二个州②，保护广州外商，与之贸易，处理与海外贸易相关的各项事宜。③ 其通常还兼任市舶使。除非情况特殊，事出有因，朝廷才会任命京官担任这一职务。④ 因此，广州刺史在管理海外贸易时承袭前弊，贪污腐化，当在意料之中。史料中关于他们腐败渎职、营私舞弊的记载比比皆是。这表明，有唐一代海外贸易管理权一直牢牢操在广州刺史之手。刘巨麟就是一例。他于 741 年至 744 年为南海太守。⑤ 据记载，"南海兼水陆都会，物产瑰怪。前守刘巨麟……以赃败"⑥。

　　广州刺史对任何干涉其海外贸易管理权的行为都十分抵触，与以市舶使身份前来广州购置蕃货的宦官貌合神离，对其处处掣肘。这必然导致两者关系紧张，甚至酿成危机。767 年宦官吕太一为广州市舶使。他在岭南矫诏募兵作乱，驱逐了节度使张休。⑦ 吕太一反叛的动机不详。学者推测，事件当与吕太一不满广州节度使监

---

① 司马光编著《资治通鉴》卷二一一，第 6718 页。

② 马其昶：《韩昌黎文集校注》卷四（第 283 页）："岭之南其州七十，其二十二隶岭南节度府。其四十余分四府，府各置帅，然独岭南节度为大府。"

③ 吕思勉：《吕思勉读史札记》，上海古籍出版社，1982，第 1000 页。日野开三郎：《廣州の南海貿易と嶺南節度使》，氏著《日野開三郎東洋史學論集》第五卷，三一书房，1982，第 313 页。

④ 桑原骘藏：《藤田君の宋代市舶司及び市舶条例について》，宫崎市定编《桑原骘藏全集》第三卷，岩波书店，1968，第 481~482 页。顾炎武：《天下郡国利病书》卷三三，《四部丛刊》三编本，第 53 页下。北宋初，当朝廷于 977 年在广州设立市舶司专门管理海外贸易时，其首长仍由当地太守担任，市舶司官吏也是由他挑选的。至 11 世纪末，海外贸易管理权才逐渐上交中央。元丰年间（1078~1088）宋廷设置提举市舶司，禁止地方官员与蕃商交易。但提举市舶司只是一个半独立机构，其日常事务多由转运司官员监督处理。《泉州府志》卷二六（第 6 页上）记：1086 年宋廷在泉州置提举市舶司，但"仍委逐处知州、通判、知县、监官同检视，而转运司总之"。这种情形一直延续到 1101 年。见马端临《文献通考》卷六二，中华书局，1996，第 563 页。

⑤ 唐廷 742 年改广州为南海郡，758 年复南海郡为广州。见《旧唐书》卷九《玄宗纪下》，第 218 页。赞宁《宋高僧传》卷一（中华书局，1987，第 7 页）记：大约同一时期，刘巨麟还担任"采访使"。

⑥ 《新唐书》卷一二六《卢怀慎传》，第 4418 页。

⑦ 《旧唐书》卷一三八《韦伦传》，第 3781 页。《新唐书》卷六《代宗纪》，第 169 页。司马光编著《资治通鉴》卷二二三，第 7157 页。关于吕太一，还有几种原始材料可参考：马端临《文献通考》卷六二，中华书局，1996，第 563 页；钱易《南部新书》辛，中华书局，2002，第 124 页；叶梦得《避暑录话》卷下，《全宋笔记》第二编第十册，大象出版社，2006，第 343 页；朱翌《猗觉寮杂记》卷上，《全宋笔记》第三编第十册，大象出版社，2008，第 38 页。宦官驱逐刺史似乎令人难以置信。其实，宦官多出身于广东、福建，在两地有广泛、稳固的权力基础。京官和地方官都对他们敬畏三分。赵翼《廿二史札记》卷二（中国书店，1987，第 266 页）记："咸通中，杜宣猷为闽中观察使。每岁时遣吏致祭其（宦官）先。时号为敕使墓户。"

督其购物活动有关。他企图驱逐节度使，独吞海外贸易之利。① 这个事件说明，作为市舶使的吕太一显然没有管理广州海外贸易的大权，所以才与张休为此展开了一场争斗。也有学者认为，宦官权势在 8 世纪中叶安禄山之乱后进一步扩大，② 他们在以市舶使身份前往广州时，企图染指海外贸易管理，以谋私利，与地方官员的摩擦因此而起。他们的所作所为或许仅仅出于贪欲。但也有可能是秉朝廷旨意行事，为朝廷从海外贸易中谋取更大的利益。③

唐代市舶使的职能经历了发展、变化的过程。最初，市船使仅仅是朝廷临时委任的购物使，而且常由广州刺史兼任。以后，朝廷为确保在某些特殊场合的蕃货供应，派市舶使监督蕃货采购。④ 德宗朝成文的《进岭南王馆市舶使院图表》为 8 世纪下半叶市舶使职能的演变提供了一些线索："伏以承前虽有命使之名，而无责成之实。但拱手监临大略而已。素无簿书，不恒其所。自臣亲承圣旨，革划前弊。御府珍贡，归臣有司；则郡国之外，职臣所理。敢回天造，出臣匪躬。"⑤ 这条史料表明，即便在朝廷扩大了市舶使的权限之后，海外贸易管理权也没有完全从广州刺史转移到市舶使手中，而是在两者之间重新分配。依常识而言，朝廷派出的市舶使绝不可能对烦琐的海外贸易管理事务事必躬亲。其也许从京师带来几名随从，但在

① 吕思勉：《吕思勉读史札记》，上海古籍出版社，1982，第 1000 页。筑山治三郎：《唐代嶺南の政治と南海貿易》，《京都產業大學論集》1971 年第 1 集，第 30~31 页。

② 王钦若等《册府元龟》卷六六五（第 7956 页）记，中唐以后，各地节度使通常由宦官担任。关于宦官兴起的讨论，可参考 J. K. Rideout, "The Rise of the Eunuchs during the Tang Dynasty," *Asia Major* (new series), no. 1 (1949), pp. 53-72; no. 3 (1952), pp. 42-58。

③ 和田久德认为：朝廷派出市舶使与晚唐财政改革有关，目的是通过新税收增加朝廷岁入。见氏著《唐代における市舶使の創置》，第 1057 页。李锦绣赞同此说，认为："唐后期……舶脚收入在国家财政中比重愈来愈大。"见氏著《唐代财政史稿》下卷第二分册，北京大学出版社，1995，第 1302 页。陈明光、靳小龙持否定意见，认为："就通常意义的商税而言，唐代广州海外贸易与国家财政收入几无关系。"见二氏著《论唐代广州的海外交易、市舶制度与财政》，《中国经济史研究》2005 年第 1 期，第 113 页。笔者认为，持赞同意见者未免对市舶使在财政改革中的重要性估计过高。市舶使的职责主要是为朝廷购置蕃货。

④ 贩卖到中国的蕃货数量、品种都有限，而买主则包括朝廷、达官贵人、地方豪族、商人及百姓。对蕃货的庞大需求刺激形成了"卖方市场"，使朝廷有时感到有必要派人监督蕃货的采购。

⑤ 董诰等编《全唐文》卷五一五（第 2350 页）将这条材料系于王虔休名下。但吴廷燮《唐方镇年表》卷四（中华书局，1980，第 478 页）记，王系德宗时人，795 年任潞州大都督长史，从政范围在山西南部。唐代史料中没有他曾任广州刺史或岭南节度使的记载。《图表》还记王虔休在今广东潮安的海阳购置了房产充作岭南市舶使衙门，这可能也有误。市舶使一般是在广州上任。但这些疑点不意味着这条材料毫无可信之处。一种可能是《全唐文》编纂者将《图表》作者张冠李戴。在编纂《全唐文》这样多卷本巨著时，这种错误时常发生。黄楼对此图表有详论，见氏著《〈进岭南王馆市舶使院图表〉撰者及制作年代考——兼论唐代市舶使职掌及其演变等相关问题》，《中山大学学报》（社会科学版）2009 年第 2 期，第 99~107 页。

履行职责时不可能撇开当地官吏我行我素。在采购蕃货时，他必须求助于地方官吏。特别值得指出的是，市舶使与广州刺史可能同为一人，不存在二分海外贸易管理权的问题。一些学者断言唐代市舶使已经取得广州海外贸易的管理大权，这是对史料的误读，对唐、宋两代市舶使的简单比附所致。

迟至 8 世纪末 9 世纪初，海外贸易管理权仍然在广州刺史之手。李勉即是一例，他在 768 年任广州刺史兼岭南节度使。次年，李勉决定废除检视蕃舶及对蕃商课以重税的陋习。检视蕃舶一直是低层官员、胥吏敲诈外商，迫使他们行贿的借口。重税则使蕃商在广州交易无利可图。李勉上任之前，蕃舶多转往其他港口贸易，来广州者寥寥无几。但他破除海外贸易管理中的陈规，"舶来都不检阅，故年末至者四十余"①，当地海外贸易的面貌为之一新。这充分说明，当时的广州刺史一手操办对蕃商征税的税率及相关的管理条例，朝廷并没有直接控制海外贸易。

唐廷对国际贸易实行的是"地方化"管理。值得一提的是，这在广州海外贸易中如此，在幽州、成都陆路对外贸易中也是如此。幽州是唐廷与契丹、奚马匹交易的主要市场，成都则是与吐蕃、西南诸国贸易的场所。刺史廉洁公正，海外贸易地方化的管理措施就会促进贸易活动，给港口带来繁荣。如果贪官当道，蕃商仰其鼻息，海外贸易必然衰落。因此，地方化的海外贸易管理是一把双刃剑。不能洁身自好的地方官有机会营私舞弊，聚敛财富，② 其劣行会迫使追逐利润的外商望而却步，转往其他港口贸易。由于来港蕃船减少，这些官员将难以完成每年必须向朝廷交付的蕃货。792 年，陆贽呈上《论岭南请于安南置市舶状》，剖析了海外贸易管理地方化所带来的问题。③ 他首先引用岭南节度使提出的请求："近日海舶珍异，多就安南市易，欲遣判官就安南收市。"④ 显然，蕃商弃广州之近，就安南之远，是不正常的现象。岭南节度使唯恐外船不来广州，使其无法购足向朝廷进贡的蕃

① 《旧唐书》卷一三一《李勉传》，第 3635 页。《新唐书》卷一三一《李勉传》，第 4508 页。
② 《旧唐书》卷一五一《王锷传》，第 4060 页。《新唐书》卷一七〇《王锷传》，第 5169 页。
③ 关于陆贽生平的研究，见 Denis C. Twitchett，"Lu Chih（754 – 805）：Imperial Adviser and Court Official，" in A. F. Wright and D. C. Twitchett dse. ，*Confucian Personality*（Stanford，California：Stanford University Press，1962），pp. 84 – 122。最近的研究，见 Josephine Chiu-Duke，*To Rebuild the Empire：Lu Chih's Confucian Pragmatist Approach to the Mid-T'ang Predicament*（Albany，N. Y. ：State University of New York Press，2000）。
④ 安南都护府辖横山山脉北部广大地区，首府为今越南河内。这一奏状可能出自李复手笔。郁贤皓《唐刺史考全编》（增订本）（凤凰出版社，2022，第 3059 页）记李复在 787～792 年间任广州刺史、岭南节度使。在此之前，他在容州任职，有"在容三岁，南人安悦"的美誉，见《旧唐书》卷一一二《李嵩传》，第 3337 页；《新唐书》卷七八《宗室》，第 3533 页。

货，因而向朝廷建议："臣今欲差判官就安南收市，望定一中使与臣使司同勾当，庶免隐欺。"但陆贽毫不客气地否决了这个提议。他指出："远国商贩，唯利是求。绥之斯来，扰之则去。广州地当要会，俗号殷繁，交易之徒素所奔凑。今忽舍近而趋远，弃中而就偏，若非侵刻过深，则必招怀失所。"陆贽还痛斥岭南节度使请求朝廷派宦官前去安南收市的做法是"示贪风于天下，延贿道于朝廷，黩污清时，亏损圣化"。他建议，朝廷对岭南节度使的奏请应"望押不出"，理由是："岭南、安南，莫非王土；中使、外使，悉是王臣。若缘军国所须，皆有令式恒制；人思奉职，孰敢缺供。岂必信岭南而绝安南，重中使以轻外使。殊失推诚之体，又伤贱货之风。"①

陆贽的这份奏状，透露出唐廷海外贸易管理方式的许多重要信息：直至 8 世纪末，"朝贡"仍然是朝廷获得蕃货的主要渠道；朝廷对在广州"收市"的程序有"令式恒制"；管理广州和安南海外贸易的是当地官员，不是市舶使；即便在宦官出任市舶使时，其职责也只限于参与及监督收市，而不是亲自处理海外贸易管理的日常事务。上述情况在唐代其他史料中也得到了印证。徐申自 802 年至 806 年任广州刺史。他一上任就下令，向蕃商征收的实物税，不得超过广州每年应向朝廷上缴的"常贡"数量："蕃国岁来互市，奇珠、瑇瑁、异香、文犀皆浮海以来。常贡是供，不敢有加。舶人安焉，商贾以饶。"他还减免了向外商征收的其他苛捐杂税，海外贸易因而得以进一步发展。② 817 年，广州府废除了"阅货宴"，地方官吏从此无法再趁宴会之机对外商敲诈勒索。③

元和年间的中书舍人李肇在《唐国史补》中写道："市舶使借其名物，纳舶脚，禁珍异。"④ 这条记载被一些学者用来证明唐代海外贸易管理权操在朝廷派出的市舶使手中。但是，如果根据上述讨论重新推敲这条史料，可以相当肯定地说，这里所记载的市舶使与广州刺史为同一人。当地的海外贸易管理权并没从刺史手中转入另外一位市舶使手中。

---

① 陆贽：《陆贽集》卷一八，中华书局，2006，第 575～576 页。司马光编著《资治通鉴》卷二三四，第 7532～7533 页。
② 李翱：《李文公集》卷一一，《四部丛刊》本，第 93 页下。白居易、孔传：《白孔六帖》卷八三，第 12 页下。《新唐书》卷一四三《徐申传》，第 4695 页。《全唐文》卷六三九，第 2899 页。
③ 《新唐书》卷一六三《孔巢父传》，第 5009 页。
④ 李肇撰，聂清风补注《唐国史补校注》卷下，第 295 页。李肇主要在京为官，821 年曾被贬澧州（治所澧阳在今湖南澧县东南），但从未去过岭南。他对"市舶使"的记载不尽可靠。李锦绣指出："收纳舶脚税不构成其（市舶使）主要职责。"见氏著《唐代财政史稿》下卷第二分册，北京大学出版社，1995，第 1301 页。

　　贪腐是广州刺史牢固掌握着海外贸易管理大权最明显的证据。史料中有关 9 世纪末的这类例证屡见不鲜。有些刺史为中饱私囊自定海外贸易管理条例："南海有蛮舶之利，珍货辐辏。旧帅作法兴利以致富。凡为南海者，靡不棍载而还。"① 这些条例迫使蕃商以低价出售货物，地方官员转手之间就变为巨富。② 胡证任广州刺史只有短短的三年（826～828），就聚敛了数量惊人的财富。他"善蓄积，务华侈，厚自奉养，童奴数百。于京城修行里起第，连亘闾巷。岭表奇货，道途不绝，京邑推为富家"③。王茂元是另一例。他自 833 年至 835 年任广州刺史。据记载，"元茂积聚家财巨万计"④。卢钧是少数廉洁奉公的广州刺史之一。他自 836 年至840 年在任，"性仁恕，为政廉洁"。但他深知，如果下属贪污受贿，自己身为广州刺史亦难脱干系。为了维护自己的名声，卢钧一上任就上书朝廷，"请监军领市舶使，己一不干预"⑤。朝廷是否批准了他的请求不得而知。但在卢钧任内，监督、管理海外贸易显然都属于广州刺史的职责和权限。

# 结　语

　　唐代广州是战略重地。对内，广州是岭南府的行政中心，辖五岭以南二十多个州。⑥ 维持岭南稳定，是有效控制南方局势的关键之所在。但这个地区"蛮夷悍轻，易怨以变"⑦，自古以来治理即非易事。对外，广州是通向世界的门户，朝廷经由此地获得奇珍异货。更重要的是，朝廷还通过这个门户将天子德化传播给"蛮夷"。因此，"若岭南帅得其人，则一边尽治，不相寇盗贼杀，无风鱼（雨）之灾、水旱疠毒之患，外国之货日至，珠、香、象、犀、玳瑁，奇物溢于中国，不可胜用。故选帅常重于他镇，非有文武威风，知大体，可畏信者，则不幸往往有事"⑧。如果说朝廷要找一位"有文武威风，知大体，可畏信者"充任岭南节度使

① 《旧唐书》卷一七七《卢钧传》，第 4591 页。
② 白居易、孔传：《白孔六帖》卷八三，第 12 页下。
③ 《旧唐书》卷一六三《胡证传》，第 4260 页。
④ 《旧唐书》卷一五二《王茂元传》，第 4070 页。
⑤ 《旧唐书》卷一七七《卢钧传》，第 4591 页。白居易、孔传：《白孔六帖》卷八三，第 12 页下。
⑥ 元稹：《元稹集》外集卷五，中华书局，1982，第 667 页。李昉等：《文苑英华》卷四一二，中华书局，1966，第 2088 页；卷四五五，第 2312～2313 页。
⑦ 马其昶：《韩昌黎文集校注》卷四《送郑尚书序》，第 283 页。《唐柳先生集》卷二六，《四部丛刊》本，第 6～7 页。
⑧ 马其昶：《韩昌黎文集校注》卷四《送郑尚书序》，第 284 页。

尚不算困难，防止他在任上不腐化堕落则殊非易事。广州蕃货充斥，财富可谓唾手可得。以权营私具有极大的诱惑力，非常人可以抵御。尽管如此，朝廷仍然认为，治理广州的重要性及难度，有必要让广州刺史成为集军、政、财权于一身的人物。朝廷亦深知，如果不对这样一位全权人物加以必要的监督，任其腐化堕落，会对东南地区造成极大的危害。但广州远离京师，从长安到广州需两个月之久，唐廷很难对广州地方官员进行定期、及时的监督。

在这样的历史条件下考察市舶使的职能，显然市舶使只是朝廷派出的购物使。在一般情况下，市舶使由广州刺史兼任；① 在某些特殊情况下，市舶使则由京官担任。这多半是由于朝廷对蕃货的种类、数量有特殊要求，所以才派京官前往广州亲自监督、处置。在唐代官制中，市舶使的职能和人选都不固定。安禄山之乱后，宦官权势扩大。朝廷有时派他们前往广州，监督当地官员。他们的头衔各异，有时称"监舶使"②，有时称"结好使"③，有时则称为"押蕃舶使"④。

广州刺史主持海外贸易管理，但有时受到一位京官的监督。刺史负责制定蕃货的税率，约束蕃商行为，处理与蕃商有关的法律纠纷。他可以修改任何现行的海外贸易管理条例，不必事前与朝廷磋商，得到批准。不过，他必须保证按朝廷规定的品种、数量提供蕃货作为"年贡"。有唐一代，朝廷和京官都不热心直接插手海外贸易，而是让地方官吏处理有关事务。⑤ 朝廷这样做是为了给自己塑造一个恪守儒家伦理道德，对百姓慈悲为怀的形象。除非有特殊需要，否则朝廷不愿意派京官担任市舶使。行之有年的"朝贡制"仍然是朝廷获得蕃货的主要渠道。⑥

---

① "兼任"是笔者的推断。史料出现"兼任"的记载是在五代。后梁末帝朱瑱919年发布的诏书中有"岭南东西道观察处置供军粮料市舟等使"。见钱俨《吴越备史》卷二，《四库全书》本，第19页下。

② 《全唐文》卷七六四，第3565页。

③ 李昉等：《文苑英华》卷六三〇（中华书局，1966，第3258页）裴次元《奏广州结好使事由奉诏书谢恩状》。

④ 《唐柳先生集》卷一〇，第7页上；卷二六，第7页下。关于"押蕃舶使"的讨论，可参考宁志新《隋唐使职制度研究（农牧工商编）》，中华书局，2005，第293~294页。但在《唐国史补校注》中作"押蕃使"。

⑤ 郑有国：《中国市舶制度研究》，福建教育出版社，2004，第33页。日野开三郎：《廣州の南海貿易と嶺南節度使》，第313页，氏著《日野開三郎東洋史學論集》第五卷，三一书房，1982。Denis C. Twitchett, "A Confucian's view of the Taxation of Commerce," *The Bulletin of the School of Orient and African Studies*, 3, no. 2 (1973), pp. 429–445.

⑥ "朝贡制"在五代时期也发挥了同样的作用。见《旧五代史》卷三《太祖本纪》，中华书局，1976，第52页。

《中国与域外》第五辑（2023.06）第 145~159 页

# 从唐王朝的对外遣使看 7~9 世纪
# 亚洲东部地区的国际格局

石晓军[*]

**摘　要：** 本文通过考察 7~9 世纪亚洲东部地区居于主导地位的唐朝对外遣使状况，尝试从大区域史的视角来观察唐王朝的对外意识及其外交重心之所在，借以从一个侧面来观察及解读这一时期亚洲东部地区的国际格局。具体而言，本文分别从有唐一代朝廷对外遣使次数和时期分布、遣使的类型及目的、使节的官阶等几个方面，进行了宏观性的全面考察，以此展示唐朝的外交重点始终在西北、西南方向的突厥、回纥、吐蕃、南诏，而大陆以东地区的朝鲜半岛、日本在唐朝外交布局中的比重较小这一基本史实。

**关键词：** 唐朝　对外遣使　遣使类型　官阶　外交重心

## 引　言

公元 7 至 9 世纪亚洲东部地区的国际格局和国际关系，向来是史学界的热门话题之一。围绕这一问题，人们超越国别史的界限，分别从区域史的视角，具体通过对"册封""羁縻""朝贡""互利"等概念及实态的考察研究，提出了一系列研究范式及假说，首先是 20 世纪中晚期在日本出现的"东亚世界论"，该说迅速成为引领日本史学界研究这一时期东亚史的基本理论框架，同时也对东亚各国研究者产生了很大的影响①。近年

---

　*　石晓军，日本姬路独协大学人间社会学群。

　①　众所周知，战后日本史学界倡导"东亚世界论"的学者主要有前田直典、西嶋定生、堀敏一、藤间生大、石母田正等人，其中尤其以西嶋定生为代表。具体参见西嶋定生《6~8 世纪の東アジア》，《岩波講座・日本歷史》2，岩波书店，1962；同氏《中国古代国家と東アジア世界》，东京大学出版会，1983。比较容易入手的相关著作可以参见作为"岩波现代文库・学术 25"的《古代東アジア世界と日本》（西嶋定生著，李成市编，岩波书店，2000）。

来，研究者们在此基础上又陆续提出了诸如"多极亚洲论"① "东部欧亚论"② 等新视角。尽管上述这些研究理论框架立足点及侧重点各不相同，但其共同之处则都是力图从整体上、从大区域史的角度来对 7~9 世纪的亚洲东部地区加以观察，通过研究这一区域内各种势力间的互视、互动，力图从不同角度来审视并解读这一时段的亚洲东部地区。

笔者对此表示认同，并认为唯有从大区域史的视角，通过全方位的考察，方可以更加合理地解释这一时期的诸多现象。鉴于这一大区域主要包括唐、突厥、回纥、吐蕃、南诏、新罗、渤海、日本等在内，换言之其范围除了包括一般传统概念上的东亚地区之外，还包括北亚、东北亚及中亚东部等广阔的区域，笔者将其称之为"亚洲东部地区"。本文尝试通过这一区域中居于主导地位的唐王朝的对外遣使的情况，来观察唐王朝的对外意识及其外交重心之所在，借以从一个侧面来观察及解读 7 世纪至 9 世纪的亚洲东部地区的国际格局。

## 一　唐王朝对外遣使的观察（1）——次数与时期分布

众所周知，唐代被誉为"世界帝国"，唐朝时期是中国历史上对外交往最为频繁的时期之一。除去各国的"遣唐使"以及大量的留学生、商人等来华之外，唐王朝亦向周边诸国（包括受唐王朝羁縻或册封的地方异民族政权）派出了为数不少的外交使节，以应付处理各种外交问题、维系帝国的国际秩序。这些遣使对于唐外交及亚洲国际局势的影响和作用，自然是不言而喻的。因而，历来关于唐朝对外遣使的研究已非常多。然而综览以往的研究，便可以发现其或是围绕个别使节展开，或是就唐王朝向某个特定国家的遣使状况加以考察，而未见从总体上综合性地考察唐王朝对外遣使状况的研究。③ 这种情况，自然直接影响我们对唐王朝的外交

---

① 关于"多极亚洲"的相关论述可参见王贞平先生的著述 *Tang China in Multi-Polar Asia: A History of Diplomacy and War*（University of Hawaii Press, 2013）；以及中译本《多极亚洲中的唐朝》，贾永会译，上海文化出版社，2020。

② "东部欧亚(東部ユーラシア)"这一概念大致出现于 2009 年前后，近年已成为一种日本史学界引人注目的新趋势。其中较有代表性的论著可以参见菅沼爱语《7 世纪后半から 8 世纪の東部ユーラシアの国際情勢とその推移——唐・吐蕃・突厥の外交関係を中心に》，溪水社，2013；广濑宪雄《古代日本外交史：東部ユーラシアの視点から読み直す》，讲谈社，2014。

③ 关于这一方面的研究状况，限于篇幅，兹不具述。详细可参见石晓军《隋唐外務官僚の研究——鴻臚寺官僚・遣外使節を中心に》（东方书店，2019）下篇《隋唐遣外使に関する研究》第一部《隋唐時代における遣外使の構造》的前言中有关先行研究的部分。

势态及东亚国际关系全局的把握和认识。鉴于此，笔者在研究唐代外交体系时，曾比较全面地调查了这一时期的各种文献以及碑石资料，从中稽考出有姓名及年代可考的遣外使节及使团成员 390 余人，并经过初步考证，按照使节姓名、其在使团中的地位、派遣年月及朝代、使节的本官及加兼官职、官品、前往国、类别、出典等要素，编成《唐代遣外使节一览表》①，作为研究的参考。此年表还有许多不备之处，尚需进一步增补订正，然而在目前所掌握资料的情况下，窃以为其尚可大致反映唐朝遣外使节的总体面貌。因而下面主要依据这个年表，就唐王朝对外遣使的基本轮廓加以勾勒，借以观察唐王朝的国际意识。

　　根据拙编《唐代遣外使节一览表》的统计，唐代的对外使节有姓名可考者为 392 人（包括使团成员），共计派遣了 257 次。对唐朝对外遣使的对象国（地区）、遣使次数、时期分布加以整理和统计，可得表 1。

表 1　唐代遣外使节的对象国（地区）、遣使次数及时期分布

| | 高祖 | 太宗 | 高宗 | 武后 | 中宗 | 睿宗 | 玄宗 | 肃宗 | 代宗 | 德宗 | 顺宗 | 宪宗 | 穆宗 | 敬宗 | 文宗 | 武宗 | 宣宗 | 懿宗 | 僖宗 | 昭宗 | 哀帝 | 合计 |
|---|---|---|---|---|---|---|---|---|---|---|---|---|---|---|---|---|---|---|---|---|---|---|
| 吐蕃 | | 2 | 6 | 1 | 1 | | 10 | 1 | 5 | 17 | 2 | 5 | 2 | 2 | 5 | 1 | 1 | | | | | 61 |
| 回纥 | | 1 | | | | | | 6 | 3 | 10 | 1 | 4 | 3 | 2 | 1 | 6 | 1 | 1 | | | | 39 |
| 突厥 | 10 | 5 | | 2 | 1 | 1 | 7 | | | | | | | | | | | | | | | 26 |
| 南诏 | | | | | | | 3 | | | 4 | | 3 | 1 | | | | | 5 | 7 | | | 23 |
| 新罗 | 3 | | 1 | | | | 4 | | 2 | 2 | 1 | 1 | | | 1 | 2 | 1 | | | | 1 | 19 |
| 渤海 | | | | 1 | | | 5 | 2 | 1 | 1 | | 2 | | | 2 | | | | | | | 14 |
| 西突厥 | 1 | 5 | 2 | | | | | | | | | | | | | | | | | | | 8 |
| 日本 | | 1 | 5 | | | | | 1 | 1 | | | | | | | | | | | | | 8 |
| 高句丽 | 2 | 4 | | | | | | | | | | | | | | | | | | | | 6 |
| 吐谷浑 | | 4 | 1 | | | | | | | | | | | | | | | | | | | 5 |

<hr />

① 《唐代遣外使节一览表》乃上揭拙著《隋唐外务官僚の研究——鸿胪寺官僚・遣外使節を中心に》下篇的附录（附录四），详参上揭拙著（第 537~586 页）。

续表

| | 高祖 | 太宗 | 高宗 | 武后 | 中宗 | 睿宗 | 玄宗 | 肃宗 | 代宗 | 德宗 | 顺宗 | 宪宗 | 穆宗 | 敬宗 | 文宗 | 武宗 | 宣宗 | 懿宗 | 僖宗 | 昭宗 | 哀帝 | 合计 |
|---|---|---|---|---|---|---|---|---|---|---|---|---|---|---|---|---|---|---|---|---|---|---|
| 薛延陀 | | 5 | | | | | | | | | | | | | | | | | | | | 5 |
| 突骑施 | | | | 1 | 2 | | 2 | | | | | | | | | | | | | | | 5 |
| 天竺 | | 3 | 2 | | | | | | | | | | | | | | | | | | | 5 |
| 百济 | 2 | 2 | | | | | | | | | | | | | | | | | | | | 4 |
| 黠戛斯 | | 1 | | | | | | | | | | | | | | 2 | 1 | | | | | 4 |
| 于阗 | | | | 1 | 1 | | 1 | | | 1 | | | | | | | | | | | | 4 |
| 党项 | | | | | | | | | 1 | | | 1 | | | | 1 | | | | | | 3 |
| 罽宾 | | 1 | | | | | 1 | | | | | | | | | | | | | | | 2 |
| 高昌 | 1 | 1 | | | | | | | | | | | | | | | | | | | | 2 |
| 波斯 | | | 2 | | | | | | | | | | | | | | | | | | | 2 |
| 安南 | | | | | | | 1 | | | | | | 1 | | | | | | | | | 2 |
| 龟兹 | | | 1 | | | | | | | | | | | | | | | | | | | 1 |
| 泥婆罗 | | 1 | | | | | | | | | | | | | | | | | | | | 1 |
| 铁勒 | | 1 | | | | | | | | | | | | | | | | | | | | 1 |
| 靺鞨 | | | | | | | 1 | | | | | | | | | | | | | | | 1 |
| 牂牁 | | | | | | | | | | | | 1 | | | | | | | | | | 1 |
| 疏勒 | | | | | | | 1 | | | | | | | | | | | | | | | 1 |
| 昆明蛮 | 1 | | | | | | | | | | | | | | | | | | | | | 1 |
| 两爨蛮 | 1 | | | | | | | | | | | | | | | | | | | | | 1 |
| 南平獠 | | 1 | | | | | | | | | | | | | | | | | | | | 1 |

续表

| | 高祖 | 太宗 | 高宗 | 武后 | 中宗 | 睿宗 | 玄宗 | 肃宗 | 代宗 | 德宗 | 顺宗 | 宪宗 | 穆宗 | 敬宗 | 文宗 | 武宗 | 宣宗 | 懿宗 | 僖宗 | 昭宗 | 哀帝 | 合计 |
|---|---|---|---|---|---|---|---|---|---|---|---|---|---|---|---|---|---|---|---|---|---|---|
| 奚国 | | | | | | 1 | | | | | | | | | | | | | | | | 1 |
| 合计 | 21 | 38 | 20 | 5 | 6 | 1 | 37 | 10 | 13 | 35 | 4 | 17 | 7 | 4 | 9 | 12 | 3 | 7 | 7 | 0 | 1 | 257 |

从表 1 可以看出，有唐一代，唐王朝共向 31 个国家或地区派出过使节。[①] 当然，这个数字并不意味着包括了与唐王朝保持有通交关系的所有国家或地区。《新唐书》的《西域传》中就有百余国之说。[②] 此说可能有些夸张，但从《唐会要》卷九四至卷一〇〇的记载来看，与唐有关系且能举出国名者便有 79 国。同样，有通交关系也并非意味着唐王朝肯定也向其派遣了使节。因而 31 这个数字或许不很准确，还可能因文献阙载而有所遗漏，但估计与实际也不会相去太远。据此应该可以窥见唐王朝外交的基本态势及重点所在。

表中各个对象国的顺序，按照唐王朝对外遣使的多寡排列，以便一目了然地观察。据此可知，唐王朝派遣使节最多者为吐蕃，有唐一代达 61 次之多，几占唐代全部遣外使次数的四分之一；其次为回纥，一共有 39 次；第三位是突厥，计有 26 次；第四位是南诏，有 23 次；第五位是新罗，19 次；第六位是渤海，14 次。其余则都在 10 次以下，其中 5 次及以上者分别是西突厥（8 次）、日本（8 次）、高句丽（6 次）、吐谷浑（5 次）、薛延陀（5 次）、突骑施（5 次）、天竺（5 次），其大都分布在唐王朝的东西两端。通过上述遣使次数来看，显然吐蕃、回纥、突厥、南诏、新罗、渤海是唐王朝外交的重心，其顺位可以说在很大程度上反映了唐王朝的国际秩序观。

从遣外使的时期分布来看，以皇帝治世而论，对外遣使超过 30 次者，分别集中在太宗朝（627~649）、玄宗朝（712~756）、德宗朝（780~805）三朝。除去这三个高峰期之外，只有唐初的高祖朝（618~626）、高宗朝（650~683）以及唐后期的宪宗朝（806~820）较多，保持在 20 次左右。就遣使范围而言，包

---

① 需要说明的是，表中所列者的情况各有不同，也包括受唐王朝册封、羁縻的政权在内。这一方面涉及问题很多，前后亦多有变化，详论已经超出本文范围。然从唐王朝的角度来说，在当时都属于对外遣使。

② "唐兴，（诸国）以次修贡，盖百余，皆冒万里而至。"参见《新唐书》卷二二一下《西域传》，中华书局，1975，第 6264 页。（下引此书皆同此版本，不详列版本、著者信息等）

括玄宗朝在内的唐朝前半期派遣使节出使范围最大，尤其是唐初的高祖、太宗、高宗三朝以及玄宗朝的出使对象，基本上包括了表中所列的所有国家和地区；而玄宗朝以降，遣使范围则明显缩小，大都集中在吐蕃、回纥、突厥、南诏、新罗、渤海等处。

再从唐王朝遣使最多，位于表中前六位的吐蕃、回纥、突厥、南诏、新罗、渤海的遣使时期分布来看，唐朝向突厥遣使，全部集中在唐朝前半期，而其中又尤以高祖时期最为频繁，达 10 次之多。玄宗天宝以后，不再有遣使之举。与此形成对照，唐朝向回纥的遣使，则主要在安史之乱以后各朝：肃宗、德宗、宪宗、武宗时期较多，其中德宗朝亦达 10 次之多。唐朝向南诏遣使的情况亦与向回纥遣使的情况类似，大都在唐的后半期，而尤其以唐末的懿宗朝（859~873）、僖宗朝（873~888）两个时期为多。真正大体上贯穿唐代始终者，则是西南方向的吐蕃、东北方的新罗以及渤海①。遣使次数虽然因时期不同而有一些起伏变化，但大体说来，玄宗朝以后趋于增多。

唐王朝对外遣使的上述动向，亦正是唐代对外关系的一个写照。关于有唐一代的"外患"，《新唐书》的编撰者欧阳修、宋祁曾有评论，其云：

> 夷狄为中国患，尚矣。在前世者，史家类能言之。唐兴，蛮夷更盛衰，尝与中国亢衡者有四：突厥、吐蕃、回鹘、云南是也。……凡突厥、吐蕃、回鹘以盛衰先后为次；东夷、西域又次之，迹用兵之轻重也。终之以南蛮，记唐所繇亡云。②

这段评论，虽然很笼统，却大致勾画出了唐代国际关系的大线条。7 世纪至 9 世纪，围绕唐帝国的国际局势虽然头绪纷杂，但对唐王朝来说，真正能形成一定威胁者则主要是上文提到的突厥、吐蕃、回鹘（回纥）③、云南（南诏）④。按照时间顺序而言，唐初的主要外来威胁，乃是乘着隋末动乱而发展起来的北方的突厥。

---

① 渤海于武后圣历元年（698）始建国，是故唐初四朝无遣使。

② 《新唐书》卷二一五《突厥传上》，第 6023、6027~6028 页。

③ 回纥在 8 世纪末或 9 世纪初更名为回鹘。关于其更名时期有种种说法。比较通行的意见有德宗贞元四年（788）说、宪宗元和四年（809）说。诸说的根据等可参见宋肃瀛《回纥改名"回鹘"的史籍与事实考》，《民族研究》1995 年第 6 期，第 80~92 页。

④ "云南"于 794 年受唐朝册封，改名"南诏"之事参见《旧唐书》卷一九七《南诏传》、卷一八五下《袁滋传》，中华书局，1975，第 5283 页、4830~4831 页。（下引此书皆同此版本，不再注明）

因而至天宝三载（744）突厥第二汗国灭亡为止，唐朝不得不将突厥作为最主要的外交对象，先后派遣了大量使者至突厥。在同一时期，西南方向吐蕃虽然存在，但自贞观八年（634）吐蕃首次向唐通好以后，太宗、高宗两朝，通过和亲等方式，唐朝与吐蕃一直保持着良好的关系。唐朝与吐蕃交恶，大致是始于中宗、睿宗时期。在这一时期，吐蕃冲出青藏高原，势力范围急速扩大，占领吐谷浑，并从唐朝手中夺取了河西走廊、敦煌等地的控制权，严重威胁到了唐王朝在西域的统治地位。之后，唐朝与吐蕃之间军事冲突与和平交涉交替进行，直到 8 世纪后半叶和 9 世纪前半期，经过数次的交涉及会盟之后，双方才终于建立起了比较稳定的关系。[①] 唐朝向吐蕃的遣使主要集中在玄宗朝以后，正是对这种关系的一个反映。而与此同时，原来隶属于突厥的回纥于 744 年灭掉突厥而独立以后，势力急速发展，到了安史之乱时，已达到了能向唐朝派出援军平乱的地步。回纥从而取代突厥，成为亚洲东部地区最强盛的一股势力。安史之乱后的唐王朝，为了保持北方的安定，不得不破例将皇帝亲生女儿或姐妹"降嫁"回纥可汗。[②] 并且唐朝还通过不等价的绢马交易等，笼络回纥（回鹘），以稳定北方局势。唐朝对回纥遣使主要集中在肃宗朝以后的时期，正反映了这种状况。至于云南（南诏），其在 8 世纪以后才逐渐发展起来，开始成为唐朝南方的最大威胁，所以唐朝向其遣使也主要集中在唐后期。

　　简言之，唐王朝对外遣使的动向是由当时国际格局及国际关系的变动决定的。反过来也可以说，唐王朝遣外使的时期分布及地区分布可以视作唐代国际关系的晴雨表或脚注。通过考察唐朝派遣对外使节的情况，可以观察唐王朝的国际秩序观以及当时的唐王朝与周边国家或地区的政治格局。唐朝对突厥、吐蕃、回纥、南诏的遣使频率，随着上述各国的盛衰而变化，在总次数上，向上述四者的遣使次数分别位居唐朝对外遣使的前四位。这些现象并非巧合，而是如实地反映了唐朝外交重心之所在。

　　与上述四者相比较，东北亚地区的情况则稍显冷清。唐王朝对新罗、渤海遣使的次数虽然仅次于前述四者，在唐代整个对外遣使次数的统计中居于第五位和

---

① 关于唐朝与吐蕃的政治外交关系，迄今已有不少研究问世。可参见王小甫《唐·吐蕃·大食政治关系史》（北京大学出版社，1992）、菅沼爱语《7 世纪後半から 8 世紀の東部ユーラシアの国際情勢とその推移——唐·吐蕃·突厥の外交関係を中心に》（溪水社，2013）等论著。

② 关于唐朝与回纥的和亲中真假公主的问题，可参见日野开三郎《唐代和蕃公主の真仮制と資装費》，日本唐代史研究会编《隋唐帝国と東アジア》，汲古書院，1979。

第六位，但仅就遣使次数比较，也不难发现，同样是基本贯穿于唐代始终的遣使，唐朝向新罗遣使的次数却不及向吐蕃遣使的次数的三分之一；而同样是主要集中于唐代中后期的遣使，唐王朝对渤海遣使的次数也不及对回纥遣使次数的一半，而且较之对南诏的遣使次数也要少很多。

　　这种状况的出现，自然与当时亚洲东部地区国际政治格局的变迁密切相关。在 7 世纪初，对于立国伊始的唐王朝来说，在对外关系方面，除了倾注全力应付北方突厥的压力以外，另一个重点地区是东北亚的朝鲜半岛。继隋炀帝以来之余绪，唐王朝也力图把朝鲜半岛三国都纳入自己的政治秩序中来，因而在初唐的高祖、太宗时期，唐朝围绕朝鲜半岛三国，远交近攻，战争与外交交错进行。不仅向三国数度遣使（如上表所示，其频率仅次于向突厥遣使频率），而且还在贞观五年（631）越海向朝鲜半岛东方的日本派出了堪称唯一一次的正式官方使节。① 上述这些举措显然都是唐朝东北亚战略的重要环节，显示了唐初对东北亚地区的强烈关心。然而，到了高宗龙朔三年（663）八月，唐、新罗联军与百济、日本联军会战于朝鲜半岛西南部的白江（白村江）口②，唐朝新罗联军大胜，百济由此灭亡。五年之后的高宗总章元年（668），高句丽又为新罗所灭。随着百济、高句丽的相继灭亡，统一朝鲜半岛的新罗遂被纳入了唐朝的政治文化圈内，成为接受唐王朝册封的国家。东北亚的局势因而趋于稳定，不再成为唐王朝重点关注的对象。至武后圣历元年（698），渤海王国虽然在东北亚兴起，然而渤海建国以后不久，就接受了唐朝的册封，而且尔后直至唐末，渤海与唐之间，大体保持着一种藩属关系。所以唐使至渤海，基本上都是例行"册立""吊祭"等事。因而若与北、西、南三方向地区比较的话，可以说，东北亚地区在唐朝统治者的心目中，似乎已不是一个特别值得注意的地区。中唐以后，唐王朝对外的注意力主要集中在西北、西南等方面，而对东北方向则不再给予强烈的关心。上述唐王朝对外遣使的状况，亦可以从一定程度上说明这一点。

---

① 即新州刺史高表仁的出使日本。相关记载参见《旧唐书》卷一九九《倭国传》，第 5340 页；《新唐书》卷二二○《日本传》，第 6208 页；《日本书纪》卷二三，舒明天皇四年八月条、十月条。有唐一代，唐朝方面向日本遣使一共有八次，但可以肯定是由唐朝中央政府遣使者则唯有贞观五年这次。

② 两《唐书》等中国文献中称之为"白江"，《日本书纪》中则称之为"白村江"。关于这场战役，迄今已有很多研究，笔者早在 20 世纪 80 年代初也对此进行过考察。详参拙作《唐日白江之战的兵力及几个地名考》，《陕西师大学报》（哲学社会科学版）1983 年第 3 期，第 105~110 页。

## 二　唐王朝对外遣使的观察（2）——目的与类型

由前述考察可知，从遣使次数和时期分布来看，在唐王朝的外交天平上，较之西北、西南诸国而言，东北方诸国比重并不大。本节进一步再从唐王朝对外遣使的目的与类型的角度，就这一问题加以分析。

出于何种目的而遣使，这一点无论对于派遣方还是遣使对象，显然都是很重要的问题。其不仅反映了两国关系的实际状态，而且也可以在一定程度上看出派遣国对遣使对象的评价。然而，由于对外遣使性质本身不明以及留存下来的史料有限，遣使实际目的往往是不明了的。本文受篇幅所限，不可能也无力就每次遣使进行详细考辨。因此，这里姑且沿用派遣国一侧，亦即唐王朝方面的文献中所习用的用语，来粗略地观察一下唐朝遣外使的类型及其与对象国的关系。

就对外遣使目的与类型而言，唐朝方面文献中经常使用的用语大致有如下数种："通好""修好""安抚""宣慰""宣谕""册立""吊祭""和亲""迎送""答礼""赐物""赐书""告哀""会盟""议和""乞师""致币""求物"等。[1]尽管在这些用语中，有的含义十分含混，有的则明显具有偏见，但仍可大体窥见唐王朝对外遣使的类型。

若将上述用语粗略加以分类，大致可以归纳为三种类型。其一，以上对下，或曰宗主国对藩属国的关系。如"册立""宣谕""赐物""赐书""安抚""宣慰"等。其二，对等或基本对等的关系。如"答礼""会盟""议和""和亲""乞师""致币""求物"等。其三，可以做出各种解释者。例如"通好""修好""吊祭""迎送""告哀"等。下面以此为尺度来观察一下唐王朝的对外遣使情况。

从唐朝对东北亚诸国的遣使状况来看，根据拙编《唐代遣外使节一览表》[2]的统计，唐朝向东北方面诸国遣使的目的及次数如下。

遣使赴新罗 19 次，以"吊祭册立"为名者 12 次，以"宣谕"为名者 2 次，以"告哀"为名者 1 次，其余 4 次的目的没有明示。

---

① 详参两《唐书》的《外国传》以及《北堂书钞》卷四〇《奉使》、《初学记》卷二〇《奉使》、《白氏六帖事类集》卷一〇《奉使》《使绝域》、《白孔六帖》卷三五《奉使》、《册府元龟》卷六五三至卷六六四《奉使部》以及卷九五六至卷一〇〇〇的《外臣部》。

② 详参拙著《隋唐外務官僚の研究——鴻臚寺官僚・遣外使節を中心に》下篇，附录四《唐代遣外使节一览表》，第 537~586 页。

遣百济使 4 次：以"册立"为名者 2 次，以"宣谕"为名者 2 次。

遣高句丽使 6 次："宣谕" 3 次、"册立" 1 次、"答礼" 1 次，还有 1 次目的不明。

遣渤海使 14 次："吊祭册立" 6 次、"宣谕" 2 次，余者目的不明，或由地方政府遣使。

遣日本使 8 次，以"宣谕"为名者 1 次，以"通好"为名者 2 次，以"送使"为名者 2 次，其余 3 次不明。而且，能够明确肯定为唐朝中央政府遣使者，只有贞观五年（631）新州刺史高表仁以"宣谕"为名出使的 1 次，其余各次大都是唐朝驻朝鲜半岛镇将遣使。

由上述可见，唐王朝对东北亚诸国的遣使，可以说大都是出于"册立"、"宣谕"和"吊祭"等目的，基本上都属于前述第一种类型。

同时，反观唐王朝对西北、西南诸国的遣使类型，其则有着明显的不同。

在对突厥的 26 次遣使中，明确记载有遣使目的的有 23 次。其中，明显属于第二种类型的有"和亲"（2 次）、"乞师"（1 次）、"致币"（2 次）；属于第三种类型的有"通好"（4 次）、"吊祭"（3 次）、"迎送"（1 次），可以说基本上都属于第二种、第三种类型。

在对吐蕃的 61 次遣使中，明确记载遣使目的的有 54 次。其中，属于第二种类型的有"答礼"（或"致书"）（7 次）、"会盟"（8 次）、"议和"（4 次）、"和亲"（4 次）、"乞师"（1 次），属于第三种类型的有"通好"（3 次）、"修好"（9 次）、"吊祭"（5 次）、"告哀"（3 次），二者合计 44 次，亦占其大半。

对回纥遣使亦如此，明确属于第二种类型的就有"和亲"（6 次）、"乞师"（3 次），属于第三种类型的有"修好""吊祭""告哀"等，大多数遣使的类型也是属于第二种及第三种类型。

向南诏遣使的情况也大同小异，以"议和"为目的的遣使达 10 次之多，以"和亲"为目的者 2 次，仅第二种类型就已占总次数的一半以上。①

由此可见，唐王朝派遣到西北、西南诸国的使节，其使命大多属于第二和第三种类型，此与唐朝派遣到东北方诸国的使命形成了鲜明的对照。

自不待言，上述现象乃是由当时的国际格局及形势所决定的。关于 7～9 世纪的国际局势及唐帝国周边诸国的盛衰演变情况，前节已有涉及，此处不再赘

---

① 以上统计数字均依据拙编《唐代遣外使节一览表》。

辞。这里还想指出的是，古代中国王朝的统治者在对周边诸国一概斥为"蛮夷戎狄"，加以鄙视的同时，根据周边诸国接受或接近中国文化的程度，又持以区别对待的变化的华夷观念①，此亦可谓是唐王朝对东北亚诸国另眼视之的原因之一。出于历史和文化的原因，唐王朝向来把东北亚诸国视为自身文化的延长线，以"君子之国"等来称呼新罗、日本等东亚国家即为这一心态的一种反映。② 因而唐王朝一直力图将东北亚诸国纳入自己的政治秩序圈中。前述唐初围绕朝鲜半岛局势的远交近攻，当都是出于这一动机。随着 663 年和 668 年百济、高句丽相继灭亡，统一了朝鲜半岛的新罗因受唐朝册封而被纳入了唐王朝的国际政治秩序之中。其后 698 年渤海建国以后旋即接受了唐朝的册封，其后亦一直大体与唐朝维系着一种藩属关系。从而较之北方、西方、南方这三个方面而言，唐王朝对东北方的关心自然相对减弱。这一点从上述唐朝对外遣使类型也可以反映出来。

## 三　唐王朝对外遣使的观察（3）——使节的官阶与等级

本节再进一步从唐朝遣外使节的官阶等级出发，来尝试观察一下唐王朝的国际意识及对外观念。众所周知，对外使节作为一国之代表，其身份显示了国与国之间的实际关系。其不仅是判断及测定国际关系的一个晴雨表，更是直接反映派遣国对前往国的评价度的依据。因而，我们据之可以从一个侧面来看派遣国所具有的国际意识。

从唐王朝遣外使节的身份来看，因时期和对象国不同，其间自然有不少曲折变化。然而大体说来，与隋代的情况相同，唐朝派往西北方面的突厥、吐谷浑、回纥，以及西南方向的吐蕃、南诏等国使节的官阶，要普遍高于唐朝派往东北方向诸国的使节。限于篇幅，此处不拟具体分别考述，因此仍然依据前文提到的拙编《唐代遣外使节一览表》的统计，就唐王朝派往东北亚诸国的使节，与唐朝派往西北、西南方向诸国的使节的官阶及等级进行一个简单的比较。

---

① 关于古代中国的华夷思想的特质及其演变，尤其是流动的华夷观念，可参见拙著《古代中国の華夷思想および東伝の研究》第一章，1995。
② 关于"君子之国"等表述，可参见两《唐书》的《新罗传》《日本传》，以及《全唐诗逸》卷上、《东大寺要录》、《续日本纪》卷三庆云元年七月条。

首先，看一看以正三品及从三品以上的高官充使的情况。

在唐朝遣突厥使中，有 17 次使节的本官官阶在三品以上[①]；遣吐蕃使中有 24 次使节官阶在三品以上[②]；遣回纥使官阶在三品以上者则有 21 次[③]。其他遣使使节官阶在三品以上者按多寡顺序依次为：遣南诏使 6 次[④]、遣薛延陀使 4 次[⑤]、遣吐谷浑使 3 次[⑥]、遣黠戛斯使 3 次[⑦]。

而在唐王朝派往东北亚诸国的使节中，官阶勉强可以算作三品以上者，仅有武德七年（624）二月，为"册立"而派遣至朝鲜半岛的使者。其身份和姓名为"前刑部尚书沈叔安"[⑧]，即由已经退任的刑部尚书来充任使节。此与上述派往西北、西南方面诸国使节显然不可相提并论。

其次，以使节出使加兼官职的状况来加以观察。

到唐代中期前后，由于高官担心丢失既得权益，畏惧出外充使等原因，唐朝遣外使节的本官官阶普遍出现下降的趋势。与此相适应，唐王朝在选任官吏出使时，多在其本官之上，以"兼""摄"等形式，给其加以临时官职，以强化权威，提高其身份地位。其中最常见的做法就是给遣外使节加上主要负责外事的鸿胪寺长官头衔，或是加上负责监察的御史台长官头衔[⑨]。其中，以让使节"加""兼""摄"从三品的鸿胪卿、从三品的御史大夫或者其他三品的官职为例来看，当时尽管突厥已经渐趋衰亡，但在唐王朝仍然有 5 次遣突厥史给使节临时加上了三品以上的头衔[⑩]；至于派往吐蕃、回纥的使节更是如此。中后期唐王朝遣吐蕃使中有 16 次[⑪]、遣

---

① 拙编《唐代遣外使节一览表》第 002、003、004、006、007、011、016、022、040、050、053、059、075、076、091、104、115 条。

② 拙编《唐代遣外使节一览表》第 036、054、083、103、106、108、138、146、154、155、156、157、162、165、166、178、180、196、203、204、211、219、220、234 条。

③ 拙编《唐代遣外使节一览表》第 052、123、127、128、131、133、140、152、159、168、169、184、191、198、201、202、206、217、225、235 条。

④ 拙编《唐代遣外使节一览表》第 238、239、240、241、242、249 条。

⑤ 拙编《唐代遣外使节一览表》第 030、032、033、034 条。

⑥ 拙编《唐代遣外使节一览表》第 035、038、056 条。

⑦ 拙编《唐代遣外使节一览表》第 230、232、233 条。

⑧ 《旧唐书》卷一九九上《高丽传》，第 5321 页；金富轼：《三国史记》卷二〇《高句丽本纪八》荣留王建武七年二月条，朝鲜史学会，1928，第 8 页。沈叔安的任期可参严耕望《唐仆尚丞郎表》卷一九，中华书局，1986，第 975 页。

⑨ 详细可参见拙著《隋唐外務官僚の研究——鴻臚寺官僚・遣外使節を中心に》下篇第二部第二章《隋唐時代における遣外使節の仮官と賜位について》，第 499~530 页。

⑩ 拙编《唐代遣外使节一览表》第 075、076、081、098 条。

⑪ 拙编《唐代遣外使节一览表》第 083、088、089、103、132、138、142、153、155、157、166、178、179、203、211、212 条。

回纥使中有 18 次①给使节临时加上了三品头衔。

而唐王朝在派往东北亚诸国的使节中，只有先天二年（713）选任派往渤海的册立使节时，让正五品的郎将崔忻（诉）"摄"从三品的鸿胪卿出使②，开元七年（719）选任赴渤海吊祭使节时，让正四品的左监门率吴思谦"摄"从三品的鸿胪卿出使③。除了这两次以外，其余每次派往东北亚各国的使节的加兼官职则都在四品以下。

最后，再看看唐朝宗室亲王充当遣外使节的情况。

管见所及，有唐一代明确以亲王宗室身份充任对外使节者有 16 人次，具列如下。

武德元年（618），襄武郡公李琛出使突厥④。

武德四年（621），汉阳郡公李瓖出使突厥⑤。

武德五年（622），高平王李道立出使西突厥⑥。

贞观十三年（639），赵郡王李孝恭出使薛延陀⑦。

贞观十四年（640），淮阳王李道明出使吐谷浑⑧。

贞观十五年（641），江夏王李道宗出使吐蕃⑨。

圣历元年（698），淮阳王武延秀出使突厥⑩。

① 拙编《唐代遣外使节一览表》第 127、128、131、133、140、152、159、168、169、170、184、191、198、201、202、206、217、225 条。

② 参见刘昫等撰《旧唐书》卷一九九下《渤海靺鞨传》，第 5360 页；王钦若等《册府元龟》卷九六四《外臣部·封册二》，凤凰出版社，2006，第 11171 页（下引此书不再详注版本、著作者）；金毓黻《渤海国志长编》卷一四《传唐鸿胪井遗迹刻石》，1934，第 49 页。关于崔忻（诉），具体可参拙著《隋唐外务官僚の研究——鸿胪寺官僚·遣外使節を中心に》上篇第二部第三章《唐代鸿胪卿授官·任官考》T053 条，第 152~153 页。

③ 参见《册府元龟》卷九七四《外臣部·褒异》，第 11278 页；司马光编著《资治通鉴》卷二一二，唐玄宗开元七年三月条，中华书局，1956，第 6735 页。关于吴思谦，具体可参拙著《隋唐外务官僚の研究——鸿胪寺官僚·遣外使節を中心に》上篇第二部第三章《唐代鸿胪卿授官·任官考》T058 条，第 158 页。

④ 《旧唐书》卷一九四上《突厥传上》，第 5153~5154 页；卷六〇《宗室列传》，第 2347 页。

⑤ 《旧唐书》卷一九四上《突厥传上》，第 5155 页；卷六〇《宗室列传》，第 2350 页。

⑥ 《旧唐书》卷一九四下《突厥传下》，第 5181 页。

⑦ 《旧唐书》卷一九四上《突厥传上》，第 5164 页。

⑧ 《旧唐书》卷一九八《吐谷浑传》，第 5300 页；卷三《太宗本纪下》，第 51 页。

⑨ 《旧唐书》卷三《太宗本纪下》，第 52 页；卷一九六上《吐蕃传上》，第 5221 页。

⑩ 《旧唐书》卷一八三《武延秀传》，第 4733 页；卷一九四上《突厥传上》，第 5169 页。

开元二十年（732），玄宗从叔李佺出使突厥[1]。

开元二十八年（740），玄宗从弟李质出使突厥[2]。

至德元年（756），敦煌王李承寀出使回纥[3]。

乾元元年（758），汉中王李瑀出使回纥[4]。

贞元四年（788），嗣滕王李湛然出使回纥[5]。

开成五年（840），嗣泽王李溶出使回纥[6]。

会昌三年（843），衮王李岐出使党项[7]。

广明元年（880），嗣曹王李龟年出使南诏[8]。

中和三年（883），嗣虢王李约出使南诏[9]。

根据以上所列出使情况，可以明显看出，宗室亲王充任遣外使节都集中在唐王朝向西北、西南方面（突厥 6 次，回纥 4 次、吐蕃 1 次、南诏 2 次、吐谷浑 1 次、薛延陀 1 次、党项 1 次）的遣使上，而完全未见有唐朝亲王宗室出使东北方面诸国的事例。由此亦可从一个侧面推知东北亚诸国在唐王朝统治者心目中的地位。

# 结　语

以上分别从遣使次数和时期分布、遣使的类型及目的、使节的官阶等级几个方面，概略地考察了唐王朝对外遣使的状况。

通过上述几个角度的粗略观察，我们已不难看出唐王朝对外意识及其外交重心之所在。简而言之，从对外使节的派遣状况来看，唐王朝的外交重点显然在西北、西南方向的突厥、回纥、吐蕃、南诏等国，而不是在东北方面的朝鲜半岛诸国以及

---

① 《旧唐书》卷一九四上《突厥传上》，第 5177 页；唐玄宗（张九龄代笔）《敕突厥登利可汗书》，《全唐文》卷二八六，中华书局，1983，第 2901 页。

② 《旧唐书》卷一九四上《突厥传上》，第 5177 页；唐玄宗《敕突厥苾伽骨咄禄可汗文》，《全唐文》卷三九，中华书局，1983，第 423 页。

③ 《旧唐书》卷一九五《回纥传》，第 5198 页。

④ 《旧唐书》卷一九五《回纥传》，第 5200 页；卷九五《李瑀传》，第 3015 页。

⑤ 《旧唐书》卷一九五《回纥传》，第 5208 页。

⑥ 《新唐书》卷二一七下《回鹘传下》，第 6130 页。

⑦ 《旧唐书》卷一九八《党项羌传》，第 5293 页；司马光编著《资治通鉴》卷二四七，唐武宗会昌三年十一月条，中华书局，1956，第 7993 页。

⑧ 《新唐书》卷二二二中《南诏传下》，第 6292 页。

⑨ 《新唐书》卷二二二中《南诏传下》，第 6293 页。

日本。中国大陆以东地区在主导当时国际秩序的唐王朝外交布局中所占比重很小。这一点是我们在研究唐王朝与日本及朝鲜半岛诸国的关系史时，不可忘却的基本史实。换言之，无论是研究唐朝与日本的关系史，还是唐朝与朝鲜半岛诸国的关系史，都必须将其放在整个亚洲东部地区的大背景之中来加以观察，才会得到一个比较恰当的解释。

《中国与域外》第五辑（2023.06）第160～175页

# 隋唐时期海上军事力量的特点、影响和地位[*]

张晓东[**]

摘　要：隋唐海上军事力量具有多重特点，包括非常备性，多用江南募兵，将领多来自陆军，有胡人将领和动员少数民族部族参与等。隋唐海上军事力量对于改善东北亚周边关系和维护边疆安全，在边疆和周边推行羁縻体制和朝贡体制，辅助地缘政治博弈，树立国家威信，发挥了重要作用。与历代海军所遵循的防御原则相比，唐代海军是进攻型的，是处理对外关系的重要工具。隋唐海军规模及战役作战规模巨大，在中国古代海军发展曲线中居于高峰。隋唐海军高度发展是多种原因促成的，是传统大陆型国家军事体制和战略文化的产物，从中国海洋史的阶段性角度进行思考对其会有更深的理解。

关键词：隋唐　海军　海上军事力量　大陆国家

隋唐东征是一场漫长的战争，因高句丽对抗隋朝而起，东征史上不仅发生了长期的陆上战争，其间还有不少海战和海上后勤运输活动发生，对于战争结果和战役胜负，海上军事力量曾经起到一定的重要作用。笔者近年来致力于研究海上力量在东征中起到的作用，研究这个问题一是因为这是笔者近年来关于隋唐东北亚海洋军事史的研究的继续，二是因为笔者对东北亚历史相关的战略理论问题抱有兴趣。笔者发现研究隋唐海上力量对揭示其与东征的多重关系有重要意义，隋唐本身反映了中国海洋史和军事史的阶段性重要发展状况，也反映了古代中国处理对外关系的战略手段的变化，隋唐王朝海上军事力量的发展和其对外关系具有密切的关系。故本文再予以探索。

---

* 本文受 2015 年度上海市哲学社会科学规划一般课题"隋唐时期的海上军事力量与东北亚周边关系"（项目编号：2015BLS006）资助。

** 张晓东，上海社会科学院历史研究所。

# 一　学术回顾

隋唐时期因为辽东问题曾经引发长期的东征战争，包括高句丽之战和唐新战争，在战争过程中海上军事力量发挥了重要的战略作用。

首先，隋唐海上军事力量的质量评估与组成研究是重要问题。熊义民的论文《从百济之役看唐初海军》① 分析了规模、技术、装备、战术等四个方面的面貌。石晓军的论文《唐日白江之战的兵力及几个地名考》② 和韩昇的专著《东亚世界形成史论》③ 以及相关论文④分析了参战兵力。韩国学者李相勋对伎伐浦水战的新罗参战船数做出研究。⑤ 笔者的论文《唐朝前期的海上力量与东亚地缘政策：以唐新战争前后为中心》⑥《隋唐东征成败与将帅才能素质：以跨海作战为中心的考察》⑦ 曾对隋唐海运与海军的组织体制的一些内容和将帅素质做过探究。

其次，隋唐海上军事力量的作战运用和相关战略问题，是反映中国古代海上军事力量及其战略作用的关键所在。

东征战史的专著有刘炬、姜维东的《唐征高句丽史》⑧，乔凤岐的《隋唐皇朝东征高丽研究》⑨，杨秀祖的《高句丽军队与战争研究》⑩ 等，而诸家多集中于战役效果分析，鲜涉及水陆作战配合的问题，对东征海军的价值评价过低。《中国军事通史》⑪ 的唐代部分也论述了唐朝和高句丽之间的战争，但未对战略全局做出深入分析。

研究唐新战争，如伎伐浦水战战役，韩国学者高度评价其价值。李相勋研究了

---

①　熊义民：《从平百济之役看唐初海军》，王小甫主编《盛唐时代与东北亚政局》，上海辞书出版社，2003，第79~93页。

②　石晓军：《唐日白江之战的兵力及几个地名考》，《陕西师大学报》（哲学社会科学版）1983年第3期，第105~110页。

③　韩昇：《东亚世界形成史论》，复旦大学出版社，2009。

④　韩昇：《白江之战的唐朝兵力》，氏著《海东集》，上海人民出版社，2009，第159页。

⑤　李相勋：《罗唐战争期伎伐浦战斗和薛仁贵》，《大丘史学》第90辑，2008。

⑥　张晓东：《唐朝前期的海上力量与东亚地缘政策：以唐新战争前后为中心》，《国家航海》2013年第1期，第81~96页。

⑦　张晓东：《隋唐东征成败与将帅才能素质：以跨海作战为中心的考察》，《史林》2014年第1期，第40~46页。

⑧　刘炬、姜维东：《唐征高句丽史》，吉林人民出版社，2006。

⑨　乔凤岐：《隋唐皇朝东征高丽研究》，中国社会出版社，2010。

⑩　杨秀祖：《高句丽军队与战争研究》，吉林大学出版社，2010。

⑪　军事科学院编《中国军事通史》第十卷《唐代军事史》，军事科学出版社，1998。

新罗水军将领施得的官衔、所领船队数量等问题，认为战舰在百艘以内。[1] 但《三国史记》明确提到新罗组建一百艘战船的常备化水军，显然他的观点缺乏突破意义。韩国学者李钟学认为伎伐浦水战中的唐军应为补给船队，而徐荣教则论证是通过海路补给的远征军。[2] 李相勋认为是唐朝在百济的驻屯军和百济故土残留的军队，后者包括百济遗民和反新罗人士。[3] 笔者的论文《唐朝前期的海上力量与东亚地缘政策：以唐新战争前后为中心》[4] 从军事地理和战役、战略、地缘政策等角度分析唐新战争，得出海战所起作用对于唐朝和新罗间的战争全局更为关键的结论。

最后是隋唐东征前后海上军事力量与外交活动及国际海洋权力的关系。

以往的研究对于海上战争和地缘政治战略问题的关系少有分析，也缺乏从海权理论角度的研究。笔者的论文《唐朝前期的海上力量与东亚地缘政策：以唐新战争前后为中心》《唐代后期的海上力量和东亚地缘博弈》[5] 等对东征活动前后海上力量对东亚国际关系和海洋秩序的影响做了探索，并提出张保皋的海洋活动具有海权性质这一理论认识。

## 二 隋唐海上军事力量的非常备性

隋唐海上军事力量的特点首先是非常备性，兵员以临时调动、招募的士兵为主。

中国古代海军自宋代才形成常备军事力量，之前历代海军都是非常设的。汉代有常设水军，即"楼船"，[6] 但无常设水军将领，因为汉兵制规定"不立素将，无拥兵专制之虞"，[7] "江淮以南多楼船士"[8]。这种水军以内陆河水军为主。汉武帝因支援东瓯而伐闽越，海上有一路出动的是会稽水军，[9] 元鼎五年（前112）统一南越动用了10万楼船军。元封元年（前110）西汉由水路进军灭闽越。汉武帝进

① 李相勋：《罗唐战争期伎伐浦战斗和薛仁贵》，《大丘史学》第90辑，2008，第64~67页。
② 徐荣教：《罗唐战争史研究》，博士学位论文，韩国东国大学校，2000，第105页。
③ 李相勋：《罗唐战争期伎伐浦战斗和薛仁贵》，第64~67页。
④ 张晓东：《唐朝前期的海上力量与东亚地缘政策：以唐新战争前后为中心》，《国家航海》2013年第1期，第81~96页。
⑤ 张晓东：《唐朝前期的海上力量与东亚地缘政策：以唐新战争前后为中心》，《国家航海》2013年第1期，第81~96页；张晓东：《唐代后期的海上力量和东亚地缘博弈》，《史林》2013年第2期，第61~70页。
⑥ 张铁牛、高晓星：《中国古代海军史》（修订版），解放军出版社，2006，第24页。
⑦ 钱文子：《补汉兵志》，《二十五史补编》第1册，中华书局，1955，第1页。
⑧ 钱文子：《补汉兵志》，《二十五史补编》第1册，中华书局，1955，第5页。
⑨ 《汉书》卷六《武帝纪》，中华书局，1962，第188页。

攻朝鲜半岛兵分两路，海上一路由楼船将军杨仆率领楼船兵 5 万跨过渤海。东汉建武十八年（42）马援南征，其麾下楼船将军段志率部浮海进入红河逆水而上，击败征侧军，次年马援率楼船两千余艘及陆军 2 万余人南下九真。以上这些海上部队都是以楼船军为主临时组建成的，且都未遇海上敌军。

隋朝和唐前期实行府兵制，府兵是不按水陆分兵种专业的。隋唐东征多次都分海陆两路。隋文帝首次东征，关于海军组建的史料的具体内容是个谜。东征前隋朝派兵跨海击林邑国，但是作战人员并不依赖南方和海疆提供，当时的这支水军其实并不具备海战实战的经历和经验。① 只有陆战发生，并无水上交战发生。隋炀帝还派陈棱等远征"琉球"。② 但是水军如何组织并无记录。

隋炀帝东征共三次，大业七年（611）隋炀帝首征："又发江淮以南水手一万人，弩手三万人，岭南排镩手三万人。"③ 这七万人是海上一路兵力的来源基础。隋军的船也是临时建造的居多，如元弘嗣奉命到山东半岛监造船只三百余艘。④

唐朝东征过程中的海上军事力量处在不断招募和组织的状态当中。贞观十八年（644）唐太宗首次出兵，陆上一路在用兵辽东前就曾"发天下甲士，招募十万，并趋平壤，以伐高丽"。⑤ "远近勇士，应募及献攻城器械者不可胜数。"太宗自称："今征高丽，皆取愿行者，募十得百，募百得千，其不得从军者，皆愤叹郁邑，岂比隋之行怨民哉！"⑥ 张亮统领水上一路，率江、淮、岭、硖劲卒四万，自莱州泛海趋平壤。⑦ 也有史料称其"帅江、吴、京、洛募兵凡四万"。⑧ 兵源范围略有扩大。"江、吴、京、洛"是可以笼统包括"江、淮、岭、硖"的，江吴之兵为南方水兵，京洛之兵应为北方招募的军人。

贞观二十二年（648），唐太宗发动了对高句丽的第三次集中作战，同时"又命江南造大船，遣陕州刺史孙伏伽召募勇敢之士"。⑨ 招募范围不明，但既在江南

---

① 张晓东：《隋唐东征成败与将帅才能素质——以跨海作战为中心的考察》，《史林》2014 年第 1 期，第 40~46 页。
② 目前也有观点认为这次远征的对象"琉球"是台湾地区，笔者不想加入考证辩论，且无论是琉球还是台湾，对海上军事力量的组织特点评价不产生影响。
③ 司马光编著《资治通鉴》卷一八一，隋炀帝大业七年四月条，中华书局，1956，第 5654 页。（下引此书同此版本，不再注明）
④ 《隋书》卷七四《元弘嗣传》，中华书局，1973，第 1701 页。（下引此书同此版本，不再注明）
⑤ 《旧唐书》卷三《太宗纪下》，中华书局，1975，第 57 页。（下引此书同此版本，不再注明）
⑥ 司马光编著《资治通鉴》卷一九七，唐太宗贞观十八年十二月条，第 6216 页。
⑦ 《旧唐书》卷一九九上《东夷传·高丽》，第 5322 页。
⑧ 《新唐书》卷二二〇《东夷传·高丽》，中华书局，1975，第 6189 页。（下引此书同此版本，不再注明）
⑨ 《旧唐书》卷一九九上《东夷传·高丽》，第 5326 页。

造船，应该包括南方人员。

唐前期兵募在武德、贞观年间以自愿投募为主，但有"背军逃亡"现象，高祖武德二年（619）发布"罪无轻重，皆赦除之"的诏书。[1] 高宗时府兵制继续衰落，到唐新战争期间唐军在朝鲜半岛作战的主力是内附部族兵和募兵，仍然缺乏海上常备正规部队。唐高宗东征，有大量兵募参加，河南、河北、淮南10余州"募得四万四千六百四十六人"，[2] 显庆五年（660）派人发遣兵募，已出现"人身少壮，家有钱财，参逐官府者，东西藏避，并即得脱，无钱参逐者，虽是老弱，推背即来"的现象，[3] 显然带有强制性质。在唐前期府兵制向募兵制过渡的历史时期，初期的兵募的意志和素质下降影响了唐军作战素质。在唐丽战争后期，兵募"手脚沉重者多，勇健奋发者少，兼有老弱，衣服单寒，唯望西归，无心展效"[4]，这是因为：

> 从显庆五年以后，频经渡海，不被记录。州县发遣兵募，人身少壮，家有钱财，参逐官府者，东西藏避，并即得脱。无钱参逐者，虽是老弱，推背即来。显庆五年，破百济勋，及向平壤苦战勋，当时军将号令，并言与高官重赏，百方购募，无种不道。洎到西岸，唯闻枷锁推禁，夺赐破勋，州县追呼，求住不得，公私困弊，不可言尽。发海西之日，已有自害逃走，非独海外始逃。又为征役，蒙授勋级，将为荣宠，频年征役，唯取勋官，牵挽辛苦，与白丁无别。[5]

这样的军事力量作战效率不会太高。

五代十国时期是短暂而混乱的分裂时期，很多南方政权像南唐、荆南都有水军，但因为天下未定，制度化无从谈起。

到了宋代，负责海防的常备水军出现。北宋水军没有独立的统率机构，附属于殿前侍卫两司的步军司中，最大的水军部队是登州水师，防御辽国。宋仁宗庆历（1041~1048）年间，朝廷组织了广南巡海水军，[6]《武经总要》记载，"命王师出戍，置巡海水师营垒"于广南，巡逻范围远至"九乳螺洲"，即西沙群岛，[7] 南宋

① 宋敏求编《唐大诏令集》卷八三《武德二年十月赦》，商务印书馆，1959，第477页。
② 《旧唐书》卷四《高宗纪上》，第81页。
③ 《旧唐书》卷八四《刘仁轨传》，第2793页。
④ 《旧唐书》卷八四《刘仁轨传》，第2793页。
⑤ 《旧唐书》卷八四《刘仁轨传》，第2793页。
⑥ 曾公亮：《武经总要》前集卷二〇，商务印书馆，2017，第336页。（下引此书同此版本，不再注明）
⑦ 曾公亮：《武经总要》前集卷二〇，第337页。

更在沿海设置制置使司负责海防，舟船数千。

因此，隋唐五代时期是最后的非常备海军历史时期。隋朝和唐朝在开始东征高句丽之前并无海军，隋唐之海军是为战争需要而组建的。

## 三　多用江南兵募

隋唐海上力量的第二个特点是有意识地募集南方的水手和战士，以保证具备水上作战的专业能力，南方的水手和战士登陆作战的能力强。

隋大业七年（611），隋炀帝"又发江淮以南水手一万人，弩手三万人，岭南排镩手三万人"，胡三省作注称："镩，小稍也。"① 长江下游出水手和弩手四万，岭南出兵三万，估计其中岭南排镩手对下大舰后的登陆行动具有价值。

唐初仍然实行府兵制，但是南方兵府较少，据《通典》，唐初有574府，② 据正史记载与近人考证，有名称且位置可考的折冲府共627个。③ 如关内道多达289个，而山南道有15个，淮南道有9个，江南道有7个，剑南道有11个，岭南道有6个，加起来算南方不过48个而已。

贞观十八年（644）唐太宗首次出兵。张亮统领水上一路，"率江、淮、岭、硖劲卒四万"。④ 史料又有称"帅江、吴、京、洛募兵凡四万，吴艚五百"。⑤ 乔凤岐考证水军为七万。⑥ 兵力来源广泛，南北方都有。"江、吴、京、洛"是可以笼统包括"江、淮、岭、硖"的，江吴之兵或为南方水兵，与"江、淮、岭、硖"地域来源记载可以对应，江吴之兵主要包括航行技术人员，即江淮地区和岭南在内的长江中下游地区的航行技术人员，也即来自水乡的有航行经验的人，京洛之兵应为在北方招募的军人，似应为登陆作战主力。

贞观二十一年（647），唐太宗二次征伐高句丽。海上一路，以牛进达为青丘道行军大总管，"发兵万余人，乘楼船自莱州泛海而入"；又以李世绩为陆路辽东

① 司马光编著《资治通鉴》卷一八一，隋炀帝大业七年四月条，第5654页。
② 杜佑：《通典》卷二九《折冲府》，中华书局，1988，第810页。
③ 参见劳经原《唐折冲府考》、罗振玉《唐折冲府补考》、谷霁光《唐折冲府考校补》，《二十五史补编》，中华书局，1995。
④ 《旧唐书》卷一九九上《东夷传·高丽》，第5322页。
⑤ 《新唐书》卷二二〇《东夷传·高丽》，第6189页。
⑥ 乔凤岐：《隋唐皇朝东征高丽研究》，中国社会出版社，2010，第127页。

道行军大总管，"将兵三千人"。"两军皆选习水善战者配之。"① 有史料云，"遣惯习沧波，能以少击众者而配隶焉"。② 这种作战部队可以满足两栖作战的需要，且可以少胜多，具有很强的战斗力，类似今天的海军陆战队或两栖作战特种部队，作战机动性强，以至于高句丽守军"多弃城而遁"。此类作战人员来源缺乏记录，只能推测为南方水乡之人。《资治通鉴》记载："牛进达、李海岸入高丽境，凡百余战，无不捷。"③ 同时，唐朝开始大规模造船，九月太宗命江南宣、润、常、苏、湖、杭、越、台、婺、括、江、洪十二州造船数百艘。④

贞观二十二年（648），唐太宗发动了在其统治期内对高句丽的第三次集中作战，以薛万彻将兵三万余自莱州泛海而入。⑤ 海上进军系唯一作战方式，但未知兵员来源。

唐新战争是东征的最后阶段。高句丽之战一结束，新罗便发动对朝鲜半岛的兼并战争。咸亨二年（671）新罗入侵百济。薛仁贵出任鸡林道总管，致书新罗称："高将军之汉骑，李谨行之蕃兵，吴楚棹歌，幽并恶少，四面云合，方舟而下，依险筑戍，辟地耕田，此，王之膏肓也。"⑥ 所谓"吴楚棹歌"必然也是南方来的水军人员，也就是类似上文来自江淮的两栖作战人员。

## 四　海军将领多来自陆军

隋唐海上军事力量的特点之三是隋唐既无常备海军，也就无职业海军将领，指挥官中以陆战指挥官出身者居多，缺乏水战职业素质基础。隋朝多用来自南方的有水上生活和作战经验的将领担任指挥官，战术效果较佳，但由于实际战况所限，并无优异海战表现，军队在登陆后作战表现较好。而唐朝史料记录的将领主要是陆战成名的北方籍将领，在唐丽战争期间战绩尚可，在唐新战争中的海战表现却不尽如人意。

隋文帝的海上征东主帅周罗睺系九江寻阳人，原南陈水军将领。⑦ 周罗睺"年

---

① 司马光编著《资治通鉴》卷一九八，唐太宗贞观二十一年四月条，第 6246 页。
② 王钦若等编《册府元龟》卷九八五《外臣部·征讨四》，中华书局，1960，第 11571 页。
③ 司马光编著《资治通鉴》卷一九八，唐太宗贞观二十一年七月条，第 6248 页。
④ 司马光编著《资治通鉴》卷一九八，唐太宗贞观二十一年九月条，第 6249 页。
⑤ 司马光编著《资治通鉴》卷一九八，唐太宗贞观二十二年正月条，第 6252 页。
⑥ 金富轼：《三国史记》卷七《新罗文武王纪下》，吉林文史出版社，2003，第 92 页。（下引此书同此版本，不再注明）
⑦ 《隋书》卷四五《杨俊传》，第 1239 页。

十五，善骑射，好鹰狗，任侠放荡，收聚亡命，阴习兵书"。他曾随上将吴明彻与北齐军战于江阳，于乱军中突围救吴氏性命，"太仆卿萧摩诃因而副之，斩获不可胜计"。又曾救萧摩诃于重围，因平贼十二洞封侯。① 东征"遭风，船多飘没"，无功而还。②

隋炀帝征东三次，海上一路以来护儿为主帅。来氏为江都人，家乡在白土村"密迩江岸"。③ 此人参与灭陈有功，任泉州刺史，管辖重要海港。隋炀帝首次东征，来护儿率"舳舻数百里，浮海先进，入自浿水，去平壤六十里，与高丽相遇"。④ 来护儿副手为周法尚，另有武贲郎将费青奴，但费青奴虽见于史册却无传，来护儿子来弘、来整随军出征，来整首次征东登陆后立功，第二次征东亦随军效力，但都缺少记载。⑤ 来护儿轻敌冒进，⑥ 敌军伏兵平壤郭内，来护儿大败，士卒还者不过数千，敌军追及船边，周法尚整军击退。⑦ 周法尚曾参与伐陈，转战远至岭南，得赏赐，⑧ 在疆场的表现亦可称赞。隋炀帝二次出兵，来护儿回师平叛。第三次用兵，来氏已破二城，并大破敌举国援兵，隋炀帝下诏退兵。来氏只好作罢。⑨ 曾经跨海远征"琉球"的陈棱在隋炀帝首次征东过程中随军立功，第二次出征则负责留守东莱基地，并奉诏赴扬州造舰。⑩

唐代征东多以来自北方地区的陆军将领统领海上偏师，其海上指战表现参差不齐。唐新战争中海军将领表现远不及唐丽战争中的海军将领，后者几乎没有水战纪录，海上一路主要是登陆作战。唐太宗初用诸将为秦府旧人或当年平定华北所得"山东豪杰"，之后参与跨海作战的指挥者包括薛万彻、苏定方、刘仁轨等。

唐太宗首次东征，海上一路主将张亮为郑州荥阳人，系下层经营农业者出身，归唐后为秦王府车骑将军，是唐太宗亲信。⑪ 贞观十八年（644），张亮登陆辽东，"亮素怯懦，无计策，但据胡床，直视而无所言"，"太宗知其无将帅材而不至

---

① 《隋书》卷六五《周罗睺传》，第 1523 页。
② 《隋书》卷六五《周罗睺传》，第 1525 页。
③ 《隋书》卷六四《来护儿传》，第 1515 页。
④ 司马光编著《资治通鉴》卷一八一，隋炀帝大业八年五月条，第 5663 页。
⑤ 《北史》卷七六《来护儿传》，中华书局，1974，第 2592 页。（下引此书同此版本，不再注明）
⑥ 《北史》卷七六《来护儿传》，第 2591 页。
⑦ 司马光编著《资治通鉴》卷一八一，隋炀帝大业八年五月条，第 5663 页。
⑧ 《北史》卷七六《周法尚传》，第 2599 页。
⑨ 《北史》卷七六《来护儿传》，第 2592 页。
⑩ 《隋书》卷六四《陈棱传》，第 1519 页。
⑪ 《旧唐书》卷六九《张亮传》，第 2515 页。

责"。① 常何为张亮副手，本为唐初中央禁军将领，据陈寅恪②和黄永年③考证是玄武门事变中帮助唐太宗的北门将领。可见唐太宗首次东征所用海上一路正副主将都是缺乏水战经历的人。

唐太宗第二次攻打高句丽时，牛进达为海路主将，"右武侯将军李海岸副之"④，"凡百余战，无不捷"⑤。牛进达本山东人士，隋末归唐，曾随侯君集征西北，在唐太宗首次征东时在长孙无忌麾下为将，于辽东陆路作战。李海岸曾征战西北，事迹不详。唐太宗于贞观二十二年（648）发动第三次征伐高句丽的战役，主将薛万彻，⑥ 系雍州咸阳人，原籍敦煌，登陆后有大胜。⑦

唐高宗时唐朝跨海平百济远征胜利，指挥官苏定方本"冀州武邑人"⑧，参与东征前所有军事功勋都是从陆战中获得，是征西名将。显庆五年（660），苏定方率战船两千余只至百济熊津江口登陆。⑨ 这说明苏定方应具备指挥大型军队航行、登陆的能力。苏部登陆后一路旗开得胜。⑩ 龙朔元年（661）四月苏定方还充任陆路主将，参与围攻高句丽。⑪

刘仁轨任百济镇守军主将。日军侵入百济，龙朔二年（662），朝廷遣孙仁师带兵七千浮海赴熊津，⑫ 在刘仁轨指挥下，"四战捷，焚其舟四百艘"。⑬ 因此可以得出其具备相当的水战指挥能力的结论。刘仁轨战略智慧较高。白江之战发生前一段时间里，百济残余势力作乱，联络倭国，形势紧张。高句丽还没打下来，百济唐军与国内的联系只能靠海上的途径。唐高宗一度想撤军放弃。刘仁轨上书劝阻，强调了借助百济对高句丽实行海陆南北夹攻的策略。⑭ 唐高宗时期，参与跨海作战的还有水军指挥官郭待封、运粮官冯师本，与其相关的信息缺少记载。

---

① 《旧唐书》卷六九《张亮传》，第 2516 页。
② 陈寅恪：《唐代政治史述论稿》，商务印书馆，2011，第 241 页。
③ 黄永年：《敦煌写本常何墓碑和唐前期宫廷政变中的玄武门》，《文史探微》，中华书局，2000，第 183~202 页。
④ 司马光编著《资治通鉴》卷一九八，唐太宗贞观二十一年四月条，第 6246 页。
⑤ 司马光编著《资治通鉴》卷一九八，唐太宗贞观二十一年七月条，第 6248 页。
⑥ 司马光编著《资治通鉴》卷一九八，唐太宗贞观二十二年正月条，第 6252 页。
⑦ 《旧唐书》卷六九《薛万彻传》，第 2518 页。
⑧ 《旧唐书》卷八三《苏定方传》，第 2777 页。
⑨ 《旧唐书》卷八三《苏定方传》，第 2779 页。
⑩ 《旧唐书》卷八三《苏定方传》，第 2779 页。
⑪ 司马光编著《资治通鉴》，卷二〇〇，唐高宗龙朔元年四月条，第 6324 页。
⑫ 《旧唐书》卷一九九上《东夷传·百济》，第 5332 页。
⑬ 《旧唐书》卷八四《刘仁轨传》，第 2791 页。
⑭ 司马光编著《资治通鉴》卷二〇一，唐高宗麟德元年十月条，第 6340 页。

薛仁贵最初在唐太宗首次征东中自河东家乡应募后在疆场厮杀有功，在唐丽战争中表现较好，如总章元年（668）破金山城，乘胜率三千人攻扶余城，杀获敌军万余，"扶余川中四十余城皆望风请服"。后调任西北也有"三箭定天山"的勇武美名。唐新战争证明水战确非薛仁贵所长，一开战薛仁贵就在海上遭遇惨败。① 之前唐军在海上发生损失，风浪一直是主要原因，极少有作战直接损失。可是唐新战争后期，薛仁贵作战表现差强人意：

　　（675 年，唐军）来攻泉城。我（新罗）将军文训等，逆战胜之，斩首一千四百级，取兵船四十艘。仁贵解围退走，（新罗军）得战马一千匹。②

仪凤元年（676），新罗军发动伎伐浦水战役，薛仁贵部兵败于朝鲜半岛南部最后的桥头堡：

　　冬十一月，沙餐施得领船兵，与薛仁贵战于所夫里州伎伐浦，败绩。又进，大小二十二战，克之，斩首四千余级。③

唐新战争末期，上元元年（674）唐朝换将，刘仁轨为征伐高句丽正面军主将，任鸡林道大总管，"卫尉卿李弼、右领军大将军李谨行副之，发兵讨新罗"。④李弼未能出征便去世。李谨行一直是征伐高句丽时陆路战场的前线指挥官。唐新战争至此打了八年，唐朝逐渐失去制海权和战略优势。刘仁轨具有海陆军事全局的战略观念，重视过去南北海陆夹攻的成功经验，但即便刘仁轨作战经验丰富，唐军也已是强弩之末，不复往日雄风。⑤

## 五　动员少数民族人员参与

　　唐朝海上力量的又一个特点是有不少少数民族参与，这是隋唐时民族构成的多

① 金富轼：《三国史记》卷七《新罗文武王下》，第 97 页。
② 金富轼：《三国史记》卷七《新罗文武王下》，第 100 页。
③ 金富轼：《三国史记》卷七《新罗文武王下》，第 100 页。
④ 司马光编著《资治通鉴》卷二〇二，唐高宗上元元年正月条，第 6372 页。
⑤ 张晓东：《唐朝前期的海上力量与东亚地缘政策：以唐新战争前后为中心》，《国家航海》2013 年第 1 期，第 81~96 页。

元性在军事上的反映。

唐新战争中，唐朝水军显然有番将，如新罗军在水战中"捉郎将钳耳大侯士卒百余人"。① 其人经历及才干如何不得而知。

此外，刘仁轨在唐新战争末期动用了靺鞨水上作战力量。上元二年（675）二月，"刘仁轨大破新罗之众于七重城，又使靺鞨浮海，略新罗之南境，斩获甚众"②。唐朝为何调动靺鞨海上作战力量？唐朝自身海上军力枯竭了吗？这是个重要问题。

靺鞨在渤海部兴起之前主要分为粟末靺鞨和黑水靺鞨以及白山等部。黑水靺鞨与高句丽曾处于对立状态，早在 375 年已发生渡海与百济联合进攻高句丽的行为，③ 当时应该具有海上作战经验。而在龙朔元年（661），高句丽、靺鞨联合袭击新罗，"发兵水陆并进"，④ 据此推测存在靺鞨兵充当水上作战力量的可能性。唐高宗永徽六年（655），有记载表明百济、高句丽、靺鞨曾联军攻击新罗三十余城，这可能也是海上作战，⑤ 因为靺鞨并不与新罗接壤，也不濒临渤海、黄海，靺鞨水军应是从日本海出师，攻击新罗沿海地区，而不是黄海海滨。

隋唐与高句丽作战，双方都有征调辽东周边部族军队的事发生，但调动部族水军，此确是笔者所见唯一一例，之前隋唐水军一直依靠中原内地自身力量建设，由此可看出当时的靺鞨部水军有一定战力，这也可能反映唐军海上战力的暂时性不足。

# 六　解决周边陆上地缘问题的战略工具

隋唐海上力量的特点还包括它是解决陆地问题的战略工具，得到制海权从未成为隋唐海上军事力量建设的目的。

从史料中我们可以发现，隋唐时期海上军事力量在东征的绝大部分时间里都是次要的战略工具，是作为自辽东进军的陆军的战略侧翼力量，隋朝的战争计划是海陆两路在辽东或是向平壤方向汇合。由于对手高句丽和百济的海上作战能力较弱，在唐新战争之前，隋唐都没有和敌人发生海战的记录，只有两栖登陆作战和由海上

---

① 金富轼：《三国史记》卷七《新罗文武王下》，第 97 页。
② 司马光编著《资治通鉴》卷二〇二，唐高宗上元二年二月条，第 6375 页。
③ 范恩实：《靺鞨族属及渤海建国前的靺鞨与周边关系》，王小甫主编《盛唐时代与东北亚政局》，上海辞书出版社，2003，第 265 页。
④ 金富轼：《三国史记》卷四二《金庾信传》，第 495 页。
⑤ 《旧唐书》卷一九九上《东夷传·百济》，第 5331 页。

运送兵员的记录。可以想见在唐新战争以前，隋唐不需要维持制海权，因为没人发起挑战，没有对手，因此隋唐海军的功能、表现基本上以运输和登陆为主。

白江之战后日本曾经惊慌失措地加强海防，日本惧怕唐军乘胜入侵，在九州的外岛布防，"又于筑紫筑大堤贮水，名曰水城"。直到翌年八月仍在继续筑城。[①] 其实完全没这个必要，唐朝完全没有远征日本的想法，也没有占领对马海峡来胁迫日本的想法和可能。白江之战只是唐朝增援百济过程中增援部队和驻守部队与侵入当地的日军发生的一场遭遇战，并非针对日本的全面攻势中的一环。白江之战的国际影响固然很大，但是单就军事上的战役意义而言仅局限于朝鲜半岛，虽然结果对唐朝制海权造成深刻影响，但白江之战本身并非和制海权争夺有关。

唐新战争期间发生的一个很大的海上变化是，隋唐一方不再造船，也就是说海军开始了缩小规模的历程，但是有关海战及损失的记录却不断出现，同时新罗开始出现黄海上的常备化舰队，[②] 制海权争夺作战应该也就此拉开帷幕，唐朝对海军的态度等于拱手出让制海权。唐高宗在唐新战争失败后曾经有继续和新罗争夺的想法，但是这时的唐朝海上力量其实已经衰落，这一切说明唐高宗对海上战略的计划完全是失败的。

## 七　隋唐海上军事力量的历史影响

隋唐海上军事力量对于改善东北亚周边关系和保障边疆安全发挥了重要作用，对于在边疆和周边推行羁縻体制和朝贡体制、辅助地缘政治博弈、树立国家威信，起到了一定作用。

隋唐东征的周边背景是原为中国地方少数民族政权的高句丽挑头，并联合百济来抗拒朝贡体制在东北亚的落实，不仅占据辽东拒不交还隋唐王朝，而且以辽东为基地侵扰隋唐东北边境，不仅对隋唐在东亚格局中的权威构成挑战，还对其边疆安全构成现实威胁。隋唐王朝可以允许高句丽自治，保持在朝贡体制中的实际独立，但是不可以接受辖地辽东分裂在外，不能接受高句丽称霸东北亚。高句丽占据汉朝故土辽东，并向周边扩张，对隋唐王朝造成了安全威胁。隋唐王朝必须解决这一边疆安全问题。东征军事活动是为了解决边疆安全和理顺东北亚周边关系开展的，海

---

① 韩昇：《东亚世界形成史论》，复旦大学出版社，2009，第276页。

② 张晓东：《唐朝前期的海上力量与东亚地缘政策：以唐新战争前后为中心》，《国家航海》2013年第
1期，第81~96页。

军在其中起到的作用不可小觑。

根据笔者以往的对东北亚地区的地缘政治原理研究，在这一地区海上军事力量可以发挥独特的战略作用。[①] 回顾政治史，在历次战争中，海上力量显然在东北亚地区的战略博弈中起过重要作用，不仅近代的甲午战争和日俄战争，古代的隋唐东征同样证明了这一点。隋唐平定高句丽，虽经漫长岁月才达成目的，但是自海上登陆的部队曾多次逼近平壤并对其造成围攻，数次迫使高句丽称臣。

东北亚地区具有从亚洲大陆东部沿海向太平洋第一岛链过渡的海陆地理特征。中国东部濒临西太平洋的几个边缘海，朝鲜半岛则自中国大陆的边缘延伸向东方海洋，三面都被海洋环抱，而日本列岛则处于西太平洋第一岛链的中间偏北地带。海洋交流活动是隋唐时期连接东北亚各民族的重要纽带，国际往来在很大程度上主要依靠海上交通，唐朝、新罗和日本在隋唐时也一度构成过海陆地缘政治的三角关系。因此，即使在隋唐时期，海上力量也发挥过相当的战略作用，产生过较大的政治影响，这是历史的必然。

在东征高句丽的后期，高句丽和百济、倭国串通，威胁隋唐盟国新罗的生存安全，一旦他们得逞瓜分掉新罗，无后顾之忧的高句丽将称霸朝鲜半岛，并全力北上反扑唐朝，而唐朝在东北亚确立朝贡体制的战略主张必将失败，东北边疆将永无宁日。因此，唐朝才会派苏定方平定百济，由刘仁轨主持军事行动，打退日本对半岛的觊觎，这没有强大的海上力量是做不到的。唐朝依靠海上军事力量跨海投送兵力平定了助纣为虐的百济，开辟从后方打击高句丽的第二战线，推动唐朝在唐丽战争中走向胜利。如果不是白江之战隋唐海上军事力量打败了入侵朝鲜半岛的日军，日本对朝鲜半岛的干预很可能获得成功，形成对百济的控制，然后再联合高句丽灭亡新罗，那样，一个稳定和谐的东北亚秩序和朝鲜半岛秩序就建立不起来，整个地区永无宁日。白江之战后日本对唐变得友好，并向唐全面学习。唐帝国的权威被对方尊重。

平定高句丽之后，为了实现长治久安，保证边陲的安宁，唐朝在朝鲜半岛乃至整个东北亚推行羁縻体制和朝贡体制的混合体系。[②] 这种地缘政治成果的取得当然与海上力量的长期发展和运用相关。新罗的生存和发展其实完全受益于唐朝远征百济的胜利。跨海远征百济和白江之战完全扭转了东北亚地缘政治发展的走向。

---

① 张晓东：《隋唐东北亚的地缘环境与政治博弈——以隋唐东征军事活动为中心的考察》，《军事历史研究》2015 年第 3 期，第 72~79 页。

② 张晓东：《略论显庆五年后唐朝对百济政策的两个问题》，《史林》2018 年第 6 期，第 28~38 页。

在唐新战争的后期，唐朝统帅刘仁轨，运用靺鞨海上力量打击新罗，确保唐朝体面地退出朝鲜半岛，这也是海上军事力量在地缘政治博弈中发挥作用的明证。

## 八　隋唐海上军事力量在军事史上的历史地位

首先，中国历代朝廷对海上军事力量建设和使用多遵循防御原则，而隋唐海军则是进攻型的，是处理对外关系的重要工具。

相比较而言，汉代的海上军事力量没有这么丰富的政治功能；明代郑和舰队只是在航行中打击海盗和反击锡兰王的偷袭，并不是以与周边国家交战为组建目的；明代支援朝鲜壬辰抗倭作战是应藩属国要求而出兵。隋唐海军组建目的是为对外军事活动服务，而且参与了和高句丽、百济和新罗、日本的多次作战，作战动机包括平定地方政权，支援藩属国，保护羁縻属州，服务地缘政治，击退敌对者入侵，落实周边战略，维持东北亚周边秩序等。

作为战略工具的军事力量的发展形式受国家战略定位的约束。中国古代王朝在处理对外关系中动用海上军事力量的现象相对少见，古代史料中出现"水军"或"水师"的记录较多，也有不少学者认为中国古代只有水师而无海军，甚至有学者把地中海文明性质的海军作为古代海军的标准，[①] 这主要是因为水师的历史作用主要为统一和平定内乱而作战，而非控制海洋。中国古代王朝在国家安全和战略上的外部威胁主要来自北方的游牧民族，故而国家安全的军事资源投入很大一部分放在亚洲内陆的方向上。中国古代王朝着力解决的是游牧民族的威胁和争夺西域主导权的问题，到明朝才出现"南倭北虏"海陆并举的地缘安全问题。中国古代王朝不重视海洋的另一个原因在于国家安全和社会发展都长期不依赖对外贸易的发展，主要依靠的是自给自足型的传统大陆农业经济。但是笔者发现，隋与唐前期的统治者运用海上军事力量开边拓疆，支持推行朝贡体制和羁縻体制，追求"天下一统"。隋唐东征前后持续百余年，最终确立东北亚国际格局和国际秩序，确立朝贡体系，海上军事力量在其中确实发挥了相当的作用。

其次，唐海军的规模巨大，在中国古代海军历史中"空前绝后"。明代郑和下西洋的舰队人员和船只数量规模也难与之相比。

龙朔三年（663），唐高宗曾诏罢 36 州造船。若以洪、江、饶 3 州造船 400 艘

---

① 倪乐雄：《文明转型与中国海权》，文汇出版社，2011，第 1 页。

为标准，则 36 州造船数量可估为 4800 艘，当然各州造船能力未必相同，但总数应该是很大，推测至少 2000 艘，因为显庆五年（660）苏定方部十几万大军跨海平百济用船约 2000 艘。苏定方出征兵力人数依《旧唐书》和《资治通鉴》为水路 10 万人，依《三国史记》卷五和卷二八记载则为 13 万，《三国遗事》卷一正文记载也为 13 万，并注引《乡记》记载为 122711 人，用船 1900 艘。此次远征登陆所使用战船规模巨大，事实上即使在唐朝以后东北亚地区也几乎没有一次战役可以集中这么多船只的事例，也没有单次两栖登陆作战可以一次性投送这么大规模兵力的事例，包括甲午战争和日俄战争、朝鲜战争。

## 结语：传统与转型间的启示

首先，隋唐海军比前代高度发展的重要原因应在于四点：造船与航海的技术优于前代[1]；魏晋以来水上作战较多，水军发展的经验丰富；魏晋以来同海外联系密切，开拓了对外交往的国际视野，丰富了国际交往经验，特别在南北朝时期东北亚诸政权与南朝北朝建立了密切的朝贡关系，隋、唐王朝因此更加深入地被卷入对外的交往中，不得不采用更有效的战略工具，面对联系更加紧密的东亚地区和越发密切的海外关系，隋唐的战略视野扩大，因此对海军会有更大的投入；统一后的隋唐王朝凭借自身强盛的国力，可以支撑大型海军建设。

其次，从多方面来看，隋唐海军的体制和战略文化具有大陆型的特征，而从古代中国所面对的地缘战略局面来看，唐宋之际是重要的分水岭，在此背景中观察隋唐海上力量的发展会有更多的理解。这里所说的"唐宋之际"不是日本学者唐宋变革论中的"唐宋之际"，而是指从唐后期到南宋的这段时间。

自秦的崛起到唐代，中国的地缘政治活动大的主题主要是农业民族和游牧民族沿 34 毫米等降水量线周边进行对立和博弈，并发生融合和兼并，最终在唐代形成二元制的中华化的统一王朝国家。西北和北方始终是中央王朝国家安全的重心。魏晋南北朝时期朝廷与东亚的海上往来已经比较频繁，但是就东北亚而言，使节往来比商业往来的意义更加重要一些。真正兴盛的东亚海上航行和民间贸易是在唐朝发展起来的，特别是唐后期，新罗人和中东人一度分别主导了东北亚和东南亚的国际

---

① 张晓东：《隋唐经济重心南移与江南造船业的发展分布——以海上军事活动为中心》，《海交史研究》2015 年第 1 期，第 78~87 页。

贸易线路。唐代前期与各地在东亚的海上商业往来也不如唐朝后期频繁。统一的唐帝国及其缔造的东亚朝贡体系，再加上朝鲜半岛分裂的三国局面被统一的新罗打破，东北亚出现了海上秩序发展的良好条件。唐朝后期，由于航海发展速度加快，一个从印度洋到太平洋的国际贸易网真正被构建和充实起来。但在唐前期这种景象还没有完全出现。

宋代开始，中国所面对的海洋问题日益增多。从宋代到元代，不仅海洋贸易发展呈上升趋势，海洋贸易税收对国家财政的影响也不断加大，国家走向通过海洋实现富强的道路，但是由于白银流通的波动和元明之际的动乱，历史又暂时发生了转折。

相比较而言，在唐前期，海上军事和经贸的关系非常淡薄，唐代的战略思路只能在之前的战略文化传统中延续，不可能脱离大陆型战略文化的轨道，海洋在战略中的地位在唐代无法达到后世那样的高度。因此，虽然唐代出现了强大的海上军事力量，但和郑和下西洋一样，只能证明唐朝已经存在向海洋发展的巨大潜力，不能证明有成功的转型经验及可能性，东亚格局的大陆中心性在唐代没有改变，唐代的海军仍然是大陆型体制与文化色彩的产物。

《中国与域外》第五辑（2023.06）第 176~185 页

# 从梵语地名看江门和南亚交流史

周运中<sup>*</sup>

**摘　要：**《太平寰宇记》记载的新会县的番语地名谭波罗山源自梵语的铜（tambra），乾闼婆城（歌舞冈）源自印度教的舞蹈神乾达婆（Gandharva），百叠冈或许源自印度的白叠棉布，优昙钵果源自无花果的梵语 "Udumbara"，《太平寰宇记》还记载了来自西方的茉莉花。新会郡在珠江口的西部，在海道要冲。新会冯氏和姻亲冼氏发展海外贸易，成为岭南首领。所以隋代新会郡升为州，地位更加重要。

**关键词：**新会　江门　梵语　谭波罗　白叠

本文的江门指今天的广东省江门市辖境，包括新会、台山、开平、恩平、鹤山，前四地是传统所称的四邑，加上清代设的鹤山县则是五邑。语言学界称其方言为粤语的四邑片，其文化和广府片有一些差异。江门地处珠江口西侧，是珠江通往南海以西（西洋）航线的门户，古代海舶往来必经江门。江门靠近广州，在历史上的地位被广州的光芒遮盖，所以对江门对外交往史的研究不多，留下的文献也相对较少。近来有些学者注意到《太平寰宇记》记载的新会县、信安县海外交通史料，可惜仍然未能准确复原其中记载的外语汉译词的语源。本文考证这些汉译词的语源，发掘其所反映的海外交通史。

## 一　新会县谭波罗山是铜山

从南唐入北宋的江西抚州宜黄县人乐史，各地方志编纂的《太平寰宇记》卷一五七 "广州新会县" 条记载：

---

* 周运中，南京大学海洋文化研究中心兼职研究人员。

汉南海郡地，晋置新会郡。隋改置封州，又改允州，又为冈州。隋末并入广州，唐武德四年复置冈州。旧治盆允城，贞观十三年废冈州，县属广州，其年复置州于今所。开元二十二年州废，县入广州，遂移县于废州城，前临大海，后抗群山……谭波罗山，在县南六十里。昔外国人曾居此山。其谭波罗者，番语也。①

新会县之南六十里的谭波罗山，正是在后世鼎鼎有名的崖门海口附近。古代崖门之东的三角洲尚未形成，只是一片群岛。南宋绍兴二十二年（1152）才设香山县，香山县长期地处群岛之上。所以今天新会之西的谭江，当时就在新会城附近入海。新会县的江门墟在晚清才兴起，光绪二十八年（1902）的《中英续议通商行船条约》定江门为通商口岸，设立海关，称为江门埠，1951 年首次设江门市。

谭波罗是外语，源自外国，笔者认为谭波罗的古音是 tam-ba-ra，应是源自梵语的铜 tambra，伯希和认为南宋赵汝括《诸蕃志》记载的登流眉国是 Sri Dharmaraja，即今泰国南部的洛坤（Nakon Sri Tammarat）。戈岱司认为洛坤的古名就是其北部不远的猜亚（Chaiya）1230 年铭文上的"Tambralinga"，杨博文认为登流眉、单马令的语源都是"Tambralinga"，② 我认为单马令（Tambralinga）是今洛坤，登流眉在其北部的巴蜀府，《宋史》作"丹眉流"，即《汉书·地理志》的"谌离"、《新唐书》卷二二二下的"堕陵"、元代汪大渊《岛夷志略》的"特番里"。③ "Tambralinga"是铜庙，"linga"是湿婆庙。

谭波罗山的名字可能源自本地矿产，也可能源自南亚地名的移植。印度东南部有铜叶河（Tambraparni），希腊人称斯里兰卡为"Taprobane"，该称呼源自铜叶。④《太平寰宇记》中信安县下的废冈州其实指的是新会县的废冈州，下文记载有铜石山，又有银铜山。不过今天的《新会县志》不提本地有铜矿，⑤ 无论是源自本地矿产，还是源自南亚地名的移植，都反映了南亚移民文化对江门的影响，证明了江门在南海航路上的地位。

---

① 乐史：《太平寰宇记》，中华书局，2007，第 3020~3021 页。（下引此书同此版本，不再注明）
② 赵汝适著，杨博文校释《诸蕃志校释》，中华书局，2000，第 29~30、43~44 页。
③ 周运中：《中国南洋古代交通史》，厦门大学出版社，2015，第 208、368 页。
④ H. 裕尔撰，H. 考迪埃修订《东域纪程录丛》，张绪山译，云南人民出版社，2002，第 195、203 页。
⑤ 新会县地方志编纂委员会编《新会县志》，广东人民出版社，1995，第 196 页。

## 二　新会县乾闼婆城是歌舞城

乐史《太平寰宇记》卷一五七广州信安县：

> 东北水路七百三十里，无陆路……本宋元嘉二十七年置冈州县，又为义宁县，属新会郡。隋平陈，属冈州。大业三年废州，县隶南海郡。唐武德五年复置冈州，县依旧属，开元二十三年废州，县又隶广州。今迁理东溪，皇朝太平兴国二年改为信安县……废冈州，今县理也。按《广州记》："四会有金冈，新会即冈州，在侧因冈为州名也。"晋末置新会郡，宋、齐、梁、陈并因之。隋平陈废，置封州，后改允州，寻又为冈州，今废为县，此州最边大海……《郡国志》广言南海事迹，歌舞冈，南越王佗三月三日登高处。乾闼婆城，多鹣鹳鸟，似山鸡，家鸡斗之则可擒。其翠有光，汉以饰侍中冠。①

宋朝的信安县在今开平，但是信安县城曾经迁移，不是原来的义宁县治。中华书局点校本《太平寰宇记》校勘记指出：

> 按《宋书·州郡志四》载，新会郡，晋恭帝元熙二年分南海置，领有义宁县。《元和郡县图志》广州义宁县序云："本汉番禺县之地，宋元嘉六年于此置义宁县，属新会郡。隋改属冈州。"《旧唐书·地理志四》亦云："宋置义宁县，属新会郡。"本书下列废冈州云："晋末置新会郡，宋、齐、梁、陈并因之。隋平陈，遂置封州，后改允州，寻又为冈州。"凡此可证南朝宋无"冈州县"设置，此"冈州县"三字衍误。②

笔者认为更关键的是隋代在新会郡设冈州，新会县条下明确记载冈州城就是新会城，所以这一段废冈州的记载其实应该是在新会县条下。因为乐史转抄前代地志，多有错乱，这一段被放在信安县条之下，其实不在今开平境内，而仍然是在新会境内。

---

① 乐史：《太平寰宇记》卷一五七，第3021~3022页。
② 乐史：《太平寰宇记》卷一五七，第3031页。

新会县有乾闼婆城，乾闼婆之称源自印度教的歌舞神乾达婆（Gandharva），又名伎乐天，往往是人头鸟身的形象，① 所以在《太平寰宇记》中这一条的上一条恰好就是歌舞冈，歌舞冈多鷄鷩鸟。唐代《艺文类聚》卷九一引《南越志》："增城县多鵔鸃。鵔鸃，山鸡也。利距善斗，世以家鸡斗之则可擒也。光色鲜明，五采炫耀。"② 又引刘敬叔《类苑》："山鸡爱其毛，映水则舞。魏武时，南方献之。帝欲其鸣舞而无由，公子苍舒令以大镜着其前。鸡鉴形而舞，不知止，遂乏死。"③ 鵔鸃是山鸡，也即家鸡的祖先红原鸡。因为好斗，故看似起舞。古书记载的歌舞冈的地名似乎源自南越王赵佗，这可能有两种情况。第一种情况是确实源自赵佗，但是被后来的印度人附会上了一个梵语的名字。第二种情况是歌舞冈的地名源自越人或南亚人，但是被附会到赵佗的身上。

印度人擅长歌舞，印度教中也有很多涉及歌舞的文化因素。印度教三大主神之一的湿婆就是舞蹈之王，舞蹈被看成是重要的宗教表达方法。乾闼婆城的名字，反映了印度教和南亚歌舞文化对江门的影响。

## 三　百叠冈源自棉布

乐史《太平寰宇记》卷一五七广州信安县：

> 金台冈，在县东北九十里，在海中。形如覆船，因号覆船山，行人恶之，改为金台冈。叠地山，在县西南一百六十里。山形如地叠，因名。……优昙钵，似琵琶，无花而实。……又有茉莉树，叶如栀子，花如蔷薇也。……又有百叠冈，重叠有百数。④

这一段夹在信安县条下，其实是在废冈州条之下，在今新会县。冈州城就是新会城，源自金台冈。金台冈在新会县东北九十里，古代确实在海中。如果在今开平东北九十里，则不可能在海中。

---

① 施勒伯格：《印度诸神的世界——印度教图像学手册》，范晶晶译，中西书局，2016，第 136～137 页。
② 欧阳询：《艺文类聚》卷九一《鸟部中·山鸡》，上海古籍出版社，1982，第 1587 页。（下引此书同此版本，不再注明）
③ 欧阳询：《艺文类聚》卷九一《鸟部中·山鸡》，第 1587 页。
④ 乐史：《太平寰宇记》卷一五七，第 3022～3023 页。

叠地山在新会县西南一百六十里，可能在今台山市西部。台山是明代弘治十二年（1499）才从新会县分出，叠地山原属新会县。

叠地山或许就是百叠冈，所谓百山重叠是后世汉族文人望文生义，百叠或许源自白叠布，即棉布，从印度传入南洋和中亚、西亚等地。《后汉书·南蛮西南夷传》记载哀牢有帛叠布，李贤注引《外国传》："诸薄国女子，织作白叠花布。"[①]诸薄即爪哇（Java）的音译，指今苏门答腊岛而非今爪哇岛。[②]《太平御览》卷八二〇引鱼豢《魏略》，魏文帝诏："江东太末布为白，而不如白叠布鲜洁也。"[③] 又引吴笃《赵书》记载石勒建平二年，大宛献白叠。[④]《齐民要术》卷十引张勃《吴录·地理志》称交趾安定县木棉树，可作白緤布。[⑤]《后汉书·王符传》提到绨緤，李贤注："今叠布也。"[⑥] 法显译《大般涅槃经》卷下有细毣，《宋书》卷九七记载呵罗单国（在今苏门答腊岛东南部）进贡"天竺国白叠古贝"[⑦]，《梁书》卷五四记载扶南国（今柬埔寨）："王坐则偏踞翘膝，垂左膝至地，以白叠敷前，设金盆香炉于其上。"[⑧] 同卷记载天竺国（今印度）的物产有"细摩白叠"[⑨]，又记载高昌国（今吐鲁番）："草实如茧，茧中丝如细纩，名为白叠子，国人多取织以为布。布甚软白，交市用焉。"[⑩]

草棉最早从印度传入扶南和高昌，《魏书》卷一〇二康国（今撒马尔罕）物产有"白叠"。[⑪] 赵汝适《诸蕃志》记天竺国物产有"白叠"。[⑫]《旧唐书》卷一九七记婆利国："有古贝草，缉其花以作布，粗者名古贝，细者名白毣。"[⑬] 婆利即文莱、渤泥（Brunei），指今加里曼丹岛。古贝是吉贝之误，即棉花的音译。夏德（Hirth）认为吉贝源自马来语棉花"kāpas"，劳费尔（Berthold Laufer）认为巴那

① 《后汉书》卷八六《南蛮西南夷传》，中华书局，1965，第2849~2850页。（下引此书同此版本，不再注明）
② 周运中：《中国南洋古代交通史》，厦门大学出版社，2015，第140~141页。
③ 李昉等撰《太平御览》卷八二〇《布帛部》，中华书局，1960，第3649页。（下引此书同此版本，不再注明）
④ 李昉等撰《太平御览》卷八二〇《布帛部》，第3653页。
⑤ 缪启愉、缪桂龙：《齐民要术译注》卷一〇，上海古籍出版社，2006，第834页。
⑥ 《后汉书》卷四九《王符传》，第1635页。
⑦ 《宋书》卷九七《夷蛮传》，中华书局，1974，第2381页。（下引此书同此版本，不再注明）
⑧ 《梁书》卷五四《诸夷传》，中华书局，1973，第790页。（下引此书同此版本，不再注明）
⑨ 《梁书》卷五四《诸夷传》，第797页。
⑩ 《梁书》卷五四《诸夷传》，第811页。
⑪ 《魏书》卷一〇二《西域传》，中华书局，1974，第2281页。（下引此书同此版本，不再注明）
⑫ 赵汝适：《诸蕃志》卷上《天竺国》，中华书局，1996，第86页。
⑬ 《旧唐书》卷一九七《南蛮传》，中华书局，1975，第5271页。（下引此书同此版本，不再注明）

语棉花 "köpaih" 最接近吉贝，源自中南半岛。他还认为白叠源自波斯语，叠源自波斯语的丝锦 "dibā"，白源自波斯语的棉花 "pambak"。① 藤田丰八认为白叠源自波斯语，巴利文 "patāka" 和现代波斯语的 "bagtak" 是同源字。② 保罗·伯希和（Paul Pelloit）、薛爱华（Edward H. Schafer）等人认为棉花源自梵语 "karpāsa" 及其衍生词马来语 "kāpas"，伯希和认为白叠的白是汉语。③

　　笔者曾指出《魏书·西域传》第二部分出自一篇不知作者的西域行记，所记内容涉及十国。记叠伏罗国："国中有勿悉城。城北有盐奇水，西流。有白象，并有阿末黎，木皮中织作布。土宜五谷。世宗时，其国王伏陀末多遣使献方物，自是每使朝贡。"④ 阿末黎即草棉，又有白象，应在印度，叠伏罗即达胡姆（Dahum），《世界境域志》第 10 章："N. Mays、哈尔坎德（Harkand）、乌尔兴（Urshin）、S. M. Nd. R、安德拉斯（Andras），这五个城皆位于海边，其王权属于达胡姆（Dahum）……这些国家出产大量的好棉花……该国有很多象。" 乌尔兴是奥里萨邦（Orissa），S. M. Nd. R 是沙摩陀罗（Samudra），安德拉斯是安德拉邦（Andhra），达胡姆也在印度东南部。⑤ 即《大唐西域记》卷十所记驮那羯磔迦国："周六千余里，国大都城周四十余里。土地膏腴，稼穑殷盛。" 巴利文碑写作 "Dhanakatana"，意为熟谷，在今安德拉邦的克里希纳（Kirshna）河下游，都城在柏兹瓦达（Bezwada），即今维杰亚瓦达（Vijayawada）。北凉县无谶译《大方等无想经》卷六："七百年后是南天竺。有一小国名曰无明。彼国有河名曰黑暗。南岸有城名曰熟谷。其城有王名曰等乘。" 黑暗河是克里希纳河，"Kirshna" 意为黑色，⑥ 叠伏罗国的勿悉城即 "Bezwada" 的音译。⑦

　　前秦王嘉《拾遗记》卷二：

　　　　有因祇之国，去王都九万里，献女工一人。体貌轻洁，被纤罗杂绣之衣，长袖修裾，风至则结其衿带，恐飘飖不能自止也。其人善织，以五色丝内于口中，手引而结之，则成文锦。其国人来献，有云昆锦，文似云从山岳中出也。

① 劳费尔：《中国伊朗编》，林筠因译，商务印书馆，1964，第 316~320 页。
② 藤田丰八：《中国南海古代交通丛考》，何健民译，山西人民出版社，2015，第 462~465 页。
③ 薛爱华：《撒马尔罕的金桃——唐代舶来品研究》，吴玉贵译，社会科学文献出版社，2016，第 505 页。
④ 《魏书》卷一〇二《西域传》，第 2278 页。
⑤ 佚名著，王治来译注《世界境域志》，上海古籍出版社，2010，第 56 页。
⑥ 玄奘、辩机原著，季羡林等校注《大唐西域记校注》，中华书局，2000，第 839~842 页。
⑦ 周运中：《西域丝绸之路新考》，花木兰文化事业有限公司，2020，第 147~148 页。

有列堞锦，文似云霞覆城雉楼堞也。有杂珠锦，文似贯珠佩也。有篆文锦，文似大篆之文也。有列明锦，文似列灯烛也。幅皆广三尺。其国丈夫勤于耕稼，一日锄十顷之地。又贡嘉禾，一茎盈车。①

因祗国就是印度，祗的上古音是端母脂部"tyei"，所以因祗译"India"。印度在热带，稻穗很大，收获很多，对应驮那羯磔迦的原义是熟谷。云昆锦，是云在山上的意思。列堞锦，是连续的城堞，这种从西域传来的纹样影响了中原。② 杂珠锦，纹理类似珠串，是一种从西域传来的常见连珠纹，唐初进入中原，非常盛行。篆文锦上的篆文当然不是中国的大篆，而是类似大篆的文字。新疆出土的古代织锦，有模仿汉字的纹样。③ 笔者已经考证的《拾遗记》中的很多记载都有根据，包括此条。④

棉花或许很早就从南亚传入江门，虽然不确定百叠冈的语源像谭波罗、乾闼婆那样来自外国，但是优昙钵可以确定是无花果的梵语"Udumbara"，茉莉的语源是梵语的"mallikā"。⑤ 从南亚传入江门的异域植物可能还不止无花果、茉莉和棉花。嵇含的《南方草木状》记载了很多来自西方的植物，包括茉莉花，笔者对此曾有考证，⑥ 应该有一些传入江门。

## 四　中古时代江门在海上交通中的地位

很多南亚人在东汉末年就来到岭南，《三国志·士燮传》说交州（今河内）："车骑满道，胡人夹毂焚烧香者常有数十。"⑦ 苍梧郡广信县（今封开县）人牟子著有中国早期佛教名著《理惑论》，他很可能是在交趾信佛。广州名刹光孝寺原为孙吴虞翻之宅，家人舍宅建寺。传说因为有诃子树林，寺又被称为诃林。其实这是讹传，诃林即伽蓝，音近。因此新会郡、冈州出现梵语地名，传入印度教和棉花，实属正常。

---

① 王嘉撰，齐治平校注《拾遗记校注》，中华书局，1981，第50页。
② 赵丰、齐东方主编《锦上胡风——丝绸之路纺织品上的西方影响（4～8世纪）》，上海古籍出版社，2011，第68页。
③ 赵丰：《锦程：中国丝绸与丝绸之路》，香港城市大学出版社，2012，第123页。
④ 周运中：《道士开辟海上丝绸之路》，花木兰文化事业有限公司，2020，第97～105页。
⑤ 劳费尔著《中国伊朗编》，林筠因译，商务印书馆，1964，第157页。
⑥ 周运中：《汉晋道士杂记中的中外交流史料考》，又见周运中《道士开辟海上丝绸之路》，第107～113页。
⑦ 《三国志》卷四九《士燮传》，中华书局，1959，第1192页。

东晋首次设新会郡，《宋书·州郡志四》记广州："新会太守，晋恭帝元熙二年，分南海立。《广州记》云：'永初元年，分新宁立，治盆允。'未详孰是。"①晋恭帝元熙二年和刘宋武帝永初元年都是 420 年，新会郡靠近南海郡，应是从南海郡而不是从新宁郡分出。《隋书·地理志下》记广州新会县："旧置新会郡，平陈，郡废，又并盆允、永昌、新建、熙潭、化召、怀集六县入，为封州。十一年改为允州，后又改为冈州。大业初州废，并废封乐县入。"②隋初省并很多州郡县，新会郡反而升为州，延续 16 年，这证明新会的经济和政治地位从南朝到隋代越来越高。

南朝新会郡守冯氏家族来自北燕，《隋书·谯国夫人传》："梁大同初，罗州刺史冯融闻夫人有志行，为其子高凉太守宝娉以为妻。融本北燕苗裔，初，冯弘之投高丽也，遣融大父业以三百人浮海归宋，因留于新会。自业及融，三世为守牧，他乡羁旅，号令不行。至是，夫人诚约本宗，使从民礼。每共宝参决辞讼，首领有犯法者，虽是亲族，无所舍纵。自此政令有序，人莫敢违。"③有些人怀疑冯氏不是来自北燕，其实这很有可能，因为《隋书·经籍志二》史部地理类书有："《珠崖传》一卷，伪燕聘晋使盖泓撰。"④珠崖在晋的最南端，但是撰写《珠崖传》的却是从燕国来到东晋的使者，这是因为东晋和前燕很多有使节来往，⑤海上航行船只会被大风吹到其他地方，《晋书·慕容廆载记》记载晋成帝咸和五年（330）到咸和六年："（慕容）廆使者遭风没海。"⑥盖泓很可能漂流到海南岛，所以撰有《珠崖传》。鉴真东渡，也曾被风吹到海南岛。冯氏从辽东漂流到广东很正常，如果是岭南当地之人伪托汉族冯氏，自然可以选择中原名郡，何必要选择一个北方小国的流亡宗室呢？

隋初冈州首领是冯岑翁，《谯国夫人传》："夫人亲被甲，乘介马，张锦伞，领彀骑，卫诏使裴矩巡抚诸州，其苍梧首领陈坦、冈州冯岑翁、梁化邓马头、藤州李光略、罗州庞靖等皆来参谒。"⑦此时隋朝尚未设冈州，这是地方自立的冈州。冯氏本来是洗氏姻亲，自然顺利招降。

萧梁时王僧孺："寻出为南海太守，郡常有高凉生口及海舶每岁数至，外国贾

① 《宋书》卷三八《州郡志四》，第 1198 页。
② 《隋书》卷三一《地理志下》，中华书局，1973，第 881 页。（下引此书同此版本，不再注明）
③ 《隋书》卷八〇《谯国夫人传》，第 1801 页。
④ 《隋书》卷三三《经籍志二》，第 983 页。
⑤ 黎虎：《六朝时期江左与东北地区的交通》，《魏晋南北朝史论》，学苑出版社，1999。
⑥ 《晋书》卷一〇八《慕容廆载记》，中华书局，1974，第 2810 页。
⑦ 《隋书》卷八〇《谯国夫人传》，第 1802~1803 页。

人以通货易。旧时州郡以半价就市，又买而即卖，其利数倍。"① "高凉生口"就是来自高凉郡的奴隶，这很可能是指南海昆仑奴。"海舶"是来自外国的商船，很多商品卖到广州。萧梁时："广州边海，旧饶，外国舶至，多为刺史所侵，每年舶至不过三数。及（萧）励至，纤毫不犯，岁十余至。俚人不宾，多为海暴，励征讨所获生口宝物，军赏之外，悉送还台。"②

新会郡恰好在高凉郡和广州之间，是珠江最西部的出海口。正是因为占据海道要冲，才能在隋初升为州。谭波罗山、乾闼婆城、白叠冈等地名反映了新会郡和南亚的深入交往，这就解释了新会郡地位持续提高的原因，也解释了冯氏、冼氏兴起的真正根源。

以往研究中古时代中国和南亚的海上文化交流时，偏重建康、广州等大都市的佛教，没有关注岭南的南部海岸，没有想到印度教文化和棉花早已深入州县的乡野山村。其实不只是岭南的海岸，笔者还曾经考证过广东内陆的罗定县和海外的联系，罗定向南经过阳江联系海外。③ 1983 年，罗定县罗镜镇鹤咀山南朝晚期墓葬出土的金手镯有神兽和忍冬纹图，有明显的西亚风格。金戒指也是用纯金制成，也是来自海外之物。④《太平寰宇记》卷一六四记康州土产："荆杨树，一名豕树，皮白，味如脂。《异物志》云：'斯调州有木名摩树，汁如脂。'"⑤ 记泷水县（治今罗定县南）："有树冬荣，子曰猪肪，大如杯，其肉如肪，炙而食之，其味似猪肉而美焉。"⑥ 劳费尔认为斯调是叶调之误，叶调即爪哇（Java）。北宋的唐慎微《证类本草》卷二三引《异物志》："木有摩厨，生自斯调。厥汁肥润，其泽如膏。馨香射，可以煎熬，彼州之人，仰以为储。斯调，国名也。"费琅（Ferrand）指出摩厨即爪哇的木橘（maja）树。⑦ 木橘主要产自东南亚，罗定古代的木橘树很可能来自海外。

康州土产还有大甲香，也来自海外，东晋葛洪《太清金液神丹经》："唯夫甲香螺蚌之伦，生于歌营、句稚之渊。"歌营国在今马来西亚的巴生（Klang），句稚

① 《梁书》卷三三《王僧孺传》，第 470 页。
② 《南史》卷五一《梁宗室传》，中华书局，1975，第 1262 页。
③ 周运中：《罗定通往海上丝绸之路的古道》，王元林、刘炳权主编《罗定：南江古道与"一带一路"文化论坛论文集》，广东旅游出版社，2017。
④ 罗定县博物馆：《广东罗定县鹤咀山南朝墓》，《考古》1994 年第 3 期，第 216~220 页。
⑤ 乐史：《太平寰宇记》卷一六四，第 3134 页。
⑥ 乐史：《太平寰宇记》卷一六四，第 3137 页。
⑦ 费琅：《叶调斯调与爪哇》，《西域南海史地考证译丛》第二编，冯承钧译，商务印书馆，1995，第 96~104 页。

国在今泰国素叻他尼府。① 孙吴万震《南州异物志》："甲香，螺属也。大者如瓯，面前一边直，才长数寸，围壳岨峿有刺。其掩可合众香烧之，皆使益芳，独烧则臭。"② 南朝宋刘义庆《世说新语·汰侈》说石崇的厕所"置甲煎粉、沉香汁之属"。③ 庾信《镜赋》："脂和甲煎。"④ 康州治所端溪县在今德庆，南部是泷水县，康州土产大甲香很可能来自泷水县，源头在海外。

　　从中古时代江门的几个源自梵语的地名可以看出，南亚文化对岭南的南部沿海影响很深，只不过是因为这些地方汉化较晚，留下的早期文献较少，所以我们以前不是很清楚这些交流史。

① 周运中：《中国南洋古代交通史》，厦门大学出版社，2015，第88、138页。
② 李昉等撰《太平御览》卷九八二，中华书局，1960，第4349页。
③ 徐震堮校笺《世说新语校笺》卷下《汰侈》，中华书局，1984，第468页。
④ 庾信撰，倪璠注，许逸民点校《庾子山集注》卷一《镜赋》，中华书局，1980，第87页。

《中国与域外》第五辑（2023.06）第 186~198 页

# 安史之乱后唐蕃对峙下的海陆"丝路"

## ——以严怀志为线索

许超雄[*]

　　**摘　要：** 严怀志因平凉劫盟为吐蕃所俘，经十余年逃出吐蕃占领区，从河西走廊进入西域。当时唐军势力逐渐退出西域，在塔里木盆地北部，回鹘占据主导地位，并与吐蕃在北庭、西州等地进行争夺斗争，而吐蕃则占据南部地区。严怀志从吐蕃占据的南部地区经于阗等地进入葱岭以西的大食势力范围。当时，唐廷采取了"北和回纥，南通云南，西结大食、天竺"的政策，此举有利于大食、天竺从海路与唐的交流。正是在这样的背景下，严怀志从印度东北部的占波出发，泛海而归。他从路上丝路出发，又经海上回国，生动诠释了安史之乱后中亚格局的变化及其对海陆两条丝路的影响。

　　**关键词：** 严怀志　丝绸之路　大食　吐蕃　占波

　　丝绸之路作为一条沟通中外的交通要道，代表了中国悠久的对外交流历史。历史上中国通过陆、海两个渠道与外部进行交往，这两条道路被称为陆上丝绸之路与海上丝绸之路。[①] 陆上道路从长安或洛阳出发，经河西走廊至敦煌，过新疆，翻越阿尔泰山，进入中亚、伊朗等地，或者从中亚南下至印度，甚至进一步西进至欧洲。海上道路则从中国东部沿海港口出发，在季风气候助力下北上至朝鲜、日本等东亚国家，或者南下东南亚，经马六甲海峡至印度半岛、波斯湾，甚至远到非洲。

---

　　* 许超雄，上海师范大学人文学院讲师。

　　① "丝绸之路"的概念最早由德国地理学家李希霍芬提出，指中国长安与中亚之间的交通往来路线。后来"丝绸之路"的范围不断扩大，由狭义上的陆上丝绸之路发展为广义上的中外交流通道，"凡是古代中国到相邻各国的交通路线，不论是陆路还是海路，均称为'丝绸之路'"。见刘进宝《"丝绸之路"概念的形成及其在中国的传播》，《中国社会科学》2018 年第 11 期，第 181~202 页。

这两条对外交往的道路同时存在，但不同时期侧重点不同。①

在唐代前期，由于国力强盛，陆路与海路都非常繁荣。这一时期通过这两线同外界进行交往的记载不胜枚举，比较著名的有贞观年间玄奘取经及稍后的义净求法。二者都从大唐出发至印度学习佛法，并带回了佛教经典。不同的是，玄奘来回走的是陆路，而义净则是经海路。在玄奘、义净之前的东晋高僧法显则是从陆路出发，经西域至天竺，后从印度东部沿海乘船经海路回国。② 因为关于三位高僧的游历记载流传于世，故我们对于相关的细节有更多了解。

本文探讨的严怀志也是从陆路到达天竺，后经海路返回大唐。与玄奘和义净等人所处的时代相比，严怀志处在安史之乱后中亚局势发生根本性变化的背景之下。③ 此时，吐蕃、大食、回鹘对西域进行争夺，而唐失去安西、北庭、河西、陇右等地，吐蕃兵临关内道边缘，唐与吐蕃在京西北④地区展开攻防。严怀志在当时唐与吐蕃的战争中九死一生，深陷敌营十余年，最后又神奇般地回到了大唐。

关于严怀志的经历见于《册府元龟》卷一八一《帝王部·疑忌》、卷九四〇《总录部·患难》⑤ 所记叙文字基本相同，今引《册府元龟》卷九四〇如下：

> 严怀志以泾原裨将随浑瑊会吐蕃，吐蕃背盟，怀志等陷没。居吐蕃中十余年，逃入以西诸国，为所掠卖。又脱走，经十余国，至天竺占波国，泛海而归。贞元十四年，始至温州，征诣京师。德宗以怀志处蕃久，不欲令出外，囚之仗内。顺宗即位，乃释之。初，怀志之陷，父母俱存。及归，父母皆没，妻嫁他人。

本文接下来就以这段文字为切入点，结合当时的时代背景，尽量还原严怀志所

---

① 宋代以前，中原王朝的力量进入西域，保障了陆上丝路的畅通，故而这一时期的对外交流多侧重于陆路。宋代以后，由于中亚及东亚的形势发生了变化，中原王朝的力量难以进入，故海路的交流繁荣，而陆路则由于道路受阻逐渐没落。当然，元朝横跨欧亚，又进一步繁荣了陆路，但为时较短。

② 稍早于严怀志的新罗僧人慧超旅程方向则相反，即从海路出发至天竺，后经陆路回唐。见慧超原著，张毅笺释《往五天竺国传笺释》，中华书局，2006。

③ 当然，唐代还有人由陆路出发，经海路回国，此人便是《通典》作者杜佑的侄子杜环。杜环于天宝十载（751）在怛罗斯之战中被大食所俘，经历西亚、北非，后于宝应元年（762）乘商船回国。杜环将其经历写成《经行记》，惜已经失传，仅有部分内容收录于《通典》。目前有根据《通典》辑录，并加详细笺注的版本，见杜环著，张一纯笺注《经行记笺注》，中华书局，2006。

④ 由于唐代后期的西北边境位于关中边缘，靠近首都长安，唐人以"京西北"称之。

⑤ 王钦若等编纂，周勋初等校订《册府元龟》卷一八一《帝王部·疑忌》、卷九四〇《总录部·患难》，凤凰出版社，2006，第2010、10894页。（下引此书同此版本，不再注明）

行的交通路线。需要说明的是，本文对于严怀志经历的相关论述，由于没有更详细的材料佐证，只能做出推论，提供一个相对比较合理的解释。

一

严怀志参与会盟被吐蕃劫杀的事件，历史上称之为平凉劫盟，发生在唐德宗贞元三年（787）。当时吐蕃宰相尚结赞假意称要与唐签订和平协议，划定各自疆界。德宗面对吐蕃军队对关中地区的攻击，急于求和，于是就派遣了大将浑瑊在原州的平凉进行会盟。不曾想吐蕃在会盟过程中突然发动攻击，浑瑊幸免于难逃了出来，但唐军损失惨重。严怀志当时是泾原镇的将领，位于当时防御吐蕃的最前线，也参与了此事件。

平凉劫盟的背后涉及当时唐与吐蕃之间的关系变化。安史之乱前，吐蕃势力向西域及河西走廊渗透，与唐军发生冲突。唐廷设立了河西、陇右、安西及北庭等镇，以遏制吐蕃的攻势。但安史之乱爆发，"边兵精锐者皆征发入援，谓之行营，所留兵单弱，胡虏稍蚕食之；数年间，西北数十州相继沦没，自凤翔以西，邠州以北，皆为左衽矣"。[1] 唐先后丧失了陇右、河西、北庭、安西四镇之地，边防线东移，直接威胁首都长安，京西北边镇成为唐后期防御吐蕃的重点。吐蕃甚至一度攻入长安，迫使代宗逃至陕州避难。此后，唐廷调动关东军事力量，调整京西北的藩镇体制，构建防御体系，艰难地防御吐蕃的军事进攻。[2]

代宗死后，其子德宗继位，为了解决东部的河北藩镇问题，主动向吐蕃示好，以获得稳定的外部环境，唐与吐蕃间的关系得以缓和。与此同时，德宗从关中向东部派遣大量的军事力量，造成关内空虚，后因泾原兵变引起关内大动乱。德宗仓皇出逃至奉天，被叛军拥立的朱泚围攻，其后朔方军节度使李怀光叛乱，又迫使德宗逃至梁州。即便是在这样的背景下，吐蕃也没有乘乱发动进攻，甚至帮助唐军于武

① 司马光编著《资治通鉴》卷二二三，唐代宗广德元年七月条，中华书局，1956，第7146~7147页。（下引此书同此版本，不再注明）

② 相关研究可参见黄利平《唐京西北藩镇述略》，《陕西师大学报》（哲学社会科学版）1991年第1期，第89~93页；黄利平《中晚唐京西北八镇考》，《中国历史地理论丛》2004年第2期，第72~84页；曾超《试论唐代中期边兵的重建、命名及影响》，《青海民族学院学报》（社会科学版）2004年第1期，第60~64页；邵明华《安史之乱后唐朝京西北边防线的重建和巩固》，《社会科学辑刊》2007年第6期，第172~177页；胡岩涛《代宗朝唐蕃关陇战争与京都防御体系的构建》，《西北民族大学学报》（哲学社会科学版）2016年第4期，第97~103页；李碧妍《危机与重构：唐帝国及其地方诸侯》第二章"关中：有关空间的命题"，北京师范大学出版社，2015，第114~249页。

功打败了朱泚叛军韩旻一部。① 当然，吐蕃之所以对唐如此友好，是因为存在着利益交换——唐德宗向吐蕃承诺"许成功以伊西、北庭之地与之"。

但是当叛乱平定后，德宗出于在西线牵制吐蕃的考虑，拒绝践行承诺，唐蕃关系迅速恶化。② 贞元二年（786）开始，吐蕃开始大规模进攻唐境。贞元二年八月以来，吐蕃对关内道西部的泾原、邠宁、凤翔等地大举进攻，"掠人畜，取禾稼，西境骚然。诸道节度及军镇咸闭壁自守而已"。③ 唐廷紧急调动中央的神策军驻于咸阳等要地。同时，凤翔尹、充凤翔陇右节度等使、泾原四镇北庭行营兵马副元帅李晟统帅京西藩镇兵马，④ 打退了吐蕃对凤翔城的进攻，甚至主动进攻吐蕃占据的摧沙堡，"大破之，焚其归积，斩蕃酋扈律设赞等七人"，反过来给予吐蕃沉重一击。在西线战事无法获得进展的情况下，吐蕃宰相尚结赞把进攻重心放到了以盐州、夏州为中心的北线。贞元二年十一月，吐蕃陷盐州，十二月，"陷夏州，刺史拓跋乾晖率众而去，复据其城。又寇银州，素无城壁，人皆奔散"。北线的防御薄弱，唐军猝不及防。尚结赞占据盐州、夏等州后，"各留千余人守之"，自己则率大军屯于灵州的鸣沙。⑤ 鸣沙位于河西走廊进入关内道的要道之上，向东可进入盐、夏、麟诸州；向东南，可进入泾原、邠宁。⑥ 显然，尚结赞做好了长期攻掠的准备。不过，吐蕃军队进入盐、夏之地，水土不服，"羊马多死，粮饷不给"，同时德宗命令关内军队"屯于塞上"，再以河东马燧军于石州，从东、南两侧对吐蕃军队实行了围堵防御。⑦ 在此压力下，尚结赞难以进一步南下对关内进行攻掠，只能被迫撤出灵、夏地区。当时防御吐蕃的军队主要由李晟、浑瑊、马燧率领，在尚结赞眼中"唐之良将，李晟、马燧、浑瑊而已，当以计去之"。⑧ 于是，一场离间德宗君臣的阴谋就此展开，而平凉劫盟就是这个计划的一部分。

对于德宗来说，他本不想与吐蕃大规模开战，但低估了拒绝给予伊西、北庭之地的后果。贞元二年八月，吐蕃对唐发动攻势时，德宗迅速任命检校左庶子、兼御

---

①　《旧唐书》卷一二《德宗纪上》，中华书局，1975，第 342 页。（下引此书同此版本，不再注明）

②　司马光编著《资治通鉴》卷二三一，唐德宗兴元元年七月条，第 7442 页。

③　《旧唐书》卷一九六下《吐蕃传下》，第 5249 页。

④　《旧唐书》卷一二《德宗纪上》，第 345 页。

⑤　《旧唐书》卷一九六下《吐蕃传下》，第 5249~5250 页。

⑥　史念海：《河山集四集》，《史念海全集》第 4 卷，人民出版社，2013，第 91 页。

⑦　《旧唐书》卷一九六下《吐蕃传下》，第 5250 页。

⑧　司马光编著《资治通鉴》卷二三二，唐德宗贞元二年九月条，第 7473 页。

史中丞崔瀚为入吐蕃使，相隔不久又派遣左庶子李铦前往吐蕃阵营与其修好。当唐军对北线的吐蕃军队实行对峙防御，而吐蕃因粮草问题从盐州、夏州撤军后，德宗又拒绝了吐蕃的请和。尚结赞"又遣其大将论颊热厚礼卑词求燧请盟，燧以奏焉，上又不许，惟促其合势讨逐。燧喜赂信诈，乃与颊热俱入朝，盛言其可保信，许盟约，上于是从之"，德宗最终答应了会盟。①

当然，德宗态度倾向于和，与唐内部的政治斗争密切相关，更确切地说是与李晟与宰相张延赏之间的冲突有关。李晟与张延赏在大历末（约779）因官妓结怨，贞元元年张入朝为宰相，凤翔节度使李晟"表论延赏过恶"，德宗"重违晟意"，"改授左仆射"。三年，因浙西观察使韩滉曾有恩于李晟，德宗命韩滉出面协调，"因会宴说晟使释憾，遂同饮极欢，且请晟表荐为相，晟然之，于是复加同中书门下平章事"。不过，李、张二人并没有因此而和好，张延赏谋划罢黜李晟兵权。②李晟是收复长安，平定叛乱的头号功臣，可以说是当时功臣武将的代表，德宗"重违晟意"，即难于违反其意而勉强遵从，而后协调李晟与张延赏的关系才让张复位宰相，显然是出于对李晟的重视。李晟反对张延赏，是德宗不愿意看到的，更为严重的是他的功臣身份和拥有的兵权，迫使德宗"重违晟意"。李晟必然引起德宗的猜忌与不安。

在对待吐蕃的态度上，李晟反对与吐蕃议和，他认为吐蕃不可信，应该对其采取强硬态度，张延赏则主张应该接受吐蕃的和议。《资治通鉴》云：

> 初，吐蕃尚结赞得盐、夏州，各留千余人戍之，退屯鸣沙；自冬入春，羊马多死，粮运不继，又闻李晟克摧沙，马燧、浑瑊等各举兵临之，大惧，屡遣使求和，上未之许。乃遣使卑辞厚礼求和于马燧，且请修清水之盟而归侵地，使者相继于路。燧信其言，留屯石州，不复济河，为之请于朝。
>
> 李晟曰："戎狄无信，不如击之。"韩游瑰曰："吐蕃弱则求盟，强则入寇，今深入塞内而求盟，此必诈也！"韩滉曰："今两河无虞，若城原、鄜、洮、渭四州，使李晟、刘玄佐之徒将十万众戍之，河、湟二十余州可复也。其资粮之费，臣请主办。"上由是不听燧计，趣使进兵。燧请与吐蕃使论颊热俱入朝论之，会滉薨，燧、延赏皆与晟有隙，欲反其谋，争言和亲便。上亦恨回

---

① 《旧唐书》卷一九六下《吐蕃传下》，第5250页。
② 《旧唐书》卷一二九《张延赏传》，第3608页。

纪，欲与吐蕃和，共击之，得二人言，正会己意，计遂定。①

德宗在战与和之间，受到了大臣间政治斗争的影响。贞元初年，由于战乱破坏再加上天灾，中央财政非常困难，韩滉所掌控的江南财赋给予了朝廷极大支持，故其从雄藩一跃而为权相。② 当时德宗不得不倚仗韩滉财赋的支持，马燧、张延赏的影响力显然是比不上韩滉的。韩滉死后，主战派失去了一股重要力量，而主和的马燧与张延赏则抓住了德宗猜忌李晟及仇恨回鹘的软肋，③ 成功将德宗拉回到主和阵营中。在张延赏的怂恿下，德宗解除了李晟的兵权，加太尉兼中书令，将其征调入朝。④

此后，经过交涉，双方决定在原州平凉进行会盟，唐廷派出河中节度使浑瑊主盟。不料在平凉，吐蕃突然对唐军发动进攻，浑瑊虽然逃了出来，但唐军损失惨重。尚结赞本想"离间李晟，因马燧以求和，欲执浑瑊以卖燧，使并获罪，因纵兵直犯长安"，⑤ 虽然没有达到"纵兵直犯长安"的目的，但马燧因受吐蕃贿赂主张求和，导致唐军惨败，再加上尚结赞煽风点火，⑥ 引起了德宗的猜疑。后令马燧为司徒兼侍中，解除其河东兵权，将其征召入朝。⑦

平凉会盟惨败后，德宗一度"欲出幸以避吐蕃，大臣谏而止"，⑧ 局势危急。尚结赞利用唐廷君臣矛盾使用离间计，不仅使唐军损失惨重，更使德宗蒙受巨大的耻辱。唐廷也不再信任吐蕃，对于吐蕃提出的再次和议的请求，也予以拒绝，甚至

---

① 司马光编著《资治通鉴》卷二三二，唐德宗贞元三年三月条，第7482~7483 页。
② 李碧妍对韩滉的崛起有详细探讨，可参见《危机与重构：唐帝国及其地方诸侯》，北京师范大学出版社，2015，第457~497 页。
③ 德宗痛恨回鹘，主要是因为宝应元年（762），时为雍王的德宗任天下兵马元帅，率领诸军平定史朝义，在陕州被回鹘羞辱。见司马光编著《资治通鉴》卷二二二，唐代宗宝应元年十月条，第7133页。贞元四年（788），回纥可汗上表，改称"回鹘"，取"回旋轻捷如鹘"之义，本文叙述通称回鹘。
④ 《旧唐书》卷一二《德宗纪上》，第355~356 页。
⑤ 司马光编著《资治通鉴》卷二三二，唐德宗贞元三年六月条，第7488 页。
⑥ 尚结赞在劫盟后，故意放了马燧的侄子马弇，当着马弇面说道："胡以马为命，吾在河曲，春草未生，马不能举足，当是时，侍中渡河掩之，吾全军覆没矣！所以求和，蒙侍中力。今全军得归，奈何拘其子孙！"将马弇与宦官俱文珍、浑瑊将马宁一起释放。胡三省就指出，"独遣弇归，尚结赞虽有此言，马燧讳之，掩覆而不传矣。俱文珍归，则必言之于帝。马宁归，则必言之于浑瑊。中外传播，燧不可得而掩也。所以间燧，可谓巧矣"（司马光编著《资治通鉴》卷二三二，唐德宗贞元三年五月条及胡三省注，第7488 页）。
⑦ 《旧唐书》卷一二《德宗纪上》，第357 页。
⑧ 司马光编著《资治通鉴》卷二三二，唐德宗贞元三年闰五月条，第7487 页。

连使者也不纳。①

至此，唐与吐蕃关系下降到了冰点。严怀志的故事也正是在这样的背景下发生的。

## 二

严怀志被俘虏后被押往何地，受到怎样的对待，我们并不是很清楚。不过，同时被俘虏人员的相关情况有助于我们对此的了解。从相关记载看，除浑瑊裨将辛荣力屈而降外，监军宋凤朝及浑瑊的判官韩弇均为乱兵所杀，会盟的副使崔汉衡"及中官刘延邕、俱文珍、李清朝，汉衡判官郑叔矩、路泌，掌书记袁同直，大将扶余准及神策、凤翔、河东大将孟日华、李至言、乐演明、范澄、马弇等六十余人皆陷焉。余将士及夫役死者四五百人，驱掠者千余人，咸被解夺其衣"。②除崔汉衡、俱文珍、马宁与马燧侄子马弇等不久后被吐蕃放回外，其他多数被押解至吐蕃占领的河陇地区。

崔汉衡及其随从吕温等被"尽驱而西"，至原州故城后，吐蕃"囚汉衡、叔矩河州，辛荣廓州，扶余准鄯州"。③押解途中，其待遇也非常不好："既已面缚，各以一木自领至趾约于身，以毛绳三束之，又以毛绳连其发而牵之。夜皆踣于地，以发绳各系一橛，又以毛𦋺都覆之，守卫者卧其上，以防其亡逸也。"④即便是至关押地后，其待遇也是如此。

当时禁军李骖参与护边，被吐蕃俘虏，"赞普令与扶余准偕牧，苦役辱之"，后"乌重玘使西域"，经过与吐蕃宰相交涉，李骖和扶余准二人才得以归还，"凡没西域三十三年"。⑤根据《新唐书》，"（元和）十二年（817），赞普死，使者论乞髯来，以右卫将军乌重玘、殿中侍御史段钧吊祭之"，当指此事。⑥不过《新唐书》未提及西域之说。扶余准最初被关在鄯州，鄯州属陇右。"西域"一般认为是敦煌玉门关以西区域，当时吐蕃确实在西域与回鹘争霸。通常情况下，吐蕃赞普应

---

① 司马光编著《资治通鉴》卷二三三，唐德宗贞元三年八月条："吐蕃尚结赞遣五骑送崔汉衡归，且上表求和；至潘原，李观语之以'有诏不纳吐蕃使者'，受其表而却其人。"

② 《旧唐书》卷一九六下《吐蕃传下》，第 5252 页。

③ 《新唐书》卷二一六下《吐蕃传下》，中华书局，1975，第 6096 页。（下引此书同此版本，不再注明）

④ 《旧唐书》卷一九六下《吐蕃传下》，第 5252 页。

⑤ 王钦若等编纂，周勋初等校订《册府元龟》卷四四四《将帅部·陷没》，第 5009~5010 页。

⑥ 《新唐书》卷二一六下《吐蕃传下》，第 6095 页。

该在逻些（即拉萨），但赞普牙帐会随着季节变化和政事需要而移动。可能当时吐蕃赞普牙帐在西域，故乌重玘需要前往西域。不过，由于孤证不立，这里的西域可能只是一个比较泛的说法，并不是很精确。

从郑叔矩、扶余准的境况，我们可以推测出，平凉被俘虏的唐军将士被关押在陇右诸州，甚至可能有被关押在河西甚至西域者。严怀志"居吐蕃中十余年"，这里的"吐蕃中"应该就是指吐蕃占领的陇右、河西等地，[①] 严怀志于贞元三年（787）被俘，贞元十四年回国，则严怀志大致在贞元十三年从吐蕃占领的区域往西逃去。

一般来说，从吐蕃占领区回唐，最近的路线应该是向东沿河西走廊，经陇右进入唐的京西北地区，但此方向是唐与吐蕃对峙的主要交锋路线，吐蕃驻有重兵，不容易逃脱进入唐境。严怀志选择往西，应该是考虑到该区域吐蕃势力比东部弱，容易逃脱。这就涉及当时吐蕃、回鹘、大食在中亚的争夺。

安史之乱爆发后，安西、北庭兵马被东调平叛，吐蕃也对西域的唐军展开了攻势。"自河、陇陷虏，伊西、北庭为蕃戎所隔"，通往西域的交通被阻断，留守西域的唐军直到建中二年（781）经回鹘道才与长安通消息。[②] 留守西域的唐军顽强抵抗，但贞元以来唐蕃全面开战，唐无力给安西、北庭的唐军以实质性支援，大约在贞元后期，西州被破，唐的势力彻底退出西域，被回鹘取代，[③] 此后西域成了回鹘与吐蕃角逐的战场。

回鹘与吐蕃争夺的前线大致在西域北部的西州、北庭一带，而南部的于阗则被吐蕃控制。贞元六年，吐蕃陷北庭，第二年，"回纥遣使献败吐蕃、葛禄于北庭所捷及其俘畜"。[④] 由此可见，北庭经历了吐蕃、回鹘的争夺，最终落入回鹘之手，此后回鹘进一步对西州进行进攻。[⑤] 南部的于阗大约在790~796年被吐蕃占领，吐

---

① 河西的敦煌于贞元二年陷落。参见陈国灿《唐朝吐蕃陷落沙州城的时间问题》，《敦煌学辑刊》1985年第1期，第1~7页。此后，吐蕃完全占据了河西之地。

② 《旧唐书》卷一二《德宗纪上》，第329页。

③ 关于西州沦陷时间，《元和郡县图志》与出土的敦煌吐鲁番文献提供的信息存在差异，有贞元七年、八年之说，甚至贞元十一年西州还在使用唐的年号。荣新江根据敦煌文书 P.2132《金刚般若波经宜演》卷下不同时间的题记，指出贞元十九年西州仍使用唐朝纪年，西州先是被吐蕃占据，后一度被唐重新占领，最后为回鹘所有。参见荣新江《摩尼教在高昌的初传》，刘东主编《中国学术》第1辑，商务印书馆，2000，第168~169页。

④ 《旧唐书》卷一九五《回纥传》，第5209~5210页。

⑤ 长庆元年（821），"回鹘奏：以一万骑出北庭，一万骑出安西，拓吐蕃以迎太和公主归国"。（《旧唐书》卷一九五《回纥传》，第5211页）可知，回鹘在贞元以后基本上占据了安西、北庭之地。

蕃在于阗采取羁縻性质的统治方式，大约半个世纪后，吐蕃瓦解，于阗才获得完全的独立。①

从当时西域的形势看，严怀志出逃时正好处在吐蕃与回鹘及唐军势力争夺北部西州的背景之下。总的来说，北部主要是回鹘的势力范围，而南部则是吐蕃的控制区域。

如果从当时唐与回鹘、吐蕃的关系看，尽管德宗早期唐与回鹘间爆发冲突，②德宗本人对被回鹘羞辱的往事难以释怀，但唐与回鹘还是保持了和平的关系。相比于吐蕃，唐军一方的严怀志应该偏向于走北道，这样有利于通过回鹘的势力范围回唐。玄宗时期出使中亚，后出家为僧，游历印度的悟空就是在贞元六年（790）从北庭走回鹘道，到达长安的。③但从严怀志的记载看，他"逃入以西诸国"，并没有走回鹘道回国。

笔者认为他是从南边吐蕃的势力范围经过于阗，再逃入天竺，而这可能跟回鹘杀害伊西北庭节度使杨袭古造成的影响有关。《旧唐书·德宗纪下》："是岁（贞元六年），吐蕃陷我北庭都护府，节度使杨袭古奔西州。回纥大相颉干迦斯给袭古，请合军收复北庭，乃杀袭古，安西因是阻绝，唯西州犹固守之。"④在敦煌文书 P.3918《金刚坛广大清净陀罗尼经》题记中有"至今大唐贞元九年……其经去年西州顷陷，人心苍忙，收拾不着"之语，作者为唐伊西庭节度留后使判官朝散大夫试太仆卿赵彦宾，他被吐蕃俘虏至甘州。⑤从赵彦宾的例子看，安西、北庭的唐军被吐蕃俘虏后，应该有的被送至河西走廊的敦煌一带，有关西州、北庭的消息也随之而来。严怀志无论是走北道还是南道，必然要经过河西走廊，过敦煌西出。他往西逃时，必然要打听西域的局势，其中吐蕃与回鹘争夺西州北庭、回鹘杀唐军节度使杨袭古等信息就比较容易被他获得。根据回鹘对留守西域唐军的态度，严怀志可能不会通过回鹘势力范围而回国。另外，南道虽然是吐蕃的势力范围，但吐蕃对于阗等地的控制多施行羁縻政策，因此南道反而更容易通过。

---

① 荣新江、朱丽双：《于阗与敦煌》，甘肃教育出版社，2013，第19~23页。
② 建中元年（780），振武军使张光晟杀领蕃回鹘纥首颉突董统等千人，由此产生严重的外交危机。当时回鹘宰相顿莫贺杀登里可汗而自立，根基不稳，不愿与唐爆发冲突。德宗也尽量缓和双方矛盾，故此事并没有造成严重影响。
③ 聂静洁：《唐释悟空入竺、求法及归国路线考——〈悟空入竺记〉所见丝绸之路》，载余太山、李锦绣主编《欧亚学刊》第9辑，中华书局，2010，第161~179页。
④ 《旧唐书》卷一三《德宗纪下》，第370页。
⑤ 据国际敦煌项目（IDP）图版。

王小甫指出："吐蕃虽然取得了天山以南部分地区——主要是塔里木（图伦碛）南缘地带，但却是依赖与葛逻禄、沙陀、黠戛斯等突厥部族的联盟东抗回鹘、西御大食的。"① 显然，吐蕃对天山以南地区的控制是有限的。基于这样的判断，笔者认为严怀志从吐蕃占领区逃脱，走的是丝路南道，即从敦煌出发，经鄯善、于阗、莎车，越葱岭，然后进入天竺。

不过，严怀志摆脱吐蕃势力后，又进入了大食的控制之下。贞元三年（787），宰相李泌向德宗提道："大食在西域为最强，自葱岭尽西海，地几半天下，与天竺皆慕中国，代与吐蕃为仇，臣故知其可招也。"② 从李泌的叙述中，我们可以看出，大食与天竺对于唐的态度是比较友好的，这就有利于严怀志的出逃。

值得注意的是，德宗为了缓解吐蕃对唐境的攻势，采取了"北和回纥，南通云南，西结大食、天竺"的政策，③ 也即大食等国在对付吐蕃方面是有着共同利益的。关于这一时期唐与大食的关系，就不得不提德宗时期的宦官杨良瑶出使大食一事。

《杨良瑶神道碑》记载云：

> 贞元初，既清寇难，天下乂安，四海无波，九译入觐。昔使绝域，西汉难其选；今通区外，皇上思其人。比才类能，非公莫可。以贞元元年四月，赐绯鱼袋，充聘国使于黑衣大食，备判官、内傔，受国信、诏书。奉命遂行，不畏厥远。届乎南海，舍陆登舟。邈尔无惮险之容，凛然有必济之色。义激左右，忠感鬼神。公于是剪发祭波，指日誓众，遂得阳侯敛浪，屏翳调风。挂帆凌汗漫之空，举棹乘颢淼之气。黑夜则神灯表路，白昼乃仙兽前驱。星霜再周，经过万国。播皇风于异俗，被声教于无垠。往返如期，成命不坠。斯又我公杖忠信之明效也。

关于杨良瑶的出使事迹，张世民、荣新江等学者有比较详细的论述，其中荣新江对于杨良瑶出使的目的及路线等问题的探讨最为全面。④ 关于杨良瑶出使的

---

① 王小甫：《唐、吐蕃、大食政治关系史》，中国人民大学出版社，2009，第196页。
② 司马光编著《资治通鉴》卷二三三，唐德宗贞元三年九月条，第7505页。
③ 司马光编著《资治通鉴》卷二三三，唐德宗贞元三年九月条，第7502页。
④ 张世民：《中国古代最早下西洋的外交使节杨良瑶》，《唐史论丛》，陕西师范大学出版社，1998，第351~356页；张世民：《杨良瑶：中国最早航海下西洋的外交使节》，《咸阳师范学院学报》2005年第3期，第4~8页；荣新江：《唐朝与黑衣大食关系史新证——记贞元初年杨良瑶的聘使大食》，《文史》2012年第3期，第231~243页；荣新江：《唐朝海上丝绸之路的壮举：再论杨良瑶的聘使大食》，《新丝路学刊》2019年第3期，第1~14页。本文所引《杨良瑶神道碑》录文源自《唐朝与黑衣大食关系史新证——记贞元初年杨良瑶的聘使大食》。

目的，除了保障海路畅通，加强唐与大食的友好关系外，一个很重要的焦点在于是否联合大食对抗吐蕃。张世民对此予以认可，荣新江则关注到杨良瑶出使在贞元元年（785），在李泌提出联合大食、回鹘共抗吐蕃之前，并进而认为，杨良瑶的出使使得"唐朝在贞元元年得出联合大食，请大食从西部出击吐蕃的想法是完全可能的"。

荣先生的观点有助于我们对德宗拒绝许吐蕃以西州北庭之地获得更好的理解。从上文分析看，吐蕃在被德宗拒绝后，大约在贞元二年八月才见进攻京西北的记载，而德宗君臣讨论西州北庭之地问题的时间大约在兴元元年（784）七月，[①] 当时战乱还没有结束，对于吐蕃的要求可能不会迅速回复。按照正常情况，唐廷对吐蕃的回复大概要到年底或第二年方能到达吐蕃，而当吐蕃做出反应并进而动兵，大概要到第二年秋天。[②] 从史书记载的吐蕃进攻时间看，唐廷大致在贞元元年才给予吐蕃回复。从这个时间点看，杨良瑶的出使肯定不是在贞元二年吐蕃大举进攻背景下的结果。但他出使的时间正好处在德宗做出拒绝吐蕃要求不久之后，这就颇值得寻味。德宗在处理吐蕃问题时，还特意询问了大臣李泌的建议。当时李泌就指出"安西、北庭，人性骁悍，控制西域五十七国。及十姓突厥，又分吐蕃之势，使不能并兵东侵，奈何拱手与之"，[③] 唐廷已经具有从西侧牵制吐蕃对东部的京西北攻势的打算。拒绝吐蕃的后果德宗君臣不可能不会预判到，而且德宗与李泌对于吐蕃也并没有放松警惕。[④] 当时西域的唐军孤立无援，唐廷寻找另一股牵制吐蕃的强大力量，自然也是顺理成章之事。那么，杨良瑶此时出使最重要的一个任务应该就是联络大食从西部牵制吐蕃。

到了贞元三年（787），李泌更是全盘提出了"北和回纥，南通云南，西结大食、天竺"的计划，对于吐蕃的牵制更加完善。再回到严怀志的情况，从时间上看，他可能对杨良瑶出使有所耳闻，即便不知其出使真正目的，但了解大食与天竺与唐的友好关系，当不会有大的问题。

严怀志逃入吐蕃以西诸国，大致在葱岭以西，当时为大食的势力范围。后来被当作奴隶贩卖，又逃走，"经十余国，至天竺占波国，泛海而归"。我们要对严怀

---

① 司马光编著《资治通鉴》卷二三一，唐德宗兴元元年七月条，第 7442 页。
② 吐蕃一般在秋高马肥之际入寇，唐每年调关东之兵屯于京西北防御，谓之"防秋"（司马光编著《资治通鉴》卷二二四，唐代宗大历六年八月条，第 7218 页）。
③ 司马光编著《资治通鉴》卷二三一，唐德宗兴元元年七月条，第 7442 页。
④ 德宗的另一个大臣陆贽上疏讨论吐蕃问题时，也有相似的态度。见陆贽《陆贽集》卷一六《兴元贺吐蕃尚结赞抽军回归状》，中华书局，2006，第 480～485 页。

志泛海回国的天竺占波国做一分析，有助于大致理解其回国路线。

占波，又称占婆，《大唐西域记》有"摩诃瞻波"，季羡林注曰："摩诃瞻波，梵文 Mahācampā 音译，亦作林邑、环王国，即占婆，位于印度支那半岛的东南海岸。"[①] 如果占婆就是指林邑、环王国，位置应该在今越南南部地区，在当时靠近唐安南之地。严怀志可以北上安南然后回国，虽然也可以从海上路线回国，但相比较而言走陆路较为便利。另一方面，如果严怀志从越南南部"泛海而归"，那他之前也应该从印度半岛走了海路，不太符合"经十余国，至天竺占波国，泛海而归"的记载。

另外，印度半岛东北部也有一个地方叫瞻波，亦见于《大唐西域记》。季羡林注曰："瞻波国：瞻波，原系城名，梵文、巴利文 Campā 音译，佛典中有瞻卜、阇卜、阇波、旃波、占波等异译，意译无胜，是鸯伽国（Aṅga）的首都，位于瞻波河（今名 Chāndan）及恒河岸，古名 Mālinī 或 Mālina。"[②] 从季先生的校注中可见，瞻波国位于恒河沿岸，恒河流入孟加拉湾。每年五到九月，在西南季风作用下，印度洋北部海水呈顺时针方向流动，此时从孟加拉湾出发的船舶在季风作用下进入东南亚，再往北到达中国沿海。

因此，笔者为严怀志从天竺占波国泛海而归，应该就是从印度半岛东北部出海，而不是从越南南部。

# 结　语

严怀志的经历是在安史之乱后，唐廷势力退出西域，并在东部与吐蕃进行对峙的局势下，中西交通的一个缩影。他的经历反映出当时丝绸之路沿线局势的变化，同时也表明，即便是在战争状态下，各国、各地区间的交往仍通过另类的方式进行着。严怀志约于贞元十三年（797）从吐蕃逃出，至贞元十四年回到大唐，相隔时间并不是很长，这当然有赖于唐与天竺、大食间的关系缓和，说明陆上丝绸之路因战争之故不再畅通，当时从印度洋到我国东南沿海的海上丝绸之路则相对顺畅，这自然也有杨良瑶出使的功劳。

当然，严怀志的结局不是很好，回来后被德宗软禁起来，"囚之仗内"。同样

---

① 玄奘、辩机原著，季羡林等校注《大唐西域记校注》卷一〇，中华书局，2000，第805页。
② 玄奘、辩机原著，季羡林等校注《大唐西域记校注》卷一〇，中华书局，2000，第786页。

的情况也发生在吕温身上，吕温"以习吐蕃事囚焉"，[1] 理由与严怀志基本上一样。这恐怕是因为平凉劫盟在德宗心中为一段不光彩的往事，德宗不愿将被俘唐军的更多细节通过吕温等亲历者之口让更多人知晓。大概五六年以后，顺宗继位，严怀志才得以重获自由。但回到家里后，父母都去世了，妻子也改嫁了。严怀志的悲欢离合，只是发生在丝绸之路上的一个小插曲，而这条沟通中外的交通路线正是由无数个严怀志的故事串联起来的。尽管会有冲突，尽管会付出惨重的代价，但交流仍在继续。

---

① 王钦若等编纂，周勋初等校订《册府元龟》卷一八一《帝王部·疑忌》，第 2010 页。

《中国与域外》第五辑（2023.06）第 199~225 页

# "黑石号"出水器物年代
# 和相关史料的再检讨

丁唯涵[*]

**摘　要：** 上海博物馆举办的"宝历风物：黑石号沉船出水珍品"展览中有一件"长沙窑青釉褐绿彩'宝历二年'铭花草纹碗"，根据字体分析，我们把其刻画的文字读为"宝应二年（763）七月十六日"。联系铸于乾元元年（758）的江心镜，铸造于乾元元年至宝应元年（762）并可能只流通于这一时期的乾元重宝钱，长沙窑"湖南道草市石渚孟子"题记碗上的"湖南道"最早可能出现的广德二年（764），同时结合对大唐与大食的交流的高峰在怛罗斯战役（751）之后直到贞元十四年（798）最后一次在文献上出现的大食对大唐的朝贡，以及可能代表"中国天子御用的瓷器"的"进奉""盈"字款碗、盘等于786~806 年这段时间内出现在大食的宫廷中，再结合于宝应元年（762）至贞元元年（785）已经非常繁盛的"广州通海夷道"，辅以三组科技检测的断代结论，我们把"黑石号"沉船的年代定在 8 世纪 60 年代左右。

**关键词：** 黑石号　宝应二年　怛罗斯之战　广州通海夷道

　　上海博物馆举办的"宝历风物：黑石号沉船出水珍品"展览中有一件"长沙窑青釉褐绿彩'宝历二年'铭花草纹碗"，"因其外壁在入窑烧造之前刻有'宝历二年七月十六日'铭记，这为判断'黑石号'沉没年代以及船上装载货物的年代提供了可靠的依据。"①

　　也许是因为从此碗出水以来，相关的几本"黑石号"图录都没有公布非常清

---

　　* 丁唯涵，上海博物馆。
　　① 上海博物馆编《宝历风物："黑石号"沉船出水珍品》，上海书画出版社，2020，第 106~107 页。

晰的图片，特别是所谓的"宝历二年"刻铭的高清图片，所以一向无人对该铭提出异议。而且这一刻铭直接影响到"黑石号"沉船及其出水器物的断代问题，迄今已有的研究都是以这"宝历二年碗"作为标准器，再对其他墓葬或窑址中出土的唐代瓷器进行断代与分期。

在"宝历风物：黑石号沉船出水珍品展"展厅内，我们隔着橱窗玻璃，就目力所及仔细辨认了该碗上的刻字笔画及细节，提出该铭文可能应释读为"宝应二年七月十六日"的推测。（图 1）

图 1 "黑石号"出水长沙窑青釉褐绿彩"宝历二年"铭花草纹碗（张旭东摄于展厅）

## 一 "宝应二年七月十六日"及其存在的合理性

细观此碗所谓"寶曆"二字的刻划笔画及结构，第一字"寶"字只能看清上部的"宀"及下部的"貝"，中间部分交代不清，但释为"寶"字问题不大。第二字由于关键笔画刻画得非常浅显，有些笔画几乎与釉面齐平，不易辨认和识读。第一笔起笔似为釉点，不能确定是不是笔画（图 2 箭头①）；字的上半部中间笔画交代不清；下半部原认为的所谓"曆"的"日"字，右边似乎不封口（图 2 箭头

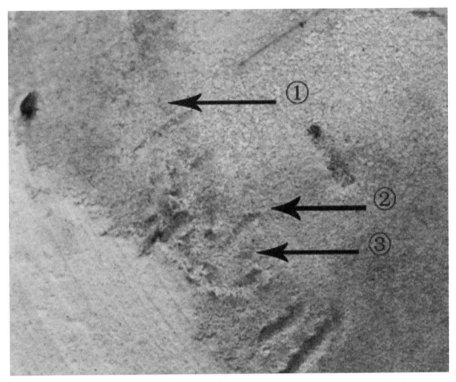

**图 2    "應"字字体分析（张旭东摄于展厅）**

②），"日"字的中间一笔似凸起于釉面，而非刻画下凹于釉面，不能确定这一笔是笔画（图 2 箭头③）。这样，第二字的下半部更似为"心"字而非"日"字。按全字的轮廓看，似可认为是"應"字。

所以我们把此碗上刻画的字读为"寶應二年七月十六日"，"宝应"为唐肃宗至代宗的年号，为 762~763 年，比唐敬宗"宝历"年（825~827）早了六十多年。（图 3）

但史载：宝应二年（763）四月，"辛巳，群臣请上尊号"；宝应二年七月，"壬子（七月十一日）……改元曰广德"。① 那么"宝应二年七月十六日"这个日期是否存在呢？《唐会要》载："代宗睿文孝武皇帝讳豫。……年号三。宝应二年七月二十日，改为广德。"② 关于宝应二年改元广德的日子，《唐会要》与两《唐书》存在抵牾之处。

退一步说，宝应二年七月十一日改元广德，五日以后，也就是当月十六日，这

---

① 《旧唐书》卷一一《代宗纪》，中华书局，1975，第 272 页。（下引此书同此版本，不再注明）
② 牛继清校证《唐会要校证》卷一《帝号上》，三秦出版社，2012，第 8 页。（下引此书同此版本，不再注明）

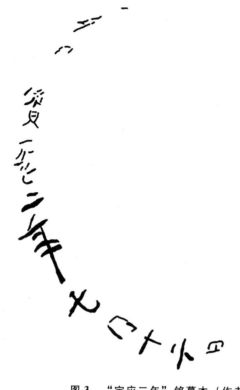

**图3　"宝应二年"铭摹本（作者摹本）**

个改元通告会不会及时传到位于当时潭州的长沙铜官窑生产地？我们对当时信息传递的时效性是持怀疑态度的。现存于世的碑志，也有宝应二年七月二十日及以后的记载，与改元信息相左。

1.《李良臣碑》

《李良臣碑》，全称《唐故开府仪同三司鸡田州刺史御史中丞赠太保李公墓碑》，李宗闵撰文，杨正书。碑立于唐穆宗长庆二年（822），[1] 现存拓片，碑见《金石萃编》《金石录补》等。[2] 碑文载："王师收两京，平剧贼，公之功居多……以宝应二年（763）七月廿三日薨于河中理所，享年卅有六，以贞元十一年（795）八月葬于太原府城东卅里孝敬原。"（图4）

李宗闵，《旧唐书》有传，字损之，宗室郑王元懿之后。牛李党争的主要人物，文宗大和三年（829）、大和八年（834）两度为相。[3]

①　侯崇义：《关于唐"三李碑"》，《晋中师范高等专科学校学报》1990年第1期，第94~98页。

②　山西省考古研究所编《山西碑碣》，山西人民出版社，1997，第112~114页。

③　《旧唐书》卷一七六《李宗闵传》，第4551~4555页。

图 4 《李良臣碑》"宝应二年七月廿三日"铭

李良臣卒于宝应二年（763）七月廿三日，到立碑时的长庆二年（822），之间间隔六十年左右。可见宝应二年七月十一日或二十日改元这件事，对于六十年后为其撰写碑文的李唐宗室、两度担任宰相的李宗闵来说已经变得模糊。

2.《博陵崔氏墓志》

《博陵崔氏墓志》，全称《太子通事舍人河东裴君（虬）博陵崔氏墓志铭并叙》，1999 年 5 月出土于河南洛阳老城区后河村，现藏河南新安铁门镇千唐志斋博物馆。

墓志载："宝应癸卯岁（宝应二年，763）裴君又迁太子通事舍人，佐浙东幕府。……（夫人）以其年四月乙未，遘疾终于毗陵旅舍，春秋卅四。……遂以其年七月辛酉（七月二十日），权窆于丹杨之北原。"①

"其年七月辛酉（七月二十日）"前没有出现"广德"二字，根据上下文判断，这里应该是宝应二年七月辛酉（七月二十日），而这一日期也与宝应二年七月十一日或二十日改元这件事相左。

所以我们认为，"宝应二年（763）七月十六日"这一提法是合理的。

陶工为什么要刻写这几个字？我们猜测，七月十五为中元节或佛教中的盂兰盆节，这在古代是一个大节，民间长沙窑的陶工于中元节第二天在瓷碗上随手刻画下几个文字，亦未可知。

## 二 "宝应二年"与"黑石号"出水其他有年号文物的关系

除了以上这件"宝应二年"长沙窑碗外，"黑石号"沉船还出水多件带有年号的文物，他们是判断该沉船年代最直接的文字证据。

1. "乾元元年"江心镜与"丙午"铭长沙窑青釉褐绿彩碗

江心镜上的铭文为："唐乾元元年戊戌（758）十一月廿九日于扬州扬子江心百炼造成。"（图 5）

李肇《唐国史补》（约成书于 825 年，记开元至长庆年间事）记载："扬州旧贡江心镜，五月五日扬子江中所铸也。或言无有百炼者，或至六七十炼则已，易破难成，往往有自鸣者。"② 至德宗大历十四年（779），"六月己未，扬州每年贡端

---

① 吴钢主编《全唐文补遗（千唐志斋新藏专辑）》，三秦出版社，2006，第 244 页。
② 李肇撰，聂清风校注《唐国史补校注》卷下，中华书局，2021，第 301 页。

图 5　"黑石号"出水"乾元元年"江心镜（作者摄于展厅）

午日江心所铸镜，幽州贡麝香，皆罢之"①。

　　根据文献判断，江心镜的铸成时间为大历十四年（779）之前。"黑石号"出水之江心镜，并非文献所谓铸于五月五日或重五或端午之时，而是铸于十一月廿九日，该日为戊戌日。② 也就是说，该面铜镜的铸造日期是经过审慎挑选的戊戌年戊戌日。

　　传统习俗以五月为"恶月""毒月"，而汉代带钩多有"丙午神钩"等铭文。根据王仁湘先生的研究：

　　　　鲁迅先生引《志林》说"取纯火精以协其数"，说古时是取干支都属火的月、日进行冶炼铸造，也是符合方士阴阳五行的术数。汉代王充《论衡·乱龙》就提到："阳燧，取火于天，五月丙午日中之时，消炼五石，铸以为器，乃能得火。"……后来无论是否在五月丙午日铸器，铭文皆为"五月丙午"或

---

① 《旧唐书》卷一二《德宗纪》，第 322 页。
② 方诗铭、方小芬编著《中国史历日和中西历日对照表》，上海人民出版社，2007，第 428 页。

"五月五日"。……更有传奇色彩的是唐人在扬子江心铸造的"水心镜",也是五月五日铸成,也有"五月五日"四字铭。见于《太平广记》引《异闻录》的记述,事在唐天宝三载(744)。……古人将五月丙午定为制作阳燧取火的日子,觉得那是个太阳最盛的时节。……由于五月为午月,"五"与"午"谐音,所以后世不管这天逢不逢午,都将五月初五日作为阳极"毒日"。这也是重五节、重午节的由来。①

他又说:"铸阳燧取重五日,有时一般的铜镜也是如此,也会铸上'五月丙午'之类的铭文,而且明确是作辟邪之用。"②

无独有偶,"黑石号"出水了一件"丙午"铭长沙窑青釉褐绿彩碗(图6),碗内还绘有"卍"字纹。以往的研究者往往根据宝历二年的干支纪年为丙午年,遂认为该碗上的"丙午"代表826年。我们把"宝历二年"长沙窑碗读为"宝应二年",那么可以认为该"丙午"可能还是和上引"古人铸冶,多以五月丙午日"的习俗有关。

2. 乾元重宝

"黑石号"出水有两种唐代钱币,分别为开元通宝199枚,乾元重宝9枚。这些开元通宝没有会昌开元的钱币特征,认定其为会昌(841~846)以前的开元通宝没有什么问题。除去这些开元通宝,我们认为这9枚乾元重宝也是判断"黑石号"沉船年代的主要依据之一。

乾元重宝的铸造年代是比较明确的。

乾元元年(758)七月丙戌,"初铸新钱,文曰'乾元重宝',用一当十,与开元通宝同行用"。③

乾元二年(759)九月戊辰,"新铸大钱,文如乾元重宝,而重其轮,用一当五十,以二十二斤成贯"。④

上元元年(760)六月乙丑,"诏先铸重棱钱一当五十,宜减当三十文;开元

---

① 王仁湘:《"五月丙午"铭文带钩:由鲁迅先生说带钩写起》,《善自约束:古代带钩与带扣》,上海古籍出版社,2012,第198~199页。
② 王仁湘:《"五月丙午"铭文带钩:由鲁迅先生说带钩写起》,《善自约束:古代带钩与带扣》,上海古籍出版社,2012,第199页。
③ 《旧唐书》卷一〇《肃宗纪》,第253页。
④ 《旧唐书》卷一〇《肃宗纪》,第257页。

图 6 "黑石号"出水"丙午"铭长沙窑青釉褐绿彩碗

宜一当十"。①

宝应元年（762）五月丙戌，"改行乾元钱，重棱小钱一当二，重棱大钱一当三。丙申，以户部侍郎元载同中书门下平章事，充度支转运使。改乾元大小钱并一当一"。②

展览中出现了 9 枚乾元重宝中的 3 枚（图 7），其尺寸直径约 2.5 厘米，重量没有公布。③ 但在美国史密森尼学会和新加坡亚洲文明博物馆编著的两本"黑石号"展览图录中，乾元重宝的尺寸约为 3 厘米。④ 可以据其尺寸和正背面外观推测，它们不是乾元二年（759）铸造的"重棱"大钱，也不是"重棱"小钱，为宝应元年（762）以一当一的乾元钱的可能性比较大。

根据唐代杜佑《通典》的说法："乾元元年（758），有司以甲兵未息，给用犹费，奏铸'乾元重宝'钱。每贯十斤，一文当开元通宝钱一十文。又铸重棱钱，每贯重二十斤，一文当开通五十文。皆铸钱使第五琦所奏也。奸猾之人，多破用旧钱，

---

① 《旧唐书》卷一○《肃宗纪》，第 259 页。
② 《旧唐书》卷一○《肃宗纪》，第 269 页。
③ 这三枚乾元重宝的藏品号分别为：00891-6/208，00891-7/208，00891-8/208，详见上海博物馆编《宝历风物："黑石号"沉船出水珍品》，上海书画出版社，2020，第 287 页。
④ 藏品号：2005.1.00891-1/208，2005.1.00891-3/208，2005.1.00891-5/208，详见 M. Sackler Gallery, *Shipwrecked: Tang Treasures and Monsoon Winds* (Smithsonian Institution, 2010)，p233。藏品号：2005.1.00891-3，2005.1.00891-5，详见 *The Tang shipwreck: Art and exchange in the 9th century* (Asian Civilisations Museum, Singapore, 2017)，p42，p206。

图 7　"黑石号"出水乾元重宝

私铸新钱，虽获深利，随遭重刑，公私不便，寻总停废，还用开元通宝钱。人间无复有乾元、重棱二钱者，盖并铸为器物矣。"①

　　也就是说，随着时间的推移，过了发行乾元重宝的乾元元年（758）至宝应元年（762）这段时间，该种货币逐渐被原来的开元通宝代替，市面上可能不再有开元钱、乾元钱、乾元重棱钱三种钱币并存的现象了。

　　但是通过考古发掘的墓葬和窖藏中的乾元重宝钱数量是不少的，在出土的唐代钱币中其数量仅次于开元通宝。墓葬和窖藏中的乾元重宝，在当时是不是还具有流通货币的功能，我们不得而知，杜佑"人间无复有乾元、重棱二钱者，盖并铸为器物矣"这一说法值得我们重视。

---

　　①　杜佑：《通典》卷九《食货九》，中华书局，2012，第203~204页。（下引此书同此版本，不再注明）

再回过头来看"黑石号"出水的 208 枚唐代钱币，它们作为船上商人或船员随身携带的货币的可能性比较大，且史籍明确记载乾元重宝钱铸于乾元元年（758）至宝应元年（762）。在这之后，大历四年（769）铸过"大历元宝"①，建中元年（780）铸过"建中通宝"②，但这两种货币的存世量稀少。

我们按照常理推测，既然乾元重宝钱为通行货币，铸于乾元元年至宝应元年，"黑石号"上的船员或商人于这段时期内或者在离这段时期不久的时期内，携带它们上船，会比六十多年之后的宝历二年（826）携带其上船更为合理。

从以上两节所讨论的器物所显示的时间来看，江心镜铸于乾元元年（758），乾元重宝铸造并发行于乾元元年至宝应元年，长沙窑青釉褐绿彩碗上的刻画文字为"宝应二年（763）七月十六日"，三者的时间都明确落在唐代 8 世纪 60 年代左右。

## 三 "宝应二年"与"黑石号"出水 其他有铭文文物的关系

除了以上几件带有年号的文物外，"黑石号"还出水了几种有其他铭文的文物，也可以为我们判断它们出现的时间提供证据。

1. 长沙窑"湖南道草市石渚盂子"题记碗

长沙窑"湖南道草市石渚盂子"题记碗这次没有展出，但该碗的图片在展览图录第 34 页所附陆明华先生的文章中有披露。（图 8）

"湖南道"三个字本身就带有强烈的时间指向性，其在唐代出现的时间为 764 年至 883 年。③ 唐肃宗至德二载（757）十二月改天下郡为州，乾元元年（758）二月以后开始实施。

我们知道，长沙铜官窑所在地在当时属于江南西道的潭州，从乾元元年（758）的三月乙亥开始，山南东道、河南、淮南、江南皆置节度使。④ 乾元元年

---

① "大历四年正月，关内道铸钱等使、户部侍郎第五琦上言，请于绛州汾阳、铜原两监，增置五炉铸钱，许之。"见《旧唐书》卷四八《食货志》，第 2101 页。

② "建中元年九月，……今商州有红崖冶出铜益多，又有洛源监，久废不理。请增工凿山以取铜，兴洛源钱监，置十炉铸之，岁计出钱七万二千贯，度工用转送之费，贯计钱九百，则利浮本也。其江淮七监，请皆停罢。"见《旧唐书》卷四八《食货志》，第 2101 页。

③ 郭声波：《中国行政区划通史（唐代卷）》，复旦大学出版社，2012，第 544~545 页。

④ 《旧唐书》卷一〇《肃宗纪》，第 251 页。

图8 "黑石号"出水长沙窑"湖南道草市石渚盂子"题记碗

（758），复长沙郡为潭州。肃宗后上元二年（761），罢镇，衡、道、永、邵、潭五州隶山南东道荆南节度使。代宗广德二年（764），割荆南节度使衡、郴、连、道、永、邵、潭七州置湖南都团练守捉观察处置使，省称湖南观察使，治衡州，仍隶江南西道。代宗大历四年（769），移使治潭州。直至宪宗元和十五年（820），湖南都团练守捉观察处置使领潭、衡、郴、连、道、永、邵七州，治潭州。①

根据周振鹤先生的研究：

乾元元年（758）罢去十五采访使道，改在各镇置观察处置使。此后或以节度兼观察，或以观察兼防御、经略，这样就把唐前期的道与都督府辖区合而为一，亦称道亦称镇，不过却既不是单纯的监察区，也不仅仅是军政区，而成为一级新型的高层政区，这级政区的合法性始终不为中央政府所承认，但是实

---

① 郭声波：《中国行政区划通史（唐代卷）》，复旦大学出版社，2012，第544~545页。

际上一直在起作用。①

也就是说，从代宗广德二年（764）开始出现"湖南都团练守捉观察处置使"的名称，也可将其称作"湖南观察使"或"湖南道"，但这级政区的合法性不为中央政府所承认，在民间或可用它的简称和省称，这与长沙窑作为民窑的性质相符，所以"湖南道"三个字出现在长沙窑碗上，就不显得很突兀了。

"湖南道"三个字的出现也为长沙窑"湖南道草市石渚盂子"题记碗明确了制作时间的上限，即代宗广德二年（764），而其前一年763年即为宝应二年（或广德元年）。

我们知道，"黑石号"出水数万件长沙窑瓷器，作为整批出售的外销瓷器，它们各自的制作时间不可能会隔开太久。联系上一小节所述，江心镜铸于乾元元年（758），乾元重宝铸造并发行于乾元元年（758）至宝应元年（762），长沙窑青釉褐绿彩碗上的刻画文字为"宝应二年（763）七月十六日"，长沙窑"湖南道草市石渚盂子"题记碗上的"湖南道"最早可出现在广德二年（764），这四者的时间都可明确落在8世纪60年代左右。

2. 白釉绿彩"进奉"铭盘、绿釉"盈"字铭碗（图9、图10）

关于"盈"字款的问题，陆明华先生早在20世纪80年代就提出其为"百宝大盈库"的论述，并推论："唐中期至中晚期（更确切地说，开元、天宝及以后一段时期）是邢窑瓷器入贡最多的时期，因而我们基本可以推知，有'盈'字的碗、盒等类瓷器的入贡时期在开元、天宝或此后不久。"② 其后，吕成龙先生研究"翰林""盈"字款白瓷并认为："大盈库是唐开元（713~741）以来储存财物最多的宝库，储存珍宝奇货及赋税所入盈余。库内财务供皇帝燕私或赏赐百官之用。"③

根据《旧唐书》的记载："玄宗在位多载，妃御承恩多赏赐，不欲频于左右藏取之。（王）鉷探旨意，岁进钱宝百亿万，便贮于内库，以恣主恩锡赉。鉷云：'此是常年额外物，非征税物。'玄宗以为鉷有富国之术，利于王用，益厚待之。"④此事被视为唐朝真正意义上的"进奉"之始。

---

① 周振鹤：《中华文化通志·地方行政制度志》，上海人民出版社，1998，第106~109页。

② 陆明华：《邢窑"盈"字及定窑"易定"考》，《上海博物馆集刊——建馆三十五周年特辑》（总第四期），上海古籍出版社，1987，第257~262页。

③ 吕成龙：《"翰林"、"盈"字款白瓷研究》，《故宫博物院院刊》2002年第5期，第27~32页。

④ 《旧唐书》卷一〇五《王鉷传》，第3229页。

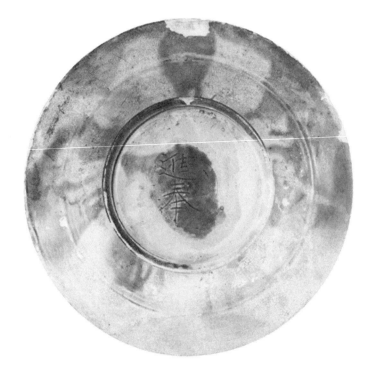

图 9　"黑石号"出水白釉绿彩"进奉"铭盘

图 10　"黑石号"出水绿釉"盈"字铭碗

同书又载："又王鉷进计，奋身自为户口色役使，征剥财货，每岁进钱百亿，宝货称是。云非正额租庸，便入百宝大盈库，以供人主宴私赏赐之用。玄宗日益眷之，数年间亦为御史大夫、京兆尹，带二十余使。"① 可见"进奉"与"百宝大盈库"有着直接的联系。尚民杰、程林泉两位先生曾统计过与"大盈库"有关的文献和出土墓志："结合文献记载和墓志资料可知，大盈库之名在玄宗、代宗、德宗、文宗、武宗、宣宗、懿宗时期均有之。"②

所以，"进奉"与"百宝大盈库"两者出现的时间最早可以推至唐玄宗开元、天宝年间。

## 四　进奉与大食朝贡

刻有"进奉"与"盈"字款的瓷器理应进入皇家的"百宝大盈库"，怎么又会出现在"黑石号"沉船上呢？

项坤鹏先生有专文讨论了该问题。③ 项先生提出："唐代宫廷获取瓷器的方式有土贡、进奉、宣索、宫市等。……唐代宫廷瓷器流散途径有贡奉之余售于市场、宫廷赏赐、宫廷贸易、大盈库被劫掠等。"这些观点我们都十分赞同，但"在'黑石号'沉没的 9 世纪前后，已不见波斯、大食等国的朝贡记载。……上述器物源自宫廷对船主的赏赐的可能性并不大"。对于项先生以"宝历二年（826）"作为标准而做出的推论，这一点我们表示不赞同。

8 世纪 60 年代左右这个时间段正是大食与大唐交流的历史高峰期。

白寿彝先生通过梳理文献发现大食与大唐在 147 年中，共通使 36 次。其中，怛罗斯战（751）前 100 年内通使 19 次，战后 47 年中通使 17 次。而自战后第二年至第八年，每年大食均有朝贡使来朝。"怛罗斯战时，虽值大食之转移朝代，但仅就唐大食间之整个关系说，并未见受到怛罗斯战役的显著影响。"④

为更直观地了解这 36 次通使情况，我们把白寿彝先生的统计做成表格（表 1）。

---

① 《旧唐书》卷四八《食货志》，第 2086 页。
② 尚民杰、程林泉：《唐大盈库与琼林库》，《考古与文物》2004 年第 6 期，第 81~85 页。
③ 项坤鹏：《"黑石号"沉船中"盈"、"进奉"款瓷器来源途径考——从唐代宫廷用瓷的几个问题谈起》，《考古与文物》2016 年第 6 期，第 47~55 页。
④ 白寿彝：《从怛罗斯战役说到伊斯兰教之最早的华文记录》，《中国伊斯兰教史存稿》，宁夏人民出版社，1983，第 56~103 页。

表 1　大食与大唐通使情况

| | 具体日期 | 大食与大唐交流 |
|---|---|---|
| 1 | 永徽二年(651)八月乙丑 | 大食国始遣使朝献。 |
| 2 | 永徽六年(655)六月 | 大食遣使朝贡。 |
| 3 | 永隆二年(681)五月 | 大食国遣使献马及方物。 |
| 4 | 永淳元年(682)五月 | 大食遣使献方物。 |
| 5 | 长安三年(703)三月 | 大食遣使献良马。 |
| 6 | 景云二年(711)十二月 | 大食遣使献方物。 |
| 7 | 开元元年(713) | 大食遣使来朝,进马及宝钿带等方物。 |
| 8 | 开元四年(716)七月 | 大食国黑密牟尼苏利漫遣使上表,献金线织袍、宝装玉洒池瓶各一。 |
| 9 | 开元七年(719)六月 | 大食国遣使朝贡。 |
| 10 | 开元十二年(724)三月 | 大食遣使献马及龙脑香。 |
| 11 | 开元十三年(725)正月丙午 | 大食遣其将苏黎等十二人来献方物,并授果毅,赐绯袍银带,放还蕃。 |
| 12 | 开元十三年(725)三月 | 大食遣使苏黎满等十三人献方物。 |
| 13 | 开元十六年(728)三月辛亥 | 大食首领提卑多类八人来朝,并授将郎,放还蕃。 |
| 14 | 开元十七年(729)九月 | 大食国遣使来朝,且献方物,赐帛百匹,放还蕃。 |
| 15 | 开元二十一年(733)十二月 | 大食遣首领摩思览达干等来朝。并授果毅,各赐绢二十匹,放还蕃。 |
| 16 | 开元二十九年(741)十二月丙申 | 大食首领和萨来朝,授左金吾卫将军,赐紫袍金钿带,放还蕃。 |
| 17 | 天宝三年(744)七月 | 大食国遣使献马及宝。 |
| 18 | 天宝四年(745)五月 | 大食遣使来朝贡。 |
| 19 | 天宝六年(747)五月 | 大食国王遣使献豹六。 |
| 20 | 天宝十一年(752)十二月己卯 | 黑衣大食谢多诃密,遣使来朝,授左金吾卫员外大将军,放还蕃。 |
| 21 | 天宝十二年(753)三月 | 黑衣大食遣使献方物。 |
| 22 | 天宝十二年(753)四月 | 黑衣大食遣使来朝。 |
| 23 | 天宝十二年(753)七月辛亥 | 黑衣大食遣大酋望二十五人来朝,并授中郎将,赐紫袍金带鱼袋。 |
| 24 | 天宝十二年(753)十二月 | 黑衣大食遣使献马三十匹。 |
| 25 | 天宝十三年(754)四月 | 黑衣大食遣使来朝。 |
| 26 | 天宝十四年(755)七月 | 黑衣大食遣使贡献。 |
| 27 | 天宝十五年(756)七月 | 黑衣大食遣大酋望二十五人来朝。 |
| 28 | 至德元年(757) | 大食国遣使朝贡。 |
| 29 | 乾元元年(758)五月壬申朔 | 回纥使多乙亥阿波八十人,黑衣大食酋长闹文等六人,并朝见。至阁门,争长。通事舍人乃分左右,从东西门并入。 |
| 30 | 宝应元年(762)五月戊申 | 黑衣大食遣使朝见。 |
| 31 | 宝应元年(762)十二月 | 黑衣大食遣使朝见。 |

续表

|  | 具体日期 | 大食与大唐交流 |
|---|---|---|
| 32 | 大历四年(769)正月 | 黑衣大食遣使朝贡。 |
| 33 | 大历七年(772)十二月 | 大食遣使朝见。 |
| 34 | 大历九年(774)七月 | 黑衣大食遣使来朝。 |
| 35 | 贞元七年(791)正月 | 黑衣大食遣使来朝。 |
| 36 | 贞元十四年(798)九月丁卯 | 以黑衣大食遣含嵯焉鸡莎比三人并为中郎将,放还蕃。 |

资料来源:白寿彝:《从怛罗斯战役说到伊斯兰教之最早的华文记录》,《中国伊斯兰教史存稿》,宁夏人民出版社,1983。

唐代史籍记载,唐高宗永徽二年（651）,阿拉伯第三位正统哈里发奥斯曼在位的第八年（664）,大食王噉密莫末腻第一次派遣使者访问中国。651年以后,中国与大食的交往日益增多。一方面,倭马亚王朝（661~750,唐代称之为"白衣大食"）及其派驻呼罗珊（今伊朗东北部）的总督与唐朝通好。750年,阿卜勒·阿拔斯（750~754年在位,唐代史籍作"阿蒲·罗拔"）灭倭马亚王朝,建立阿拔斯王朝（750~1258）,唐代史籍称之为"黑衣大食"。[①]

751年,唐朝将领高仙芝对中亚的石国（今乌兹别克斯坦塔什干一带）用兵。石国乞援于大食,大食派吉雅德·本·萨利赫东来。高仙芝与萨利赫相遇于怛逻斯城（今哈萨克斯坦江布尔城附近）,唐军因葛逻禄部众临阵倒戈而败。这次战役,大食兵掠走大量中国俘虏,其中有织匠、金银匠、画匠等,中国多种工艺技术因而西传,其中对于中外文化交流产生深远影响的是中国造纸技术,中国造纸技术通过这些被俘工匠而广泛传播于西方。[②]

而在怛罗斯战役后的第六年,唐肃宗至德二载（757）九月丁亥,"元帅广平王统朔方、安西、回纥、南蛮、大食之众二十万,东向讨贼。壬寅,与贼将安守忠、李归仁等战于香积寺西北,贼军大败,斩首六万级,贼帅张通儒弃京城东走。癸卯,广平王收西京"[③]。大食出兵帮助大唐收复两京,一定程度上扭转了大唐在安史之乱中的不利局面。

再之后的一年,乾元元年（758）五月壬申朔,"回纥、黑衣大食各遣使朝贡,

---

① 张广达:《海舶来天方,丝路通大食——中国与阿拉伯世界的历史联系的回顾》,张广达著《文本、图像与文化流传》,广西师范大学出版社,2008,第113~180页。

② 张广达:《大食》,张广达著《文本、图像与文化流传》,广西师范大学出版社,2008,第181~184页。

③ 《旧唐书》卷一〇《肃宗纪》,第247页。

至阁门争长，诏其使各从左右门入"①。该年九月癸巳，"广州奏大食国、波斯国兵众攻城，刺史韦利见弃城而遁"②。

白寿彝先生怀疑兵众攻广州这件事情的始作俑者就是助唐平乱的大食兵："说不定，这时西域有特殊情形，大食兵在陆路上的归途发生障碍，改由海道归国，临走放了这末一个起身炮。《旧唐书》所称'兵众'，最可注意。因这可见，绝非居广州的大食商人所为。而大食之派兵攻广州，也是毫无意义，决不会有的。我们知道，当克复两京之前，唐的最高军事领袖曾和回纥公开地交换条件，允许回纥于破城之日，任意大掠。即使大食和唐没有作过这样的条件，大食人看惯了回纥的这种把戏，照样演习一套，是可能的。所以攻广州这件事情，可以说是没有什么严重的军事意义。至于他们和波斯人之合于一起，则是因波斯在这时早已亡国，事实上，波斯人须受大食人的支配。"③ 此说不无道理。

用了这么多篇幅引用白寿彝先生和张广达先生的著作来论述大唐和大食或战或和的关系，无非就是想说明一点，当大食助大唐收复两京，他们自然有可能得到大唐皇帝的重赏，"百宝大盈库"的宝物传到他们手上并不是一件非常难办到的事情，并且当他们从广州回国时，可能大掠过广州，广州市场上各种流通宝物通过他们的掠夺，进入阿拉伯船舶返回大食也是可以预想得到的事情。

所以，当阿拉伯文献出现如"11世纪著名的波斯历史学家贝伊哈齐（Bayhaqī，995~1077）记述说：哈里发哈仑·拉施德在位期间（786~806），暴虐的呼罗珊总督阿里·本·爱薛极尽搜刮聚敛之能事，他向巴格达的哈里发贡献了数量空前绝后的金银、丝绸、珍宝、瓷器。在他贡献的多种多样的瓷器中，既有二千件精美的日用瓷器，也有哈里发宫廷从来没有见过的二十件（俄文译本作二百件）'中国天子御用的瓷器'，如碟、杯、盏"④ 的记载也就不足为奇了。

"中国天子御用的瓷器"于哈里发哈仑·拉施德在位的这段时间内出现在大食的宫廷中，这不禁让人联想到"黑石号"出水的白釉绿彩"进奉"铭盘和绿釉"盈"字铭碗。我们在上文已经说过，"进奉"与"百宝大盈库"两者出现的时间

---

① 《旧唐书》卷一〇《肃宗纪》，第252页。

② 《旧唐书》卷一〇《肃宗纪》，第253页。

③ 白寿彝：《从怛罗斯战役说到伊斯兰教之最早的华文记录》，《中国伊斯兰教史存稿》，宁夏人民出版社，1983，第56~103页。

④ 转引自张广达《海舶来天方，丝路通大食——中国与阿拉伯世界的历史联系的回顾》，张广达《文本、图像与文化流传》，广西师范大学出版社，2008，第113~180页。

最早可以推至唐玄宗开元（713～741）、天宝年间（742～756），而"黑石号"出水诸多有铭文文物的时间可落在 8 世纪 60 年代左右，这正与"中国天子御用的瓷器"出现在大食宫廷的时间（786～806）前后衔接。

## 五 "进奉""进"款与何家村、"黑石号"发现的"银铤"

除了上述的白釉绿彩"进奉"铭盘外，还有考古出土的多件"进"字款的金银器，比如 1962 年 3 月西安北郊坑底村出土的一件唐代金花银盘，盘底刻铭文："浙东道都团练观察处置等使大中大夫守越州刺史兼御史大夫上柱国赐紫金鱼袋臣裴肃进。"① 1976 年 4 月，辽宁昭盟喀喇沁旗哈达沟门出土的金花银盘底部有铭文一行："朝议大夫使持节宣州诸军事守宣州刺史兼御史中丞充宣歙池等州都团练观察处置采石军等使彭城县开国男赐紫金鱼袋臣刘赞进。"②

卢兆荫先生列举了 13 件"进奉"金银器，并参考了两《唐书》的记载，认为地方官进奉金银器的事例，早在高宗、武则天时期即已有之。属于兴元元年（784）以后的只有六件，而兴元元年之前的有七件，这七件中有五件是天宝年间进奉的。"由此可见，在唐玄宗统治时期，进奉的风气就已经相当盛行。"③

卢先生还总结了之后各时期"进奉"的一般情况：安史之乱后的肃宗时期（756～763），社会动荡，进奉可能较前稍减。实物资料目前只有乾元元年（758）某朝议郎进献的金铤一件。代宗即位以后（763～779），进奉之风又炽。每逢元旦、冬至、端午和皇帝生日，地方官都要贡献财物，号为"四节进奉"，这种习俗从代宗时期一直延续到五代时期。德宗时期（780～805），进奉之风发展到登峰造极的地步。从德宗以后一直到唐王朝覆亡，进奉金银器的事例仍然层出不穷。④

卢先生的文章发表于 1983 年，在这之后，何家村遗物中亦发现了一件"进"字款鎏金折枝花纹银盖碗，盖内有"二斤一两并底"墨书，碗内底有"二斤一两并盖"墨书，圈足内沿錾刻"进"字。⑤ 关于何家村遗宝的埋藏时间，学界有多种

---

① 转引自卢兆荫《从考古发现看唐代的金银"进奉"之风》，《考古》1983 年第 2 期，第 174 页。
② 转引自卢兆荫《从考古发现看唐代的金银"进奉"之风》，《考古》1983 年第 2 期，第 174 页。
③ 卢兆荫：《从考古发现看唐代的金银"进奉"之风》，《考古》1983 年第 2 期，第 175 页。
④ 卢兆荫：《从考古发现看唐代的金银"进奉"之风》，《考古》1983 年第 2 期，第 176 页。
⑤ 高 11.9 厘米，口径 21.8 厘米，盖捉手径 11.7 厘米，盖口径 22.1 厘米，足径 12.2 厘米，盖口厚 0.15 厘米，重 1380 克，陕西历史博物馆藏，藏品号：七一 63。陕西历史博物馆、北京大学考古文博学院、北京大学震旦古代文明研究中心编著《花舞大唐春——何家村遗宝精粹》，文物出版社，2003，第 265 页。

说法，但普遍认为其时间跨度为 8 世纪中期至 9 世纪前。[1]

值得一提的是，何家村还发现有银铤共计 68 件。其中錾文"拾两太北朝"的 1 件，錾文"伍两太北朝"的 2 件，錾文"伍两朝"的 53 件。锻造成长方形薄版，表面有锤揲痕迹，造型规整，首端有穿孔。正面錾文记重量及藏库，背面平素。其中一件藏品（图 11）号：七一 391，长 24.2 厘米，宽 7.3 厘米，厚 0.3 厘米，重 428 克。

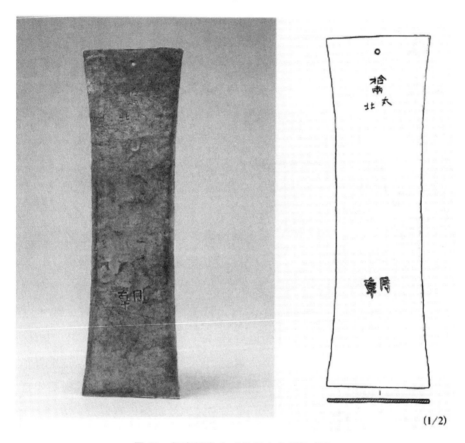

(1/2)

图 11　何家村出土"拾两太北朝"银铤

素面银铤 8 件。浇铸成型，呈条状长方体，表面边缘粗糙不齐。其中一件藏品（图 12）号：七一 407，长 28.9 厘米，宽 4.5 厘米，厚 1.9 厘米，重 1977 克。[2]

我们知道，"黑石号"沉船共出水 18 件银铤，长 21 厘米左右，没有公布重

---

① 杨瑾：《跨学科视阈下的西安何家村唐代窖藏文物研究综述》，《文博》2019 年第 3 期，第 41～48 页。

② 陕西历史博物馆、北京大学考古文博学院、北京大学震旦古代文明研究中心编著《花舞大唐春——何家村遗宝精粹》，文物出版社，2003，第 204 页。

图 12　何家村出土素面银铤

量，两端平直，中间略束腰。展览中的一件（图 13）长 21.5 厘米，宽 7.5 厘米，厚 3 厘米。① 根据当时沉船打捞者的说法，这些银铤纯度为 99.5%。②

图 13　"黑石号"出水银铤

---

① 上海博物馆编《宝历风物："黑石号"沉船出水珍品》，上海书画出版社，2020，第 286 页。
② 藏品号：2005. 1. 00892 - 7，长 21 厘米。François Louis, Metal objects on the Tang Shipwreck, The Tang Shipwreck: Arts and exchange in the 9th century, 206. 藏品号：2005. 1. 00892 - 1/16，长 21 厘米，宽 7 厘米，高 2.5 厘米；藏品号：2005. 1. 00891 - 8/16，长 21 厘米，宽 8 厘米，高 2.5 厘米。见 Shipwrecked: Tang Treasures and Monsoon Winds（Arthur M. Sackler Gallery, Smithsonian Institution, 2010），p233.

把两者进行比较，何家村所出的錾文"拾两太北朝"的银铤为长方形薄版，表面有锤揲痕迹，造型规整，长24.2厘米，宽7.3厘米。就其外形来说，两端平直，中间略束腰，这一特征与"黑石号"出水的银铤非常相像，"黑石号"出水的银铤长21.5厘米，宽7.5厘米，两者长宽尺寸差不多。錾文"拾两太北朝"的银铤厚度仅为0.3厘米，而"黑石号"出水者厚3厘米，为前者十倍，其性质与用途有待讨论，会不会是切割、锤揲成如何家村所出的薄板那样来使用，还不得而知。

## 六  杜环的归途、"广州通海夷道"与杨良瑶出使大食

乾元元年（758）九月，大食兵大掠广州而返程归国，可以推想他们是从广州拔锚通过海路回去的，这条航程也就是贞元宰相贾耽（730~805）所记录的"广州通海夷道"。

杜环于宝应元年（762）从大食返回广州，走的就可能是这条海道；在这之后，杨良瑶于贞元元年（785）从广州出发乞援于大食，于贞元四年（788）前回到大唐，走的也是这条海道。①

值得注意的是，杜环于天宝十载（751）为大食所俘，至宝应元年（762）从广州返回，这件事记录于其叔父杜佑的《通典》："族子环随镇西节度使高仙芝西征，天宝十载（751）至西海，宝应初（762），因贾商船舶自广州而回，著《经行记》。"② 兴元元年至贞元三年，杜佑自饶州刺史改御史大夫充广州刺史、岭南节度使。③ 无论是凭借族子杜环亲身经历所告知的信息，还是凭借杜佑担任广州刺史、岭南节度使的官职经历，他对这条海道应当是非常熟悉的。而杨良瑶于贞元元年（785）至贞元四年（788）往返于广州和大食，其出使时间正是杜佑在广州担任刺史时。所以这条海道的真实性，也就不言而喻了。

贾耽于肃宗、代宗、德宗三朝历任汾州刺史、鸿胪卿、梁州刺史、山南西道节度使，于德宗贞元九年（793）拜相。任鸿胪卿时，贾耽利用职务之便，从少数族裔、外国使者和本朝使臣口中收集了各种地志资料，撰有《皇华四达记》十卷、

---

① 张世民：《杨良瑶：中国最早航海下西洋的外交使节》，《咸阳师范学院学报》2005年第3期，第4~8页；荣新江：《唐朝海上丝绸之路的壮举：再论杨良瑶的聘使大食》，《新丝路学刊》2019年第3期，第1~14页。

② 杜佑：《通典》卷一九一《边防七·西戎三·西戎总序》，第5199页。

③ 李之勤：《杜佑年谱新编》，三秦出版社，2014，第106、113页。

《古今郡国县道四夷述》四十卷、《关中陇右山南九州别录》六卷、《贞元十道录》十卷、《吐蕃黄河录》四卷和《地图》十卷等多种地理学著作。

贞元十七年（801）十月，贾耽上《海内华夷图》和《古今郡国县道四夷述》，同月，杜佑献《通典》。贞元十九年（803），杜佑拜相，与贾耽同朝为相，两者关系可见一斑。

贾耽的著作都已散佚，但《皇华四达记》中有关中西交通的七道的记载在《新唐书·地理志》中得以保存下来。其中的"广州通海夷道"对于研究 8 世纪的中西交通贸易至为关键，我们引用秦大树先生吸收前人研究成果后对这条海道路径的复原成果：

> 广州东南海行，二百里至屯门山（Tuen Mun Hill，香港九龙西南），乃帆风西行，二日至九州石（七州列岛）。
>
> 又南二日至象石（今大洲岛）。
>
> 又西南三日行，至占不劳山（今越南占婆岛，Campanagara Island），山在环王国东二百里海中。
>
> 又南二日行至陵山（一般认为在今越南义平省东南海岸的归仁一带，Qui Nhon）。
>
> 又一日行，至门毒国（今越南富庆省 Phu Khanh 东岸，或即华列拉角 Cape Varella 一带）。
>
> 又一日行，至古笪国（越南和庆，一说芽庄）。
>
> 又半日行，至奔陀浪洲（越南藩朗，Phan Rang）。
>
> 又两日行，到军突弄山（越南昆仑岛，Poulo Eondore）。
>
> 又五日行至海硖（马六甲海峡，Straits of Malacca），蕃人谓之"质"，南北百里，北岸则罗越国（马来半岛南端，Selat），南岸则佛逝国（印尼苏门答腊岛 Sumatra，巨港 Palebang）。[①]

从斯里兰卡又有两条航路，其中一条是《皇华四达记》记载的：

---

① 秦大树：《中国古代陶瓷外销的第一个高峰——9~10 世纪陶瓷外销的规模和特点》，《故宫博物院院刊》2013 年第 5 期，第 34 页。

（从师子国）又西四日行，经没来国（南印度马拉巴尔，一说奎隆，Quilon），南天竺之最南境。

又西北经十余小国，至婆罗门西境（南印度）。

又西北二日行，至拔飓国（印度纳巴河口布罗奇附近）。

又十日行，经天竺西境小国五，至提飓国（印度河口巴基斯坦卡拉奇附近提勃尔），其国有弥兰太河，一曰新头河（印度河，Indus），自北渤昆国来，西流至提飓国北，入于海。

又自提飓国西二十日行，经小国二十余，至提罗卢和国（波斯湾头伊朗阿巴丹 Abadan 附近），一曰罗和异国，国人于海中立华表，夜则置炬其上，使舶人夜行不迷。

又西一日行，至乌剌国（奥波拉，在巴士拉 Basra 东，一说在波斯湾头之奥布兰），乃大食国之弗利剌河（幼发拉底河，Euphrates），南入于海。

小舟泝流，二日至末罗国（伊拉克巴士拉，Basra），大食重镇也。

又西北陆行千里，至茂门王所都缚达城（伊拉克巴格达）。[①]

根据秦大树先生的统计，从广州到大食（伊拉克巴士拉）海上航行的时间计87 天。这就是贾耽所记录的"广州通海夷道"，而这条道路可能在怛罗斯战役前后就已经存在了。

唐玄宗开元二年（714）十二月，"右威卫中郎将周庆立为安南市舶使，与波斯僧广造奇巧，将以进内。监选使、殿中侍御史柳泽上书谏，上嘉纳之"[②]。同样一件事，《唐会要》载："开元二年（714）十二月，岭南市舶司、右威卫中郎将周庆立、波斯僧及烈等，广造奇器异巧以进。"[③] 而《新唐书》则只称"市舶使、右威卫中郎将周庆立"[④]，市舶使或市舶司前没有安南或岭南的称谓。这是史籍上第一次出现唐代市舶使。

到了天宝七载（748）至天宝八载（749），鉴真和尚至广州，已见到广州城"江中有婆罗门、波斯、昆仑等舶，不知其数，并载香药、珍宝，积载如山。其舶

---

① 秦大树：《中国古代陶瓷外销的第一个高峰——9～10 世纪陶瓷外销的规模和特点》，《故宫博物院院刊》2013 年第 5 期，第 36 页。

② 《旧唐书》卷八《玄宗纪上》，第 174 页。

③ 牛继清校证《唐会要校证》卷六二《御史台下》，第 919 页。

④ 《新唐书》卷一一二《柳泽传》，中华书局，1975，第 4176 页。（下引此书同此版本，不再注明）

深六七丈。师子国、大石国、骨唐国、白蛮、赤蛮等往来居住，种类极多"①。杜佑《通典》记载："神龙（705～707）以后，黑衣大食强盛，渐并诸国，至于西海，分兵镇守焉。族子环随镇西节度使高仙芝西征，天宝十载（751）至西海，宝应初（762），因贾商船舶自广州而回，著《经行记》。"②

杜环被俘后，旅居西域 12 年，亲历幼发拉底河畔黑衣大食（即阿拔斯哈里发王朝）的都城（今伊拉克巴格达南的库法，杜环记作亚俱罗）等城，归国后写出《经行记》一书。③ 此书已佚，《通典》引用了一千五百余字，成为现在研究中西交通与文化史重要的资料之一。

"宝应初（762），因贾商船舶自广州而回"，这十几个字甚关键。第一，这一时间与我们所推论的"黑石号"活动的时间非常接近；第二，杜环是搭载商船回到广州的，出没于广州的商船有很可能就是大食的商船，而"黑石号"就被普遍认为是阿拉伯的缝合商船。

据李肇《唐国史补》："南海舶外国船也，每岁至安南、广州。师子国舶最大，梯而上下数丈，皆积宝货。至则本道奏报，郡邑为之喧阗。有蕃长为主领，市舶使借其名物，纳舶脚，禁珍异，蕃商有以欺诈入牢狱者。"④ 从中也可以看清出现在广州的商船性质。

唐代宗广德元年（763）十二月还发生了"宦官市舶使吕太一逐广南节度使张休，纵下大掠广州"的严重事件。⑤

在这之后，杨良瑶于贞元元年（785）从广州出发乞援于大食，于贞元四年（788）前回到大唐。

而且贾耽《皇华四达记》所记中西交通路线与 9 世纪阿拉伯地理学家伊本·胡尔达兹比赫于 885～886 年完成二稿的《道里邦国志》中记载的相应路线有很多一致之处，说明两者所采择的材料的来源相似，大多得自双方往来的商旅行人。⑥

从目前已有的研究来看，关于"黑石号"的起锚地大致有扬州直航说、广州直航说和室利佛逝中转说三种。我们比较赞同"黑石号"起锚于广州说，一方面是因为广州在 8 世纪下半叶这一段时间海外贸易繁盛；另一方面，无论是杜环还是

① 真人元开著，汪向荣、严大中校注《唐大和上东征传》，中华书局，2000，第 74 页。
② 杜佑：《通典》卷一九一《边防七·西戎三·西戎总序》，第 5199 页。
③ 张广达：《大食》，张广达著《文本、图像与文化流传》，广西师范大学出版社，2008，第 181～184 页。
④ 李肇撰，聂清风校注《唐国史补校注》卷下，中华书局，2021，第 295 页。
⑤ 《旧唐书》卷一一《代宗纪》，第 274 页。
⑥ 张广达：《大食》，张广达著《文本、图像与文化流传》，广西师范大学出版社，2008，第 181～184 页。

杨良瑶，他们都是通过这条"广州通海夷道"往返于大食。

但我们认为，肯定"黑石号"起锚于广州的同时，也不能忽略安南这一重要的出海港口，北部湾自两汉以来便是海上贸易的孔道。

《旧唐书·地理志》载："隋平陈，置交州。炀帝改为交趾，制史治龙编，交州都护制诸蛮。其海南诸国，大抵在交州南及西南，居大海中洲上，相去或三五百里，三五千里，远者二三万里。乘舶举帆，道里不可详知。自汉武已来朝贡，必由交趾之道。"① 上引李肇《唐国史补》中也有"南海舶外国船也，每岁至安南、广州"的说法。② 此外，陆贽于唐德宗贞元八年（792）六月所上奏议《论岭南请于安南置市舶中使状》中提到"岭南节度使奏：'近日海舶珍异，多就安南市易，欲遣判官就安南收市……'"。③

再者，从上引"广州通海夷道"的路线来看，从广州出发至巨港一段，中间有一段都在今越南海域内航行，而在越南中部也发现了8世纪下半叶至9世纪初的唐代沉船。④ 除了"广州通海夷道"外，贾耽还提到另一条"安南通天竺道"⑤，这些都值得做进一步的深入研究。

## 七 科技检测

最后，不得不提一下对"黑石号"出水时做的科技检测。虽然"黑石号"不是一艘经过科学打捞发掘的沉船，但当时的商业打捞组织者还是力所能及地进行了一些相关的检测，以求得到对"黑石号"相对准确的时代判断。

根据 J. Keith Wilson 和 Michael Flecker 的论述，他们选择了三件出水物品送往新西兰怀卡托大学做碳十四检测，这三件物品和检测结果分别如下。

1. 香料，680~780 年。

2. 八角，670~890 年。

---

① 《旧唐书》卷四一《地理志》，第 1750 页。
② 李肇撰，聂清风校注《唐国史补校注》卷下，中华书局，2021，第 295 页。
③ 司马光编著《资治通鉴》卷二三四《唐纪·德宗》，第 7654~7655 页；陆贽：《陆贽集》卷一八，中华书局，2006，第 574~576 页。
④ 西野范子:《中部ベトナム·ビンチャウ沈船資料の総合調査研究》，《三菱財団研究·事業報告書 2018》。
⑤ 《新唐书》卷四三《地理志下》，第 1146 页。

3. 船上的木材，710~890 年。[①]

不知是不是因为以"宝历二年"铭花草纹碗作为最重要的断代依据，导致后两件标本与第一件香料标本的检测年代有一定偏差，后来的研究者很少用到这三组数据。如果根据我们现在对这件长沙窑碗的判断，把上面的刻字读为"宝应二年（763）"，再根据对出水相关器物的综合考量，而把整艘"黑石号"沉船的年代上提至 8 世纪 60 年代左右，所得结果就与三组科技检测得到的数据完全符合了。

# 结　论

我们把长沙窑青釉褐绿彩碗上的刻画文字读为"宝应二年（763）七月十六日"，联系铸于乾元元年（758）的江心镜。铸造于乾元元年（758）至宝应元年（762）并可能只流通于这一时期的乾元重宝钱，长沙窑"湖南道草市石渚盂子"题记碗上最早可能出现的广德二年（764）的"湖南道"，大唐与大食的交流往来的高峰集中在怛罗斯战役（751）之后直到贞元十四年（798）最后一次在文献上出现的大食对大唐的朝贡的史实，以及可能代表"中国天子御用的瓷器"的"进奉"和"盈"字款碗、盘等于 786~806 年这段时间内出现在大食的宫廷中的事实，再结合于宝应元年（762）至贞元元年（785）已经非常繁盛的"广州通海夷道"，辅以三组科技检测的断代结果，我们把"黑石号"沉船的年代定在 8 世纪 60 年代左右，这比普遍认为的宝历二年（826）提前了约六十年。

附记：在本文成稿过程中，得到了徐汝聪、陈凌、凌瑞蓉、刘婕、盛况、张思宇、张旭东、马今洪、孙慰祖、吴旦敏、王建文、冯泽洲、王庆卫、张传官、傅及斯等诸位师友的帮助，谨致谢忱。文章草就后，曾于 2021 年 1 月 19 日"孙慰祖先生荣休学术报告会暨青铜部第二十一次年度学术报告会"上做内部讨论，得到了诸多老师的批评与指正。本文观点如有错误，责任全在作者一人。

---

① J. Keith Wilson and Michael Flecker, *Dating the Belitung Shipwreck* (Shipwrecked: Tang Treasures and Monsoon Winds, 2010), P. 36.

《中国与域外》第五辑（2023.06）第 226～246 页

# 百济武宁王妃漆枕所绘摩羯纹试析

## 邵 磊*

**摘 要**：百济武宁王陵出土的王妃漆枕上彩绘的"鱼龙"纹，应是源自古印度神话的摩羯形象。摩羯是一种长鼻上卷、兽首鱼身的动物，最早的摩羯纹大致出现于公元前 3 世纪中叶南印度阿马拉瓦蒂雕刻艺术中。大月氏人在中亚建立的贵霜王国深受印度文化的影响，于贵霜王国迦毕试即今阿富汗首都喀布尔以北的伯格拉姆，亦发现多种摩羯造型的雕刻。在介于伯格拉姆与中国新疆之间的古代片治肯特寺院遗址，也发现摩羯纹装饰。摩羯纹可能循这样的线路传入中国。从地理位置来看，百济不可能直接从古印度或中亚地区获得对摩羯形象的认识，故摩羯形象应是经由中国的中转方才得以传至百济。百济奉东晋和南朝正朔，与北魏鲜有官方交往，再加上与北魏之间有世敌高句丽的阻隔，由此推断武宁王妃漆枕所绘摩羯纹，应源于中国南朝。但中国境内发现的摩羯图纹在东晋、南朝时期尚未出现，这就愈发凸显出武宁王妃漆枕所绘摩羯纹的重要价值。武宁王妃漆枕所绘摩羯纹周围，还绘有肩部缠绕帔帛的天人形象与众多动感十足、形态各异的莲花化生图，由此可见，武宁王妃漆枕所绘的摩羯纹具有深厚的佛教背景。

**关键词**：百济 武宁王陵 摩羯纹 南朝 佛教

# 引 言

韩国南部忠清南道公州郡公州邑西北约一公里的宋山里，是一片风光明媚的丘陵地带，在这片丘陵之中，分布着众多百济时代的古坟。朝鲜半岛独立以前，日本

---

* 邵磊，南京市文化遗产保护研究所研究馆员。

学者曾在此调查发现过包括石室墓（M1~M5）和装饰四神壁画的砖室墓（M6）在内的多座古坟①，人们对百济墓葬的结构有了大致的了解。1971年6月29日，韩国文物管理局为了解决M5石室墓和M6石室墓的渗水问题，决定在M6石室墓北侧山坡上开挖排水沟，施工过程中却意外发现了百济武宁王与王妃的合葬墓，亦即武宁王陵②，这堪称20世纪亚洲重要的考古学收获之一。

　　位于韩国公州宋山里的武宁王陵，地表有直径约20米、高约4.7米的封土，封土之下砌建由甬道和墓室构成的平面呈"凸"字形的砖墓，在甬道前尚有斜坡墓道与排水沟。甬道与墓室均为拱券结构，墓砖侧面模印斜网格纹与钱纹或莲花纹与钱纹组合的纹饰。甬道长2.9米、宽1.04米、高1.45米，地面并排放置两块方版形的石墓志，邻近甬道东壁的是武宁王墓志，紧贴甬道西壁的是武宁王妃墓志；在两块石墓志之后，有一件额头插入铁角的镇墓石兽。甬道之后的墓室长4.2米、宽2.72米、高2.93米，在墓室左、右壁设置有两两相对的4个直棂假窗，后壁正中也设置一个直棂假窗；在5个直棂假窗之上辟有火焰形壁龛，壁龛的边缘有彩绘火焰纹，这与其放置油灯的功能契合③。墓室内用砖铺砌高出地面的棺床，棺床上放置金松木刳制的两具木棺，东侧葬者为武宁王，西侧葬者为武宁王妃（图1）。

　　百济武宁王"斯摩"，其在中国史籍中的汉译名为"余隆"，武宁王陵出土的墓志则署其名为"斯麻"。以文献史料的"时近迹真"而言，武宁王的名讳固应以墓志镌刻的"斯麻"为准。武宁王为牟大王（东城王）次子，因其父王被刺杀而于501年12月嗣袭王位，是为百济第25代王。武宁王在位期间使百济"衰弱累年"的国力得到了提升，并于512年四月、521年十一月两度遣使入梁献方物④，并在第二次遣使的次月，被梁武帝诏授"使持节、都督百济诸军事、宁东大将军、百济王"⑤。

① 贾梅仙：《朝鲜南部武宁王陵简介》，《考古学参考资料》第6册，文物出版社，1983，第66页。
② 大韩民国文化财管理局编《武宁王陵——发掘调查报告书》（日语版），学生社，1974。以下所用资料凡征引此报告者，不另注。
③ 中国南朝大、中型砖筑墓也见设置此种火焰形状的壁龛，由于这种壁龛的立面亦近于桃子的形状，故中国考古学界也多约定俗成地称之为"桃形"壁龛。
④ 金富轼等：《三国史记》卷二六《百济本纪第四·武宁王》，（韩国）金钟权《完译·原文三国史记》，明文堂，2000，第436、437页。百济武宁王于梁武帝天监十一年（512）四月、梁武帝普通二年（521）十一月两度遣使入梁献方物，事亦见《梁书》卷二《武帝纪中》、卷三《武帝纪下》，中华书局，1973，第52、65页。
⑤ 参见《梁书》卷三《武帝纪下》、卷五四《诸夷传·百济》，中华书局，1973，第65、804页。

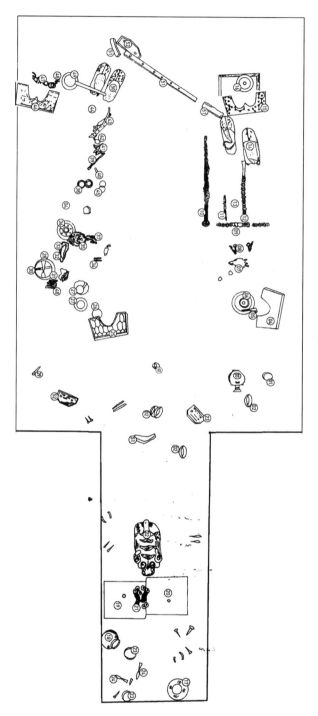

图1  武宁王陵平面示意图

平面呈"凸"字形的武宁王陵与相邻的宋山里6号墓，从建筑材料到形制结构均效仿了中国东晋至南朝时期的砖室墓，而陵墓内的出土文物也被认为与中国大陆有着千丝万缕的联系。凡此种种，对于考察史籍记载的3世纪至6世纪韩半岛与中国大陆之间的物质文化交流具有重要价值①。不过，对百济武宁王陵及其出土文物的研究虽然已经取得了不少成绩，但并不意味武宁王陵及其随葬品的内涵已得到了充分的揭示。本文所谈武宁王妃木枕上绘制的鱼龙纹图像，就是这样一则之前几乎未曾引起关注的材料。

## 一　百济武宁王妃漆枕所绘摩羯纹与摩羯形象的传播

据出土的百济武宁王夫妇两人的墓志，可知武宁王余隆卒于523年五月，入葬于525年八月；王妃卒于526年，529年二月与武宁王合葬。由于武宁王陵未遭盗掘，故出土文物可谓完整无缺，总计有90余种，具体数量则达到惊人的2561件。在这些出土文物中，除了在墓室壁龛内作为油灯使用的青瓷盏，在墓室砖砌棺床前作为祭品的青瓷覆莲盖罐、酱釉盘口壶、青铜碗与铜匙等，还有位于甬道内的镇墓石兽、石墓志、买地券及其上堆置的铁五铢钱。其余物品包括木胎漆枕、漆足枕、金冠饰、金簪、金耳饰、银腰带、银臂钏、铜履、铜镜、铜托银盏、炭木金球颈饰、环首刀等几乎都出于武宁王与王妃各自的棺内。在这些"贴身"的随葬品中，武宁王妃的漆枕上所绘摩羯纹图像是令人尤为振奋的重要发现。

武宁王与王妃使用的漆枕与漆足枕，均为木胎漆枕，即将木头挖成凹形制作而成的枕头，彼此形制相同，但武宁王的头枕已经朽烂得很厉害，仅存两块木片，而王妃的头枕则保存得较为完好，其枕顶宽44.2厘米，底宽40厘米，高37.7厘米，厚12.2厘米，表面髹朱漆，以金箔镶边，中间用金箔条贴出龟甲纹为界格，此或与汉成帝宠姬赵飞燕被立为皇后之日，其妹赵合德赠品名录内所见

---

① 据不完全统计，仅中国学者在这一方面较有代表性的综合研究有：杨泓《吴、东晋、南朝的文化及其对海东的影响》，《考古》1984年第6期，第564~573页；王仲殊《东晋南北朝时代中国与海东诸国的关系》，《考古》1989年第11期，第1027~1040页；韩昇《百济与南朝的文化交流及其在东亚的意义》，石源华等主编《东亚汉文化圈与中国关系》，中国社会科学出版社，2005，第120~137页；王志高《百济武宁王陵形制结构的考察》，《东亚考古论坛》创刊号，忠清文化财研究院，2005，第25~32页；成正镛、李昌柱、周裕兴《中国六朝与韩国百济的交流——以陶瓷器为中心》，《东南文化》2005年第1期，第24~30页。

的"龟文（纹）枕"①形制相同。在王妃漆枕表面的龟甲纹之内，用白、朱、黑、金泥等颜料彩绘出各种动物或植物图案。在漆枕的另一面和两侧也绘有图案，但因腐朽严重，图案内容难以明辨。在漆枕两端的上部，各凿有一孔，用以插置木制凤凰头饰（图 2）。

图 2  武宁王陵出土王妃头枕

据大韩民国文化财管理局编《武宁王陵——发掘调查报告书》之"副葬品"一节所述，武宁王妃漆枕上所描绘的图案，系"用纤细的笔致描绘的莲花、鱼龙、凤鸟和四瓣小花等纹饰"。然而对照图像来看，上述的相关介绍文字多有舛误，遗漏也不少，如漆枕左下方的一格内，绘有缠绕帔帛的童子外形的"天人"，但如此重要的形象，《武宁王陵——发掘调查报告书》却只字未提。或许是由于受漆枕左侧作飞舞状的鸾凤形象的影响，《武宁王陵——发掘调查报告书》竟然在结语中将漆枕右侧、位置与鸾凤相对应的所谓"鱼龙"造型的图案，解读为天空中的飞龙。其实，武宁王妃漆枕上的这一"鱼龙"造型的兽形图案，应该即是摩羯（图 3）。

摩羯，是印度神话中一种长鼻上卷、兽首鱼身的动物，梵文称"Makara"，汉译作摩羯、摩竭、磨羯、磨蝎、么伽罗等，在早期的佛教典籍中以"摩竭"一词最为常见，大致唐代以后几乎所有汉译称谓为"摩羯"一词所替代。对此，夏鼐

---

① 葛洪：《西京杂记》卷一《飞燕昭仪赠遗之侈》，中华书局，1985，第 8 页。

**图 3　武宁王妃头枕上绘制的"鱼龙"纹**

先生在探讨黄道十二宫传入中国的问题时曾指出："黄道十二宫至迟隋代已经传入我国，是随着佛经的翻译由印度传来的。其中摩羯宫是印度梵文 Makara 的音译。第一音节译'磨'或'摩'，第二音节译'竭'或'蝎'或'羯'。最初并没有定。后来由于图形是羊身鱼尾的怪兽，便采用了从羊的羯字。"① 杨伯达先生主张在不同的情形下使用不同的字词，在涉及黄道十二宫时使用"摩羯"，在与佛教相关的情形下使用"摩竭"②。

熊存瑞是国内较早涉足摩羯纹研究的学者，其所撰《摩羯纹考略》一文虽然不长，却高屋建瓴，堪称中国学者关于摩羯纹研究的开山之作③，为国内关于此类题材的拓展研究奠定了重要的基础④。关于摩羯的造型，《摩羯纹考略》一文指出：印度神话中的摩羯，被认为是河水之精，生命之本，常为水天（Varuna）所乘，

---

① 夏鼐：《从宣化辽墓的星图论二十八宿和黄道十二宫》，《考古学报》1976 年第 2 期，第 195~198 页。

② 杨伯达：《摩羯、摩竭辨》，《故宫博物院院刊》2001 年第 6 期，第 41~46 页。

③ 岑蕊：《摩羯纹考略》，《文物》1983 年第 10 期，第 78~80、85 页。

④ 关于这一方面，如孙机《摩羯灯——兼谈与其相关的问题》（《文物》1986 年第 12 期，第 74~78 页）一文便多有参考《摩羯纹考略》一文引用的外文资料。此外，《中国文物精华》（文物出版社，1997）收录鎏金摩羯（图版 98）的说明文字与《中国古陶瓷图典》（文物出版社，1998）第 243 页，也都有引用《摩羯纹考略》一文的观点。

屡作爱神迦摩（Kāma-deva）之旗，又为夜叉（Yaksas）所乘，此种组合的摩羯造型，在印度与中亚地区的考古遗存中时有所见，数量颇多。摩竭的形象，或以为源自鳄鱼，或以为源自鲸鱼，而印地语中称鳄鱼为 Magar，源出梵文"Makara"，也有以为源于鱼、象、鳄鱼三种不同的动物形象，或以为其为鱼、象、鳄鱼的合体，不一而足。最早的摩羯纹约出现于公元前 3 世纪中叶，纪元以后大月氏人建立的贵霜王国的版图曾扩张到北印度，而印度文化的反馈作用不可避免地会对贵霜文化艺术造成潜移默化的影响。在印度阿马拉瓦蒂（Amaravati）发现的贵霜时期雕刻艺术中的摩羯纹，已然表现出张口、利齿、长鼻、眼向外鼓凸及分叉鱼尾的形象(图 4)。

**图 4　印度阿马拉瓦蒂贵霜时期摩羯纹**

位于阿富汗首都喀布尔以北的伯格拉姆（Begram），即《大唐西域记》中记载的 1 世纪 40 年代建成的贵霜王国的迦毕试[1]，地处中国、印度之间，是当时中西交通的重要枢纽。伯格拉姆遗址包括旧王城与新王城，1937 年法国考古学者在新王城遗址发现了两个密闭的房间，分别被命名为 10 号与 13 号房址，内部储存的既有来自印度的象牙制品，也有来自中国的漆器和罗马的玻璃器，均是约公元 1 世纪的物品。其中，在 10 号房址出土的象牙饰板上雕刻的图案，不仅有摩羯追逐鲇鱼的连续图案，还有位于夜叉两侧并各自呈露出半身足爪、张口欲吞噬夜叉的摩羯造型（图 5），此外，还发现了多件半裸的双足踩踏于摩羯之上的夜叉女圆雕石像（图 6）。

介于伯格拉姆与中国新疆之间的撒马尔罕的片治肯特，为 6 至 8 世纪粟特人的遗址，在片治肯特 2 号寺院的南墙也发现了作为装饰的摩羯纹，摩羯的眼、颈上均可见皱褶，并呈张口露齿卷舌吞食小鱼状，其构图的旨趣，与伯格拉姆遗址出土象

---

① 玄奘、辩机：《大唐西域记》卷一，文学古籍刊行社，1955，第 18 页。

图 5　波格拉姆贵霜时期夜叉暨摩羯牙雕

图 6　波格拉姆贵霜时期夜叉女暨摩羯石像

牙雕刻摩羯追逐鲇鱼纹样相似。而无论在伯格拉姆还是片治肯特发现的摩羯纹样，均有可能在中西文化交流的大背景下传入中国。

摩羯的形象，约在公元3世纪为中国人所认知。史载，汉末三国时期康僧会杖锡东游吴地"营立茅茨"并"设像行道"，其所译《六度集经》卷四《弥兰经》有云："昔有五百商人，入海采利，中有智者，名曰弥兰，为众师御。海有神鱼，其名摩竭，触败其船，众皆丧身，弥兰骑板，仅而获免。"① 前秦建元（365~385）中入长安、东晋隆安元年（397）渡江至建康的僧伽提婆，为东亭侯王珣译《中阿含经》，该经卷三四《商人求财经》亦云："彼在海中为摩羯鱼王破坏其船，彼商人等各自乘浮海之具粲羊皮囊、大瓠、押筏，浮向诸方。"② 凡此种种，皆已述及摩羯之名实。后秦龟兹僧人鸠摩罗什所译《大智度论》第七亦云："如说昔有五百估客，入海采宝，值摩伽罗鱼王开口，海水入中，船去驶疾。船师问楼上人：'汝见何等？'答言：'见三日出，白山罗列，水流奔趣，如入大坑。'船师言：'是摩伽罗鱼王开口，一是实日，两日是鱼眼，白山是鱼齿，水流奔趣，是入其口。我曹了矣。各各求诸天神以自救济。'"③ 见载于上述经文的海中鱼王——摩羯，不仅身躯庞大无朋，且有吞啖海中一切生灵的伟力，这弦外之音不禁让人联想起前述中亚伯格拉姆与片治肯特古代遗址中发现的摩羯追逐小鱼的情形，以及其体现出来的弱肉强食的丛林法则。

于此可见，中亚与古代中国刻画摩羯这一印度神祇的主旨，正有异曲同工之处，一定程度上都只是借鉴了摩羯在印度常作张口吞食状故而显得凶恶的外型而已，这与佛教造像初传中国江南，民众只看中佛造像富于异域情调的装饰造型而对于佛教义理其实并不理会的状况，以及与康僧会杖锡东游至吴地"营立茅茨，设像行道"的本意去之甚远的情形何其相似④。

## 二 对中国唐以前摩羯形象的追溯

作为摩羯纹自西向东传播的中转站，中国境内发现的摩羯纹盛行于唐、宋、辽、西夏、金、元，但在时空的分布上却并不均衡。唐以后的摩羯纹因时代过晚，

① 康僧会译撰，吴海勇注译《六度集经》卷四《弥兰经》，花城出版社，1998，第183页。
② 中国佛教文化研究所点校《中阿含经》中册，宗教文化出版社，1999，第596页。
③ 龙树菩萨造，鸠摩罗什译，王孺童点校《大智度论·上册》，宗教文化出版社，2014，第138页。
④ 邵磊：《南京栖霞山千佛崖释迦、多宝并坐像析》，《南方文物》2000年第3期，第50~62页。

与本文所谈主题关系不大。

内蒙古昭乌达盟喀喇沁旗出土唐代银盘上作戏宝珠状的"双鱼"形象，是一种酷似鲤鱼的水兽（图7），躯体遍布鳞片且胸、腹、背、尾均有鳍，但头部张口露牙，鼻上卷，形态与南印度阿马拉瓦蒂的摩羯纹近似。关于这件银盘上的摩羯纹，曾有人以为是迄今为止在中国所见到的最早的摩羯纹①。该银盘与伴出的唐德宗贞元年间进奉的鹿纹银盘的形制、尺寸几乎相同，其讲求对称的画面构图所流露出的"本土化"趋向也很明显，大体可判定其属中唐时所制器物②。美国内尔森艺术馆收藏可能来自中国的底部锤鎃摩羯纹的银碗，以水波纹为地，凸起于地纹之上的摩羯长鼻上伸，张口露齿，舌上卷，头颈部皆可见鬃毛，环绕此摩羯的还有四只小摩羯，其间饰以被摩羯追逐的鸭、鲇鱼及其他浮游生物（图8）。银盘外壁所饰忍冬纹造型与唐神龙二年（706）永泰公主墓志盖上的纹饰相同，故其所属时代约在7世纪末至8世纪初的盛唐早期。内尔森艺术馆收藏的银碗刻画的摩羯追逐浮游生物的立意，与前述中亚伯格拉姆与片治肯特古遗址发现的摩羯追逐小鱼或鲇鱼的纹样相近，在构图上犹存较浓郁的中亚色彩。

图7　内蒙古昭乌达盟喀喇沁旗出土唐代银盘上锤鎃的摩羯纹

---

① 施俊：《漫话鱼龙变化》，《收藏界》2004年第1期，第57~58页。
② 喀喇沁旗文化馆：《辽宁昭盟喀喇沁旗发现唐代鎏金银器》，《考古》1977年第5期，第327~334页。

图 8 美国内尔森艺术馆藏唐代银碗底部锤鍱的摩羯纹

　　至于唐代晚期银器上的摩羯纹，则普遍被添加了双翼，如浙江长兴下莘桥窖藏出土的银羽觞与江苏丹徒丁卯桥窖藏发现的银盆上装饰的摩羯纹①，类皆如此。流风所及，辽、西夏、金所刻画的摩羯形象皆无例外地绘有双翼。

　　摩羯纹装饰在唐代器用上的激增，与唐朝空前的对外开放有关。唐代摩羯纹装饰的特征及其在社会生活中的普及，显然受到中亚地区的深刻影响。摩羯纹在唐代社会普遍出现于金银器上是一种独特的文化现象，但中国境内所能见到的唐以前的摩羯纹装饰，却寥寥无几。1964 年 10 月，陕西省文物管理委员会在陕西咸阳三原县双盛村发掘了隋开皇二年（582）李和墓，墓中石椁的椁盖上雕饰的摩羯头像，是中国境内较早被辨认出来的摩羯形象②。李和墓石椁盖上共雕刻有 32 个联珠圈，每个联珠圈内分别雕镌人面或虎、豹、马、鸡、象等动物的头像。其中，位于石椁盖左侧一联珠圈内的摩羯头像，被刻画为张口露出利齿、长鼻上卷的造型（图 9），该造型与南印度阿马拉瓦蒂雕刻艺术中的摩羯纹及美国内尔森艺术馆收藏的银碗上刻画的摩羯纹颇为相似。

---

　　①　镇江市博物馆、陕西省博物馆：《唐代金银器》，文物出版社，1985。
　　②　王玉清：《陕西省三原县双盛村隋李和墓清理简报》，《文物》1966 年第 1 期，第 27~42 页。

图 9　隋开皇二年李和墓石椁盖上刻画的摩羯头像

　　2000 年在西安大明宫乡发掘的安伽墓，是一座北周时期的粟特人墓葬。摆放在安伽墓内的葬具——围屏石榻，通体皆有细致的雕饰彩绘，图案内容与组合均极丰富，堪称安伽墓最引人瞩目的出土物。在安伽墓围屏石榻榻板的正面与左、右两侧，雕有横向连续的长方形框栏，长方形框栏之间以 9~16 粒竖向联珠纹间隔，其中又有半数长方形框栏之内雕刻徽章状的联珠圈，彼此相间排列。在长方形框栏内或与长方形框栏相交的联珠圈内，刻画有涂朱的禽或兽的头像，其中，在榻板正面被编为第 16 图的长方形框栏内，刻画了有卷鼻、吐舌、獠牙的摩羯头像（图 10），造型近似隋开皇二年李和墓石椁上的摩羯头像[1]。

　　值得一提的是，李和葬于北周亡后的次年，李和墓和安伽墓同位于西安地区，因此，隋初开皇二年（582）李和墓石椁盖与北周安伽墓石围屏上刻画的摩羯形象，实乃同一历史背景下的产物，故而其形神如出一辙，自是题中应有之义。又，隋开皇二年李和墓与北周安伽墓石葬具上刻画的摩羯头像，周围均

---

[1]　安伽墓墓室中部偏北出土围屏石榻长 228 厘米、宽 103 厘米、边缘厚 12 厘米，在榻板正面与左、右两侧以减地雕的技法刻画有 33 幅动物头像，其中正面有 17 幅动物头像，自左向右第 16 幅为神兽头像，从造型来看，与隋开皇二年李和墓石椁盖上雕刻的摩羯纹如出一辙，可判定为摩羯形象无疑。详见陕西省考古研究所编著《西安北周安伽墓》，文物出版社，2003，第 43、44 页。

图 10　北周安伽墓石榻板侧面的摩羯图像

饰有联珠纹，其中，李和墓石椁盖所饰动物头像外围的联珠纹属典型的联珠圈，安伽墓围屏石榻上的摩羯头像相邻两侧的兽首外围亦饰联珠圈。此前曾有学者就丝织品上的联珠圈装饰及其流布情况进行讨论，指出联珠圈是来自波斯的元素，而中国境内发现的在联珠圈内仅刻画兽首的装饰手法，是受波斯文化及希腊文化影响的结果①。换言之，隋开皇二年李和墓等在石葬具联珠圈内的摩羯头像，应是融合了西亚波斯及受希腊文化影响的中亚一带的文化因素而形成的装饰样式。

　　北朝晚期佛教造像基座部位所雕刻的海神王像中，也有鼻子上卷、张口露出尖利牙齿的摩羯，如河南巩县石窟寺第 4 窟中心柱西面基座上浮雕的海神王像②与洛阳出土北魏造像座上的海神王像③；而与之相对应的河神王像，所抱持的则多是鲤

---

<small>

① 薄小莹：《吐鲁番地区发现的联珠纹织物》，北京大学考古系编《纪念北京大学考古专业三十周年论文集 1952—1982》，文物出版社，1990，第 311~340 页。

② 河南省文物研究所：《中国石窟·巩县石窟寺》，文物出版社，1989；常青：《北朝石窟神王雕刻述略》，《考古》1994 年第 12 期，第 1127~1141 页。

③ 冉万里：《略论洛阳出土佛教造像座的装饰题材》，《考古与文物》2015 年第 5 期，第 62~68 页。

</small>

鱼，如古代巩县石窟寺第 4 窟中心柱北面基座上浮雕的河神王像①与东魏武定元年
（543）骆子宽造像基座上雕刻的河神王像②。由此可见，北朝晚期工匠在雕刻海神
王与河神王时，对于其所抱持的水生动物都着意进行了区分，而将摩羯的形象与海
神王结合在一起，也是与文献中摩羯活跃于海洋的叙述相符合的。此外，在河北正
定隆兴寺发现的一件北朝晚期汉白玉造像背光的下部，也刻画了掩映于碧波莲荷之
中的两头摩羯大鱼，其中一尾鼻向上卷，牙齿尖利，口中含珠，与北周安伽墓、隋
开皇二年（582）李和墓石葬具上雕饰的摩羯头像颇为相似；另一尾则柔和戏水，
形态更接近鲸鱼③。

　　前揭唐代以前的摩羯造型，无一例外均发现于北朝境内，至于南朝地域范围内
的摩羯造型唯一有迹可循者，只有曾入藏南宋绍兴内府、传为东晋著名画家顾恺之
绘制的《洛神赋图》。曹植《洛神赋》在刻画洛神与曹植人神殊途、终究别离的一
幕时有云："腾文鱼以警乘，鸣玉鸾以偕逝。六龙俨其齐首，载云车之容裔。鲸鲵
踊而夹毂，水禽翔而为卫。"结合《洛神赋图》传本描绘的洛神乘舆在水中为六龙
牵引而渐行渐远的画面，可知"腾文鱼以警乘"句中的"文鱼"，即是画面中描绘
的从水中跃起的两只兽首鱼身并附双翼、张口露齿且高鼻瞋目的摩羯（图 11）。对
于《洛神赋图》中的摩羯图像，也有人认为是随佛教东传而进入中国的最早的摩
羯造型④。《洛神赋图》传本所绘制的树木俱作孔雀扇形，虽然略具南朝帝后陵寝
内壁所饰的"竹林七贤与荣启期"镶拼砖画的古拙之意，但《洛神赋图》传本在
清代即已被内府臣工识为宋人摹本，如画卷内人物衣纹的提捺笔法，多属吴道子
"兰叶描"之用笔，南宋画家马和之即学此种笔法，且画面整体也更为接近马和之
的《毛诗图》，故此《洛神赋图》传本也被认为可能属南宋宫廷画房的"誊画"⑤。
这样看来，现存《洛神赋图》传本形成时间晚于唐代，故其所绘摩羯在造型上也
可能受唐以来流风习气的影响，谈不上是探究东晋、南朝摩羯纹样的具有典型意义
的资料。

---

①　河南省文物研究所：《中国石窟·巩县石窟寺》，文物出版社，1989。

②　金申：《中国历代纪年佛像图典》，文物出版社，1994，第 232～235 页；常青：《北朝石窟神王雕刻
　　述略》，《考古》1994 年第 12 期，第 1127～1141 页。

③　常樱：《摩羯纹在中国的传播与兴衰》，《中国国家博物馆馆刊》2020 年第 3 期，第 126～135 页。

④　国家文物局主编《海上丝绸之路》，文物出版社，2014，第 79 页。

⑤　徐邦达：《古书画伪讹考辨》上编，江苏古籍出版社，1984，第 21～27 页。

图 11　东晋顾恺之《洛神赋图》传本上的摩羯形象

## 三　关于百济武宁王妃漆枕所绘摩羯纹的来源

相对于交通远不发达的中古时期而言，地缘位置决定了位于大陆以东的百济几乎没可能直接从古印度或中亚地区获得对摩羯形象的认识，故摩羯的造型艺术得以"登陆"百济，唯一的跳板只有可能是中国。由于百济世奉东晋、南朝正朔，与北朝几乎没有官方交往①，加之陆路又有高句丽的阻隔，即便是百济民间与中国北方的交流也困难重重。据此不难推断，百济武宁王妃漆枕上描绘的摩羯纹，其最有可能源自 4~6 世纪的中国南方。不过，因为中国境内迄今尚未发现东晋、南朝时期的摩羯图纹，百济武宁王妃漆枕上所绘摩羯纹的独特价值便愈发凸显。

从造型艺术的视角而言，百济武宁王妃漆枕上所描绘的摩羯纹样与隋唐及其以后高度中国化的摩羯纹形象的区别可谓显而易见。其中很重要的一点在于，武宁王妃漆枕上绘制的摩羯纹体表光滑且未见鱼鳞纹样，也少有斧凿痕迹和雕饰意味，显

---

① 百济与高句丽长期处于战争状态，而高句丽又与北魏政权交往密切，当时北魏置国使邸，南朝齐使排在第一位，其次就是高句丽，足见对其重视程度。与之相比，百济与北魏的官方交往见于史籍的仅有延兴二年（472）八月的一次，时百济国遣使奉表请师伐高句丽，这一非分的要求理所当然遭到了北魏孝文帝的拒绝。此后，两国之间再无接触。参见《魏书》卷七上《高祖上》，中华书局，1974，第164页。

得更为生动、活泼。这或许同制作技艺与手法也有一定的关系，即武宁王妃漆枕上的摩羯纹系勾勒、填涂的漆画，属一次成型，而后者在最初的画样之后，仍需历经再创作的过程，诸如施之于金银器之上的锤鍱成型、施之于陶瓷器之上的捏塑堆贴、施之于石材之上的镌刻雕琢等，但这些显然不是二者存在明显差异的根本原因。

百济武宁王妃漆枕上绘制的摩羯纹，在整体上更像一尾在海中遨游的鲸鱼。唐代玄应撰《一切经音义》卷一有云："摩伽罗鱼，亦云摩羯，鱼形，音么迦罗鱼。此云鲸鱼，谓鱼之王也。"① 可见摩羯即鲸鱼这样的认识，古已有之。而上溯更早的汉译文献，关于摩羯的认识大抵可归结为三点：活跃于海洋的水生动物；体躯庞大无与伦比；破坏海上过往船只，吞啖船上生灵。如果剥除其中神秘夸张的描述，几乎可以不假思索地便认定其原型正是鲸鱼之属。

由此可知，为中国人早期所接受的来自异域的神兽摩羯的形象来源于鲸鱼，而百济武宁王妃漆枕上的摩羯形象，其实正与之相符合。另一方面，武宁王妃漆枕所绘鲸鱼状的摩羯纹的一些细部特征，如口部大张，眼睛暴突圆瞪，眼后刻画动物角纹的尖状物，颌下有对称的"八"字形胸鳍等，也与美国内尔森艺术馆藏盛唐银碗上的摩羯纹有近似之处，但两者头颈部长出的粗壮鬣毛，在中唐以后的摩羯纹中却又消失了。凡此种种，表明百济武宁王妃漆枕上绘制的摩羯纹与隋唐以降的摩羯纹装饰有关系，比较忠实地反映出与武宁王陵同时代的中国南朝齐梁之际同类装饰纹样的基本特征。换言之，中国南朝时期摩羯纹装饰的具体特征，也有赖于百济武宁王妃漆枕上绘制的摩羯纹而得以阐明。从更为广阔的层面上来说，百济武宁王妃漆枕上装饰的摩羯纹，在一定程度上填补了摩羯纹由西向东渐进传播过程中的一段空白。

## 四　百济武宁王妃漆枕所绘摩羯纹的宗教意涵

摩羯在其故乡印度便是佛教神祇之一。印度早期佛寺皆为塔院式布局，摩羯的形象常被雕刻在寺院中心的塔门之上，居于显著的位置。摩羯纹初传入中国之际，也有相当浓郁的宗教色彩，如佛教石窟寺与单体佛教造像中便不乏摩羯形象。此外，北朝至隋唐时期的昭武九姓在盛殓墓主尸身的石椁或石榻上，也会雕刻祆教神

① 释元应撰，庄炘、钱坫、孙星衍校《一切经音义》卷一，商务印书馆，1936，第30页。

祇或相关的厌胜图案，北周安伽墓石榻与隋李和墓石椁上雕饰的摩羯头像，理应有类似的宗教寓意。

自唐代以来，金银器、陶瓷器与石雕上普遍装饰有摩羯纹，渐而呈现出异彩纷呈的盛况。从器类上来看，以摩羯纹作装饰的不仅有壶、杯、碗、盘、盒、水盂等容器，还有铜镜、铁斧、带饰、灯等日用品与黄道十二宫之摩羯宫的壁画或雕塑等。由此可见，唐代以来摩羯纹的应用日益普及，其世俗性显著增强，几已成为遍及社会生活方方面面的点缀和装饰。

那么，百济武宁王妃漆枕上所绘的摩羯形象，究竟是出于美观需要的装饰，还是具有特定的宗教意涵呢？今试从与中国相关文物史迹的比较入手，并结合文献予以辨析。

从4世纪开始，百济便越海与中国南方的东晋暨南朝历代政权建立了密切的联系。百济受东晋、南朝文化影响较深，其中非常重要的表现便是对佛教的尊奉。据文献记载，佛教初传百济，是在348年，胡僧摩罗难陀从中国南方来到百济，受到沈流王礼敬，并于次年春二月于汉山创建佛寺，度僧十人，此为百济佛法之始[①]。百济斯麻王亦即武宁王余隆在位时，正值南朝的梁武帝时期，该时期堪称中国历史上佛教最为兴盛的阶段。其时，百济佛寺建筑和造像深受萧梁的影响，在百济都城熊川州（今公州）武宁王还以梁武帝的"大通"年号为梁武帝萧衍建起了一座寺院[②]。

佛教文化深深影响了人们的生活。晋末至南朝时期，都城建康及其周围地区的大、中型墓葬，盛行使用模印莲花纹的墓砖砌建，其具体的砌造方式，是将模印有组合莲花纹的墓砖侧面或端面均朝向墓室内部空间，使墓葬的内壁看起来富丽堂皇。这种墓壁装饰的手法，也深深影响了砖筑的百济宋山里6号墓与武宁王陵。莲花是佛教的象征，莲花纹砖是受佛教影响的产物，用组合莲花纹砖砌造墓室所营建出来的浓郁的佛教氛围，容易让人联想到满饰莲花纹的石窟寺与佛殿，地下墓葬取象于石窟寺或佛殿的做法，毫无疑问体现了墓主对佛教的虔诚和皈依。

百济武宁王与王妃均为佛教信徒，这由陵墓中随葬的以莲花纹为装饰的青瓷罐、铜托银盏，以及分属于武宁王与王妃的两副金冠饰等物品便可见一斑。其中，

---

① 金富轼：《三国史记·百济本记》，韩国景仁文化社影印朝鲜史学会排印本，1927，第248页。
② 僧一然：《三国遗事》卷第三《原宗兴法》，（汉城）瑞文文化社，1999，第129页。

王妃的金冠饰的中心部位被做成覆莲台，莲台上置形似"唾壶"状的广口瓶①，广口瓶内插置盛开的莲花（图12），这种构图在中国南朝砖室墓的花纹砖上已经不止一次被发现，可见其亦是来源于中国南朝的一种图像样式。而尤令人瞩目的是，武宁王妃漆枕上绘制的在水中作遨游状的摩羯，其口中吐出的枝蔓上扬的植物造型与王妃金冠饰"题头"上刻画的瓶花几乎一模一样，是为莲花或曰莲茎无疑，这就很可以说明问题了。

**图12　武宁王妃金冠饰中心的瓶花图案**

　　上述种种，已足以让人领略百济武宁王陵及其随葬品所营造出的浓厚的佛教氛围，但如果说仅凭这些仍然不足以论证武宁王妃漆枕所绘摩羯纹具备"佛性"，那

---

①　百济武宁王金冠之上雕镂插置莲花的广口瓶，其造型近似东晋、南朝时期的所谓唾壶。这种广口瓶造型的唾壶，通常被考古学界认为是用于承接秽物的容器，但这一认识显然是片面的，因为屡屡发现在这样的广口瓶内绘有莲花的图像，这足以证明此种造型的广口瓶也被作为佛教仪轨中用于插置莲花的净瓶。

么可着眼漆枕摩羯纹周围的其他纹饰，来做出更进一步的分析。

通常，在一组相对封闭且独立的组合图案中，纹饰与纹饰之间总是存在着密切的内在联系，出现某一纹样离题千里的可能性几乎不存在。百济武宁王妃的漆枕表面，除在其右下方一格内绘制了摩羯纹外，在其左下方几乎相对应的一格内还绘有肩部缠绕帔帛的"天人"。"天人"作童子状，上身似袒裸，肩部缠绕的帔帛飘舞上曳，下身隐栖于缭绕的云气中（图13）。在"天人"右侧近于中央的位置绘有鸾凤纹。此外，在"天人"、鸾凤、摩羯纹的周围，还绘制了众多飘浮的动感十足、洋溢着勃勃生机的植物花草纹。

**图 13　武宁王妃漆枕上的天人形象**

对于充任天界或神界侍奉者，并衣袂飘逸飞舞着的仙人形象，今人习惯上多称之为飞天。"飞天"一词出现较晚，类似的形象历史上往往更多被称作"天人"，如河南邓县南朝画像砖墓模印画像砖上如双蝶飞舞的两个仙人之间，便有具有题榜性质的"天人"二字。在江苏丹阳胡桥南齐帝陵画像砖侧面，也有在入窑烧制前刻画的"天人右"等字迹，这里所谓的"天人"，即是南朝帝陵内壁装饰的"竹林七贤与荣启期"镶拼砖画上作飞仙造型、具有引导功用的羽人。据《梁书·陶弘景传》:"初,母梦青龙自怀而出,并见两天人手执香炉来至其所,已而有娠,遂产弘景。"① 陶弘景为南朝道教代表性的人物,故这段文字中的"手执香炉来至其所"的两位"天人",理应是道教的仙人,这很容易让人进一步联想到南朝帝陵"竹林七贤与荣启期"镶拼砖画之上的羽人形象。或许正是在这样的认识前提下,有一种观点认为南朝帝陵"竹林七贤与荣启期"镶拼砖画中的"天人"是道教羽人的变种,属道教神仙思想的产物,与佛教里的飞天不可混为一谈②。

对于相关问题的讨论不宜脱离时代与环境等背景因素的影响,宋代著名书画家米芾在其所著《画史》中,记载了东晋画家顾恺之的画作《维摩女飞仙图》;元代汤垕《画鉴》存录的南朝宋齐之际名画家陆探微绘制的《文殊降灵》中,也有所谓的"四飞仙"。由此可知,早在东晋、南朝时期,佛教艺术中的飞天与道家飞仙、"天人"无论在形象上还是称谓上都没有严格的区分。类似的情形,也还表现在佛教初传中国之际,"道人"一词也同样适用于对佛教僧侣的称呼。丹阳、建康两地的南朝帝陵以及河南邓县南朝画像砖墓中刻画的"天人",在形象上具有道教的意味也并非难以理解之事,这恰与东晋、南朝贵族佛教或者说名士佛教的深层意识里往往蕴含老庄思想的状况相符合。因此,结合百济武宁王陵随葬的大量装饰有佛教莲花纹样的器具来看,将武宁王妃漆枕上所绘肩部缠绕帔帛的"天人"图像理解为佛教范畴里的飞天,并无不妥。

佛经记载,在佛陀出家、成道、说法、涅槃等多种场合,皆有"天人"于虚空中雨众妙花,所以在飞天出现时,往往伴随着漫天飘洒的飞花。而在百济武宁王妃漆枕上绘制的天人周围,也分布着多姿多彩的花草植物图案,就其形象而言主要有三种:一是四瓣莲花;二是与百济武宁王及王妃金冠主纹近似的盛开着的莲花蔓草;三是头部或腹部长出花蕾、萌芽及叶茎、根茎,如同飘逸着的缨穗状的植物纹。这些植物纹虽繁简不一,但主体特征十分明显。武宁王妃漆枕上的三类植物纹中,第三类植物纹的数量最多,形体也最为奇特。放眼北朝龙门和巩县石窟寺的装饰图案,可以发现很多类似的纹饰,足见其与佛教关系密切。而在丹阳萧齐帝陵与河南邓县南朝画像砖墓的砖画、天龙山北朝石窟的雕饰以及韩半岛新罗庆州饰履冢出土铜碗内侧发现的这种主体作缨穗状的飘逸飞舞的植物图案

① 《梁书》卷五一《陶弘景传》,中华书局,1973,第742页。
② 黄征:《南京栖霞山石窟艺术的考察》,《南京栖霞山石窟艺术与敦煌学》,中国美术学院出版社,2002,第17页。

顶端，均饰有盛开的莲花。可知，这种植物纹表现的其实正是具有标识性的佛教莲花化生（图14）。

**图14　武宁王妃漆枕上描绘的莲花化生图案**

综上所述，百济武宁王妃漆枕上所绘图纹的佛教性质可谓昭然若揭。换言之，百济武宁王妃漆枕上彩绘于由金箔条贴出的龟甲纹界格内的画像，其实是一组约绘制于529年的有确凿纪年可考的连环画式的佛画，其画面内容对于探究百济以至中国南朝佛教艺术的题材、组合暨相关的制度性因素，均具有重要的价值与意义。

附记：本文曾入选2018年在成都召开的"第二届中国考古学大会"，并在大会"三国至隋唐考古专业委员会学术研讨"之分会场宣读，值此付梓，又增补了若干文献与图像资料。谨以此文致谢在韩国公州考察武宁王陵出土文物时给予我帮助的吴尚锡先生。

《中国与域外》第五辑（2023.06）第247~263页

# 试论后百济与吴越国的佛教交流

## 楼正豪[*]

**摘 要：**朝鲜半岛后百济国与吴越国的国际往来最为频繁，双方应当存在佛教文化层面的交流。关于这一主题，由于未能找到实证材料，学界仅有一些以推测为主的论述。本文从两国金铜佛像之比较、"九山八海"图案和佛教神异思想三方面入手，对既有研究成果进行了评议，并得出以下结论。首先，浙江宁波天封塔出土的新罗金铜佛像与韩国木浦新安沉船中发现的吴越国金铜佛像，暗示了后百济与吴越国佛教交流的可能性；其次，韩国南原实相寺片云和尚塔圆形基座的独特纹样，可能是吴越国经幢或佛塔基座的"九山八海"图，与中国苏州瑞光寺塔出土的真珠舍利宝幢中"大海宝山"圆台图案的风格相似；最后，后百济国王甄萱在治国理念方面，可能接受过吴越国佛教神异思想的影响。

**关键词：**后百济国　吴越国　佛教交流

## 绪　论

朝鲜半岛的后百济国（892~936），在国际上往来最频繁的国家是当时的吴越国（907~978）。吴越国是于唐朝末期，由武肃王钱镠（907~932在位）以今浙江杭州为中心建立的政权。钱镠之后，文穆王钱元瓘（932~942在位）、忠献王钱弘佐（942~947在位）、忠逊王钱弘倧（947在位）、忠懿王钱弘俶（948~978在位）相继即位，共持续五代七十一年。

关于后百济与吴越国之间政治交流的研究论文，中国学界至今只有卢向前的

---

* 楼正豪，浙江海洋大学历史系副教授。

《吴越国与后百济关系略论》一篇①。诸葛计、银玉珍编纂的《吴越史事编年》②、何勇强的《钱氏吴越国史论稿》③ 等书，对两国往来相关史料做了编年整理。中国学者根据《三国史记》《高丽史》，以及《吴越备史》《十国春秋》等文献记录，概述了两国的外交变化，同时对交往目的做了简单论评，此外并未关注其他内容。④

关于后百济与吴越国往来的基本史料有以下几条。其一，900 年后百济国王甄萱（867~936）遣使，向吴越国王钱镠一如既往对自己官职的加封表示感谢。⑤ 其二，909 年甄萱驶向吴越国的船舶在全罗南道光州盐海县，被高丽王建的军队截获。⑥ 其三，918 年后百济向吴越国献马，钱镠加授甄萱中大夫的官爵，其他官职如旧。⑦ 其四，927 年吴越国使臣班尚书至后百济颁布钱镠的诏书，旨在加强两国关系。⑧ 其五，933 年后百济太仆卿李仁旭赴吴越国吊唁先王钱镠。⑨

韩国学者在文献基础上，又发掘出一些能够证明两国交流的考古资料，将这一主题的研究深入开展了下去。如探讨吴越国佛像雕刻艺术对后百济佛教美术风格之影响⑩；比较吴越国时期的普陀山，和后百济国辖内朝鲜半岛西南海岸观音信仰之异同⑪；通过后百济统治下的镇安地区早期青瓷窑址的考古文物，证明吴越国

---

① 卢向前：《吴越国与后百济关系略论》，《浙江学刊》2005 年第 2 期，第 71~76 页；卢向前：《吴越国과后百济의关系에대한检讨》《后百济의对外交流와文化》，韩国后百济文化事业会，2004，第 270~280 页。

② 诸葛计、银玉珍编著《吴越史事编年》，浙江古籍出版社，1989。

③ 何勇强：《吴越国与朝鲜半岛诸国的政治关系》，《钱氏吴越国史论稿》，浙江大学出版社，2002，第 262~267 页。

④ 胡耀飞：《吴越国与吴越钱氏研究论著目录》，氏著《吴越国与吴越钱氏研究》，社会科学文献出版社，2020，第 317~378 页。

⑤ "遣使朝吴越，武肃王报聘，仍加检校大保，余如故。"［金富轼：《三国史记（下）》卷五〇《甄萱传》，韩国乙酉文化社，2007，第 510 页］

⑥ "以舟师次于光州盐海县，获萱遣入吴越船而还。"［郑麟趾：《高丽史》卷一《太祖世家》，韩国奎章阁藏万历四十一年（1613）刻本，第 1 册第 18 页］

⑦ "又遣使入吴越进马，武肃王报聘，加授中大夫，余如故。"［金富轼：《三国史记（下）》卷五〇《甄萱传》，韩国乙酉文化社，2007，第 510 页］

⑧ "故（天成二年）十二月日寄书太祖曰……然以前月七日，吴越国使班尚书至，传王召旨……"［金富轼：《三国史记（下）》卷五〇《甄萱传》，韩国乙酉文化社，2007，第 511 页］

⑨ "淮南伪客省使许确、百济国太仆卿李仁旭，各来祭我先王。"（钱俨：《钦定四库全书 吴越备史》卷三《文穆王四年夏四月条》，中国书店，2018，第 189 页）

⑩ 崔圣银：《后百济地域佛教雕刻研究》，《美术史学研究》总第 204 期，1994，第 33~69 页；陈政焕：《后百济佛教美术의特征과性格》，《东岳美术史学》第 7 期，2010，第 157~188 页；陈政焕：《后百济佛教雕刻의对外交涉》，《百济研究》第 61 期，2015；陈政焕：《后百济佛教美术과그影响》，《全北史学》第 47 期，2015，第 35~76 页；陈政焕：《后百济佛教美术品과考古资料의检讨》，《湖南考古学报》第 61 期，2019，第 108~130 页。

⑪ 宋华燮：《韩中观音化身说话의比较研究——老妪의化身을中心으로》《历史美术学》第 30 期，2009，第 329~361 页。

先进制瓷工艺在后百济的传播①。再如，利用朝鲜半岛"罗末丽初"时期的高僧碑文史料，探索后百济与吴越国之间互通的航道与港口②；分析 935 年后百济发生神剑政变之时，后百济豪族入吴越国避难之事实③。

与后百济往来最多的国外势力是中国的吴越国，国祚七十一年的吴越国，被誉为东南佛国，佛教文化十分兴盛。但是，有关后百济与吴越国佛教交流的文献记载，仅能找到一条，那就是《佛祖统纪》所载，清泰二年（935），四明沙门子麟入高丽、百济、日本诸国传授天台教法，后由后百济使臣李仁旭护送返回吴越国，钱镠下令在四明郡城为子麟及其弟子建立佛寺。④ 当时的吴越王是钱弘俶，钱镠乃误记。钱弘俶为子麟所立寺刹即《宝庆四明志》中的东寿昌院，位置在今宁波寿昌巷一带，民国时期还存在。⑤

虽然我们很难找到后百济甄萱开展各种佛事活动的直接史料，但从他自称弥勒，为儿子取名"须弥强""金刚"等佛教词语来看，后百济也是以佛教治世理念建立的政权。同时，在后百济境内发现很多佛像雕刻，这自然能让人联想到其与中国东部海岸吴越国之间，存在佛教文化交流。本文还是试图从金铜佛像之比较、"九山八海"图案和佛教神异思想三方面，对两国佛教交流问题进行论述。

## 一　后百济和吴越国金铜佛像之比较

中国金铜佛像的制作风潮自魏晋南北朝始，至唐末衰落，因地域差异而产生了不同的工艺样式。⑥ 吴越国治下的中国江南地区，可谓是当时全国佛教中心之一，在这里，金铜佛像制造传统被重新唤起。据考古报告及各类图录统计，国内现存吴越国风格的金铜佛像至少有 105 尊，其中 10 余尊出土于吴越国统治时期的佛塔内，

① 郭长根：《镇安高原初期青瓷의登场背景研究》，《全北史学》第 42 期，2013，第 107～136 页；郭长根：《新万金속韩中文化交流》，《韩中关系研究》第 2 期，2016，第 87～109 页。

② 허인욱，《后百济의对中国交流研究》，《史学研究》总第 122 期，2016，第 39～77 页。

③ 李道学：《后百济와吴越国交流에서의新知见》，《百济文化》总第 53 期，2015，第 101～116 页；李道学：《后百济와高丽의吴越国交流研究와争点》，《韩国古代史研究》总第 22 期，2016，第 267～295 页。

④ 四明沙门子麟往高丽百济日本诸国，传授天台教法。高丽〔百济〕遣使李仁日送麟还，吴越王钱镠令于郡城建院，以安其众。（《佛祖统记》卷 42《法运通塞志十七之九》）

⑤ 刘恒武：《宁波故城佛寺对外文化交流史实考》，《宁波大学学报》（人文科学版）2010 年第 5 期，第 75～80 页。

⑥ 张雯：《说说中国早期的金铜佛造像》，《东方收藏》2011 年第 2 期，第 17～20 页。

剩下大部分被发现于吴越国旧境之内、宋朝建立的佛塔中。① 唯一有明确纪年的佛像，是苏州瑞光寺天禧元年（1017）所建佛塔中的观音坐像，光背后贴有"开宝二年岁次己巳（969）五月"的墨书纸条。②

在后百济统辖境内发现的金铜佛像有全州南固寺金铜佛立像（图1）、益山王宫里五层石塔出土金铜佛立像（图2）、群山佛住寺金铜佛立像（图3）和两尊金堤玉山里金铜佛立像（图4）等。③ 这5尊佛像的保存状态各有差异，但大体能够确认其着衣样式相同。即披着厚重的通肩法衣，前面有4至5个U字形的衣褶，向下双腿部分的衣褶也呈现左右对称的U字形，富有规律，尽显平衡之美。法衣最下面的边缘也表现为U字形。

图 1

资料来源：崔圣银：《后百济地域佛教雕刻研究》，《美术史学研究》总第204期，1994，第58页。

图 2

资料来源：陈政焕：《后百济佛教美术의 特征과 性格》，《东岳美术史学》总第7期，2010，第173页。

图 3

资料来源：陈政焕：《后百济佛教雕刻의 对外交涉》，《百济研究》总第61期，2015，第168页。

这种U字形通肩着衣样式，最初从印度大陆与阿拉伯海相邻的马土拉（Mathura）地区传来，又被称为"优填王式"。这种风格在中国早期南方佛像中多有呈现，如2世纪长江流域的青铜摇钱树的佛像（图5），还有崖墓（图6）和青瓷装饰用佛坐像（图7）④。中国古代四川地区有"蜀身毒古道"通向印度，有学者分析

---

① 黎毓馨：《五代宋初吴越国时期佛教金铜造像概述》，《东方博物》总第70期，2019，第1~12页。
② 苏州博物馆：《苏州博物馆藏虎丘云岩寺塔、瑞光寺塔文物》，文物出版社，2006，第182页。
③ 陈政焕：《后百济佛教美术品과考古资料의检讨》，《湖南考古学报》第61期，2019，第110~111页。
④ 贺云翱等：《佛教初传南方之路文物图录》，文物出版社，1993，第46、39、93页。

图 4-1                    图 4-2

资料来源：崔圣银：《后百济地域佛教雕刻研究》，《美术史学研究》总第 204 期，1994，第 58 页。

图 5

资料来源：贺云翱等：《佛教初传南方之路文物图录》，文物出版社，1993，第 46 页。

图 6

资料来源：贺云翱等：《佛教初传南方之路文物图录》，文物出版社，1993，第 39 页。

这种衣样由此古道传入，也有学者分析这种 U 字形衣样在印度产生后，迅速通过中国南方的海路传入，甚至没有时间差。① 中国南方的这种样式在西晋（265～316）之后急剧减少，而在北方十六国时期（304～439）的金铜佛像上大量出现。② 由于文献或铭文不足，U 字形法衣传入朝鲜半岛的时间无法确定，但 U 字形法衣已成为 8 世纪统一新罗时代佛像的重要特征。③

图 7

资料来源：贺云翱等：《佛教初传南方之路文物图录》，文物出版社，1993，第 93 页。

吴越国时期具有 U 字形通肩样式的金铜佛像基本找不到，与后百济金铜佛像没有相似点。韩国学界主张是中国唐末、五代传来的新式佛像风格才使朝鲜半岛"罗末丽初"时期的佛像雕刻样式变得丰富多彩。他们强调后百济金铜佛像所体现出的上身短、下身长的短躯型比例和平板化的身体特征，一定与中国杭州灵隐寺经幢浮雕五尊佛（969 年左右）和苏州虎丘塔出土的铜造十一面观音菩萨立像（961 年以前）有关联。④ 但笔者不这么认为，理由如下。

---

① 吴焯：《四川早期佛教遗物及其年代与传播途径的考察》，《文物》1992 年第 11 期，第 40～50 页；阮荣春：《佛教南方之路》，湖南美术出版社，2000。

② 刘宁：《金铜佛像知识三十讲》，荣宝斋出版社，2004，第 22 页。

③ 주진령：《통일신라 下代 佛相의 二重着 衣法 연구》，《美术史学研究》第 6 期，2002，第 5～36 页；김정진：《古新罗时代의 佛像에 表现된 法衣——庆州地域을 中心으로》，《아시아民族造型学报》第 7 期，2007，第 57～68 页。

④ 陈政焕：《后百济佛教美术品과 考古资料의 检讨》，《湖南考古学报》第 61 期，2019，第 110～111 页。

首先，对百济金铜佛像特征的概括模糊而不精确，以短躯型比例和平板化特点为标准的话，在中国不同时期的很多地区都能找到相应的佛像，因为中国文明悠久，幅员辽阔，历史上留下了大量佛像。而且关于艺术风格的问题，每位学者都是见仁见智的。

其次，短躯型比例和平板化特点与其说是指佛像风格，倒不如说指的是铸造工艺。后百济作为一个地方割据政权，金铜佛像的制造技术水平有限，达不到统一新罗全盛期的工艺水准。

最后，被认为是后百济所造的这5尊金铜佛像样式与9世纪后半叶统一新罗佛像美术风格一致，并且没有能够证明这5尊金铜佛像是后百济时代作品的文献记载或铭文。

因此，从它们身上并不能见到吴越国佛教艺术的要素，仅凭借金铜佛像样式似乎无法证实后百济与吴越国之间的佛教文化交流。但是，有两尊金铜佛像可作为两国佛教交流的旁证，一是中国浙江宁波天封塔中出土的新罗金铜佛像，一是在韩国木浦新安沉船内发现的吴越国金铜佛像。

天封塔是宁波地标建筑，于唐武后天册万岁、万岁登封年间（695～696）初建，南宋建炎年间（1127～1130）毁于战火，绍兴十四年（1144）重建。[①] 1982年6月，在天封塔地宫中发掘出的金铜阿弥陀佛像[②]，被认定为8世纪统一新罗时代的作品（图8）[③]，此佛像传入宁波的具体过程不明。新罗金铜佛像的铸造技艺对吴越国金铜佛像制作产生过极大影响，这是中国学界也承认的事实。中空的身体与佛像背面的铸孔，是8世纪中叶统一新罗时代金铜佛像的典型特征[④]，吴越国钱弘俶在位时期的部分金铜佛像应用了这样的工艺[⑤]。后百济曾占据朝鲜半岛西南海岸大片的海港，即锦江下游的诸多港口，并借此有利条件与吴越国展开外交活动。这尊佛像很可能是两国使者从后百济带至宁波的。

两国间佛像交流的另一旁证，是在1323年左右从宁波出发驶向日本博多的新安沉船中发现的吴越国金铜菩萨坐像（图9）[⑥]。1323年是元至治三年，虽离吴越

① 丁友甫：《浙江宁波天封塔基址发掘报告》《南方文物》2011年第1期，第79～64页。
② 林士民：《浙江宁波天封塔地宫发掘报告》，《文物》1991年第6期，第1～27、96页。
③ 노형석：《南宋作品으로展示됐던新罗佛像…中国, 10년만에"新罗产"认证》，《한겨레》2019年3月12日。
④ 金申：《佛教美术丛考》，科学出版社，2004，第198～201页；浙江省博物馆：《越地宝藏——100件文物讲述浙江故事》，文物出版社，2018，第184～185页。
⑤ 黎毓馨：《五代宋初吴越国时期佛教金铜造像概述》，《东方博物》总第70期，2019，第11页。
⑥ 沈琼华主编《大元帆影——韩国新安沉船出水文物精华》，文物出版社，2012，第54～55页。

国灭亡已过去 345 年，但坐船的人仍带着吴越国金铜佛像，为航海安全而祈祷。这种小型的金铜佛像是一种方便随身携带的护持佛。新安沉船沉没的海域是全罗南道新安郡的前海，长久以来中国浙江地区与朝鲜半岛西海的商贸、文化交流都要经过这里。吴越国国民前往后百济时，通常都会持有这样的小型便携式金铜佛像。期待朝鲜半岛西南海岸的考古发掘，能获得更多的文物证据。

图 8  图 9

资料来源：沈琼华主编《大元帆影——韩国新安沉船出水文物精华》，文物出版社，2012，第 55 页。

978 年，钱弘俶向宋太宗纳土称臣之后，原吴越国境内的金铜佛像铸造活动也中断了。迄今尚未发现北宋制作的金铜佛像，这大概与当时施行的"铜禁法令"有关。①

## 二  片云和尚塔与"九山八海图"

韩国南原市智异山实相寺遗址中有一座石制浮屠——片云和尚塔，其构造可分为三部分，下部是圆形的基座，中部塔身形似礼佛器具——香碗，上部像香碗的盖

---

① "太宗太平兴国二年，有司言：'江南诸州铜，先未有禁法，请颁行之。'诏从其请。"（徐松：《宋会要辑稿》食货三四《坑冶杂录》，中华书局，1987，第 5394 页。）

子。在塔身表面刻有"创祖洪陟弟子安峰创祖片云和尚浮图正开十年庚午岁建"这样的铭文。这是朝鲜半岛禅宗"九山禅门"之一——实相山门的开山祖洪陟禅师的弟子片云和尚的舍利塔。"正开"是后百济甄萱的私用年号,"正开十年庚午岁"被推定为910年。①

这座舍利塔最令人瞩目的地方是圆形基座上的独特纹饰(图10)。大部分学者认为是新罗末至高丽时期常见的云纹或云龙纹。② 还有人指出这是唐末江南一带、特别是吴越国经幢或佛塔基座常见的"九山八海图"中的山岳纹③,此说法则相对更具体而有根据。

"九山八海图"以须弥山为中心,周围分布九座山与八片海,体现的是印度佛教世界观。"九山八海"是佛教宇宙论中,构成"三千大千世界"的基本空间单位——"一世界"。中国所知最早的"九山八海图"是9世纪敦煌遗书中的《三界九地之图》,现存于法国巴黎国立图书馆(图11)。据研究,《三界九地之图》是根据唐玄奘645年所译印度世亲菩萨《俱舍论》中的描述所绘而成。④

图10

资料来源:陈政焕《后百济佛教雕刻의 对外交涉》,《百济研究》总第61期,2015,第49页。

图11

资料来源:中华珍宝馆网站,http://www.ltfc.net/img/5cdc46953482551db313613a。

① 裴宰勋:《片云和尚浮图를 통해 본 实相山门과 甄萱政权》,《百济研究》第50期,2008,第201~234页。
② 严基杓:《实相寺片云和尚浮屠의 铭文과 样式에 대한 考察》,《全北史学》第49期,2016,第27~59页。
③ 朱炅美:《吴越国과 韩半岛의 佛教文化交流新论》,《历史와 境界》第106期,2018,第203~241页。
④ 胡同庆:《P.2824〈三界九地之图〉内容考证》,《敦煌研究》1996年第4期,第48~58页。

　　中国江南地区带有"九山八海图"的最早石制文物是浙江海宁安国寺唐咸通六年（865）所立经幢。此经幢基座刻有由山岳纹与水波纹共同构成的"九山八海图"①。"九山八海图"是吴越国时期的经幢或佛塔底座常见的纹饰（图12），具体情况可见表1。

图 12

资料来源：浙江省文物考古研究所编《雷峰遗珍》，文物出版社，2002，第 92 页。

表1　吴越国时期带有"九山八海图"的现存经幢与佛塔一览表

| | 名称 | 年代 | 位置 | 山岳纹 | 水波纹 |
|---|---|---|---|---|---|
| 1 | 双林寺铁塔 | 后周广顺二年（952）以前 | 义乌新双林寺 | ○ | ○ |
| 2 | 闸口白塔 | 后周显德四年（957） | 杭州白塔岭 | ○ | ○ |
| 3 | 城南宝塔寺北幢 | 北宋乾德三年（965） | 杭州凤凰山 | ○ | ○ |
| 4 | 城南宝塔寺南幢 | 北宋乾德三年（965） | 杭州凤凰山 | ○ | ○ |
| 5 | 奉先寺左幢 | 北宋开宝二年（969） | 杭州灵隐寺 | ○ | ○ |
| 6 | 奉先寺右幢 | 北宋开宝二年（969） | 杭州灵隐寺 | ○ | ○ |
| 7 | 雷峰塔 | 北宋开宝五年（972） | 杭州西湖 | ○ | ○ |
| 8 | 净因尼院幢 | 吴越国晚期 | 杭州博物馆 | ○ | ○ |

资料来源：魏祝挺《吴越国经幢初步研究》，《东方博物》2016 年第 4 期，第 61~76 页；魏祝挺《吴越国佛塔经幢通考以及形制分布的初步研究》，硕士学位论文，浙江大学，2016。

　　吴越国时期的经幢或佛塔的基座部分一般有三层，全部是八角形。底层埋入地下很深，体积较大。中层的大部分在地表之上。上层基座的 8 个侧面以高浮雕手

---

①　张宏元：《海宁盐官安国寺唐代陀罗尼经幢》，《东方博物》2011 年第 1 期，第 33~42 页。

法，雕刻高耸层叠的山峰，基座平面中央支撑幢身，四周雕刻大海波涛。如此，以
侧面的山岳纹与平面的水波纹相组合而成"九山八海图"，此图纹是吴越国时期经
幢与佛塔基座部分最显著的共同特征（图 13）。除佛塔外，杭州雷峰塔地宫出土之
玉雕善财童子的底座也刻有同样的"九山八海图"（图 14）。

图 13-1　　　　　　　　　　　　　　　　图 13-2

资料来源：浙江省文物考古研究所编《雷峰遗珍》，文物出版社，2002，第 93~94 页。

图 14-1　　　　　　　　　　　　　　　　图 14-2

资料来源：浙江省文物考古研究所编《雷峰遗珍》，文物出版社，2002，第 182 页。

　　片云和尚塔的基座部分为圆形，不同于吴越国佛塔的八角形基座，笔者仍判断
其上所刻是"九山八海图"的理由是，中国苏州瑞光寺塔中出土了相似的文物。
苏州瑞光寺创建于三国吴赤乌四年（241），寺内佛塔立于北宋景德元年（1004）
至天圣八年（1030）之间。1978 年，在第三层塔心天宫里发掘出晚唐至北宋时期
的大量佛教文物，真珠舍利宝幢便是代表（图 15）。装宝幢的木函内壁写有"大中

**图 15**

资料来源：苏州博物馆《苏州博物馆藏虎丘云岩寺塔、瑞光寺塔文物》，文物出版社，2006，第 92 页。

祥符六年四月十八日记"的墨书题记，可知制作时间为 1013 年。此宝幢材质为樟木，主体由须弥座、幢殿、幢刹三部分构成。

高 14 厘米的木制"大海宝山"是宝幢须弥座的重要组成构件（图 16）。"大海宝山"直径 24 厘米的圆台部分与片云和尚塔的基座形似（图 17），圆台侧面图案一般被认为是大海波涛，但笔者认为上面尖尖的部分所表现的是峻峭挺拔的山峰，下面弯曲的线条所刻画的是波澜万丈的大海。敦煌遗书中的《三界九地之图》或者《佛祖统纪》里的《四洲九山八海图》（图 18），全都是在圆形的构图中以同心圆的方式层层呈现山岳和水波的。而吴越国经幢和佛塔基座部的山岳纹和水波纹，分别被刻画在侧面与平面上。"大海宝山"圆台的平面上也雕刻出了滚滚浪花。片云和尚塔基座部平面是否也有水波纹，因风化严重无法识别。同时片云和尚塔中，台石之上支撑塔身的柱石可能缺失了，不知其原貌是否存在如"大海宝山"中的须弥山柱。真珠舍利宝幢的工艺极其复杂，如将全部部件组合之后，木制的"大海宝山"会被鎏金九头蟠龙、云柱、护法八天像等遮挡，不易显露出来（图 19）。

**图 16**

资料来源：苏州博物馆《苏州博物馆藏虎丘云岩寺塔、瑞光寺塔文物》，文物出版社，2006，第 107 页。

**图 17**

资料来源：苏州博物馆《苏州博物馆藏虎丘云岩寺塔、瑞光寺塔文物》，文物出版社，2006，第 107 页。

"九山八海图"在中国江南一带流行的原因，中国学界并未做过详细研究。韩国学者认为，江南地区在 8 世纪以后与东南亚诸国、斯里兰卡、印度等海上商贸交流频繁,"九山八海图"等表现佛教独特世界观的图案才得以在江南广泛传播。①
片云和尚塔基座纹样如果真和苏州真珠舍利宝幢一样,都是"九山八海图"的话,
便证明了后百济与吴越国统辖下的江南地区,确实有过佛教文化的交流。

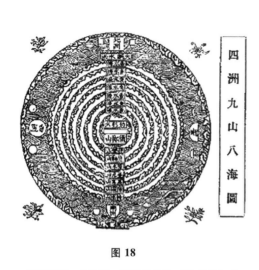

图 18

资料来源:志磐撰,释道法校注《佛祖统记校注(中)》,上海古籍出版社,2006,第 697 页。

图 19

资料来源:苏州博物馆:《苏州博物馆藏虎丘云岩寺塔、瑞光寺塔文物》,文物出版社,2006,第 104 页。

## 三 佛教神异思想之盛行

吴越国自建国之初,便弥漫着佛教神异思想,钱镠对阴阳术数深信不疑,活跃
在吴越国的异僧数量要远高于全国其他地方。钱镠曾奉精通术数的僧昭为国师②;
洪諲善于观相,受到钱镠与钱元瓘的尊崇③。在吴越国境内活动的布袋和尚契此,

---

① 朱炅美:《吴越国과韩半岛의佛教文化交流新论》,《历史와境界》第 106 期,2018,第 230 页。
② 赖建成:《吴越佛教之发展》,花木兰文化出版社,2010,第 89 页。
③ "僧昭者,通于术数,居两浙,大为钱塘钱镠所礼,谓之国师。"(《旧五代史》卷一三三《钱镠传附钱俶传》,中华书局,2000,第 1775 页。)

据闻能预测人间凶吉，后被人认作弥勒佛化身①。

钱元瓘时代的希觉擅解《周易》，著有《会释记》二十卷，并将秘法传与都僧正赞宁。②《宋高僧传》作者赞宁也通术数，写《物类相感志》，收集各类外道小技。③ 在钱弘俶时期，能预言未来的王罗汉受到国王礼遇。④ 吴越国异僧的大量事迹，被记载于僧传与地方志中，所涉僧人绝大多数是禅僧，以上仅仅举了几例。

在吴越国王室墓葬中发现过 5 幅石刻天文图，分别是 1958 年发掘的吴汉月（钱弘俶母亲）墓天文图，1965 年发掘的钱元瓘墓天文图（图 20），1978 年发掘的钱宽（钱镠父亲）墓天文图，1980 年发掘的水丘氏（钱镠母亲）墓天文图和 1996 年发掘的马王后（钱元瓘王后）墓天文图。⑤ 此前，1247 年的苏州天文图被认作世界上最古老的石刻星图，吴越国王室墓葬中接连发现的 5 幅石刻星图，其尺寸不仅超越了苏州天文图，写实性与精确度也相当高。⑥ 吴越国星图的出现一定与国内的佛教异僧有着不可分割的关联，是海洋文化与航海技术发达的标志。

后百济的甄萱也与钱镠一样，以地方豪族之身份自立为王，借用佛教势力进行统治。通过积极和吴越国开展交流，请求吴越国王册封，从而确立自身的权威。后百济的中心地带全罗北道自朝鲜半岛三国时期以来，佛教文化非常繁盛，实相山门、迦智山门和桐里山门等"九山禅门"中的三大宗派都于此开创。民间传说甄萱定都全州之后，在四方建东固寺、西固寺、南固寺、北固寺以镇守都城。其中，东固寺和北固寺传为道诜和尚创建。⑦ 全罗南道光阳玉龙寺的道诜和尚（827~

---

① "初，谬有先见之明，武肃王家居石鉴山，及就成应募为军。谬一见握手，屏左右而谓之曰：'好自爱，他日贵极，当与佛法为主。'后累立战功，为杭牧，故奏署谬师号，见必拜跪。"（赞宁：《宋高僧传》卷一二《洪谬传》，中华书局，1987，第 284 页。）

② 王雪梅：《弥勒信仰研究》，上海古籍出版社，2016，第 162~163 页。

③ "武肃王钱氏季弟铧牧是郡，深礼重焉。……文穆王造千佛伽蓝，召为寺主，借紫，私署曰文光大师焉。四方学者骋骛而臻，觉外学偏多，长于易道，著《会释记》二十卷，解《易》，至上下系及末文甚备，常为人敷演此经，付授于都僧正赞宁。"（赞宁：《宋高僧传》卷一六《希觉传》，中华书局，1987，第 402~403 页。）

④ "外道经书，半偷佛法，识者尽知矣。唯宁师内外博通，真俗双究，观师所集《物类相感志》，至于微术小伎，亦尽取之。盖欲学佛，遍知一切法也。"（法道：《大宋僧史略序》，赞宁撰，富世平点校《大宋僧史略校注》，中华书局，1987，第 569 页。）

⑤ "释王罗汉者，不测之僧也。酷嗜毇肉，出言若风狂，后亦多验云。……汉南国王钱氏，私易名为密修神化尊者。"（赞宁：《宋高僧传》卷二二《王罗汉传》，中华书局，1987，第 569 页。）

⑥ 朱晓东：《物华天宝：吴越国出土文物精粹》，文物出版社，2010，第 14~16 页。

⑦ 蓝春秀：《浙江临安五代吴越国马王后墓天文图及其他四幅天文图》，《中国科技史料》1999 年第 1 期，第 60~66 页。

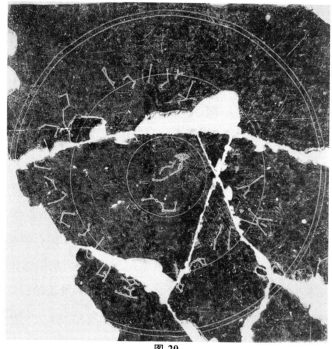

**图 20**

资料来源：朱晓东：《物华天宝：吴越国出土文物精粹》，文物
出版社，2010，第 15 页。

898）是朝鲜半岛"罗末丽初"时期风水地理学说的奠基者①，后世将许多神异故
事都附会在他身上，将其塑造成了新罗最著名的神僧、术僧形象。道诜出自桐里山
门，和吴越国异僧多来自禅门这一现象相似。②

　　文献中没有甄萱与道诜直接交往的事实记录，所以不能确定甄萱的佛教统治理
念是否参考了道诜的风水地理学说，但有证据表明，他与道诜的嗣法弟子——桐里
山门出身的庆甫（869~947）有所接触。庆甫于 892 年入唐，在中国江南地区参
学，921 年乘船回到全州临陂郡。当时临陂郡是后百济领土，庆甫乘坐的是往来于
吴越国与后百济之间的航船。③ 庆甫后来被高丽王建拉拢，而移居开京。④ 吴越国
佛教神异思想是否通过庆甫传至后百济，需要将来挖掘出更多的资料来证明。

---

① 崔圣银：《后百济地域佛教雕刻研究》，《美术史学研究》第 204 期，1994，第 37~38 页。
② 崔柄宪：《道诜生涯　罗末丽初风水地理说——禅宗风水地理说》，《韩国史研究》1975 年第 11 期，
　第 101~146 页。
③ 曹凡焕：《罗末丽初南宗禅研究》，一潮阁，2013，第 202~203 页。
④ 金廷彦：《光阳玉龙寺洞真大师宝云塔碑文》，李智冠主编《校勘译注历代高僧碑文》卷 2，伽山文
　库，1994，第 406~413 页。

# 结　语

9世纪末至10世纪中叶是朝鲜半岛后三国鼎立的时期，其中与吴越国来往最频繁的国家是后百济。吴越国以中国江南地区为中心，创造出了繁荣的文化，特别对于东亚佛教文明的发展发挥了重要作用。后百济通过维持与吴越国的外交关系，达成自身的政治、经济目的，也很有可能输入了先进的佛教文化。在无法找到两国佛教交流之确切证据的情况下，本文试图从两国金铜佛像工艺、"九山八海图"样式与佛教神异思想三方面的比较，来探索两者存在佛教交流的可能性。主要结论如下。

第一，后百济金铜佛像的U字形通肩着衣样式与短躯型、平板型特征不是吴越国金铜佛像的风格。

第二，浙江宁波天封塔出土的新罗金铜佛像与韩国木浦新安沉船中发现的吴越国金铜佛像，暗示了后百济与吴越国两国间佛教交流的可能性。

第三，南原实相寺片云和尚塔圆形基座的独特纹样，可能是吴越国经幢或佛塔基座的"九山八海图"，与中国苏州瑞光寺塔出土的真珠舍利宝幢中"大海宝山"圆台的图案风格相似。

第四，在吴越国活动的异僧数量多于其他地区，并大多出自禅门，与禅宗势力关系密切的甄萱是否接受了吴越国的佛教神异思想，值得进一步深挖。

总之，后百济与吴越国佛教交流这个研究主题，是前人没有探索过的领域，期待未来能有更多的考古发现，实实在在证明两国间的佛教文化互动。本文的写作目的仅在于引起学者们对这一主题的关注。

日本京都

# 专题·近世海洋世界

《中国与域外》 第五辑 （2023.06） 第 267~280 页

# 镜鉴：朝鲜对于明清安南之役的观察以及应对

余　辉*

**摘　要：** 明清王朝将朝鲜与安南视为两个重要的藩属国，但是采取控制的方式很不一样。明朝建立初期，安南与朝鲜都为明朝的属国，往来朝贡不绝。明初安南陈朝国力衰弱，国内动荡不已，明朝趁机出兵将其设为直管郡县，后在安南起义压力下，被迫放弃安南，安南进入黎朝时期。在嘉靖年间安南权臣莫登庸篡位，明朝不予册封，与莫登庸政权差点爆发战争，后来以莫登庸向明朝称臣了事。清代乾隆时期又爆发战争，以双方协调退让了事。朝鲜王朝自开国始祖李成桂于洪武年间篡夺高丽王朝的政权，在建文年间正式取得明朝的册封，其政统一直延续至近代，而且朝鲜对于明清王朝与安南之间的关系极为关切。通过朝鲜王朝的视角，我们可以了解在朝贡关系中的宗主国对藩属国的战争中，另外一个属国对于宗主国的心理态度变化。

**关键词：** 朝鲜王朝　安南　第三者视角

朝鲜王朝古为箕子地，一直受中原王朝影响颇深，而且朝鲜半岛北部在汉唐时期为中华郡县。[①] 安南地区在汉代为中国郡县后，在宋代才正式独立，这两个地区都是中国古代各代王朝最重要的属国。两个国家在与明清王朝的朝贡关系中互相认识，互相以对方为镜鉴，调整自己对中国的外交关系。朝鲜王朝则自明代已经渐渐开始萌发出"小中华"意识，他们认为朝鲜文教礼乐已经到达了较高的水平，可

---

* 余辉，历史学博士，杭州师范大学人文学院历史系讲师。

① 孙卫国：《传说、历史与认同：檀君朝鲜与箕子朝鲜历史之塑造与演变》，《复旦学报》（社会科学版）2008 年第 5 期，第 19~32 页。

以称为"小中华"。他们引述明人著述而以"小中华"自居：

> 我国家邈处日域，自中国视之，与安南、交趾无异，而中国之人不鄙夷
> 之，至称小中华。岂非以世修礼义，君君臣臣父父子子，民彝物则，犹足可观
> 故耶？①

朝鲜自认为其地在同中原王朝的距离上与安南、交趾没有明显差别，但是世修礼义，尊重儒教，已经在明人心目中与安南、交趾相比，有了比较高的地位。但是安南等地在宋代以前就是中国的郡县，是名副其实的华化之地，这一点朝鲜却避而不谈。朝鲜有意凸显自己礼教文化超越安南、交趾，其文化自信意味不言而喻。朝鲜大臣金驲孙读《皇明祖训》，看到朝鲜国被列在安南、琉球之下，其后还有明太祖"每行，挟商贾，多行诈术"的评语，他觉得"甚可耻也"。② 朝鲜也不否认琉球、安南为华化国家，他们认为"朝鲜、安南、琉球等国，朝廷待之以礼义之邦。安南、琉球则地方辽远，朝鲜则境连上国，不甚辽远"。③ 朝鲜自认为在地理位置上离明朝最近，受中华影响最深，所以有资格在文化上睥睨这些国家。我们从中可以看出，在一般朝鲜士人眼中朝鲜的华化程度要高于安南与琉球，这也是朝鲜王朝的"小中华"心态的一种表现，他们也认为安南、琉球在明朝的地位亚于朝鲜。④ 这使得朝鲜王朝在思考明朝、安南与朝鲜关系时秉持独特的思维方式。

## 一　警惕：朝鲜王朝对于明成祖伐安南的态度

明朝于永乐四年（1406）以兴亡继绝的名义讨伐安南，迅速占领安南全境，并且把安南重新变为中国的郡县。⑤ 随后明成祖昭告天下，宣布安南重新回归明王朝的管辖。朝鲜王朝也迅速知晓这个事情，朝鲜君臣对于安南亡国比较紧张，同时为了不惹怒明朝，他们也开始声讨安南失礼，但是他们对于安南重新进入中国版图还是有忧虑。朝鲜太宗李芳远与大臣的对话很能说明这个问题。

---

① 《朝鲜中宗实录》卷一七，国史研究院影印，1961，第 633 页。（本文所引《朝鲜王朝实录》均是韩国国史研究院影印版）
② 《朝鲜燕山君日记》卷五，燕山君元年五月庚戌，第 675 页。
③ 《朝鲜中宗实录》卷六〇，中宗二十二年十二月丁未，第 610 页。
④ 《朝鲜中宗实录》卷五五，中宗二十年十月癸巳，第 459 页。
⑤ 参见郑永常《征战与弃守——明代中越关系研究》，成功大学出版，1998，第 25~67 页。

（李芳远）："曾中武科者，常自熟读兵书乎？不则将何所用？闻皇帝征安南，安南人束手就戮，无有敌之者。"工曹判书李来对曰："以天下之兵，伐此小国，谁敢有敌之者？"上曰："不然。兵在精不在众，岂可执一言乎！且安南国王奔告于皇帝，则帝之此举，不得不尔。我皇帝本好大喜功，如我国少失事大之礼，必兴师问罪。我则以为一以至诚事之，一以固城垒蓄粮饷，最是今日之急务。"大司宪成石因对曰："筑城如欲速，则民大困矣。臣以为每年筑一面或半面，以牢固为贵，则其役徐而民不困，城益固矣。"上曰："然。"石因又曰："守令之任至重，今国家重内而轻外。须择贤良，迭处中外。如二相三宰大司宪代言，迭为守令，则守令亦自以荣矣。且驿丞无个月，递代无常。可依守令例，定其个月，以凭黜陟。"上然之。又谓知议政府事兼判军器监事金承霔曰："铁物，本国所产，军器监，全为兵器而设。岁月既久，宜其所造兵器精致有余，而未见盈美者，何也？工人调熟而精者几人欤？自今卿除议政府合坐，日坐军器监，专务炼造军器。"①

这段对话有几个要点，李芳远对于明朝如此迅速平定安南有些惊讶。李芳远说："曾中武科者，常自熟读兵书乎？不则将何所用？"这是批评安南以及朝鲜武人不通晓兵法。同时安南亡国引起朝鲜唇亡齿寒之感。他们直截了当地批评明成祖"好大喜功"，也认为朝鲜如果"事大不尊"的话，明朝必定也会兴师问罪。下面的对话则表示李芳远君臣对于朝鲜武备废弛的担心，他们决心修筑城池，打造兵器，优选良将，虽然不明指是防御明朝，但是意味非常明显。他们对于这次明朝平定安南既畏惧又担心，但是又不得不说明朝的好话。我们还需要注意，朝鲜王朝太祖李成桂、太宗李芳远均是得国不正之君，李成桂篡夺了高丽王朝，李芳远囚禁了自己的父亲李成桂，所以明太祖很长一段时间不册封朝鲜，屡屡以表笺不符合礼制问罪朝鲜。② 直到建文帝为了防御朱棣叛乱，拉拢朝鲜而正式册封，明朝与朝鲜关系才步入正轨。朝鲜对于明朝以"兴亡继绝"的口号占领安南心有余悸。永乐五年（1407），明朝派遣行人正式前往朝鲜颁布《赍平安南诏》，宣布安南隶属明朝的法定事实。③

---

① 《朝鲜太宗实录》卷一三，太宗七年四月壬辰，第1册第389页。
② 夫马进编《中国东アジア外交交流史の研究》，京都大学学术出版会，2007，第311～324页。
③ 《朝鲜太宗实录》卷一三，太宗七年五月甲寅，第392页。

朝鲜王朝在随后的进士考试中设置的表文题目是"平安南",① 表达了朝鲜对"平安南表文"写作的重视。朝鲜王朝最后以大臣卞季良起草《贺平安南表》,遣参知议政府事咸傅霖前往明朝京师。送呈《贺平安南表》予明廷。②

　　岂图小丑之夷,久怀奸谲之计。始焉诬上而骋诈,继以梗化而干名。虽圣人必欲保全,每加诲谕,乃顽俗莫知改悟,益肆跳梁,爰致声罪之诛,实为吊民之举。定戎功于一鼓。③

由上述表文我们可以知道,朝鲜王朝这次与明朝高度一致,他们以安南为"跳梁小夷",明朝讨伐安南为"吊民伐罪"的义举。这必然会使得明朝深化与朝鲜的关系。但是朝鲜对于明朝讨伐安南始终心有疑惑,命令来华使节多方打探。计禀使书状官郑穋数次被明成祖接见,传递明成祖与朝鲜太宗李芳远各自的口信。

　　国王陈日煃绝嗣,而臣为其甥。朕以为国不可一日无长,爰命立后。厥后日煃之孙来奔,乃知黎贼诳朕窃位也。既黎贼知陈孙在京,请立为后,朕老实武人,听以为真,令朝官率陈孙复国,黎贼伏兵杀之,其暴益肆。朕不获已,命将讨之,久乃得贼魁以来。朕闻尔王读书人也,未知黎贼顽甚,必谓朕勒兵远伐矣。尔还为朕详告于王。④

明成祖这套说辞与明代官方宣称并无二致,只是明成祖称自己武人憨直,这简直是欲盖弥彰,展露自己重建天朝上国权威的心思。明成祖同时又称李芳远为读书人,这一方面是知道李芳远是高丽王朝末期的进士,另外一方面也是抬举李芳远。李芳远当然对明成祖的表态感到很高兴。李芳远自己也很惊讶,说道:"是何言也?帝谓我如此,而于陪臣且厚接之,岂敢方命!"⑤ 明朝令郑穋传讯李芳远贡马,李芳远也积极筹备为明朝贡马的事宜,用来报效明成祖的赏识与赞誉。

明成祖收服安南,于安南重设郡县的确引起了朝鲜王朝的担心,但是通过明成

---

① 《朝鲜太宗实录》卷一三,太宗七年四月壬寅,第390页。
② 《朝鲜太宗实录》卷一三,太宗七年五月壬戌,第393页。
③ 卞季良:《春亭先生文集》卷九《贺平安南表》,《韩国文集丛刊》,景仁文化社,1990,第124页。
④ 《朝鲜太宗实录》卷一四,太宗七年八月庚戌,第411页。
⑤ 《朝鲜太宗实录》卷一四,太宗七年八月庚戌,第411页。

祖言语以及行动上的拉拢，朝鲜表面上坚决站在明朝这一方。其后朝鲜使节来到北京，明成祖更是反复谈起讨伐的理由，即"安南之不顺、王师之仗义"，并说朝鲜是极为尊重明朝的，以安抚朝鲜。① 在明成祖言论影响下，朝鲜王朝宗室星山君李稷盛赞明成祖平定安南之功绩：

> 唐虞尚有顽苗梗，圣德直蹑三皇踪。
> 安南小蛮肯肆谲，迅雷一震真俄瞥。
> 衣冠济济盛朝仪，态黑外拥如环垮。
> 小臣随例立明廷，白日照辉乾坤宁。②

李芳远与李稷都公开表示对明成祖讨伐安南将其收为郡县的支持，但是他们还是有很多顾虑。永乐十二年（朝鲜太宗十四年，1414），他们曾讨论明朝吞并安南对朝鲜的影响以及明朝宗藩政策的变化。

> 上谓诸卿曰："比闻皇帝北征，是乃门庭之寇，事出不得已耳。如向者安南一举，帝之失也。自念吾东方土墝民贫，境连上国，诚宜尽心事大，以保一区，如不得免焉，则当积谷练兵，固守封疆。然予窃料，帝之遇我甚厚，且南征北伐，固无宁岁。第恐疲战之民，逸入我疆，如辛丑之沙、关耳。"李稷曰："永吉、平安二界，粮饷不赡，曾有旨，移庆尚之粟于江原；江原之粟于永吉，又移丰海之粟于平壤，而或作或辍，不见实效，甚非计也。且二界山城，宜俟农隙修筑。"从之。③

他们认为明成祖以吊民伐罪入师属国，将安南收为国家郡县，实在是匪夷所思。他们也不得不提防被明军侵略，若真的祸到临头也不惜一战。李芳远认为蒙古是威胁中国的大患，明成祖大肆出击塞外还情有可原，但是出兵安南确为失策之举。李稷则认为应修缮与明朝接壤的永吉、平安两地的山城，广积粮草以防备明朝。我们可以知道朝鲜从永乐五年（1407）起明朝宣布收复安南，朝鲜就一直没有停止过在边境的战备工作。

---

① 《朝鲜太宗实录》卷一四，太宗七年九月辛酉，第 414 页。
② 李稷：《亨斋诗集》卷一《陪臣李稷奉次皇帝赐本国世子诗》，《韩国文集丛刊》第 7 册，第 536 页。
③ 《朝鲜太宗实录》卷二七，太宗十四年六月辛酉，第 23 页。

朝鲜王朝其后也一直密切关注明朝治下安南的情况。明朝放弃安南后,朝鲜世宗李祹听明朝的朝鲜宦官尹凤说明仁宗得知安南终日反叛而"终夜不寐",认为他是"甚无胆气之主",明宣宗终日"燕于宫中,长作杂戏",最后还决定放弃安南。这两位君主都不值得称道,反而是明成祖"虽有失节之事,然勤于听政,有威可畏",最终还大振明朝的威望。① 明朝由于安南叛服无常,对其实行军事统治国用损耗巨大,遂决定弃守安南,但是明朝直到弘治年间还对朝鲜强调征讨安南是"征战胜捷"之役,② 朝鲜对此不甚相信,我们可以看出朝鲜并不怎么从心里接受明朝这种官方说法。

朝鲜因明朝放弃安南,国家对外战略收缩而大为舒心,这个时候反而讥笑明仁宗、明宣宗沉溺享乐,不如永乐皇帝勤政,以至于有损国威。正统九年(朝鲜太宗二十六年,1444),明朝出兵塞外,擒获原朵颜三卫鞑子三百多人,俘获众多财物,这被朝鲜认为是明朝少有的对外军事胜利,认为"前世有平定安南与北方,皆虚张其数耳,未有如今日者也"。③ 可见朝鲜对于明朝讨伐安南的批评态度。嘉靖初年,朝鲜王朝对于明与安南关系的评价是"安南之不逊,亦曾闻之"。④ 朝鲜一直很清楚明朝并不能有效管控安南,所以对于安南被收为明王朝的郡县持同情态度。当安南脱离中国统治后,朝鲜如释重负,开始批判历代明朝君主在处理安南事务时政策的失败。

## 二 转折:明代嘉靖至万历时期朝鲜王朝对明伐安南的看法

朝鲜王朝自明代嘉靖年间对明伐安南看法发生一大变化。这一时期,安南黎朝政权被莫登庸侵夺,同时明世宗打算仿效明成祖对安南采取强硬手段。朝鲜也听闻此事,⑤ 这个时期他们对于安南多持负面态度,他们认为安南国内君主被权臣废立,政治混乱,明朝有义务帮助属国平息内乱。他们对这一事情的进展也多方打探消息,朝鲜来华使节也被国王问询此事的进展。

---

① 《朝鲜世宗实录》卷四〇,世宗十年九月丁巳,第143页。
② 《朝鲜世祖实录》卷一,世祖元年闰六月庚申,第63页。
③ 《朝鲜世宗实录》卷一〇四,世宗二十六年五月丙辰,第554页。
④ 《朝鲜中宗实录》卷九〇,中宗三十四年乙酉,第276页。
⑤ 《朝鲜中宗实录》卷六〇,中宗二十三年三月丙申,第646页。

又闻安南国叛臣莫登瀛（庸），夺据国王黎氏之土地，阻梗朝路，似不得修贡事。其国使臣郑惟憭奏朝廷，朝廷欲知虚实，因惟憭而别遣使臣于其国矣。①

嘉靖年来，中朝亦多事，孰能问及我国之事？万世之间，幸明主良相，出而审察下问，则终难处之。今观中朝，举其纪纲，故安南叛贼，命将讨之。此则天子之道也。大抵下国，先修其道，然后上国之所以待之者，终始如一。今者朝廷，奸臣已去，人心和平，当此之时，可以议定。②

我们从上述《朝鲜王朝实录》记载可知，朝鲜王朝密切关注明朝与安南之间的关系，因为这关系到明朝的外政会不会影响到朝鲜半岛，这也是朝鲜一直关心的。但是朝鲜一直没有获得莫登庸的确切消息，直到嘉靖十六年（朝鲜中宗三十二年，1537），谢恩使姜显出使明朝归国，才向朝鲜中宗李怿详细报告莫登庸篡夺安南黎朝皇位的始末以及明世宗对此的态度。

上问姜显曰："莫登庸篡逆事，卿宜详言之。"显曰：臣于前日引见时，安南国事，未及陈之，大概先来通事书状，已略陈之矣。但臣前在中原时，闻安南国逆贼莫登庸弑君篡国之事，而未得其详，及见礼部奏议，请军征讨事具载焉。安南国王黎晭，先被逆贼陈暠所害，国人推黎晭之犹子𣓌管理国事，名分已定。有权臣莫登庸者，利其国乱，视主播迁，竟不迎复，乃又擅立幼弟黎㦖，㦖既卒，又立黎譓之子黎宁管国事。乃假逊位之名，以成篡夺之计，鸩杀国主，专据其国，国名大越，年号明德。自知人心不服，以谓命运不吉，及传位于其子瀛，自称太上王。黎譓初知登庸谋逆，脱身挺走，立国于青华，别立一都以居之。其子黎宁嗣立，欲求通于中国，以道梗不得，因占城，乃得通焉。于是朝廷以征讨莫登庸事，命右军都督府议之。武定侯郭勋亦进南征之策，言两广及云南，当发军讨之。西蜀去安南不远，亦当发军云。征讨日期，臣问于序班等，皆不知之，问于礼部当该外郎则曰：为外国，不可轻动天兵云。又闻莫登庸自篡国后，闻中国将声罪讨之，每高城深池以待之云。臣又闻安南国绥阜等州，土舍刀鲜、寨长李孟元、交人黄宗哲等，谋欲归附中国，擒

① 《朝鲜中宗实录》卷八四，中宗三十二年四月戊寅，第72页。
② 《朝鲜中宗实录》卷八六，中宗三十二年十一月甲申，第33页。

获知州阮璟来降。阮璟供称，莫登庸于嘉靖六年鸩杀黎椿，及篡位，自撰大诰，名曰《开皇朝大诰》。其《大诰》曰：法天抚运皇上，大诰天下官员云云。以尧、舜、禹、汤、武王自比。又称"黎恭皇，知人心天命之有在，禅朕以大位，朕不得已受天明命，为书五十九条"。又闻莫登庸，恐被征讨，欲聚兵拒敌，使绥阜知州阮璟，探听天朝兴兵征讨之事，土舍刀鲜等欲诱致阮璟以献，预集兵夫三百余名，杀牛置酒佯请公宴，璟等以卜卦不吉，下船逃走。李孟元等追获阮璟、裴行俭、阮税等七名，并州印一颗，《大诰》一本以献。朝廷以李孟元等，背夷附华，为获逆党以献，赏银三十两，纻丝衣表里等物云。①

姜显的报告翔实，朝鲜也由此得知莫登庸篡位具体过程和明朝对于莫登庸政权的最新态度。我们从上述记载得知，朝鲜王朝最关心的还是明朝是否因此讨伐安南，尽管姜显询问很多明廷高级官员，甚至流传还有一份不太可靠的出兵计划，但是始终没有确凿证据显示明朝会出兵安南，最终明朝也没有出兵安南。明朝出兵安南是有关东亚国际秩序的大事，所以朝鲜王朝一直密切关注明朝与安南之间的关系。

嘉靖十七年（朝鲜中宗三十三年，1538），朝鲜出使明朝的冬至使柳世麟归国，中宗依然向他问询明朝究竟有无出兵安南的计划。柳世麟并不清楚明朝的计划，只是把明与安南关系概述一遍，但是柳世麟并没有明显批评明成祖讨伐安南，只说明朝已经遣使往安南调查情况。② 嘉靖十八年（朝鲜中宗三十四年，1539年），陈慰使郑万锺、进香使沈连源、进贺使洪慎从明朝带来确切消息，明朝不会讨伐安南，因为"安南国事，莫登庸以权臣，叛乱其国，非与上国叛也"，而且明世宗也觉得出兵讨伐"远地运粮为难，故不为矣"。③ 朝鲜终于松了一口气，没有再纠结这个事情。

嘉靖二十一年（朝鲜中宗三十七年，1542），朝鲜中宗认为明朝已经接受莫登庸的降表，应该派出使臣庆贺。他认为："祖宗朝，皇帝或平定安南，或削平他处，则我国例遣进贺使多矣。安南久叛，帝命将讨降，废其国而设官号，此大事也。"④ 还是循照永乐年间故事，朝鲜中宗认为明朝终于迫使安南对外取消王号，

① 《朝鲜中宗实录》卷八六，中宗三十二年十二月癸丑，第 146 页。
② 《朝鲜中宗实录》卷八七，中宗三十三年二月丙寅，第 167 页。
③ 《朝鲜中宗实录》卷九一，中宗三十四年六月庚午，第 324 页。
④ 《朝鲜中宗实录》卷九八，中宗三十七年七月癸酉，第 603 页。

将安南设为明朝的外属羁縻州，乃是明朝一件大喜事，值得庆贺。一个月后，各地布政司、藩属国都没有遣使进贺的消息。朝鲜王朝内部于是继续讨论该不该派出使臣庆贺，最后得出结论不派遣使臣庆贺，因为"皇帝不允，海内各衙门，皆不进贺"①。朝鲜最终与明朝地方衙门一样，没有派遣使节庆贺。

万历二十年（朝鲜宣祖二十五年，1592），日本军队侵入朝鲜，爆发了对东亚政治格局影响深远的壬辰战争。战争初期，朝鲜迅速丧师弃地，几乎全国沦陷，而明朝尚未决定是否正式援朝。朝鲜宣祖于是想到奔赴明朝辽东境内避难，他说："赴辽，非但避乱。安南国尝亡其国，自为入朝，天朝发兵送之，安南得以复国。予亦虑其如此，故欲入也。"②宣祖一反朝鲜王朝初期国王对明朝出兵安南的批评，认为明朝出兵安南是大义兴亡继绝之举。他认为明朝一定会出兵帮助朝鲜："中朝于安南自中之乱，犹且发兵讨之，况此贼（代指日本）以犯辽为言者乎。"对于安南明朝尚且兴义师讨伐，何况这次日本扬言攻占明朝的辽东地区，他满怀信心认为根据历史与现实明朝都会出兵朝鲜。

这一时期朝鲜王朝大臣也在以明朝出兵安南平息内乱为历史依据，希望明朝出兵朝鲜。郑崐寿写给明朝兵部尚书石星的呈文很有代表性。

> 昔在永乐年间，以安南有贼，久劳王师，荡平乃已。黎贼之变，变止一国，安南之国，又是绝远。而圣朝字小之仁，至于此极，况今伊贼阴谋射天。声言要犯中国，先毁其藩，至乃笔之于书，则通天之罪，浮于黎贼。小邦世为屏翰于上国，最亲且近，则又非安南绝远之比。不幸小邦尽为贼有，则上国疆场之患，容有既乎。……成祖文皇帝以安南有变，水陆并进，荡平乃已。今此凶贼，声言要犯中国，先撤其藩，至形诸文字。通天之罪，浮于黎贼。王法不敢赦，其必一怒而安天下之民矣。③

郑崐寿并非唯一一个向明朝提及永乐年间成祖兴亡继绝出兵安南故事的朝鲜大臣，他们并不把明成祖伐安南看作侵略，而是看为朝贡关系下宗主国对于属国的义务。黄廷彧作为朝鲜使节出使北京，他上书明朝五军都护府，进一步谈及安南陈朝遗族请求明朝军队帮助复国的问题。

---

① 《朝鲜中宗实录》卷九九，中宗三十七年八月戊寅，第606页。
② 《朝鲜宣祖实录》卷二七，宣祖二十五年六月辛丑，第498页。
③ 郑崐寿：《栢谷集》卷二《呈兵部尚书石文》，《韩国文集丛刊》第48册，第432页。

陈宜仲非无一时誉望，见国之将亡，而回互巧避，乃为请师安南之行，是果能死者乎。削职等若出王子以归，其调察贼情，正如温峤之得敦谋者，驰谒君父。细陈彼中微密之事，以期报此仇，未或不可。况贼既待之以邻国大夫，亦无浼官僇辱之事，何为而死哉。即将进兵形便，为具实封奏本，别差陪臣，赍挈以进。其中一一危恳，已入阁下清鉴，而阁下之讨谋深虑，周详纤悉，不遗余算。陪臣何敢喋喋，顾念陪臣留馆四十余日，不为不多。前后上书，沥血祈恳，不为不切矣。冬寒已深，土地已冻，驰骋攻击，亦可谓时矣。命大将领大军，直渡鸭绿，以捣贼巢。①

黄廷彧认为陈朝遗族陈宜仲，不能与国同殉难，安南黎朝并没有像日本一样对前朝士大夫进行侮辱。他认为明朝应该视日本侵略朝鲜之严重情况，不拘一格尽早出兵朝鲜，帮助朝鲜复国。朝鲜王朝为了促使明朝出兵，而以倭乱掠境自比安南内乱问题。随明神宗决定出兵朝鲜，朝鲜也就结束了这种论调，这成为明朝与朝鲜关系的一个小插曲。这也是自永乐年间，朝鲜王朝对于明成祖伐安南问题一个最终讨论。

朝鲜对于明成祖伐安南一事的讨论还涉及明军的武器，朝鲜国王宣祖在万历二十二年（宣祖二十七年，1594）曾言道：

古者耿恭，以毒药傅矢，中者皆沸；元将李垣征安南，中毒矢而死。然则毒矢之制久矣。未知中国，今亦有此制否？且戚总兵毒矢之制，亦不可不及时学得。此两制，或恳请于戚将，或微问于他天朝人，使之传习。②

朝鲜宣祖非常关心明朝是否能够学习安南的长技"毒术"，他认为戚继光所采用的"毒矢之制"应该是取法于此，他认为军队及时学会这技法对于克制日军非常重要。壬辰战争期间，朝鲜宣祖君臣对于明廷出现的"失朝鲜，得日本，如失弓得弓"的说法十分警惕，反复向使臣强调，一定要向明廷及万历皇帝本人说明"如琉球、安南等国，则不必救，朝鲜为辽左藩篱，不可弃之。若或因此违拂，而有所疑贰，则甚可虑也"。③为此朝鲜宣祖君臣派出多批使臣向明廷反复说明，意

① 黄廷彧：《芝川集》卷二《上都堂书》，《韩国文集丛刊》第 41 册，第 453 页。
② 《朝鲜宣祖实录》卷四八，宣祖二十七年二月辛亥，第 214 页。
③ 《朝鲜宣祖实录》卷八七，宣祖三十年四月癸酉，第 192 页。

在指明安南与朝鲜地位不可相提并论，朝鲜乃是明代辽东的屏障，辽东又是拱卫京师的重要地区。总之，朝鲜宣祖君臣一再以安南对比朝鲜，此时朝鲜已经完全放弃批判明伐安南的论调。彼时朝鲜处在国家危亡之际，他们实际上不可能顾虑太多，这样在明朝与朝鲜的对话中安南的问题不再是一个敏感话题。

## 三　平静：清代朝鲜对于清朝与安南战争关系观察与思考

清代继承明朝的朝贡秩序，又大为发展，无论是从国土面积还是影响力来讲清朝都较明朝为大，这使得朝鲜观察中国对外关系有一种新的认识。

清朝与安南之间维持明朝—安南之间一样的朝贡关系，朝鲜的观察也以明代中越关系为基准，但是越南朝贡频率均低于朝鲜，而且朝鲜对于清朝关注点集中于清朝本身的问题，他们对于清朝接管中原始终耿耿于怀，但是清朝对朝鲜先武后文，康熙以后一直以德怀之，朝鲜王朝表面臣服，私底下一直保留明朝衣冠以自居，而且朝鲜对清朝的态度很微妙。[①] 清修《明史》期间，朝鲜一直关注对朝鲜的书写，他们对于清朝把朝鲜太宗李芳远篡夺其父李成桂的王位等同于安南权臣篡位的做法十分不满，因为安南正是因篡逆导致明朝进攻安南。[②]

清代乾隆时期，清朝与安南又发生战争，清军损失惨重，安南臣服。朝鲜方面也一直关心这场战争。朝鲜方面记录这段战争的起始："安南国，有篡弑之变，其王妃及世子，浮海到广西省请援，该总督驰奏，皇帝大怒，令广西总督，详查其变乱之由，将兴师问罪云。"[③] 虽然清朝出兵安南也是如明朝般打着"兴亡继绝"的口号，但是朝鲜这次丝毫没有看到任何批判的话语。他们甚至认为：

> 安南国有篡弑之变，再昨年冬，该国嗣孙黎维祁，将其母脱身浮海，来款广西省告急。广西巡抚孙永清，驰驿奏闻。皇帝大加矜怜，馆谷嗣孙之母子，即命总督孙士毅承制发兵，转输滇省等处粮饷，挟其嗣孙，以舟师直捣安南王城，逆魁阮惠败走，广南孙士毅留兵镇抚其国，露布以闻。皇帝仍命士毅，策立黎维祁为国王。士毅进秩一等，封谋勇公，汉人之封公，前所未有。安南之距广南，为二千余里，而皇帝又使士毅，转往广南，追捕逆魁，贼党尽皆剿

---

① 参见孙卫国《大明旗号与小中华意识》，商务印书馆，2007。
② 《承政院日记》第 609 册，英祖二年二月二十日，第 33 页下。
③ 《朝鲜正祖实录》卷二六，正祖十二年八月辛丑，第 4 页。

灭。安南国王，感定国袭封之恩，率其宗室，来朝京师，到泊云南云。①

其后清廷新册封的安南国王阮光平来到北京，觐见乾隆帝，而且身着满族人服饰，赐宴位置在朝鲜之上，这引起朝鲜的不满，因为朝鲜坚持明代的华化衣冠。② 朝鲜燕行使批判安南国王放弃明代衣冠的行为，他们认为安南抛弃黎氏王朝，是没有忠义之道的体现。而且朝鲜认为安南此举是对明朝三百年来德政的背叛。③ 可以看出朝鲜对于永乐帝发起的"兴亡继绝"战争已经有了另外一种看法。朝鲜王朝史家成海应根据朝鲜燕行使的记录，这样描写安南新君臣：

> 光平来热河，遇和珅、福长安于班行，惶忙半膝跪，此满洲俗贱事贵之礼。光平君臣，俱着满洲衣帽，或云光平自请剃发，帝不许，只赐衣帽解髻而辫之。乘金顶步轿，臣僚傔从凡一百八十四人，只十余人从光平出入，其一人手执折叠反开扇，造化不离，人欲借看。坚握不许，又带乐工十余人，庆贺万寿，媚悦之道，靡不用极。④

我们可以看出朝鲜一直对安南新政权持批判态度，他们对于这场被列入乾隆"十大武功"的战争，从一开始就没有准确的情报，而且对于安南有强烈的偏见。

# 结　语

明清王朝将朝鲜与安南视为两个重要的藩属国，但是采取控制的方式很不一样，对朝鲜多予以"敲打"，对于安南多直接出兵干涉。⑤ 实际上自太祖开始，明朝申明朝鲜为不征之国之一，屡次指责朝鲜表笺不合礼，多次诏书严责朝鲜，所以

---

① 《朝鲜正祖实录》卷二七，正祖十三年三月乙丑，第 30 页。
② 葛兆光：《朝贡、礼仪与衣冠——从乾隆五十五年安南国王热河祝寿及请改易服色说起》，《复旦学报》（社会科学版）2012 年第 2 期，第 1~11 页。
③ 徐浩修：《燕行记》卷二，七月十六日甲午，收入成均馆大学校大东文化研究院编《燕行录选集》上册，成均馆大学校大东文化研究院，1962。
④ 成海应：《研经斋全集外集》卷六〇，《兰室谭丛·柳惠风热河诗注》，《韩国文集丛刊》第 278 册，第 102 页。
⑤ 夫马进：《明清时期中国对朝鲜外交的一面镜子：对越南外交——以册封问题与"问罪之师"为中心》，氏著《燕行使と通信使》，名古屋大学出版会，2015。

朝鲜在这一段"礼与问罪"的时间内，对明朝的不信任感十分明显。① 明代前期，安南与明朝关系几度出现反复，朝贡之路不通。朝鲜对安南的印象，停留在明成祖以兴亡继绝名义出兵伐安南，而后将其收为郡县时。朝鲜对此大为恐慌，多方打探安南问题的进展，宣德年间明朝不堪重负放弃安南，朝鲜大为放心。可以说明代永乐初期，成祖政策的不确定性，导致了朝鲜的紧张。

朝鲜一直对明朝伐安南进行批评，其后多次嘲讽明仁宗、明宣宗在处理安南问题方面政策的失败，安南重新独立，导致明朝控制安南的计划落空。这一时期朝鲜对明朝针对安南实施的政策以及明朝的对外政策批评到达极点。明世宗以外交手段迫使莫登庸政权投降明朝后，朝鲜没有采取批评的态度，表现得很平静，但是对明成祖伐安南的评价发生转变，不再一味批判明成祖，而是用平常语气描写这一事实。

壬辰战争时期是朝鲜对明朝伐安南的评价转变最大的时候，也是这一问题在朝鲜王朝最终定性的时期。朝鲜王朝上到国王宣祖，下到一般大臣、来华使节均把明朝伐安南作为宗主国对朝贡国的大义之举，以至于援引此例希望明朝再次出兵帮助朝鲜驱逐倭寇。最终，明神宗决定出兵援助朝鲜，这让明成祖出兵安南成为明与朝鲜交涉的一个可以仿效的先例。这一点恐怕是永乐时期的明朝与朝鲜君臣都未料到的。

清代乾隆年间的安南之役，被列入乾隆帝"十大武功"，其后安南新国王阮光平身着满族服饰，表示服膺清朝统治，引起了坚守明代衣冠形式的朝鲜的强烈不满，朝鲜对于安南阮朝也多有贬词，并不怎么关心战争的细节问题。由于清朝实行怀柔政策，朝鲜也不担心清军出击朝鲜，所以朝鲜也不像明初那样紧张，完全视此事为视域外一件小事，这与明代大有不同。正如朝鲜晚期诗人李晚秀所题《观越南记》曰："汉世交趾九真南，伏波铜柱战功嵌。昉自唐季比外藩，厥篚珠贝暨香楠。陈黎兴亡等凡楚，阮氏二世安足谈。越南易号凭邸报，闻道峦酋农耐男。尧封禹服嗟已邈，海外奇闻佐诗函。"② 李晚秀言安南改国号为越南在朝鲜是海外奇闻，可见朝鲜晚期对于安南（越南）国态度。

① 夫马进：《明清时期中国对朝鲜外交中的"礼"和"问罪"》，《明史研究论丛》第十辑，故宫出版社，2012，第283~304页。

② 李晚秀：《屐园遗稿》卷一二，《辐车集·观越南纪》，《韩国文集丛刊》第268册，第558页。

　　明初成祖征安南之战，历来是中越史家一直探讨的话题。[①] 如果我们从朝鲜的角度来看的话，则又会看到另外一种面貌，虽然朝鲜是从第三方的角度评价此事，但是也离不开对基本现实的考量，朝鲜对明清王朝与安南战争的看法、记忆与书写就很能说明这一问题。

① 李焯然：《历史与记忆：中越史家对 1406 年明朝出兵安南事件的书写》，郑培凯、陈国成编《史迹、文献、历史：中外文化与历史记忆》，广西师范大学出版社，2008，第 15~28 页。

《中国与域外》第五辑（2023.06）第 281~294 页

# 19 世纪越南阮朝使节
# 诗文中的海洋书写*

严　艳**

**摘　要：** 越南阮朝涉海公务繁多，文人在海上交通中进一步扩大了视野并将见闻感想诉诸笔端。19 世纪阮朝使节笔下有大量关于海洋的书写，不仅涉及滨海生活、海上交通、异域风情，还抒发文人之思、政客之见。这些海洋书写与阮朝海路交通密切相关，是阮朝航海业的发展及海上实力增强的结果，也体现了当时文人受时政激发对海洋问题的关注。

**关键词：** 越南阮朝　使节　诗文　海洋书写

越南文化一直被学界认为是以耕种为主体的陆地文化，如美国学者泰勒（Keith Weller Taylor）在《越南的诞生》（*The Birth of Vietnam*）一书中认为的，越南先民地处红河三角洲，其文明是一种以种植水稻为主的农业文明。[①] 在以农业为主导的社会文化中，越南阮朝之前的历朝政权多施行海禁政策，严格控制海外贸易，因而海洋文化得不到应有的重视。19 世纪以前，越南文人很少有远渡重洋的机会，也缺乏海上冒险的生活体验。这些文人对海洋的书写多停留在想象与观望的阶段，且多承继中国文学中关于海洋的描写。可以说，在阮朝之前海洋还未成为越南文人的真实观照对象。而至 19 世纪阮朝建立后，统治者加强对海洋的管理，不仅拓展海外交通，还因公务需要派遣了一批"洋程

---

\* 本文系 2018 年国家社科基金一般项目"越南北使汉文文学整理与研究"（项目批准号：18BZW094）阶段性成果。

\*\* 严艳，佛山科学技术学院人文与教育学院中文系教授，文学博士。

① Keith Weller Taylor, *The Birth of Vietnam* (University of California Press, 1983).

效力"的使节①。这类文臣因海路拓展,以亲身体验写下与以往文人对海洋不同的观感。此前,于向东曾撰文,从越南自然环境、古籍记载等方面深入研究越南封建时期的海洋意识②,其在《古代越南的海洋意识》一书中列出的越南使节的诗文集中有 5 部与海洋相关,但并没有具体探讨这些作品中海洋书写的相关细节。本文在前人基础之上,拟全面爬梳阮朝时期越南使臣诗文集中的海洋书写,旨在专门论述阮朝使臣个体的海洋书写类型及美学特征,同时探讨这一现象的内在成因。

## 一 阮朝使节海洋书写的类型

阮朝之前文人对海外重洋的认知有限,阮朝使节提道:"重洋远岛,天外渺茫,固载籍之所不详,而文人之所未曾到者。"③"海为物最钜,东南岛夷以百数。云涛渺茫,因从来绅衿之所未到者。"④ 而阮朝时期越南有众多知名文人被派出使中、法,以及东南亚地区,如李文馥、潘清简、潘辉注等。他们在出行中,除例行朝贡使团因中国制度规定由陆路进关外,出访其他地区多以海路为主,如李文馥"庚寅(1830)春奉派,驶奋鹏、定洋二大船,前往小西洋之英咭唎国明歌镇洋分,操演水师"⑤,"明命辛卯(1831)夏,……驾瑞龙大船,护送失风船官眷陈棨等回福建省"⑥。海上交通丰富了阮朝文人的生活经历及对海洋的认知,他们也将对海洋的观感诉诸笔端。

阮朝使节在出使过程中所书写内容涉及对大海的直观描述及海外生活的观感,并由此涉及对海交、海防问题的思索。笔者据现有文献统计,相关著述有 25 种(3 种已佚),其中涉及中国的 12 种、涉及东南亚的 7 种、涉及欧洲的 6 种。

---

① "使节"一词出现较早,原义为使者出使中所持的符信,作为身份凭证。《周礼·地官·掌节》:"凡邦国之节:山国用虎节,土国用人节,泽国用龙节。"后成为使者的代称,至唐代已成为常见称谓,如唐诗中有"川合东西瞻使节"(杜甫《严中丞枉驾见过》)、"代北偏师衔使节"(李商隐《漫成五章》)等句便提到"使节"。相较于"使臣"多指处理国外邦交的正式职官,"使节"一词有更广泛的指称范围。本文即以"使节"指称阮朝被派驻海外的人员,并分析他们在"洋程效力"中对海洋的书写。

② 于向东:《古代越南的海洋意识》,博士学位论文,厦门大学,2008;于向东:《试析越南阮朝明命帝的海洋意识》,《史学月刊》2015 年第 12 期,第 72~78 页。

③ 潘辉注《〈洋梦集〉跋》,越南汉喃研究院藏抄本。

④ 潘辉注《海程志略》,越南汉喃研究院藏抄本。

⑤ 李文馥:《〈西行见闻纪略〉序》,越南汉喃研究院藏抄本,藏书号 A.243。

⑥ 李文馥:《闽行杂咏》,《越南汉文燕行文献集成》第十二册,复旦大学出版社,2010,第 215 页。

表 1　越南阮朝使节海路出使中著述统计情况

| 序号 | 姓名 | 出行时间 | 目的地 | 事由 | 著作 |
|---|---|---|---|---|---|
| 1 | 郑怀德 | 嘉隆元年(1802) | 中国广东、北京 | 解押海盗、建交 | 《艮斋诗集·观光集》 |
| 2 | 吴仁静 | 嘉隆元年(1802) | 中国广东、北京 | 解押海盗、建交 | 《拾英堂文集》 |
| 3 | 邓文启 | 明命十一年(1830) | 新加坡、印尼雅加达 | 公干 | 《洋行诗集》 |
| 4 | 李文馥 | 明命十一年(1830) | 新嘉波(新加坡)、吗粒呷(马六甲)、槟榔屿(槟城)、孟牙啦(孟加拉国)、明歌(印度加尔各答) | 操演水师 | 《西行诗纪》《西行见闻纪略》) |
| 5 | | 明命十二年(1831) | 中国福建 | 送漂风船 | 《闽行杂咏》 |
| 6 | | 明命十三年(1832) | 吕宋(菲律宾) | 公干 | 《东行诗说草》 |
| 7 | 潘清简 | 明命十一年(1832) | 新加坡、印尼雅加达 | 公干 | 《梁溪诗草·巴陵草》 |
| 8 | 何宗权 | | | | 《梦洋集》 |
| 9 | 李文馥 | 明命十四(1833) | 中国广东 | 送漂风船 | 《粤行吟草》、《澳门志行诗抄》(已佚) |
| 10 | 汝伯仕 | | | | 《粤行杂草编辑》 |
| 11 | 黄炯 | | | | 《粤行吟草》(已佚) |
| 12 | 潘辉注 | 明命十四(1833) | 新加坡、印尼雅加达 | 公干 | 《海程志略》(又名《洋程记见》) |
| 13 | 李文馥 | 明命十五(1834) | 中国广东 | 送漂风船 | 《粤行续吟》 |
| 14 | | 明命十五(1834) | 中国广东 | 解押水匪 | 《三之粤集草》《仙城侣话》 |
| 15 | | 明命十六(1835) | 中国澳门 | 察访漂风船 | 《镜海续吟》 |
| 16 | 高伯适 | 绍治四年(1844) | 江流波 | 公干 | 《高伯适诗集·望洋集》 |
| 17 | 范富庶 | 嗣德四年(1851) | 中国广东 | 送漂风船 | 《蔗园全集·东行诗录》 |
| 18 | 潘清简、范富庶、魏克憻 | 嗣德十三年(1853) | 富浪沙(法国)、衣坡儒(西班牙) | 公干 | 《西浮日记》 |
| 19 | 魏克憻 | | | 公干 | 《如西记》 |
| 20 | 范富庶 | | | 公干 | 《蔗园全集·西浮诗草》 |
| 21 | 邓辉㷸 | 嗣德十八年(1858) | 中国广东 | 公干 | 《东南尽美录》《柏悦集》 |
| 22 | 槲篆、武文豹、阮澄 | 成泰元年(1889) | 富浪沙(法国) | 公干 | 《已丑西行日记》《西行日程演音》 |

续表

| 序号 | 姓名 | 出行时间 | 目的地 | 事由 | 著作 |
|---|---|---|---|---|---|
| 23 | 佚名 | 不详 | 法国 | 参加巴黎博览会 | 《如西洋日程记》 |
| 24 | 武光玙、陈廷量、黄仲敷 | 成泰十二年（1900） | 法国 | 参加巴黎博览会 | 《使西日记》《览西纪略》 |

资料来源：〔越〕阮朝国史馆编《大南实录》，东京：庆应义塾大学语学研究所影印，1961~1981。

  虽然都是由海路出使，但由于出行目的地不同，阮朝使节对海洋书写的内容多寡也明显有差异。由海路出使至中国的越南使节留存文献最多，但记载与海相关的内容最少，如郑怀德《观光集》中仅记录有《过泠汀洋有感》一诗，甚至有些书目中只字不言，如吴仁静的《拾英堂文集》，邓辉𤓪的《东南尽美录》与《柏悦集》。而阮朝使节在出使东南亚及欧洲时，对海及海外异域生活的关注要明显多于对中国的关注。其原因在于越南长期承继中国历史文化，越南文人对中国政治历史、人物风情已经非常熟悉。中越共同汉字作为书写方式，也利于这些使节与中国文人之间的互动。因而在他们所留存的出使中国时创作的文献大部分内容是与中国文人的诗文应酬之作。19世纪以前，越南统治者实行海禁政策，越南有限的海洋活动都局限在近海。由于之前越南文人对东南亚及欧洲认知较少，阮朝使节才下笔详尽描绘出使过程中对这些"海外异域"的观感。

  虽然越南留存古籍中专门论述海洋的书籍很少，但越南文人诗文集中仍常见有关海洋描写的诗文，如西山朝知名文人吴时任的诗句"海上寒风萧瑟，闷倚篷窗度日"（《八月忌感怀》）、"汐水新归海，朝阳始上枝"（《晨起即事》）等[1]。阮朝使节笔下的海洋描写反映出越南文人对海洋新的认知和生命体验，如何宗权所云："乾坤露端倪，见闻异畴昔。"（《出洋》），何氏自注曰："洋行时，耳目之观，山奔海立，沙走风狂，岩栖岸泊，云烟花鸟与夫洋藩风物。"[2] 从书写主题类型来看，阮朝使节对海洋的书写主要涉及写实性海洋景观、滨港海湾生活、海外异域文化、海神信仰四个方面。

  1. 恢宏壮阔的写实性海洋景观书写

  19世纪以前的越南文人对海洋的书写都是远观与想象，如西山朝吴时任"海

---

[1] 吴时任：《水云闲咏》，《吴时任全集》（一），越南社会科学出版社，2005。

[2] 何宗权：《洋梦集》，越南汉喃研究院藏抄本，藏书号 VHc. 2634。

面平分千里月，天心静悟一声雷"（《和之美氏喜雨之作》），阮偡"藏岸望无际，含秋碧万寻。沧茫浮岛屿，掩映弄情阴"（《濠门望海》）。① 这些海洋的远观图景与阮朝亲历海洋的使节笔下的海洋完全不同。潘清简的《出洋》：

> 共涛拍岸来，势若倾亘华。乘风一解缆，直似泻峡下。
> 倒看沙上树，夕阳千枝亚。一抹走沙堆，几点落茅舍。
> 沧溟何颎洞，激浪忽如破。中流怳回望，群山向水卧。②

　　诗中描绘了从船上看到的海涛拍岸，沙堆茅舍的景象，所绘景象是非常具体细致的近景图。再如何宗权："岸浮树色依山远，港引江山到海斜。绮陌有楼皆傍水，雪衣无客不登车。"（《记景二律》）也写从船上看到的岸上树木、远山、房舍之景。这些使节由海路出发，船行海上，从海上观海与陆上观海的感受和体悟是不同的。在他们笔下，海洋已不是前朝文人笔下的"背景图"，而是真切的立体画。他们真实描绘出大海的本相，即宁静温馨与狂躁暴怒的结合体，如何宗权在《洋梦集》里写道："巨浪掀天助，狂风卷地声。雨昏舟一叶，灯乱夜三更。"（《暴风》）这些诗文赋予了海洋双重本质，是对海洋写实性的描写刻画。

　　2. 温馨旖旎的滨港海湾生活书写

　　由于海岸线曲折蜿蜒，越南与海洋相连接的陆地沿岸面临或拥有许多大大小小的海湾，如北部湾、泰国湾、下龙湾、拜子龙湾、陆门湾等。越南使节海洋书写中有许多关于海湾渔民生活场景的描写，如潘清简"潮至归舟归，沿沙唤买鱼"（《长景海湾》）、"客舟无数泊湾隈"《长景海湾竹枝词》（其二）等。而一些未曾远洋的使节也对海湾生活有所描绘，如阮思僩的《再游顺安》：

> 海门重到月重圆，水色涛声尚俨然。鲑菜频烦求海市，椰林依旧泊篷船。
> 鲸鲵筑观神仍王，篷岛浮家梦亦仙。多谢渔翁莫嫌客，贪看白鸟过前川。③

---

① 阮偡：《华程消遣集》，《越南汉文燕行文献集成》（越南所藏编），第八册，复旦大学出版社，2010，第 175 页。
② 潘清简：《巴陵草》，《梁溪诗草》，越南汉喃研究院藏抄本，藏书号 VHv151。
③ 阮思僩：《雪樵吟草》，《石农全集》，越南汉喃研究院藏抄本，藏书号 Vhv.1389。

诗人在诗中描绘出越南人的海滨生活场景，海涛、椰林、篷船、渔翁、白鸟构成美丽的海湾景色，"蟹黄椰白"是海滨生活中独特的风情。诗中就记载了与海滨生活息息相关的海市，时至今日越南"海上集市"仍然存在，在海滨常可见划着船卖商品的船家。

与海滨生活相关的还有渔家生活，如阮思僩《行里和道中，至跳石海岸》："傍海岩石最高处，晚潮及其半。有渔子蓑笠垂钓其上。渺渺烟波，夕阳明灭。对此宛逼画景。"① 阮朝使节笔下的渔家滨海生活方式都与海潮、鱼、舟密不可分，带有深厚的越南民众海湾生活气息。

3. 色彩斑斓的海外异域文化书写

越南没有哪个朝代像阮朝那样频繁与东南亚各国交流。越南阮朝外交使臣都有着丰富的外交经验，其中一部分使节还出使多个国家，如既担任如清使又作为越南代表频繁处理越南涉南洋事务的潘清简、李文馥、潘辉注、邓文启等人。他们亦记录下丰富的各国情形，如邓文启《洋程诗集》对南洋人物的描写，"多有赤发黄睛，白肤长鼻，以至饮食器用衣服，大抵与红毛相类"。潘清简前往东南亚公干时的记录《巴陵草》中，有多首关于新嘉波（新加坡）的诗文，并涉及溢素、江流波等国。如在《新嘉波开船从下寮港取溢素往江流波》中写道："嘉波风物游观饱，笑剪吧陵鸡舌香"。他所谓"观饱"的新加坡风物在其《新嘉波竹枝词》中都有所体现：

> 嘉波屿上铺层层，嘉波屿下水澄澄。墨脸送来小蚪鼍，俱真真到及肥槽。
> 肥槽来货更如何，若还要往江流波。流波沙糖最轻贱，此处沙糖多暹罗。
> 暹罗清客满前滩，黑蛭红灰蚪鼍搬。会使蚪鼍阇闾子，张帆笑傲轻波澜。
> 波澜丛里插巢窠，每日溪头拜日华。阇巴茴长腰围阔，坐与红毛新嘉波。
> 珠车白马满街衢，学户银墙处处楼。青睛剌鼻风流甚，亲拥金眸夜出游。②

其中还有一些涉及下南洋的中国人，如《凤山馆咏美人蕉》诗下题注云："馆系福建商所建，奉清元真君姓岑。"《谒明诚书院》下注云："在观音亭前，前有金德院，奉佛书院。清康熙年间甲必丹大林市老建。"有的记录在东南亚地区的欧洲

---

① 阮思僩：《雪樵吟草》，《石农全集》，越南汉喃研究院藏抄本，藏书号 Vhv. 1389。
② 潘清简：《巴陵草》，《梁溪诗草》，越南汉喃研究院藏印本，藏书号 VHv. 151。

人的习俗："船到港发炮，汛上把水即差小蚪舟往船问明来历。洋人呼本国为俱真真，呼船长为及肥橹，呼小舟为蚪鬣及肥橹。"(《新嘉波竹枝词》)① 可见，东南亚各国已是各国人员交汇之地。

潘清简等在《西浮日记》中记录出使欧洲途中所经诸国的风土人情，如写登陆"须油姑"时所见普通民众的服饰及装束："长衣广袖，两腋下连缝，留二寸许。裙用大围布帛，近两胫分折之，纳袜中。下着油赤漆皮鞋。妇人上衫下裳，领雕绿肥纹，如男子须。手腕或刻文痕，指甲染赤色。足是鞋袜路行，用布或缯彩，自颈至足覆之。当额前结金银或铜管，一如小指大。长及鼻梁，乃以一片绢，横四五寸，顶金管，下垂过膝。独赤羽丝冠，上下通用之。"② 在阮朝使节笔下，海外生活有着不同于本国的异域风情。

4. 神秘厚重的海神信仰书写

千百年来，人们都对海洋怀着敬畏之心，出海期间都希望能得到海神的庇佑。越南有众多的海神信仰，其中包括一些占婆海神，如压浪真人、天依阿那女神、玉鲮尊神等③。阮朝使节乘船出使时，也将所遇一系列的海神信仰诉诸笔端，如汝伯仕《派员祭南海神文》记载出发前祭祀海神："大海有四，南为最名。泽之所及，溥润群生。……泛泛帆樯，指发洋程。奕奕庙门，爰陈悃诚。尚克相之，锡以安平。瞬息千里，风顺烟晴。往无不利，尚乎有成。俾我皇仁，洋溢寰瀛。"又提及船员开船上香以求庇佑的天后信仰："鳌鲸沉海藏，到处迓明昌。海道皆王道，神威是国威。"(《题船上祀天后所》)④ 李文馥西行途经明歌港遇骤风，后撰文记载祷天后保佑之事："辰巳薄暮，忽狂风骤至。收帆弗及，船身偏侧，几覆此。再撞岸。幽幽异域，与死为邻。只得于船上所设天后神位，磕头哭祷。俄而帆裂，船复平。"⑤ 他们还关注沿途诸多的海神信仰，如范富庶在《过七洲》题下注云："相传古者七州居民，一夕陷而为海。凡过此，必东牲送筏致祭。"⑥

越南使节在远涉重洋的过程中常身陷危险境地，正如李文馥所言："途间经

① 李文馥：《西行诗记》，越南汉喃研究院藏抄本，藏书号 VHc. 2603。
② 潘清简、范富庶、魏克憻：《西浮日记》，越南汉喃研究院藏抄本，藏书号 VHc. 370。
③ 牛军凯：《神灵助战与神灵演变——试论"征占"与越南海神的关系》，李庆新主编《东亚海域交流与南中国海洋开发》，科学出版社，2017。
④ 汝伯仕：《粤行杂草编辑》，《越南汉文燕行文献集成》第十三册，复旦大学出版社，2010，第130页。
⑤ 李文馥：《西行诗记》，越南汉喃研究院藏抄本，藏书号 VHc. 2603。
⑥ 范富庶：《东行诗录》，《蔗园全集》，越南汉喃研究院藏印本，藏书号 VHc. 2692。

历，为我涛频殆者屡矣，卒乃保无恙以归，皆是匪夷所思。"① 因此，他们认为冥冥中也只有凭借海神的庇佑才能转危为安，海神信仰也融入对出使过程的记录书写中。

19世纪阮朝使节的远洋经历丰富了他们创作的题材，他们笔下对海洋的描绘一扫前朝文人远景观望式的书写。他们所书写的海洋是多元立体的，既有对海洋景观真实细致的描绘，也有对沿途各国异域风情的真实展现。这些关于海洋的诗文，展现出海洋的自然、人文两重景观，它们也成为越南古人对海洋文化认知的宝贵资料。

## 二　阮朝使节海洋书写的美学特征

阮朝使节对海洋的书写既有波涛、沙滩、海岛、云霞等自然景观，也有海滨渔村、海外风情等人文景观。他们在对海洋予以直观化描写的同时，又对其进行文人化的审美，并将之转化为文字。19世纪阮朝使节关于海洋的书写经过沉淀，经后世文人承继，逐渐转化为越南民族文学传统中的一部分。

其一，以海寓目观景，书写独特的海洋美学意象。

一是恢宏壮阔之美。海洋博大宽广、波澜壮阔，具有崇高性、庄严性和永恒性的美学特征。阮朝使节舟行海上，也常感慨于海之恢宏，如李文馥诗曰："巨浪引长风，滔滔息无穷。船孤□月上，云宿片帆中。"（《舟中咏五七言各一首》）②

二是清丽平和之美。范富庶在《海中吟》写大海风平浪静之时，月色与云霞交替的美景："帆方风自正，天阔海俱圆。灏气浮寥泬，奇观合万千。"李文馥的《晨过海南洋分》写道："白滚云浮封远岛，红添水照漾朝霞。""回望渔舟何处是，声声天外似闻筎。"③ 风和日丽，白云与红霞交相变幻，大海展现出的是一种静谧平和之美。

三是变幻莫测之美。海洋具有自由奔放和生命激昂的大境界之美。大海瞬息万变。"月落海气昏，骤雨如倾盆。天清波浪静，月魄皓无痕。"（何宗权《风月短歌》）④ "风撞雨撼声声断，夜静波澄步步新。一色水天刚得月，万重沙碛已得

① 李文馥：《西行诗记》，越南汉喃研究院藏抄本，藏书号 VHc. 2603。
② 李文馥：《东行诗说草》，越南汉喃研究院藏抄本，藏书号 VHc. 2603。
③ 李文馥：《镜海续吟草》，《越南汉文燕行文献集成》（越南所藏编），第十四册，复旦大学出版社，2010，第10页。
④ 何宗权：《洋梦集》，越南汉喃研究院藏抄本，藏书号 VHc. 2634。

人。"（李文馥《海上中秋》）①

其二，以海承载人文，构建丰富的海洋美学意境。

在中国古代文学中，其实不乏对海洋的感知与想象，既有"海客谈瀛洲"的缥缈玄想，也有"东临碣石，以观沧海"的恢宏气魄。然而，"海"仅仅是中国古代文学中的一种意象，文人以陆地为中心的观念限制了他们对海洋的理解和书写，"四海"不过是中土文化的一种点缀与遐想。越南文人承继中国传统文化，在以"大陆"为中心的传统文化心理和认知结构中，海洋只是一个边缘性的存在。

直至 19 世纪，阮朝处于动荡激越的历史变迁与时代转型的背景之下，法国的势力打破了越南传统的思维，迫使有识之士重新审视自己所处的状况。阮朝使节笔下的有关海洋的书写也承载着历史的变迁，如郑怀德《过泠汀洋有感》："赵尉来时南气王，文山过后宋图空。无穷岳渎兴亡感，涛泣波号五夜风。"② 海洋赋予越南文人新的视角以书写人生际遇、历史兴亡的感叹。

其三，以海寄情养性，抒写天人合一的宇宙美学。

如阮思僩的《观海五首》，"人生不到海，万象真窥天"；"神仙何有无，谁非大海中。徐福去不返，毋乃真途穷"；"举目即江海，一去无古今。万理盈虚中，览之获我心"。又如何宗权所吟："不见沧海大，安知造化深。波涛观水性，忧患识人心。"（《洋梦集·示同舟潘契台》）诗人的海洋书写，渗透出历史的沉重，这是对人类欲望的反思与批判。

19 世纪，越南正值封建王朝末世，又逢内外交困。一些被派往"洋程效力"的人员多是被贬谪人员，《大南实录》中有许多记载，如汝伯仕"坐事落职，派从如广东效力"③；李文馥"坐事削职，从派员之小西洋效力，又之新嘉波，寻开复内务府司务管定洋船如吕宋、广东公干"④；黄炯"初被谪如东，与粤东墨池刘文兰、钱塘莲仙、本国人李文馥结为'群英会'，往复篇章，今有《中外群英会诗集》行世"⑤。

---

① 李文馥：《西行诗记》，越南汉喃研究院藏抄本，藏书号 VHc. 2603。
② 郑怀德：《艮斋观光集》，越南所藏编《越南汉文燕行文献集成》（第 8 册），复旦大学出版社，2010，第 280 页。
③ 阮朝国史馆：《大南正编列传二集》，《大南实录·二十》，庆应义塾大学语学研究所，1981，第 7911（323）页。
④ 阮朝国史馆：《大南正编列传二集》，《大南实录·二十》，庆应义塾大学语学研究所，1981，第 7862（274）页。
⑤ 阮朝国史馆：《大南正编列传二集》，《大南实录·二十》，庆应义塾大学语学研究所，1981，第 7794（206）页。

人生困顿，仕途羁绊，当他们面对一望无垠、浩瀚的大海时，更加深对人生的思考。潘清简在为何宗权所作《洋梦集》作跋语时称大海为"其不得已而有所寄托者"①，"洋梦"正是诗人在远洋中通过诗文来寄情寓意的方式。他们通过观海慰藉心灵、寄托情怀，如阮思僩的诗："树木何佳哉，波涛激其隈。独望还独坐，清风吹我怀。"（《游海滨七绝》其二）又通过观海发古今之思，探寻人生意义，如其《海滨月色》：

鲛室龙宫白玉楼，水天一色夜如秋。照人涛碎空中镜，载月云为海底舟。杳杳关山唯顾影，滔滔今古一临流。可怜岛屿微明处，并作烟波万里愁。②

诗人面对着海天一色、明月如镜的场景，生发出一种"万里愁"，所谓"海上生明月，天涯共此时"。"桑蓬曾是到山陬，又逐长风作海游。半枕波涛醒旅梦，扁舟天地荡春愁。"（何宗权《漫成》）"愁"也同样体现在其他文人的涉洋诗文书写中，如潘清简的《偶兴》：

沱灢湾头绿似苔，茶山烟蔼合三台。渔榔敲满寒潭月，橹管吹团野寺梅。兰枕夜潮呼梦起。一帘疏雨送愁来。片云去往浑无定，不敢重登奠海台。

"愁"与"梦"交相出现，何宗权以"洋梦"为诗集之名，在其诗中常出现"梦"字，如："西瀛极目渺无涯，往事悠悠梦几回？玛窦遗坟无客吊，郑和旧路有谁来。"（《洋望》）阮朝文人远赴重洋，思乡恋国之情在山川异域带来的困顿中越发浓烈，正如吴世荣所称："天长路远，恋君慕母，既足以动伤心，况其风帆之阻顺，昼夜之雨晴，波浪之乍起乍平，舟楫之倏危倏安。"（《洋梦诗集序》）无垠的大海更能触动文人之思，这不仅体现为诗人对出行在外的乡愁的书写，也引发诗人们对时空与人生意义的思考。

相较于19世纪之前越南文人对海洋边缘性的书写，阮朝使节的海洋书写真实再现了海洋的美学特征，丰富了越南海洋审美意象。海洋及异域书写成为越南文人

① 潘清简：《梁溪诗草》，越南汉喃研究院藏印本，藏书号 VHv.151。
② 阮思僩：《南行前集》，《石农全集》，越南汉喃研究院藏抄本，藏书号 VHv.1389。

开眼看世界的一扇窗，潘辉注就曾感言："游咏于重洋云水间，浏览异域，开阔遐思，诚亦晚程之一幸也。"①

## 三　阮朝使节海洋书写盛行之因

越南陆地临海，先民在陆地生存的自然环境与海洋密切相关，"盖大越国土，总是一山曲折起伏于巨洋中，或向或背，皆依山傍海而为都邑"②。至阮朝时期，越南领土地形狭长，海岸线很长。在民族起源上，越南"龙种仙裔"的传说也直承海洋文化。泾阳王娶洞庭君龙王女生百子，一半归海一半归陆，"百男乃百越之始祖"，从其民族来源传说可以看出越南是"百越"的一支。古代越文化带有明显的水文化特征，《淮南子·齐俗训》云："胡人便于马，越人便于舟。"现存先秦民歌《越人歌》曰："今夕何夕兮，搴舟中流。今日何日兮，得与王子同舟。"女子泛舟所唱的情歌便展示出越人很早就有成熟的造船技巧。根据"考古发现，生活在东南沿海'饭稻羹鱼'的古越人，在六七千年前即敢于以轻舟渡海；河姆渡文化遗址出土的木桨、陶舟模型与许多鲸鱼、鲨鱼的骨骼，都表现了海洋文明的特征"③。作为临海国，越南也有众多的海洋神话，如《越甸幽灵集》《岭南摭怪》所载的鱼蛟、山精与水精之战等。

然而，越南临海的地域特征、民族的海洋性质并没有形成丰富的海洋文化。此前，于向东在研究越南古代的海洋意识时就指出，越南古代海洋"著述不够丰富，专门记载海洋的著述出现很晚，数量有限，内容相对单薄。涉及海洋的各种著述虽然不少，出现也较早，但其中论及海洋活动、反映海洋意识的内容所占篇幅极少"④。他认为，其主要原因在于越南一直持守农耕文化，海洋观念比较淡薄，封建王朝的海禁政策严格。据现有文献记载，阮朝之前文人关于海洋的书写，仅见于官修正史及地方方志中关于政治、地理的记载，如《钦定大南会典事例》中有关海防与巡洋的记载，黎贵惇《抚边杂录》中关于沿海地形地貌海产的记述等。然至 19 世纪的阮朝，越南使节关于海洋的书写相较于前朝却呈一定的蓬勃之势。其原因不仅在于 19 世纪阮朝海上交通的通畅，还在于与海路相关的更深层次的政治、

---

① 潘辉注《〈海程志略〉引》，越南汉喃研究院藏书，藏书 VHv. 2656。
② 释大汕著，余思黎、谢方点校《海外纪事》，中华书局，1987，第 67 页。
③ 史式、黄大受：《重写中华古史建议书》，《文史杂志》1999 年第 2 期，第 76 页。
④ 于向东：《古代越南的海洋意识》，博士学位论文，厦门大学，2008，第 64 页。

经济、文化因素。

首先，阮朝统治者重视海洋地位，此举为阮朝使节的海洋书写提供政治保障。

虽然阮朝的统治者也实行海禁政策，如阮文超在《海防节考》一文中云："我大越嗣德初年，钦奉宸断，罢如西禁与交易，而广南之茶山屿，洋夷虽屡求请设庯，禁绝不与。"① 但他们比越南历史上其他的君主都更具有海洋意识，推行海外贸易、训练水师航海技术和作战能力等一系列的海洋活动。黎阮纷争之际，西山崛起，阮朝远涉重洋至法国寻求政治帮助。可以说阮朝借助"海外力量"立国。他们深深认识到海洋无论在政治外交还是军备防御中都起到举足轻重的作用，因而积极开展海上外交、丰富海军装备等活动。陈荆和统计，18 世纪阮朝立国，海外交往共遣官员 6 次，19 世纪遣使 35 次。明命时期，几乎每年都派遣官员前往下洲和小西洋等地，于向东统计共遣官员 21 次，82 人次。绍治时期，向海外遣使 4 次②。正是阮朝当政者对海洋外交、军备予以重视，才频繁派遣使者远洋，阮朝文人才得以有机会接触海洋与异域。

其次，19 世纪阮朝航海业的发展为阮朝使节海洋书写提供物质基础。

一个国家的海上实力强弱无疑会在船舶上有直接的体现，航程的远近也取决于船只的坚韧程度。阮朝时期造船业发展迅速，所造船只规模已足以支持"远洋"长期航行。越南使节出行时乘坐多艘大船，如"奋鹏"号、"定洋"号、"威凤"号、"瑞龙"号、"灵凤"号、"清洋"号、"定洋"号、"平洋"号等。这些船只基本上都是船身坚固、性能良好的"裹铜船"。越南文人笔记中有记载："言乎规式，则四围铁片包裹甚坚，船心数层列板甚密，船面则两边铁窗甚劲。船身内外又用药粉以防水虫。其坚固有如此者。"又曰："海行所畏者风涛，所最畏者雾耳。自水火代帆楫以来，运用机器，操纵由人。海行固已如履平地。"③ 阮朝使节曾对这些船有详细描述，如潘清简、范富庶、魏克憻被派往欧洲出使时的记录："这船身裹铁。长十五丈，横二丈，深三丈余。列板四层。中、前、后三桅，烟筒二件。双轮向外，中设高机。"④ 阮朝"裹铜船"的坚固性在使节出使中也得到验证，李文馥出使欧洲时，途经鸡滩，遇大风，"洋船帆柱为风所折，避地修补。惟奋鹏船

① 阮文超：《方亭随笔录》，越南汉喃研究院藏抄本，藏书号 A.187。
② 于向东：《古代越南的海洋意识》，博士学位论文，厦门大学，2008，第 158~161 页。
③ 黎文敔《附槎小说》，越南汉喃研究院藏抄本，藏书号 VHv.1881。
④ 潘清简、范富庶、魏克憻：《西浮日记》，越南汉喃研究院藏抄本，藏书号 VHc.370。

独进"①。同时，阮朝航海技术也比前朝明显提升。阮朝远洋船员开始利用欧洲先进的航海术，如何宗权称"船有西洋量文君，舟行测水志验"②。这些船舶与航海术的发展，使越南使节比前朝文人具备了"开眼看世界"的先决条件。

最后，海外殖民势力对越南文人海洋书写产生思想上的影响。

阮朝使节多是当时知名文人政客，他们常关注国家的形势变化。一些未出洋的使节，在法国的坚船利炮的进逼之下，也开始思考海防问题。

一方面，他们依据历史现实提出有关海防的政见，如阮文超撰《四海考说》《海防节考》《香澳形式》等多篇文章专门论述越南至中国沿海的海防形式。如他在《天下东南沿海形势备录》一文中提到葡萄牙侵占澳门的形势："洋夷改岁课输地租五百两。遂于沿澳筑河一带为限，置夷兵司夜禁察漏税，将澳内屋地租与在澳商民，每岁输租，其利甚倍。西及青州，多置别业，高建炮台，隐然敌国。香港夷永为粤海患者，由此始。"在《海防节考》中提到中国海防之弊："考之历代，汉唐以前，未闻有海防者，以沿海民只事鱼盐为利。明以后，番舶之利，与汉民交通。一旦因利成变，则汉民又为之阴援者多方。何海防之可取也？"③

另一方面，他们还积极将中国海防类书籍引入越南，如邓辉焯于嗣德二十二年（1869）重印明代李盘所著有关海上舟战术的《金汤十二筹》。此外，他们还产生了关于海域及海岛的朦胧的主权意识，如潘辉注在其所著《历朝宪章类志·舆地志》中已经关注越南中部近海海域和沿岸沙洲岛屿的相关问题。如提到义江县时称其"又有海外岛屿，景物秀丽，奇珍异物多于此处"。并交代平阳县安永社近海海外之东北岛屿与物产情况，也关注到海寇扰边的情况，如讨论黎莫纷争中"莫兵越海入寇清华诸道"之事。

阮朝自嘉隆帝借助法国势力立国时，便意识到西方坚船利炮的威力，这也让随后的明命、嗣德等帝王坚定发展海上势力的决心。阮朝结束长期的南北纷争，平定西山势力，虽然王朝内部仍有各种矛盾，但大一统的局面下人民安定，经济有所好转。正是由于阮朝政治、经济上的发展，阮朝使节才得以接触到海外广阔的天地，而当时法国日渐紧张的政治形势，又令他们密切关注海防及领土安全问题。这都促使阮朝使节对海洋予以关注并进行书写。

---

① 李文馥：《西行诗记》，越南汉喃研究院藏抄本，藏书号 VHc. 2603。
② 何宗权：《洋梦集》，越南汉喃研究院藏抄本，藏书号 VHc. 2634。
③ 阮文超：《方亭随笔录》，越南汉喃研究院藏抄本，藏书号 A. 187。

# 结　语

　　19 世纪的越南阮朝借助"海上"军事力量立国，又由此为"海上"殖民势力所左右。阮朝统治者比前朝统治者更具有海洋意识，更重视海防、海外交往。阮朝航海事业的发展为阮朝使节海洋书写奠定了现实基础。而阮朝使节对海洋的歌咏，则体现了文人由海洋的博大而触发的观感思考。19 世纪，越南的文人思想也处于"西学东渐"阶段，这些也直接反映在越南文人对海洋的关注与认识上。阮朝使节对海洋问题的研究，则是新形势下为了"攘外安内"提出的政治见解与对策。19 世纪阮朝使节对海洋的书写展现出海洋独特的美学特征，弥补了越南封建时期文人对海洋认识的缺憾；他们对海防的关注则是阮朝文人对当时社会政治密切关注的直观呈现。

站在纽约大都会艺术博物馆楼顶远眺

学海撷珍

《中国与域外》第五辑（2023.06）第 297~315 页

# 中国学界新罗史研究综述（2000~2020）

蒋雪楠[*]

新罗公元前 1 世纪兴起于朝鲜半岛东南部，7 世纪中叶统一朝鲜半岛大同江以南地区，在东亚关系史上具有重要地位。[①] 21 世纪以来，中韩学者及日本学者围绕新罗史一直在进行不断的探索，并积累了丰硕的成果。综观国内学者的研究动态，多年来对新罗史的研究多从新罗的政治外交与文化交流出发，其中又以从各个角度切入的唐罗关系研究为中心。伴随着近年来考古及碑刻墓志的发现，研究内容也逐渐由浅入深、由粗到细。本文拟对 21 世纪以来中国学界的新罗史成果做一回顾与总结，以供学界参考。

## 一 新罗政治史研究

新罗史可视作韩国"国史"，韩国学者的新罗史研究历程远远早于中国学者，但作为后起之秀，国内近年来也开启了新罗本体史研究的步伐。综观过去 20 余年大陆学界的研究成果，目前虽未出现新罗史专著，但已经集中出现了关于民族起源、律令官制及其影响的新罗史论文。

关于新罗初期发展及起源问题。孙泓的《新罗起源考》，对中韩诸多史料如《梁书》《北史》《隋书》《南史》《三国史记》《三国遗事》等进行细致而严谨的分析判断并吸收以往学者的研究成果，一方面否定了新罗起源的诸多错误说法，另一方面论证最初形成的新罗民族是以韩人为主体，吸收了多批移民，如古朝鲜移

---

* 蒋雪楠，陕西师范大学历史文化学院、韩国忠南大学硕士生。

① 王小甫：《唐朝与新罗关系史论——兼论统一新罗在东亚世界中的地位》，荣新江主编《唐研究》第六卷，北京大学出版社，2000，第 155~171 页。学界对于 2006 年以前新罗史的研究综述，参阅朱甫暾撰《新罗史研究 50 年的成果和展望》，拜根兴译，《陕西师范大学继续教育学报》2006 年第 3 期。

民、乐浪郡移民、秦移民融合而成。① 而苗威的《"辰韩六部"与新罗的早期历史探析》则主要探索新罗早期历史，以《三国史记》中关于新罗"六部"的记载为导引，探究新罗早期六部制度与十七官阶制度出现的时间，与《三国史记》中的记载和以往的学者观点不同的是，是书作者认为六部出现的时间可以追溯到 3 世纪左右，并在此之后新罗的建国神话开始形成。② 苗威《论辰韩的民族构成》一文，在探析辰韩六部的基础之上进一步回答了辰韩的民族构成问题，否认了《三国史记》对新罗诸大姓氏源于外来民族的暗指，肯定了新罗早期的六部应是在辰韩六部的基础之上转化而来的观点。③

对于新罗的律令官制问题。有高福顺的《新罗初期官职考论——以〈三国史记〉记载为中心》④ 和李宗勋、高在辉的《试析新罗封建律令制的特色——兼论唐朝、日本相比较》⑤。高福顺在其文中指出《三国史记》与中国史书《梁书》《隋书》中记载的关于新罗十七等官制的形成时间有所偏差，并得出金富轼《三国史记》于儒理尼师今九年记载的新罗初期十七官等官制体系并非新罗初期官制的实态的结论，新罗初期仅为八官制（伊伐餐、波珍　餐、阿餐、伊尺餐、一吉餐、级伐餐、沙餐、奈麻等），而随着新罗社会的发展，官制不断嬗变增加至十七官。李宗勋、高在辉则围绕受到唐朝影响的新罗建立的独具特色的律令制度进行分析，全文分为以"执事部"为核心的新罗中央政治体制特点、以"九州五小京制"为核心的新罗地方制度特点、以"幢""停"为主的新罗封建律令军制特点三个中心点，描述新罗是如何在吸取唐制的基础上建立自己独特的律令体系，并推动国家社会显著发展建立中央集权封建制国家，进而促进以唐为中心的东亚文化圈的形成的。另杨军通过剖析中韩现存史书，将新罗州的性质变化过程分四个阶段，并对新罗的州如何从军政合一的地方机构转化为新罗地方最高行政机构这一过程进行具体论证。⑥

新罗给朝鲜半岛和整个东亚地区带来的影响不容小觑。曹中屏在《统一新罗在韩民族发展史上的地位》中分析各个政权在韩民族形成过程中的不同作用，通

① 孙泓：《新罗起源考》，《朝鲜·韩国历史研究》总第十二辑，延边大学出版社，2012。
② 苗威：《"辰韩六部"与新罗的早期历史探析》，《朝鲜·韩国历史研究》总第十二辑，延边大学出版社，2012。
③ 苗威：《论辰韩的民族构成》，《社会科学战线》2014 年第 3 期。
④ 高福顺：《新罗初期官制考论——以〈三国史记〉记载为中心》，《延边大学学报》（社会科学版）2019 年第 1 期。
⑤ 李宗勋、高在辉：《试析新罗封建律令制的特色——兼与唐朝、日本相比较》，《东疆学刊》2011 年第 1 期。
⑥ 杨军：《略说新罗的州》，《欧亚学刊》2015 年第 2 期。

过梳理朝鲜半岛地区政权演变过程和分辨"民族"与"韩民族"的界限，曹中屏指出三国时期到统一新罗时期，佛教、儒教的传入与本土化发展很大程度上加速了民族融合，但民族共同体意识的形成则要延伸到王氏高丽时期。① 王霞《试论八世纪前半叶新罗在东北亚的地位》从唐朝的新罗观的角度，借助唐与日本的地位对比的分析，认为 8 世纪前半叶新罗在东北亚占有举足轻重的地位。尽管不能说有唐一代新罗的国际地位一直凌驾于日本之上，但至少 8 世纪前半叶，在新罗与唐交涉的"蜜月期"，新罗在东北亚具有优势地位。② 王东福的《统一新罗的出现对公元 7-9 世纪东北亚国际秩序的影响》提出统一新罗的出现首先结束了东北亚和战无序的局面，并使得朝鲜半岛的统一民族形成成为现实，对于朝鲜半岛和东亚都是具有重大意义的大事件。③

综上，我们不难看出中国新罗史学界的研究的漏洞。近 20 年来，学界对新罗政治史的研究存在较大缺陷，从现有研究成果看，已有研究方向仅涉及新罗史研究的几个侧面，而对于一个民族政治史的核心如王权更替、王族内部统治以及阶级斗争等问题的研究欠佳，这是需要我们深刻反思的。与此同时，我们也不能全盘否定这些劳动果实，相比于 21 世纪以前的新罗史研究，近年来我们开创了许多先河，涉及了许多以前从未涉猎过的层面，开始了投身于新罗政治的探索的阶段，这同样是值得肯定的。

## 二　新罗外交史研究

中国学界到目前为止对于新罗史的探究主要停留在新罗政治外交与文化交流上，在中外关系史领域形成特色。唐朝自建立以来几乎始终以宗主国的身份存在于东亚世界中，新罗、百济、倭国等周边政权亦深受唐朝的影响，近年来国内学界唐史、韩国史及中外关系史学者纷纷将目光集中在唐罗关系上。任何两个民族的关系都不是一成不变，唐与新罗的关系演变亦充斥着和平与冲突。

拜根兴的《七世纪中叶唐与新罗关系研究》④ 一书首先以中韩史料为依据描绘

---

① 曹中屏：《统一新罗在韩民族发展史上的地位》，《朝鲜·韩国历史研究》总第十辑，延边大学出版社，2009。
② 王霞：《试论八世纪前半叶新罗在东北亚的地位》，《北华大学学报》（社会科学版）2010 年第 1 期。
③ 王东福：《统一新罗的出现对公元 7~9 世纪东北亚国际秩序的影响》，《东疆学刊》2000 年第 3 期。
④ 拜根兴：《七世纪中叶唐与新罗关系研究》，中国社会科学出版社，2003。

新罗真德王与文武王时期与唐朝的交流情状，另采用更大篇幅对在唐罗交往中产生重大影响的金仁问、苏定方、刘仁愿、薛仁贵等人的生平进行细致考据，填补了中韩关系史，尤其是唐罗关系史的部分空缺。在这不久之后出版的《石刻墓志与唐代东亚交流研究》则探究新出土墓志对古代中韩文化交流做出的贡献，对墓志文中被学界忽视的问题做深入分析。① 姜清波在论著《入唐三韩人研究》中较为全面地概述了新罗入唐使者、质子、留学宿卫等相关问题。② 专题论文集《盛唐时代与东北亚政局》中王小甫与熊义民分别就唐罗关系及唐日外交展开讨论。③ 王仲殊在《古代中国与日本及朝鲜半岛诸国的关系》中以一个宏观的视角介绍了新罗自建立之后的发展历程，充分利用了朝鲜半岛地区考古资料，以此为基础判定古代中日韩关系的演变。④ 除此之外，学界涉及新罗或唐罗关系的论著更多是从整个东亚视角或整个中国与朝鲜半岛关系的角度出发，书中往往有一章或一节对此类问题有所涉猎，如《中国与朝鲜半岛关系史论》《中国文化对日韩越的影响》《东亚世界形成史论》《4—6 世纪朝鲜半岛研究》等。⑤ 党银平的《唐与新罗文化关系研究》⑥、拜根兴的《唐朝与新罗关系史论》⑦ 等论著则以唐罗关系为核心问题展开分析。

在著书之外，也有大量文章探析唐罗关系。王小甫的《新罗北界与唐朝辽东》一文解决了为何统一新罗北部边界长期保持在从大同江界到江原道德源附近的问题，得出新罗在统一三韩之后并无意北上占据非三韩的高句丽故地的结论。⑧ 王霞、拜根兴的《新罗圣德王实施亲唐政策始末》探讨了唐罗战争之后的圣德王时期，新罗对唐策略转向积极的一面的原因、表现及作用。⑨ 拜根兴的《朝鲜半岛现存金石碑志与古代中韩交往——以唐与新罗关系为中心》，统筹过往对朝鲜金石文的研究成果，帮助学界更全面掌握朝鲜金石文信息与动态，另通过现存于朝鲜半岛

① 拜根兴：《石刻墓志与唐代东亚交流研究》，科学出版社，2015。
② 姜清波：《入唐三韩人研究》，暨南大学出版社，2010。
③ 王小甫：《盛唐时代与东北亚政局》，上海辞书出版社，2003。
④ 王仲殊：《古代中国与日本及朝鲜半岛诸国的关系》，中国社会科学出版社，2013。
⑤ 杨军：《中国与朝鲜半岛关系史论》，社会科学文献出版社，2006；《4—6 世纪朝鲜半岛研究》，吉林大学出版社，2015。朱云影：《中国文化对日韩越的影响》，广西师范大学出版社，2007。韩昇：《东亚世界形成史论》，复旦大学出版社，2009。
⑥ 党银平：《唐与新罗文化关系研究》，中华书局，2007。
⑦ 拜根兴：《唐朝与新罗关系史论》，中国社会科学出版社，2009。
⑧ 王小甫：《新罗北界与唐朝辽东》，《史学集刊》2005 年第 3 期。
⑨ 王霞、拜根兴：《新罗圣德王实施亲唐政策始末》，《中国边疆史地研究》2014 年第 3 期。

的金石文摸索古代中韩关系诸问题，进一步推动对新罗史的研究。① 高然所撰《新罗女王与唐罗关系》一文将新罗时代出现的善德、真德、真圣三位女王放在一起，以全新视野考察以唐罗关系为核心的新罗的内政外交。② 刘海霞在《七世纪中期唐与新罗关系的转向：新罗王金春秋庙号考释》③ 一文中以新罗第二十九代王金春秋被新罗人尊称为"太宗"一事为切入点，探索7世纪中期唐罗关系的演变。事大外交导源于春秋战国时期的"以小事大"思想，新罗对唐朝的事大外交体现在各个方面，不论是频繁朝贡、纳质宿卫、军事协助，还是文化受容、克制自尊，都能看出新罗在有唐一代作为藩属国矢志不渝地坚持事大外交的观念，因此冯立君认为这种观念一方面在一定程度上受到新罗本国利益的影响，另一方面也对后来王氏高丽及李氏朝鲜的对华心理产生了重要影响。④ 在唐罗关系研究进行得如火如荼的同时我们也应看到一些学者在新罗与其他周边民族交往研究中做出的贡献，首先是新罗与渤海的关系。从已有研究及史料记载来看，新罗与渤海的关系一直都是中日韩学界研究的一个难点，而学界的研究众说纷纭、莫衷一是，正如马一虹所说，是由资料稀少及认识分歧造成的。至于是否由学界偏于从新罗的渤海观角度出发而导致众说纷纭则还需讨论。虽然渤海与新罗关系的文献史料十分匮乏，但各学者充分利用所有可以利用的资料与已有的研究成果，对两者关系问题及两者边境接壤问题进行深入讨论，文献资料的运用多集中于《三国史记》及崔致远的几份表状，如《谢不许北国居上表》等。马一虹与冯立君、李东辉等几位学者对新罗与渤海关系的结论就基于这些资料。⑤《渤海与新罗边疆接壤区域考》在继承上述几位学者研究成果基础上单独商讨渤海新罗边疆问题。⑥

① 拜根兴：《朝鲜半岛现存金石碑志与古代中韩交往——以唐与新罗关系为中心》，《陕西师范大学学报》（哲学社会科学版）2007年第4期。
② 高然：《新罗女王与唐罗关系》，《唐史论丛》2019年第1期。
③ 刘海霞：《七世纪中期唐与新罗关系的转向：新罗王金春秋庙号考释》，《昆明学院学报》2014年第4期。
④ 冯立君：《新罗"事大外交"的思想与实践》，《韩国研究论丛》2020年第1期。
⑤ 关于新罗与渤海关系的研究成果主要如下。马一虹：《从唐、日本及新罗典籍中有关称谓看三国对渤海的认识》，《欧亚学刊》总第三辑。马一虹：《9世纪末鞨人进入新罗东北境史事考——以〈三国史记〉"新罗本纪"宪康王十二年记事为中心》，《暨南史学》总第三辑，暨南大学出版社，2004。马一虹：《渤海与新罗关系史述考》，《中国社会科学院历史研究所学刊》第6集，商务印书馆，2010。冯立君《渤海与新罗关系的多面性》，《西北民族论丛》2016年第2期。柏松：《渤海国在唐代东亚政治舞台扮演何种角色》，《人民论坛》2017年第5期。李东辉：《渤海与新罗的对立关系》，《朝鲜·韩国历史研究》总第十一辑，延边大学出版社，2011。冯晓晓：《论渤海大武艺时期与唐、新罗的关系——以刺杀登州刺史为例》，《忻州师范学院学报》2017年第4期。
⑥ 刘加明、宋欣屿：《渤海与新罗边疆接壤区域考》，《韩国研究论丛》2020年第2期。

再者是新罗与西域的往来。王岩、之远的《中古阿拉伯东方文献中的新罗国》一文对各类阿拉伯文献中关于新罗地理位置、自然环境以及种族问题和对外关系的记载进行分类汇总，经此可知中古时阿拉伯人确已知晓新罗这一国度的存在，甚至已有阿拉伯人进入了朝鲜半岛地区，但这一时期的文献记载一方面充满想象色彩，另一方面有相互抄袭的嫌疑，因而无法被全面拿来当作史料使用。① 梁二平在《新罗，海上丝绸之路的天尽头》中列举了中古时期阿拉伯涉及新罗的文献与地图，与王岩同样认为中古阿拉伯人不论是研究新罗位置抑或是与其进行贸易，都受到中国的影响，也出于对黄金的渴望，这是一个得到普遍认可的观点。而与此同时，梁二平提出，尽管新罗名僧慧超于唐开元年间远赴印度求法且被称作古代韩国"走向世界第一人"，但这在严格意义上来讲并不算真正走进阿拉伯世界。② 马建春、李蒙蒙的《9—13世纪朝鲜半岛大食蕃商行迹钩沉》提及从9世纪开始阿拉伯商人经由唐朝而进入朝鲜半岛，通过部分阿拉伯文献如《苏莱曼游记》《道里邦国志》《黄金草原》等著述以及出土文物，再结合相关国内文献来寻求阿拉伯商人进入朝鲜半岛的过程和途径，可知扬州成为波斯、大食商人进入朝鲜半岛的重要通道，与此同时，新罗商人也将其人参、牛黄、天麻等特产带入唐朝进行贸易或朝贡活动。由此也可知，自新罗时代起，朝鲜半岛与中国南方的贸易也变得更加紧密。③ 而针对新罗与高句丽、日本等其他国家的关系问题，目前中国学界还未出现专门讨论此类问题的作品，与此相关的研究主要有孙炜冉《高句丽文咨明王对外政策述论》一文，此文总结了自3世纪高句丽与新罗首次接触开始到高句丽文咨明王时期高句丽对新罗态度的转变过程，此文虽对新罗与高句丽关系有所涉及，但主要集中于文咨明王时期。④ 潘颖在《论大化改新之前日本与朝鲜半岛的关系》中主要记述了日本与新罗交往中的和平与冲突。⑤ 另冯立君《唐代东亚的贸易关系》从唐、新罗、日本三方入手探讨其三者之间的贸易环境、特点等问题，对押新罗、渤海两蕃使对新罗渤海贸易的管理，新罗清海镇张保皋在东亚贸易中的地位，日本大宰府的特殊贸易地位等进行剖析和比较研究，认为9世纪东亚新罗与唐、日本贸易具有从之前的官方贸易向民间贸易过渡的"官商贸易"性质。⑥ 总而言之，放眼中国学界，除

---

① 王岩、之元：《中古阿拉伯东方文献中的新罗国》，《东北史地》2011年第3期。
② 梁二平：《新罗，海上丝绸之路的天尽头》，《丝绸之路》2015年第7期。
③ 马建春、李蒙蒙：《9—13世纪朝鲜半岛大食蕃商行迹钩沉》，《中国经济史研究》2021年第4期。
④ 孙炜冉：《高句丽文咨明王对外政策述论》，《通化师范学院学报》2014年第7期。
⑤ 潘颖：《论大化改新之前日本与朝鲜半岛的关系》，《鸡西大学学报》2012年第6期。
⑥ 冯立君：《唐朝与东亚》，社会科学文献出版社，2019。

去唐朝与新罗关系之外，新罗与其他国家关系的研究还停留在初期阶段，新罗与高句丽、百济、倭国的交流往来对于当今我们研究整个古代东亚史来说都具有至关重要的作用。

关于朝贡质子使节问题。古代中外交流的形式以起源于先秦而成熟于明代的朝贡制度为主，出于先秦的华夏中心意识经由多年的推演而在对外交流体系中体现得愈加明显，而在这种制度体系之下朝贡国家向古代中国源源不断派遣使节、质子的形式应运而生，唐与新罗之间亦如此。以目前学界研究范式来看，中国学者基本认同一个观点即新罗善德女王时期开始向唐朝派遣使节，揭开了与唐朝友好交流的序幕，而这场友好交往的目的带有强烈政治色彩。但局势随着高句丽、百济的灭亡而发生改变，此后唐与新罗的长远利益受到碰撞，摩擦逐渐发生。尽管如此，政治上的离异不等于文化上的断交，在此之后或是新罗逐渐意识到吸收唐先进文化的重要性，或是出于其他原因，唐与新罗文化上的往来一直未曾断绝。姜清波分析了新罗对唐朝宿卫在不同时期所展示出的不同性质，认为安史之乱以前的新罗质子宿卫大多受唐重视担任将军、郎将等要职，而自安史之乱之后，由于唐前期的番将后人、寒姓番将、河朔蕃人率子弟逐步把持了禁军统治权，新罗质子宿卫入唐基本以学习唐文化为主。[①] 其在另一文《试论唐代的押新罗渤海两蕃使》[②] 中提出面对唐中后期一度稳定的东亚地区开始出现的微妙变化，唐始设押新罗、渤海两蕃使，着重论述两蕃使的职能及其人选问题的三个阶段。但冯立君针对唐设押渤海、新罗两蕃使的目的提出不同见解，相比于姜清波所持为稳定东北地区政治秩序和力图恢复昔日唐王朝宗主国地位的目的的看法，冯立君认为唐朝如此作为不外乎由于渤海新罗都是唐藩属国，且只是出于管理涉及渤海与新罗事务才设置这一官制。[③] 拜根兴的《唐中后期赴新罗使节关联问题考辨》一文涉及赴新罗使节相关史料考辨、在唐新罗人受命出使新罗等问题，以及赴新罗使节涉及的几个问题。提出探讨中韩史料中出现的有关唐与新罗往来使节的差异问题的必要性，并充分利用当前出土文献史料及金石墓志对使节武自和、朱朝政、苗弘本出使相关问题进行考证，解决了金士信与金沔担当副使问题、孟元昌与盖埙出使问题及开成五年百名新罗学生归国等问题。在完善学界关于唐与新罗关系及使节问题研究基础上，其细心地发现唐朝遣使出使新罗费用及私觌官的形成随唐与新罗关系和唐朝国内政局演变而变化的相关问

---

① 姜清波：《新罗对唐纳质宿卫述论》，《中国边疆史地研究》2004 年第 1 期。
② 姜清波：《试论唐代的押新罗渤海两蕃使》，《暨南学报》（人文社科版）2005 年第 1 期。
③ 冯立君：《唐朝与东亚》，社会科学文献出版社，2019。

题，为学界研究唐与新罗关系做出贡献。[①] 而魏郭辉对于唐与新罗间质子的开端在金文王时期的看法提出与姜清波等学者不同的观点，从《资治通鉴》中太宗赐高句丽的一封玺书中得出：金文王并未开新罗质子入唐宿卫的先河，只是文献具体明确记载新罗人入唐宿卫之始。同拜根兴等学者一样，魏郭辉认为唐与新罗关系破裂但并未完全断交，此后新罗仍旧积极吸取唐朝优秀文化。[②] 刘后滨在《从宿卫学生到宾贡进士——入唐新罗留学生的习业状况》中提出唐朝作为 7 世纪整个东亚的政治经济文化中心，周边民族政权尤其是新罗为学习唐朝优秀先进的典章名物、朝廷礼仪和官场心态等文化，不断地向唐朝派遣一批又一批的留学生，一方面学习汉字文学，一方面掌握吸取唐朝的典章制度，而这些宿卫学士经过多年研习，多熟练掌握汉文化，甚至出现崔致远这等优秀的汉文学家。王建宏则以新罗遣唐留学生为背景，分析新罗大批留学生在唐经多年的学习后，将唐朝先进典章礼仪带回新罗而逐步瓦解了新罗延续多年的骨品制，推动儒家思想在朝鲜半岛的传播。[③]

关于战争关系问题。7 世纪对于朝鲜半岛来说无疑是一个重要转折时期，这一时期唐征高句丽和百济，白江口之战、唐罗战争等成为史家探究东亚关系的重要环节。其中拜根兴、韩昇、赵智滨等学者对以上重要战役从不同角度进行详细分析研究，拜根兴在《论罗唐战争的性质及其双方的交往》中针对以往学界对唐与新罗战争的诸问题的研究进行了讨论与考释，认为过往学者在对唐与新罗战争进行研究时，仍秉持战争史的传统理念，过分强调唐与新罗战争的激烈性而忽视了双方在战争过程中的外交，以韩国出土的几件砖铭及石刻为证，唐朝最初所追求的天下秩序与新罗对唐朝处理朝鲜半岛事务的不满形成冲突，但从韩国出土的具有代表性的砖铭和石刻中所涉及的唐朝年号就不难看出两者的关系并非绝对的僵硬，新罗依旧处在唐朝的册封体制之下。至于唐与新罗战争为何和平结束，唐朝势力为何突然主动退出朝鲜半岛，拜根兴在总结陈寅恪、吕思勉、高明士的理念后认为唐朝出于两方面的原因才出此对策。一是当时的唐朝正面临东西两线作战的窘境，而显然西北战线的重要性远远大于东北战线，且朝廷中厌战派不断向唐廷施加压力；二是唐朝所追求的是实现其天下秩序，即藩属国认同并拥戴唐文化，新罗恰恰满足了这一点。

① 拜根兴：《唐中后期赴新罗使节关联问题考辨》，《陕西师范大学学报》（哲学社会科学版）2004 年第 6 期。
② 魏郭辉、李强：《新罗质子侍唐刍议》，《北方文物》2006 年第 3 期。
③ 刘后滨：《从宿卫学生到宾贡进士——入唐新罗留学生的习业状况》，《社会科学战线》2013 年第 1 期。

综上两点，唐罗战争的和平结束使得双方都达到了预期的目的，那么也就没有所谓的胜负之分了。① 赵智滨在《试论唐代熊津都督府的陷落——兼论唐罗战争的爆发及其原因》一文中针对王小甫新罗于671年攻占泗沘城并建立了所夫里州标志着新罗控制了前百济的全部领土这一观点提出质疑，并再次对唐罗战争的相关问题进行概述。其中主要研究熊津都督府北迁的问题。尽管连年灾害与唐廷内部权力结构是导致这一结果的关键因素，但更为细微的一个原因则是唐廷对在唐百济将领的重奖，以出于对百济将领的安抚考虑来看，这一撤退行为是唐朝主动发出的。另赵智滨通过2006年出土的《祢寔进墓志》，再次说明熊津都督府是于咸亨三年（672）被新罗正式占领的。② 金锦子继续阐述唐罗战争，对整个战争的起因、过程、结果导向等基本问题进行概括陈述，其从唐罗战争出发，看到了唐罗战争结束后整个东北亚所发生的巨变。③ 孙炜冉则着眼于唐罗战争中的"买肖城"之战，对《三国史记》所载买肖城之战中新罗大获全胜的观点提出异议。就此问题中韩双方史料记载大相径庭，作者认为《三国史记》中关于买肖城之战在战争胜利后向唐纳贡的记载不符实际。经考证作者认为应是唐军大败新罗军后，金法敏见好就收避免被唐灭国而选择入唐谢罪。④ 与以上诸文角度不同，孙炜冉在《新罗文武王对"亲唐派"将领肃清及其发动"罗唐战争"的关系》中以新罗内政为核心剖析新罗文武王对唐观念的转变，尽管品日、文忠、众臣、义官等大将在对外战争中起至关重要的作用，但对于这些未来有可能反叛的亲唐将领，金法敏毅然决然开启了肃清运动。针对金法敏肃清亲唐人士的一系列行动以及其对唐态度的转变，孙炜冉认为从新罗角度来看，金法敏这种对大国秩序和国际环境的精准把控是十分可贵的，他一方面敢于叫嚣实力远超于自身的唐朝，另一方面又可以果断排除一统朝鲜半岛的隐患，这对于新罗日后统一及发展起到关键作用。⑤ 而李大龙针对孙文范、拜根兴等学者提出的唐罗联军概念，提出在这场7世纪唐征百济、高句丽的战争中，如若仅凭文献所载的新罗出兵合围平壤前大败蛇川之原而将高句丽灭亡的功劳分给新罗一

① 拜根兴：《论罗唐战争的性质及其双方的交往》，《中国边疆史地研究》2005年第1期。
② 赵智滨：《试论唐代熊津都督府的陷落——兼论唐罗战争的爆发及其原因》，《东北亚研究论丛（长师大）》总第二辑，商务印书馆，2008。
③ 金锦子：《论七世纪中后期唐朝与新罗关系演变及对东北亚政局的影响》，《延边大学学报》（社会科学版）2008年第3期。
④ 孙炜冉：《浅谈唐罗战争中的"买肖城之战"》，《东北史地》2010年第2期。
⑤ 孙炜冉：《新罗文武王对"亲唐派"将领肃清及其发动"罗唐战争"的关系》，《朝鲜·韩国历史研究》总第十六辑，延边大学出版社，2015。

半的话，实在过于夸大新罗在这场东亚政局变动中起到的作用，虽应当肯定新罗给予唐东征帮助，但更应注意的是唐军在此次战争中起到了决定性作用，是绝对的主导者，而参与围攻平壤的新罗军"只是由'蕃汉兵'构成的唐军中'蕃'的一部分"，不同意将两者的合作称为唐与新罗的"联军"。[①]

唐罗战争固然是研究唐与新罗关系的重要一环，但7世纪的朝鲜半岛是不可分离的一个整体，百济、高句丽和新罗三国彼此勾连，任何一国出现变动都会牵一发而动全身。在唐罗同盟对抗丽济同盟时，尽管新罗并非此时的主角，但也是不可或缺的一部分，而在诸学者开展对诸如白江口之战、唐丽战争的研究之时，我们也可以清晰地看到新罗在这一时期所起到的重要作用。如韩昇在《白江之战前唐朝与新罗、日本关系的演变》中以7世纪东亚重要战役白江之战为引线探究战前新罗通过"唐化改革"谋得唐朝的信任并与之结盟共同对抗宿敌百济与高句丽，指出在这种背景之下唐与新罗双方均有着更深一层的考虑。虽然双方在共同对付高句丽和百济的同盟问题上趋于一致，但双方的战略目的和侧重点却各不相同。唐朝目的是要建立以唐朝为中心的整个东亚世界的天下秩序，而新罗则是要实现对朝鲜半岛的统一统治，此为引发双方矛盾的一个诱因。但韩昇再次强调：新罗与唐朝虽然有着重大的国家利益冲突，但是，双方的矛盾不同于唐朝和高句丽的矛盾，根本的一点，在于新罗并不谋求同唐朝的国际关系体制对抗，而只是要在唐朝国际关系框架内谋求国家利益的最大化。而且，新罗不妨碍唐朝在东亚的影响，甚至帮助唐朝稳定东亚。从这个意义上说，新罗与唐朝没有根本性冲突。[②] 徐光锡探讨了白江之战之后，新罗与唐朝两者因战后目标冲突而带来的关系的微妙转变。新罗在此之后主动对倭示好，并与倭恢复了中断十年的外交关系，这种转变带来的结果就是阻断了倭对高句丽的救援进而消除了被南北夹击的威胁。[③]

关于侨民与新罗奴问题。中国与朝鲜半岛仅一水之隔，受到战乱、文化等因素影响，在很长一段时间内，新罗除源源不断向唐朝派遣使臣、留学宿卫之外，民间亦有大批百姓主动迁往中原，久而久之与其他少数民族或外族一样在中原地区形成聚居部落。而对于唐朝出现新罗村落、新罗院、新罗馆及新罗奴的原因，陈尚胜给

---

① 李大龙：《唐罗"联军"灭亡高句丽考辨》，《通化师范学院学报》2016年第9期。
② 韩昇：《白江之战前唐朝与新罗、日本关系的演变》，《中国史研究》2005年第1期。
③ 徐光锡：《白江之战后唐、倭、新罗的互动关系》，《唐史论丛》2020年第1期。

出了解答。① 朴文一在《试谈在唐新罗坊的特点及其性质》中从新罗坊特点入手，针对以往学界对新罗坊、新罗僧、新罗侨民等诸问题的不同看法而提出自身独到的见解，并给出有力的史料证据及合理的分析。② 此外，姜清波、朴延华等均就侨民与新罗奴问题提出自己的看法与意见。③ 新罗奴主要见于9世纪初期史书的记载中，姜清波强调新罗在宪德王六年到兴德王八年之间频繁出现的灾荒是在唐新罗奴出现的直接原因。④ 朴延华、黄灿在《试析唐朝中后期的新罗奴婢问题》中在继承姜清波关于大灾荒的影响的研究结论基础之上，更加详细地分析新罗奴出现的原因、出现的地点途径以及新罗奴问题的解决过程，也牵扯出张保皋在解决新罗奴问题中起到的重要作用。⑤ 也再次将目光转移到张保皋的身上，张保皋作为9世纪三四十年代活跃于新罗与唐之间的重要人物，其人其事对于我们当下研究这一时期的唐罗关系产生了深刻影响，为此拜根兴专门撰文一篇来探索9世纪张保皋海洋活动的动因。⑥

## 三 新罗文化研究

宗教问题。作为连接两种及多种文明的重要纽带——宗教，自传入东亚后迅速发展并实现了各类宗教的本土化，近年来多地考古发现中与宗教有关的资料层出不

---

① 陈尚胜在《论唐代山东地区的新罗侨民村落》(《东岳论丛》2001年第6期)中提到，从现有资料看，唐代山东沿海地区的新罗侨民村落形成于9世纪初，其一在于李正己祖孙三代在承袭淄青镇节度使之时大肆掠卖新罗人口到唐朝为奴婢，使很多新罗人得以进入中国；其二，唐朝在平定淄青镇李氏割据势力后对新罗奴婢所采取的解放政策，使很多新罗人在放良后聚居于山东沿海地区；其三，新罗人张保皋在东亚海域的活动，加强了唐代新罗人的凝聚力并促进了新罗侨民社区的形成。

② 朴文一：《试谈在唐新罗坊的特点及其性质》，《延边大学学报》(社会科学版)2000年第3期。

③ 此类问题的相关论述有：王慧《中国沿海地区新罗侨民历史遗迹研究》，硕士学位论文，中国海洋大学，2007；王慧《扬州新罗侨民历史遗迹研析》，《通化师范学院学报》2009年第6期；金德洙《中国江浙地域的新罗人遗迹调查研究》，《韩国研究》(第十一辑)，国际文化出版公司，2010；张学锋《圆仁〈入唐记〉所见晚唐新罗移民在江苏地域的活动》，《淮阴师范学院学报》(哲学社会科学版)2011年第3期；张学锋《江苏连云港"土墩石室"遗存性质刍议——特别是其与新罗移民的关系》，《东南文化》2011年第4期；刘再聪《从"慕道"到"归化"：唐正州内迁归化部众居住区的"村"制度——以粟特人"村"和新罗人"村"为中心》，《学术月刊》2011年第9期；金海燕《从鸿胪馆及新罗坊的作用浅谈古代中韩日三国文化交流面貌》，国家教师科研专项基金科研成果(三)，2016；冯晓晓《流入古代日本的新罗移民研究》，硕士学位论文，陕西师范大学，2018。阳运驰：《新罗人在唐朝的活动》，硕士学位论文，陕西师范大学，2019；冷静《唐对新罗侨民活动管理研究》，硕士学位论文，延边大学，2021。

④ 姜清波：《中国历史上的新罗奴问题始末》，《暨南学报》(哲学社会科学版)2007年第5期。

⑤ 朴延华、黄灿：《试析唐朝中后期的新罗奴婢问题》，《延边大学学报》(社会科学版)2015年第6期。

⑥ 拜根兴：《论九世纪初张保皋海洋活动的动因》，《唐都学刊》2008年地3期。

穷，学者们也逐渐意识到可以从中寻找古代中韩交流的重要证据。过去 20 年中，与新罗宗教相关的研究依然无法摆脱传统的固化思想，即从唐朝向外传播的角度出发，集中于考察佛教在新罗抑或朝鲜半岛的传播形态、过程及其影响等诸方面。拜根兴在《入唐求法：铸造新罗僧侣佛教人生的辉煌》一文中通过对入唐新罗僧侣的数目、译经活动以及新罗僧侣与唐的官方交涉和求法巡礼等问题进行考述后，指出当时的新罗僧人本身学有所成，经入唐修行后归国更是声名鹊起，同时也为新罗佛教事业的发展做出了巨大贡献。① 著名新罗僧人慧超的《往五天竺国传》一经发现，在学界便引起轩然大波，国内、国外学者对此份敦煌写本均产生了浓厚的兴趣。近年来，国内学者对此写本的研究主要从宗教学角度出发，广中智之在充分总结前人研究的基础之上，通过对文书内容的释读，探求于阗与周边民族的关系及大乘佛教与小乘佛教教义相关问题。② 陈淑霞将目光也投向了慧超所记的沿途各国宗教情况，虽涉猎角度与广中智之多有重合之处，但提及了祆教、伊斯兰教在丝路沿途国家的发展情况，并强调慧超的《往五天竺国传》弥补了研究中西亚玄奘以后至 8 世纪上半叶宗教情况史料的不足。③ 余小平和王思佳、刘静烨则专注于对慧超简介和《往五天竺国传》内容的分类解读，使读者能够较为清晰明了地把握《往五天竺国传》的大体内容。④ 杨昭全的《新罗名僧慧超的〈往五天竺国传〉研究》以《往五天竺国传》为中心，对 724 年的这一次慧超赴印求法做出较为全面的研究。不仅说明了学界对《往五天竺国传》的研究成果及现状，也着重强调了《往五天竺国传》中所记载的各项内容，包括慧超所游历的国家、各国的政治情况、各国的军事关系以及经济社会发展情况等问题。对于学界研究慧超《往五天竺国传》以及唐朝时中、韩、印佛教文化产生了极大推动力。⑤ 另一位值得关注的是新罗高僧元晓，与慧超不同，同为新罗高僧的元晓虽两次尝试入唐，但都因种种原因失败，但这并不会阻挡其研究佛法的脚步，元晓不仅在韩国佛教界有着崇高的地位，甚至对中国思想界也产生了重要影响。综观国内学界近年来对元晓及其思想的

---

① 拜根兴：《入唐求法：铸造新罗僧侣佛教人生的辉煌》，《陕西师范大学学报》（哲学社会科学版）2008 年第 3 期。
② 广中智之：《慧超所见于阗大乘佛教的戒律》，《敦煌学辑刊》2005 年第 4 期。
③ 陈淑霞：《慧超行纪所见丝路沿线宗教状况考析》，《石河子大学学报》（哲学社会科学版）2015 年第 3 期。
④ 王思佳、刘静烨：《唐代新罗僧人慧超西行及其〈往五天竺国传〉考略》，《兰台世界》2015 年第 36 期。余小平：《论慧超旅行巨著〈往五天竺国传〉》，《浙江师范大学学报》（社会科学版）2008 年第 3 期。
⑤ 杨昭全：《新罗名僧慧超的〈往五天竺国传〉研究》，《东疆学刊》2018 年第 3 期。

研究，主要分为两个方面，其一是对元晓生平的考证，《新罗高僧元晓生平考》一文借助《高仙寺誓幢和上塔碑文》《芬皇寺和净国师碑文》《宋高僧传·元晓传》《三国遗事》等文献、碑文史料研究元晓的生平、主要论著以及两次入唐求法过程。① 另一方面从教义理论入手，集中于探求元晓的各类思想观念。② 此外，敖英的《法藏"法界"观在新罗的传播略探》主要探讨中国华严宗在新罗的传播形态与样式，以新罗甚至高丽时期的佛教典籍为中心，通过分析各类新罗佛教典籍对法藏著作的引用，总结出法藏"法界"观中对"法界"的定义是为新罗表员所完全接受的，也总结了法藏与新罗表员对法界分类所持的不同观点，而这种形态的出现或许是由于新罗僧人与中原僧人面临不同的问题而产生了不同看法。③ 其另一篇《7~9世纪〈大乘起信论〉在新罗的传播》同样通过观察《大乘起信论》在新罗被引用和注疏的情况来判断其在朝鲜半岛产生的影响。由于目前仅存元晓的《起信论疏》、《别记》、《二障章》（或称《起信论二障章》），太贤的《起信论内义略探记》，因此以这些著作被后者引用的情况为线索，可以看到《大乘起信论》的传播及影响的广泛、深刻程度，同时作者针对《起信论同异略集》的撰写者是否为见登这一问题，批判韩国学者崔铅植所持《起信论同异略集》作者是智憬而非见登的观点，认为见登虽非第一作者，但《起信论同异略集》确实经过了见登增补，从而支持望月信亨的看法。④ 当然，也有学者从佛教的整体传播出发，王臻的《试论唐朝对新罗佛教及其文化的影响》全文主要分为两部分，一是阐述模仿唐朝的新罗佛教各派及其代表人物，如圆测、义湘、慈藏、地藏等人。二是分析了唐朝佛教传入新罗所产生的各类影响。这种影响不仅包含汉学文字的传播，也涉及天文、

---

① 敖英：《新罗高僧元晓生平考》，《延边大学学报》（社会科学版）2013年第4期。
② 此类研究成果主要如下。敖英《元晓的〈法华经〉观初探——兼与智者大师比较》，《延边大学学报》（社会科学版）2021年第5期；敖英《新罗元晓的"如来禅"思想》，《宗教研究》，宗教文化出版社，2012；敖英《元晓对"理入"和"行入"的诠释——兼与达摩"二入"说比较》，《韩国学论文集》2007年第2期；李四龙《论元晓〈法华宗要〉与智颉、吉藏的关系》，《世界宗教研究》2021年第1期；雒少锋、阮氏锦《新罗元晓对"赞毁戒"的诠释与拓展》，《青海师范大学学报》（哲学社会科学版）2018年第1期；张文良《新罗元晓与清凉澄观》，《佛学研究》2017年第1期；杨维中《元晓"和诤"思想分析》，《华东师范大学学报》（哲学社会科学版）2015年第4期；袁大勇《元晓、法藏与太贤：〈大乘起信论内义略探记〉对阿梨耶识的阐释》，《五台山研究》2014年第2期；魏常海《元晓"和诤"理论与义天"圆融"思想》，《东疆学刊》2005年第4期；魏常海《元晓"和诤"论与中国儒释道思想》，《陕西师范大学学报》（哲学社会科学版）2006年第1期；石吉岩《法藏的思想变迁及元晓的影响》，《西北民族论丛》第五辑，中国社会科学出版社，2007。
③ 敖英：《法藏"法界"观在新罗的传播略探》，《五台山研究》2020年第3期。
④ 敖英：《7~9世纪〈大乘起信论〉在新罗的传播》，《延边大学学报》（社会科学版）2017年第2期。

印刷、建筑与雕塑各方面。① 既然提及地藏，就不难想到传说中的地藏菩萨化身的金乔觉，而"新罗王子"金乔觉是否真的是新罗王子？其地藏王的名号从何而来？刚晓的《从金乔觉到地藏王》一文给出了明晰的解释。在现有资料的基础之上，通过考证，刚晓认为金乔觉并非新罗王子，而是新罗王后裔。不仅金乔觉这一名字是经多年演化而来，而且金乔觉其人被后人称作地藏菩萨也是受到社会环境变化及民众百姓的强烈宗教情感的影响而形成的。② 李海涛在《佛教在高句丽、百济和新罗的传播足迹考》一文中分别讲述了佛教在高句丽、百济和新罗的传播过程，通过分析史料论证佛教首先自 4 世纪早期就有由私人传入高句丽的可能，并于小兽林王时期得到了国家层面的认可。整体而言，佛教首先传入高句丽，并经由高句丽再次传入百济和新罗，但佛教在新罗的传播呈现曲折的态势，经其考证是受到新罗落后的社会性质和早期巫俗文化的影响，直至法兴王、真兴王时期，即国家实现内部真正统一之后佛教才在新罗官方认可下获得了一席之地。③ 与李海涛持相似观点的高福顺充分沿用现今各类史料，从新罗文士用汉字修史、新罗君臣引用儒家经典、新罗遣贵族子弟入唐、向唐奏请儒家图籍文献、新罗设立国学以及实行科举制度和实行类同于唐朝的年号和谥号等角度证实儒家思想在新罗的发展概况。同样的，新罗似乎同样由于受到落后社会性质的影响，在隋唐以前儒家思想虽已传入，但发展得相当缓慢，而至真兴王以后才得到迅猛发展，甚至一跃成为东方"小中华"。④ 虽然高文主要探究儒家思想在新罗的演变，但与李文中关于新罗社会发展程度对宗教传播所带来的影响的观点却是十分近似的。当然，除了佛教之外，我国本土宗教道教与朝鲜半岛三国时期本土兴起的花郎教也在交流中摩擦出了火花，拜根兴的《唐朝与新罗道教文化交流的再探索》以宏观的视角详细总结了唐与新罗道教的交流历程，并以金可记与崔致远的道教活动为例证揭橥唐与新罗的道教往来亦是两者交流的重要组成部分。⑤ 孙亦平的《古代东亚文化中一个值得关注的现象——论中国道教对新罗花郎道的影响》⑥ 从较为客观的角度切入此问题，探究道教对新罗花

---

① 王臻：《试论唐朝对新罗佛教及其文化的影响》，《东疆学刊》2009 年第 3 期。
② 刚晓：《从金乔觉到地藏王》，《佛学研究》2000 年第 1 期。
③ 潘畅和、李海涛：《佛教在高句丽、百济和新罗的传播足迹考》，《延边大学学报》（社会科学版）2009 年第 1 期。
④ 高福顺：《新罗儒家思想文化发展考论》，《关东学刊》2017 年第 11 期。
⑤ 拜根兴：《唐朝与新罗道教文化交流的再探索》，《唐史论丛》2021 年第 2 期。
⑥ 孙亦平：《古代东亚文化中一个值得关注的现象——论中国道教对新罗花郎道的影响》，《延边大学学报》（社会科学版）2016 年第 6 期。

郎教的影响，拜根兴与孙亦平更是在文中都提到，道教在朝鲜半岛的传播对花郎道所产生的潜移默化的影响还需学界进行进一步深化研究，也值得学界发掘更多的资料以便做进一步的探讨。

汉字文化问题。新罗与唐朝同处于东亚文化圈的框架之下，唐朝作为东亚文化圈的主导核心，接受了大量新罗人前来学习唐文化，新罗人也不负所望，不仅成为在唐宾贡进士中最多的蕃人，新罗人中诞生了众多优秀文人学士，其中以崔致远最为著名，崔致远在唐朝科举及第，成为新罗时期第一位留下了个人文集的文学家，并被尊奉为韩国汉文学的开山鼻祖。近年来大陆学者对崔致远的研究愈来愈深入，不仅探究崔致远个人生平与文学作品，也从崔致远的作品出发来探索当时的唐罗关系。党银平在 2000 年到 2007 年之间撰写了四篇有关崔致远的文章，由于韩国现存文献中对崔致远的记载十分稀缺，因此党银平依据现有史料如《三国史记》《三国遗事》《新唐书》《桂苑笔耕集》等考证崔致远的住处应是在新罗王京金鳌山附近，且崔致远其姓与原辰韩六村本无关系，同时也考证了些许崔致远的家人与后代，为中国学界广泛开启崔致远研究提供了一个重要线索和指引。① 在其《从崔致远诸文看唐末与新罗的交往关系》一文中充分运用新出资料弥补中韩学界对唐罗关系现有研究的空缺，并进一步强调唐末唐罗之间频繁的政治经济文化往来。②《新罗文人崔致远与淮南节度使高骈交往关系考》在对新罗人在扬州活动研究基础之上进一步阐释崔致远本人在唐期间曾游宦淮南幕府，并与高骈结下深厚情谊的经过，并以此为线索分析这一时期两者关系的由来。③ 樊毓的《崔致远非"宾贡科进士"辨》针对各类史料记载所出现的差异，樊毓从"宾贡"本身的含义入手，澄清"宾贡"并非在唐代为外国人特设的科举科目，且崔致远所登之科实为进士科而非宾贡科。④ 兰翠在《论唐代诗人的东方海域体验——以唐人咏新罗诗作为考察对象》中以唐代诗人在新罗的旅途所记为切入点，提到与同一时期的日本相比，唐朝与新罗走得更近，仅《旧唐书》中关于东夷诸国的史料记载就有几千字之多，因此可以在唐朝人咏新罗诗中寻找出许多唐代诗人

---

① 党银平：《唐末新罗文人崔致远占籍与家世考述》，《东南大学学报》（哲学社会科学版）2000 年第 A1 期。
② 党银平：《从崔致远诸文看唐末与新罗的交往关系》，《南京师范大学文学院学报》2004 年第 2 期。
③ 党银平：《新罗文人崔致远与淮南节度使高骈交往关系考》，《社会科学战线》2007 年第 6 期。
④ 樊毓：《崔致远非"宾贡科进士"辨》，《中北大学学报》（社会科学版）2007 年第 3 期。

的东部海域体验，并感受到这一时期唐朝开放包容的时代特征。<sup>①</sup> 王匡廷的《唐代海东石刻文献的史料价值——以崔致远〈唐新罗朗慧和尚塔碑〉为例》主要从文学史角度出发，以《海东金石苑》所载唐海东石刻中崔致远所作《唐新罗郎慧和尚塔碑》为线索，从碑文中摸索出诸多以往学界不曾知道或不确定的信息，这一塔碑具有一定的史料价值，不仅证实了新罗末期夸张的崇佛现象，碑文中的禅宗信息也弥补了以往佛教灯传典籍文献的不足，与此同时也进一步显示出唐罗僧侣之间交往的兴盛。<sup>②</sup> 董健则在其《崔致远对三韩、新罗及渤海的历史认识》一文中以崔致远的几篇表文为中心，发现其对三韩关系的界定和对渤海起源叙述的变化，阐明崔致远具有强烈的民族自尊感，并为了国家的利益，不惜采用文字手段来挑拨唐渤关系，以稳固新罗的统治。<sup>③</sup> 受到汉字文化圈的影响，日本、渤海、新罗等国均使用汉字交流，当然汉文诗也自是各国文人沟通的通用手段，因此顾姗姗在《奈良·平安前期日本与新罗使、渤海使之间的汉诗交流——从分韵诗到次韵诗》中针对 8 世纪初，日本官吏在接待新罗使时使用的汉诗形式为分韵诗，而 9 世纪后期与渤海使酬答时则采用次韵诗的形式这一现象，从中国汉诗文学的特征与日本外交史的角度出发来探究其深层次原因，并看到了文字背后蕴含的政治因素。<sup>④</sup> 同时，与新罗汉字文化相关的研究成果仍有很多，因与前文论题近似且基本以文学鉴赏形式出现，故此处不赘述。

墓葬墓志问题。在王国维"二重证据法"的影响下，20 世纪以来国内学者充分地利用了考古资料对历史问题进行分析研究，对新罗史的研究也不例外，并取得许多成果。考古资料的发掘帮助我们进一步处理传世文献所无法解决的问题，如在今天的韩国出土的众多带有西域风格的玻璃器、金银器、铜器及奢侈品就能证实古代朝鲜半岛与西域已经开始进行文化交流，这种交流既有通过官方和互通僧侣的直接交流方式，也存在以唐朝为媒介的间接交流形式。<sup>⑤</sup> 根据现已有的发掘，昭陵、乾陵、定陵均发现了新罗蕃臣像，田有前简略汇总介绍这些蕃臣像，尤其是发掘于

---

① 兰翠：《论唐代诗人的东方海域体验——以唐人咏新罗诗作为考察对象》，《东岳论丛》2015 年第 9 期。

② 王匡廷：《唐代海东石刻文献的史料价值——以崔致远〈唐新罗朗慧和尚塔碑〉为例》，《古籍整理研究学刊》2001 年第 4 期。

③ 董健：《崔致远对三韩、新罗及渤海的历史认识》，《东北史地》2013 年第 2 期。

④ 顾姗姗：《奈良·平安前期日本与新罗使、渤海使之间的汉诗交流——从分韵诗到次韵诗》，《延边大学学报》（社会科学版）2017 年第 2 期。

⑤ 孙泓：《从考古资料看西域文化在新罗的传播》，《朝鲜·韩国历史研究》总第十辑，延边大学出版社，2009。

定陵的新罗蕃臣像。① 而近年来以拜根兴等为代表的一批学者开辟了一条新的道路，即以金石文的研究为中心。拜根兴《新公布的在唐新罗人金日晟墓志考析》一文对胡戟、荣新江主编的《大唐西市博物馆藏墓志》中所载金日晟墓志首次做出释读分析，经仔细分析考证得出金日晟应为新罗孝成王、景德王从兄的结论，对金日晟的生平如婚姻、官制、丧葬同样做了详细的考证。② 王连龙在拜根兴文基础之上做了进一步补充，首先在赞同金日晟为新罗孝成王、景德王从兄的同时提出其为惠恭王的可能性，其次划定永寿乡范围，向北至长安城郊，东以天门街为界，南界可达韦曲，西面将姜村一带纳入辖属，并证明金日晟墓葬所在之"古原"应是毕原。③ 自20世纪70年代唐章怀太子墓中"东客使图"出土以来，关于壁画北边第五位使臣的族源问题引起了学界的激烈讨论，杨瑾撰写两篇文章从不同角度强调这位鸟羽冠使者应为新罗使臣。④

　　艺术类问题。唐罗文化之间的文化交流，不仅仅体现在文学与宗教上，也体现在艺术层面，如音乐、舞蹈、服饰、发型等方面。崔致远所创造的五首汉诗——《金丸》《月颠》《大面》《束毒》《狻猊》充分体现了唐罗音乐交流现象，杜文玉即通过对这五首汉诗的释读，考证每首汉诗所对应的具体舞种，并利用《三国史记》相关乐舞记载，指出新罗乐舞的特征。⑤ 李秀莲《试论唐朝与新罗音乐文化的特点及影响》一文，主要讨论了唐朝与新罗两者音乐文化的重要特性以及双方之间的音乐交流所产生的影响。⑥ 总的来说，学界针对唐罗音乐交流问题，可以达成一个普遍的共识即新罗乐舞很大程度上受到唐朝的影响，其中当然也包括西域乐舞的影响，而与此同时，新罗的音乐也反方向促进了唐乐的发展。王玲、孔凡栋所撰《唐代与统一新罗时期的女子发型发饰比较》一文，通过对唐朝与新罗女子发饰发型的比较研究，一方面证实双方交往在配饰及审美上的关联，另一方

---

① 田有前：《唐定陵发现新罗人石像研究》，《北方文物》2019年第1期。
② 拜根兴：《新公布的在唐新罗人金日晟墓志考析》，《唐史论丛》2013年第2期。
③ 王连龙、丛思飞：《唐代新罗人金日晟墓志及其相关问题研究》，《北方文物》2017年第3期。
④ 王维坤：《关于唐章怀太子墓壁画"东客使图"中的"新罗使臣"研究始末》，《梧州学院学报》2017年第4期；杨瑾：《唐章怀太子李贤墓〈客使图〉戴鸟羽冠使者之渊源》，《中国国家博物馆馆刊》2018年第7期。
⑤ 杜文玉：《论新罗乐舞的特征与新罗乡乐的内涵——兼论中国与新罗的乐舞交流》，《人文杂志》2018年第5期。
⑥ 李秀莲：《试论唐朝与新罗音乐文化的特点及影响》，《延边大学学报》（社会科学版）2009年第6期。

面也说明双方在配饰、审美上的变化很大程度受到社会环境的影响。[①] 这些新视角、新方法对于我们进一步深入探索唐罗双方政治文化交流起到一定推动作用。

## 四　小结

综上而言，相比较于 21 世纪以前的研究，近 20 年来我国对新罗史的研究不论从学者数量还是论题研究的深度、广度来说都有了显著的提升。在众多学者坚持不懈的共同努力之下，新罗史学界整体上呈现出一番欣欣向荣的景象。从新罗政治史角度看，由于被"三韩"概念的框架限制，学界研究目光还是主要集中于新罗这一民族的起源与诞生上，同时与唐朝联系起来，分析其所受的唐朝律令官制的影响。从新罗对外关系上看，学者们似乎心照不宣地一股脑投身于唐罗之间的各类问题的研究。因此，关于此类问题的研究占了新罗史研究整体的半壁江山，且分类较为细致，如整体概述类、战争问题类、朝贡问题类以及侨民问题类等。尽管学界对新罗外交的研究严重向唐罗关系倾斜，甚至出现失衡的倾向，但依然有人看到了新罗与其他周边民族政权的关系问题，并充分运用地理、语言等便利条件开展深入研究，得出了较为成熟的结论，使民族史的发展向前迈出了坚实的一步。从新罗的文化上看，众所周知，新罗深受唐文化的影响，哪怕在双方外交僵化之际，依然没有停止文化的交流，且历史上与新罗文化相关的记载不胜枚举，学界近年来对崔致远等新罗文人的研究愈显集中，学者从历史角度入手，凭借崔致远本人的事迹和遗作分析唐罗关系，崔致远诗歌的流传也吸引大量文学界专家走进这一研究行列，鉴赏其诗作。同时我们还应该看到受到唐朝文化传播影响的宗教，既包括佛教，也包括受中原道教影响应运而生的花郎道。回看过去 20 年，关于宗教问题国内学界依然将重心放在佛教传播上，且以佛教不同宗派传播特质及各宗派教义的解读为主要研究内容。最后，再次强调考古发掘为近年来新罗史发展做出了重大贡献，新出土的一系列石刻墓志大量填补了文献史料的空缺，不论是人物墓志还是金银器、雕像，经专业学者的考证调查，解决了诸多前人未能解答的问题，这是十分值得肯定的一点。

总而言之，中国学界对新罗史的研究在已有的研究基础框架之上逐渐细化，专业分化也愈加明显，各领域学者们均将历史研究与自身擅长领域相结合。2000

---

① 王玲、孔凡栋：《唐代与统一新罗时期的女子发型发饰比较》，《东疆学刊》2019 年第 2 期。

年以前不论是从发表成果数量来看，还是从研究者的数量来看，我们对新罗史的重视程度是远远不够的。关于新罗史的相关问题，很多学者虽有所涉足，但往往以隋唐史研究为核心而对新罗史只是顺带提及，但近年来在一些学者的不断努力之下，新罗史的研究热度与日俱增。另一件值得高兴的事是韩国语的学习者越来越多，一些学生或学者在决定步入此领域之初往往已经掌握或有志于掌握一门或多门语言，并为此不懈努力。但中国学界在新罗史方向的研究还有些地方需要补足，首先是目前中国学界尚未出现一部较为系统研究新罗史的著作，综观韩国学界，不仅从事新罗史研究的学者较多，专门的经典著作如《新编韩国史》《韩国史大观》等对新罗史的研究也已达到一个较高的水准，而大陆现已有的涉及新罗史的著作大多仅仅涉猎新罗的某一方面，在当今的大环境之下，钻研东亚史的学者日益增多，国内许多高校也纷纷开设东亚史专业，因此撰写一部较为全面的、可供初学者或入门者学习的新罗史著作是十分必要的，这类书目的出版可以大大提升新罗史甚至于东亚史的研究进程。其次是语言问题，受到地域限制，鲜有熟练掌握各类语言的学者，因此在研究中韩交流相关问题时难免心有余而力不足。加强对两国或多国研究成果的掌握是进行新罗史研究的基础，虽然前文指出外语学习的人数在增多，但整体而言似乎还不尽如人意。最后是研究重心态势，其中一个显著的问题是现有的研究成果在时间上过分聚集于 7~8 世纪，对应唐前期，在论题上倾斜于唐罗外交相关问题的讨论，这或许与我国的唐史研究集中于这一时段有着很大的关系。再者是中国学界涉及新罗史相关内容的学者，多以中古史和东亚史学者为主，研究方向也多集中于中古时期唐与新罗关系的发展，且多以政治史、文化史为中心，而对民族史、经济史等方向涉猎较少。[①] 前文也提到，从目前的研究成就来看，学界对新罗史研究仍处于初级探索阶段，研究论题大多为中国学者所擅长的律令、外交等问题，并严重倾向于唐罗关系的研究。同时，对同一问题颠来倒去重复研究的现象依然存在，这些都是需要我们在未来进一步推动新罗史研究发展时需要注意的。

---

① 截至 2021 年，经济史方向成果仅有冯立君《唐朝与东亚》开篇"唐代东亚的贸易关系"一章及马建春、李蒙蒙《9—13 世纪朝鲜半岛大食蕃商行迹钩沉》(《中国经济史研究》2021 年第 4 期)，武斌《唐代以新罗为中心的东亚贸易圈》(《辽宁经济职业技术学院．辽宁经济管理干部学院学报》2018 年第 3 期)。

《中国与域外》第五辑（2023.06）第 316~333 页

# 中国学界的高丽海洋史研究综述

王心悦　　徐梦惠 等*

　　高丽凭借位于朝鲜半岛的独特地理位置，在 10~14 世纪，在东亚海上交流史上扮演了不可或缺的角色。综观国内学界的研究动态，中国学界关于高丽的总体研究，主要集中在高丽对外关系史、王朝政治和社会史、经济史和思想文化史上，总体上，国内绝大部分关于高丽史的研究聚焦于与中国有关的关系史领域，而缺乏以高丽为主体的海洋史问题研究，在诸多通史论著和研究文献中，通常仅有一章或若干节会涉及高丽海洋问题，且不够全面和深入。

　　回顾国内学界关于高丽海洋史问题的研究趋势，大体可以分为高丽时期的海洋观念、海洋文化、海洋贸易管理以及古代中国与高丽之间的人员往来三个方面的研究。其中，学界对涉及中国和高丽之间往来的相关问题最为关注，还未能有以高丽海洋问题本身为主体进行全面且系统的探讨的研究；同时针对宋朝与高丽海上贸易和交流往来的研究过多，而缺乏其他时期的相关问题的研究成果；又因为研究多基于中国古代官方史料，所以缺少针对高丽国内海岸产业经营状况的研究。目前国内学术界在高丽海洋史的研究上已经取得了可观的成果，但也存在一些不足，本文将从上述三个角度出发，系统地对国内学术界关于高丽海洋问题的相关研究进行梳理，为进一步研究高丽海洋问题提供参考，以期推动高丽史、中韩海上交流史研究的发展。

## 一　关于高丽的海洋观念和海洋文化

　　海洋观念和海洋文化一直是朝鲜半岛海洋史研究的重要组成部分，具有极高的

---

　　*　王心悦、徐梦惠等，陕西师范大学历史文化学院本科生。

历史和现实价值。海洋观念和海洋文化的形成得益于各类海洋实践的进行，反映了海洋实践的地方特色。同时，海洋观念与海洋文化又会影响海洋实践的进行。不论是民间进行海岛、渔业资源开发或是航海贸易，还是政府力量对沿海地区的政治、军事管理，都体现着海洋观念与海洋文化的影子。海洋观念和海洋文化是研究各类海洋实践首先应面对的问题。

从中朝经济贸易的相互往来中看双方的文化传递与交融是中国学者研究高丽海洋文化的一大热点。这类研究一般以民族情感为重心，以经济交流为线索，以"宋"这一海上丝绸之路形成的重要节点作为研究的时间点。关注中国文化与高丽王朝通过海上丝绸之路进行双向的文化交流，重点强调中国文化对高丽的输出和影响。此类研究常以海路经济文化或政治文化为研究视角，在研究方法上又各有特色。

经济文化方面的研究大多以海上丝绸之路为整体研究对象，观察海路背景下的文化交流。魏志江、魏珊在《论宋丽海上丝绸之路与海洋文化交流》① 中对宋朝与高丽海上航路做了系统的梳理，以航路上发生的宋朝与高丽物质和精神文化交流为研究的落脚点。探讨了宋朝与高丽海上丝绸之路中有关的海神信仰、典籍以及儒释道三教交流情况。李海英《宋代中韩海路文化交流述略》② 则在上述内容之外重点关注商人等人员往来在宋朝与高丽海路文化交流中的作用。

政治与文化同样是我国学者关注的热点。刘畅《高丽中期文人群体的国家主体意识与对华观念转变》③ 和芦敏《从文化角度看北宋和高丽的关系——兼与辽、丽关系作比较》④ 是这方面较有代表性的文献资料。前者探讨了东北亚局势以及"中华"文明圈对高丽国家主体意识的塑造和民族自信增强的影响；后者以时间为顺序，以宋、高丽、辽之间的关系为参照，分析了宋与高丽"文化同源"对东北亚局势的影响。

以史料为主要线索洞察古代中国与高丽的文化交流情况，以陈高华的研究最为突出。其《从〈老乞大〉〈朴通事〉看元与高丽的经济文化交流》⑤ 以及《元朝与

---

① 魏志江、魏珊：《论宋丽海上丝绸之路与海洋文化交流》，《东疆学刊》2017 年第 1 期，第 89~95、112 页。

② 李海英：《宋代中韩海路文化交流述略》，《赤峰学院学报》（哲学社会科学版）2013 年第 8 期，第 178~181 页。

③ 刘畅：《高丽中期文人群体的国家主体意识与对华观念的转变》，《文史哲》2021 年第 4 期，第 106~116 页。

④ 芦敏：《从文化角度看北宋和高丽的关系——兼与辽、丽关系作比较》，《南洋问题研究》2007 年第 2 期，第 83~88 页。

⑤ 陈高华：《从〈老乞大〉〈朴通事〉看元与高丽的经济文化交流》，《历史研究》1995 年第 3 期，第 45~60 页。

高丽的文化交流》① 都以书籍字画为中心，以小见大，对高丽和中国绘画艺术交流、经济交流、文化交流以及高丽的海洋观念做了完整的阐述。研究旨趣与之类似的著作还有李海英的《〈宣和奉使高丽图经〉与高丽茶文化及海路传播》②。杨渭生所著《中韩佛教文化交流述略——以杭州三寺为例》③ 和《宋与高丽的典籍交流》④ 探讨了宋朝与高丽文化交流对双方尤其是对高丽的影响。该类著作围绕海上丝绸之路发生的某一类文化交流或历史文献，以小见大，深入探讨高丽与古代中国的各方面的文化交流。

韩国史学家注重岛屿在海洋中的作用并以此为出发点着重关注岛屿的民俗文化和民间信仰。国内学者从民族情感出发，关注我国东南沿海的民间信仰、茶文化、儒释道三教等文化如何经海上商路传播至高丽并产生影响；或着重关注高丽海洋文化与我国文化的共同点，并进行解释说明，为建立"海洋命运共同体"提供理论依据。以海洋通道探索双方的海洋经济文化、政治文化、文化的功能以及海洋在其间的重要地位是我国学者一向关注的研究方向。

在以中国为中心，分析环中国海洋族群的海洋观念和海洋文化的整体时段研究方面，吴春明和佟珊在《环中国海海洋族群的历史发展》⑤ 中论述了中华海洋文化对高丽等海洋族群的影响，中国海洋文化在这些海洋族群中的传播情况，以及与之产生的互动。朱雄《东亚海洋文化的生成演变与未来走向——基于历史的考察》⑥ 则从"东亚地中海"的地理空间结构出发，系统地把握东亚海洋文化的生成过程、内涵、特点、演变和未来走向，以及东亚各国海洋文化内涵的特点和差异。

这类整体性时段研究以时间跨度大和空间整体性高为特点。通常以"朝贡制度"的政治视角、"儒家文化共同圈"的文化视角及"海上丝绸之路"的经济视角对环中国海洋族群的海洋文化做出整体的叙述。在比较中日韩三国的海洋观念和海洋文化的联系和区别上，强调中国文化在"环中国海文化共同体"中的主导作用。

---

① 陈高华：《元朝与高丽的文化交流》，《韩国研究论丛》2008 年第 2 期，第 339~349 页。
② 李海英：《〈宣和奉使高丽图经〉与高丽茶文化及海路传播》，《赤峰学院学报》（哲学社会科学版）2014 年第 12 期，第 106~108 页。
③ 杨渭生：《宋与高丽的典籍交流》，《浙江学刊》2002 年第 4 期，第 145~150 页。
④ 杨渭生：《中韩佛教文化交流述略——以杭州三寺为例》，《韩国研究》第十辑，国际文化出版公司，2010，第 258~281 页。
⑤ 吴春明、佟珊：《环中国海海洋族群的历史发展》，《云南师范大学学报》（哲学社会科学版）2011年第 3 期，第 9~17 页。
⑥ 朱雄：《东亚海洋文化的生成演变与未来走向——基于历史的考察》，《海交史研究》2020 年第 4 期，第 106~116 页。

在这里，高丽时期的海洋文化只是朝鲜半岛海洋文化史中极其微小的一部分，难以看出高丽时期海洋文化的特色及其在朝鲜半岛乃至东亚海洋文化史上的重要地位。

国内以高丽为主体观察高丽时期的海洋观念和海洋文化的著述不多。其中，中国学者李雪威在《韩国海洋观的历史变迁》[1] 中，从韩国的海洋历史实践中梳理出其海洋观念的发展动向。认为高丽王朝的海洋观念主要表现为跨海通道观、跨海贸易观以及戍岸护海防卫观。

综上，国内学者常常关注高丽海洋文化和海洋观念与中国的互动，强调中国文化对其他民族海洋文化的影响。而对高丽海洋文化发展的自主性着墨不多，在其后的研究中可以适当跳出民族情感和国别史的范围，以高丽为主体对高丽海洋文化的发展脉络做出清晰客观的描述。

有学者认为，海洋文化最原始的形态便是沿海渔民的生产活动以及由此形成的民间信仰和海洋生活习俗，因此可加大对基层海洋人群文化的研究。韩国学者常以岛屿为中心进行海洋文化研究，尤其注重民俗文化、信仰、文化生态、渔业等。新的研究应转换视角，以人为中心，引入家族与亲族组织、社会结构、民间信仰等人类学角度对民间海洋文化做出新的诠释。这种空间区域视角也对我国研究高丽时期的海洋文化有借鉴价值，宋朝与高丽海上航路的出发点从山东"东夷海洋文化区"转移到了浙江等地的"吴越海洋文化区"，到了中期泉州港口又兴起。

除却传统的海洋经济文化和海路文化以外，也可适当运用海洋文化的定义对高丽海洋文化的内涵进行扩充。如通过对民间沿海管理和政府沿海管理意志进行分析，可对高丽时期海洋政治文化、社会文化做进一步的研究。比如韩国学者河宇凤在对韩国海洋史进行回顾以后就指出韩国没有"海洋史观"，只有"大陆史观"。在中世纪封建王朝统治下，海洋与内陆的互动即海洋文化与大陆文化的互动也有望成为新的关注点，而这一点国内外系统研究相对较少。

安成浩在《中日韩海洋文化研究动向与展望》[2] 中呼吁学界要加强对海洋生态文化研究。传统的海洋文化研究，包括海洋人类学在内主要关注的是生活在海域的人类世界本身，忽略了人与岛屿、海洋自然环境、海洋生物之间的相互影响与相互关系等方面的研究。而海洋生态文化研究的成果也将为我国的海洋生态建设提供借鉴。

---

① 李雪威：《韩国海洋观的历史变迁》，《韩国研究论丛》2018 年第 1 期，第 25~40 页。
② 安成浩：《中日韩海洋文化研究动向与展望》，《社会科学战线》2014 年第 2 期，第 77~82 页。

## 二　高丽的海洋贸易管理

海洋文化是宏观层面的思想意识，具体来讲，高丽和中国在航海贸易方面往来最多。海上贸易是高丽海洋史十分重要的层面，中国学界对高丽的海外贸易有着相对广泛的论述。

国内关于高丽与周边国家海上贸易往来概况的著作，主要有李春虎、王明星、王东福、李梅花编著的《朝鲜通史》（第二卷），这本书对高丽与宋、日本和阿拉伯的海上贸易交往概况做了论述。该书在高丽与宋的贸易关系的部分中，探讨了高丽、宋两国间朝贡贸易与发达的民间贸易，双方海上贸易活动受到政府的重视和支持。此外，它介绍了高丽与宋海上贸易活动的其他概况，如双方贸易往来的海上交通线和主要流通商品。它还特别指出，高丽对北宋海商与南宋海商的态度存在差异，主要表现为高丽对南宋商客远不如对北宋商客那样热情。在高丽与日本的贸易关系上，该书认为高丽与日本贸易不活跃，往来有限，活动范围也受到限制。同时，它在呈现史学界对高丽、日本贸易性质的三种意见的基础上，分别阐述了对"官方贸易"、"民间贸易"和"半官半民"这三种贸易性质的看法。由于资料的缺乏，在探讨高丽与阿拉伯贸易活动时，只呈现了高丽与阿拉伯官方贸易规模大的特征和阿拉伯对两国贸易抱有很大期望的情况，其余的方面再无更多论述。①

不少学者关注高丽与宋的海上贸易活动，研究的重点主要集中在高丽、宋官方朝贡贸易、民间贸易、海商活动和高丽、宋在海外贸易上的相关政策和管理制度。国内关于高丽与宋海上贸易论述相对详尽的著作有朴真奭的《十一——十二世纪宋与商丽的贸易往来》，它列举了双方海上贸易往来的形式、内容，分别对官方贸易和私人贸易进行论述，并提出宋商在两国海上贸易活动中的重要作用。②

此外，关于宋朝与高丽海上贸易较为全面、系统的研究文献还有芦敏的《宋丽海上贸易研究》③ 和张弛的《论宋与高丽间的商贸往来》④。前者采用分类法，从各个贸易形态的角度对宋丽海上贸易进行了细致的阐述和研究，在继承史学界

---

① 李春虎、王明星、王东福、李梅花：《朝鲜通史》（第二卷），延边大学出版社，2006，第124~138页。
② 朴真奭：《十一——十二世纪宋与商丽的贸易往来》，《延边大学学报》（社会科学版）1979年第2期，第84~91页。
③ 芦敏：《宋丽海上贸易研究》，博士学位论文，厦门大学，2008。
④ 张弛：《论宋与高丽间的商贸往来》，硕士学位论文，延边大学，2008。

已有成果的基础上，进行了不同的尝试。还关注了两国民间海上贸易的研究，主要系统探讨了宋代为管理民间海外贸易设立的市舶机构，以及由各市舶机构制定的《市舶则法》；后者也论述了宋朝与高丽交往的历史背景、海上贸易往来的形式和商贸的往来对两国交流的促进，但他主张从宋与高丽两国商业经济发展入手，进而分析两国的政治、外交、商贸关系及其对文化的相互促进作用，最终明确商贸往来的重要意义。

在两国朝贡贸易的研究上，陈慧的《论高丽与宋的朝贡贸易》相对全面地阐述了高丽与宋朝贡贸易的背景、意义，详细论证了两国朝贡贸易的物质基础、航路和商品物种，并对两国在朝贡贸易中的得失略加归纳论证。关于两国官方贸易的商品物种的研究颇多，总体来说包括衣带、布帛、金银铜器、土特产等多种类别。有学者通过官方贸易商品物种种类丰富和制作精良的特点，研究宋、高丽两国独特的社会经济状况和文化联系，并揭示当时海外贸易的网络属性，这可以成为宋与高丽两国社会经济史和海外贸易史的补充。[①]

关于高丽、宋是否按照等价交换原则进行朝贡贸易的问题，学界众说纷纭。学界在提到这个问题时，往往依照宋赐物的品种和数量较多，认定宋的交换价值远大于高丽；或者依照苏轼等士大夫的言论认定宋朝在官方贸易中亏损。部分学者认为高丽与宋的朝贡贸易是在政治"不平等"形式下进行的经济上"平等"的贸易，得出高丽与宋官方贸易没有违背等价交换原则的结论，并探讨了朝贡贸易给宋朝来带沉重财政负担的原因在于接待和赏赐聘使的靡费。[②]

关于高丽、宋两国民间海上贸易的研究成果主要有姜吉仲的《北宋与高丽间的贸易及交流关系》[③]。姜吉仲在两国民间海外贸易的问题上主要探讨两个问题。其一，通过两国政府对民间贸易的支持和海上贸易管理制度的制定论述高丽、宋频繁的商人往来维持了宋与高丽的经济外交关系；其二，苏轼等人针对宋与高丽关系以利害关系为中心提出了意见，并反对两国间的贸易往来。

高丽与宋之间的海上贸易是由两国的海商们主导的，海商也是学界研究两国民间海上贸易的重要对象。关于两国海商的主要研究成果有白承镐的《高丽海商与

---

① 芦敏：《宋与高丽官方交易物品杂考》，《信阳师范学院学报》（哲学社会科学版）2010 年第 3 期，第 143~147 页。

② 芦敏：《宋丽海上贸易研究》，博士学位论文，厦门大学，2008。

③ 姜吉仲：《北宋与高丽间的贸易及文化交流关系》，《宋史研究论丛》第九辑，河北大学出版社，2008，第 149~180 页。

宋丽民间贸易》①、李海英的《宋商往来高丽与海路文化交流》② 和《宋朝海商与宋朝高丽关系》③、黄纯艳的《论宋朝海商在中外关系中的作用》④。白承镐对于两国民间海上贸易的研究重点探讨高丽海商对宋贸易活动的三个阶段，并指出高丽海商活动沉浮的原因，认为形成这种局面与东北亚政治形势的巨变和高丽朝廷依照本国政局制订的贸易政策有密切关联。高丽王朝的建设者——王建家族曾通过对华海外贸易活动积蓄经济力量，提高军事实力，海商势力一度成为强有力的割据势力，海商贸易活动繁荣。后来成宗执政时期，为了削弱地方豪族势力而推行"海禁""政策，高丽海商贸易活动逐渐萧条，同时高丽还积极招徕宋商以满足与宋朝进行经济、文化交流的需求。高丽发展到中央集权稳固阶段时，高丽海商贸易再度活跃。李海英在《宋商往来高丽与海路文化交流》中考察宋商往来高丽的背景，统计宋商往来高丽的次数和人数，探讨宋商在高丽与宋典籍、佛教交流中的作用。李海英在另一文《宋朝海商与宋朝高丽关系》中探讨宋朝海商在宋与高丽关系中扮演的角色，并进一步剖析其深层次原因。两国的外交关系的维持，海商起到至关重要的作用。宋与高丽共经历五次断交，断交时间长达 186 年。但长期官方断交期间，宋与高丽交流一直活跃，海商不仅进行海外贸易，肩负沟通彼此的重任，同时还担当文化使者的角色。黄纯艳的《论宋朝海商在中外关系中的作用》也全面探讨了活跃的宋代海商在两国政治、经济、文化交往中发挥的不可替代的作用，同时还分析了宋代海商的构成和兴盛的历史条件。

高丽之所以主要通过海路与宋进行往来，是因为宋朝北方和东北存在着辽、金政权，阻碍着陆路的通行。当元统一中国后，海路所具有的风险性使高丽和元主要通过陆路进行往来。有关于高丽与元的海上贸易研究成果较少，主要有张雪慧的《试论元代中国与高丽的贸易》，该文利用中外历史学、语言学、考古学等资料、特别是以往不太被人注意的原始材料，考察论述元代中国同高丽经过海、陆交通进行的多种渠道、不同形式和规模的贸易往来，种类丰富的进出口商品，以及商业活动对双方社会风习和民众生活的影响。⑤

---

① 白承镐：《高丽海商与宋丽民间贸易》，《朝鲜·韩国历史研究》2013 年第 1 期，第 62~76 页。

② 李海英：《宋商往来高丽与海路文化交流》，《辽宁工业大学学报》（社会科学版）2015 年第 4 期，第 55~58 页。

③ 李海英：《宋朝海商与宋朝高丽关系》，《沈阳大学学报》（社会科学版）2015 年第 2 期，第 199~202 页。

④ 黄纯艳：《论宋朝海商在中外关系中的作用》，《云南社会科学》1995 年第 5 期。

⑤ 张雪慧：《试论元代中国与高丽的贸易》，《中国社会经济史研究》2003 年第 3 期，第 63~70 页。

高丽海交史的研究，具体涉及中国与高丽往来交通的各个港口的开发史、贸易史，多集中于对高丽海上交通航线和港口问题的探讨。

孙泓的《东北亚海上交通道路的形成和发展》①，魏志江、魏楚雄的《论十至十四世纪中韩海上丝绸之路与东亚海域交涉网络的形成》② 等论著都涉及古代中国与高丽主要海上交通航线。其中，孙泓对东北亚地区海上的 5 条交通道路的形成和不同时期的海上交通路线做了探讨。学界认为宋与高丽两国的海上通路主要有两条，以 1074 年为界，分为北路航线和南路航线。北宋前期的北路航线，从山东半岛的登州出发，向东直航，横渡北部黄海，抵达朝鲜半岛西岸的瓮津。另一个出海口，从密州板桥镇起航，出胶州湾，东渡黄海，直航朝鲜半岛西海岸。而高丽至宋则从礼成港起航，在山东半岛的密州或登州登陆，再由陆路行至汴京。南路航线，由明州定海县出发，越东海、黄海沿朝鲜半岛西海岸北上，到礼成港口岸，再由陆路行至开京。高丽人渡海到明州，再入运河北上至宋汴京。

登州港凭借其特定的海洋地理区位成为我国古代主要港口和海上交通要道，它是宋与高丽海上贸易北路航线的出发点，也是我国东方海上丝绸之路的一处重要起点。学界关于登州港的研究成果主要有刘成的《唐宋时代登州港海上航线初探》③，李步清、王锡平的《登州港的变迁及其历史上的作用》④，董奕、杨丽敏、孙艳艳的《登州的历史沿革及特点初探》⑤，樊文礼的《唐代"登州海行入高丽道"的变迁与赤山法华院的形成》⑥，朱龙、董韶华的《登州港与东方海上丝绸之路》⑦。从整体上看，学界对登州港的研究主要集中于在唐代形成的"登州海行入高丽渤海道"的海上航线变迁史，登州港的形成、兴盛至衰落的历史沿革以及登州港在海上丝绸之路中的地位和贡献等方面。在唐代，"登州海行入高丽渤海道"成为中国

---

① 孙泓：《东北亚海上交通道路的形成和发展》，《深圳大学学报》（人文社会科学版）2010 年第 5 期，第 131~137 页。

② 魏志江、魏楚雄：《论十至十四世纪中韩海上丝绸之路与东亚海域交涉网络的形成》，《江海学刊》2015 年第 3 期，第 153~159、238~239 页。

③ 刘成：《唐宋时代登州港海上航线初探》，《海交史研究》1985 年第 1 期，第 46~50 页。

④ 李步青、王锡平：《登州港的变迁及其在历史上的作用》，《海交史研究》1988 年第 2 期，第 42、87~91 页。

⑤ 董奕、杨丽敏、孙艳艳：《登州的历史沿革及其特点初探》，《山东档案》2009 年第 5 期，第 60~62 页。

⑥ 樊文礼：《唐代"登州海行入高丽道"的变迁与赤山法华院的形成》，《中国历史地理论丛》2005 年第 2 期，第 114~119、125 页。

⑦ 朱龙、董韶华：《登州港与东方海上丝绸之路》，《中国海洋大学学报》（社会科学版）2004 年第 4 期。

通往高丽和日本的主要航线，船舶从登州港出发朝东北行，沿庙岛群岛经马石山（老铁山）至都里镇（旅顺），过青泥浦（大连），沿辽东半岛过桃花浦、杏花浦（碧流河口）、石人望（石城岛海峡）到达乌骨江（鸭绿江），再南下到新罗（朝鲜），由朝鲜再前行经对马海峡抵日本。北宋时，登州港依然是中国北方海外交通的重要港口，此时除登州港外，中国北部辽东半岛上的女真国、南方诸港的海上交通线也发展起来。① 后来，因为政治重心南移，北方战乱频繁，登州港在海上贸易航线中的地位弱化。②

宋朝时期的明州港与高丽贸易往来最为频繁，它是高丽与中国海上交通南路航线极为重要的港口。有关明州港的研究成果主要有倪士毅、方如金的《宋代明州与高丽的贸易关系及其友好往来》③，张锦鹏的《南宋时期明州港兴盛原因探讨》④，盛观熙的《海上丝绸之路与明州港》⑤，张伟的《宋代明州港在东亚贸易圈中的地位》⑥ 和《略论明州在宋丽民间贸易中的地位》等论著。学界对明州港的研究主要集中于它由兴起到兴盛的历史沿革和原因、与高丽贸易往来频繁的社会原因和客观条件、明州港通航回航时间和明州港市舶司改革、明州民间贸易概况等情况。明州港的兴盛繁荣主要得益于区位因素和市场因素，明州港可近距离辐射中国近海海域，有便捷的内陆运河和陆路交通，连接长江黄金水道，靠近南宋都城这一巨大消费市场，这些区位优势决定了明州港成为海洋经济和内陆经济、国内市场和海外市场的交接点，为明州港海外交通贸易发展奠定了良好的基础。⑦

袁晓春的《海上丝绸之路与 14 世纪中韩航海交流——以蓬莱高丽古船为中心》⑧，崔云峰、金成俊的《论蓬莱出土的高丽古船在韩国船舶史上的意义》⑨ 以发掘出土

---

① 刘成：《唐宋时代登州港海上航线初探》，《海交史研究》1985 年第 1 期，第 46~50 页。

② 孙泓：《东北亚海上交通道路的形成和发展》，《深圳大学学报》（人文社会科学版）2010 年第 5 期，第 132 页。

③ 倪士毅、方如金：《宋代明州与高丽的贸易关系及其友好往来》，《杭州大学学报》（哲学社会科学版）1982 年第 2 期，第 81~91 页。

④ 张锦鹏：《南宋时期明州港兴盛原因探讨》，《华中科技大学学报》（社会科学版）2007 年第 1 期，第 61~67 页。

⑤ 盛观熙：《海上丝绸之路与明州港》，《内蒙古金融研究》2003 年第 A3 期，第 162、209~213 页。

⑥ 张伟：《宋代明州港在东亚贸易圈中的地位》，《中国港口》2014 年第 9 期，第 13~15 页。

⑦ 张锦鹏：《南宋时期明州港兴盛原因探讨》，《华中科技大学学报》（社会科学版）2007 年第 1 期，第 61~67 页。

⑧ 袁晓春：《海上丝绸之路与 14 世纪中韩航海交流——以蓬莱高丽古船为中心》，《当代韩国》2006 年第 3 期，第 90~94 页。

⑨ 崔云峰、金成俊：《论蓬莱出土的高丽古船在韩国船舶史上的意义》，《海交史研究》2007 年第 2 期，第 99~108 页。

的蓬莱高丽古船为中心探讨了蓬莱高丽古船的结构、沉没原因、年代和在登州港发现的原因。蓬莱出土的高丽古船是中国境内第一次发现的外国古船，可资填补海外交通史研究的空白，具有重要的历史和科研价值。

综上所述，学界在高丽航海贸易的研究方面取得了比较丰硕的成果，此领域的研究涉及高丽与各国的贸易情况，具体表现为海上官方贸易、民间贸易、贸易群体、贸易流通物品、交通工具及港口航线等诸多方面，从这些研究成果中，我们大致可以理清高丽航海贸易史的脉络。此外，研究重点主要集中在高丽与宋朝的海上贸易史，高丽与周边各国的海上贸易研究成果相对较少。另外，发掘出土的蓬莱高丽古船为高丽航海贸易史研究提供了十分重要的实物资料，期待史学界依托考古发掘的第一手资料挖掘蓬莱高丽古船蕴含的历史信息。

高丽的海洋史除了面向海外的航海经济贸易，还包括国内海岸产业的经营。宋与高丽的频繁贸易交流也对高丽本土的海岸产业产生了影响。关于国内高丽海岸产业的研究，大体可以从沿海农业的发展、沿海手工业和商业的发展两个方面做简单的概述。

高丽的沿海农业发展条件优越，其发展农业的主要优势就是其境内受海洋气候的影响，气候温和，适宜农作物的种植。全春元在《早期东北亚文化圈中的朝鲜》[①]中提到高丽在修筑城塞以阻止海盗入侵时，组织内陆和当地居民在沿海修建了大量的农场；孙希国则在《〈宣和奉使高丽图经〉整理与研究》[②]中提出高丽相对和平、稳定的社会环境促进了农业发展的观点，高丽还采取了开拓荒地、改进农具的措施来促进农业的发展。总体来说，高丽的农业发展受多种因素的影响，海洋条件是影响高丽的农业发展的一个重要因素。但从整体的研究概况来看，对于高丽的农业研究主要关注点在于高丽与农业相关的制度研究，对沿海农业关注较少，并没有系统地对沿海农业进行研究。

在关于手工业和商业方面，近年的研究主要集中在宋与高丽的海上贸易以及以青瓷为代表的高丽手工业的发展方面。高丽手工业发达，学术界对高丽的青瓷研究较多，对于高丽本土的手工业发展，尤其是与海洋相关的手工业研究成果较少。杨雨蕾的《韩国的历史与文化》[③]中提到高丽的手工业技术发达，享誉海外，她在书中提到高丽的手工业主要分为官府手工业、民间手工业和家庭手工业三类，在介绍民间手工业时提到了民间手工业者除了经营矿产品、农产品之外，还经营专盐、海

---

① 全春元：《早期东北亚文化圈中的朝鲜》，延边大学出版社，1995，第230页。
② 孙希国：《〈宣和奉使高丽图经〉整理与研究》，黑龙江人民出版社，2019，第39页。
③ 杨雨蕾：《韩国的历史与文化》，中山大学出版社，2011，第71页。

藻、鱼类等海产品。隋璐的《高丽青瓷茶具初探》① 主要探究了高丽青瓷茶具中中国文化因素的影响。商业方面的研究，大多聚焦于宋与高丽的海上贸易及其对于宋朝的影响，而对于高丽沿海经济影响的研究成果较少。李春虎、王明星、王东福、李梅花编著的《朝鲜通史》（第二卷）② 提到高丽的海外贸易促进了高丽本土高利贷业的出现，高丽面向东北亚各国展开了活跃的海外贸易活动，商业贸易的繁荣自然促进了高利贷业的兴旺。同时，商品流通的加速也使高丽的国内市场进一步扩大，度量衡和金属货币也随之出现。总体来说，高丽的手工业处于极高的发展水平，商业也处于持续发展阶段，对于高丽沿海经济这一问题的全面研究仍然不够，与之相关的内容在著作中仅仅被简单提及，并没有得到深度的探究。

综合来看，高丽优越的地理位置为高丽的农业发展提供了良好的气候条件，手工业与商业也有了一定的发展。但就对于高丽的海岸产业的研究情况来说，对高丽海岸产业的研究尚处在初步阶段，还没有完整的著作或论文来专门介绍与高丽沿海经济相关的问题。与海岸发展相关的问题仅在与高丽相关的研究著作中被一笔带过，并没有进行深层次的探讨。与高丽海岸产业发展相关的文献资料也比较细碎，并没有形成一个较为完整的研究体系。

## 三　古代中国和高丽之间的人员往来

受地理环境、政治生态、文化认同和经济输出等因素的影响，古代中国与高丽之间的海上交流十分频繁，其中涉及的人员规模更是极大。不同身份的人们出于各种目的在两国间往返，其于异国所受接待与保障的问题也随之进入学者视野。本节将以时间为顺序，在中韩关系史的研究背景下，对宋与高丽、辽金与高丽、元朝与高丽的人员往来进行梳理与分析。

在国内，中韩关系史的研究为高丽海洋的相关问题研究提供了一个更为宏观的视野，学者将高丽的海洋问题和人员往来置于整个中韩关系发展史的脉络之下，而不仅仅将其视作局部的历史研究，古代中国与高丽之间的政治关系，也势必会影响到高丽的海上经营与沿海经略。在通史研究方面，我国学者的研究逐渐从对史实的整体介绍与概述，到突出研究者本人的观点和评介，再到近期更多地针对于某一特

---

① 隋璐：《高丽青瓷茶具初探》，《农业考古》2019 年第 2 期。
② 李春虎、王明星、王东福、李梅花：《朝鲜通史》（第二卷），延边大学出版社，2006，第 233 页。

定时期或有争议的问题进行阐述，研究逐渐深入化、精细化；中国和高丽关系断代史的研究，主要分为宋与高丽关系、辽金和高丽的关系、元与高丽关系以及明朝与高丽关系四个方面，杨昭全、权赫秀、李廷青和魏志江等学者都对此进行过回顾和总结①。总的来说，在中韩关系史视角下的中国与高丽关系史的研究上，学界都更为注意从宋到明双方的官方政治外交关系，但也多以各时期古代中国政权为中心来探讨两者关系变化，而且未出现对海洋史方面的讨论与研究。

　　首先，宋与高丽间的人员往来，一直是学界研究的热点。在人员构成上，商贾、使团和僧侣是这一时期海上交往较为频繁的三种群体。首先是商贾，魏志江认为，宋朝海商成为当时东亚海域内最活跃的海商，甚至在一定程度上主导了东亚海域的秩序。而关于商贾的描述可在《宋史》和《高丽史》等原始典籍上找到大量记载，对高速发展的贸易经济的重视，实际上与政府鼓励海外贸易的积极政策有关。高绵曾在《略论宋代海外贸易政策》②中指出，宋代经济繁荣的一个显著特点是海外贸易十分活跃，创造了我国封建社会海外贸易事业发展的高峰。且在这一时期，两宋政府派遣使者泛海招引外商前来贸易，扩大海外互市规模，视开放海外贸易为有利于国家的重要举措，这与唐代相比是一个很突出的转变。在《宋朝招商政策探析》③一文中也有与之大同小异之表述，郭东旭认为宋朝是一个对外贸易非常活跃的历史时期。此时的政府通过采取积极招徕蕃商、适宜措置舶利、抚慰漂来海船和绥抚驻华蕃人等措施，不仅在沿海港口聚集了无数蕃舶，云集了大量衣冠各殊的蕃国商人，甚至还出现了"涨海声中万国商"的盛况。同时，市舶制度的确立，也在一定程度上为宋朝政府经营海外贸易事业起到了规范、安顿、保护和调节的作用，谭阿勇更是在《宋丽海上贸易及互市舶法研究》④中说道，（市舶制度）并非一时的产物，它是宋代在海上贸易的长期实践中逐渐形成并完善的，不仅对宋代海上贸易产生了极大作用，而且对其后的元代市舶法的创建奠定了基础。

　　为保证两国关系长久不衰，使团必不可少，其人员构成包括但不限于使节、商

---

① 权赫秀：《最近三十年来国内学界的中韩关系史研究综述》，载徐秀丽主编《过去的经验与未来的可能走向——中国近代史研究三十年（1979~2009）》，社会科学文献出版社，2010，第436~457页；杨昭全：《建国60年来我国的朝鲜·韩国史和中朝、中韩关系史研究综述》，载《朝鲜·韩国历史研究》总第十二辑，延边大学出版社，2012，第434~479页；李廷青、魏志江：《中国学界高丽史研究现状与展望》，《韩国研究论丛》2021年第1期，第135~164页。

② 高绵：《略论宋代海外贸易政策》，《泉州师范学院学报》1986年第1期，第61~65页。

③ 郭东旭：《宋朝招商政策探析》，《河北大学学报》（哲学社会科学版）2001年第3期，第16~20页。

④ 谭阿勇：《宋丽海上贸易及互市舶法研究》，《河南省政法管理干部学院学报》2011年第1期，第157~162页。

人和医官。为使读者能够对宋与高丽的使团职责有更加直观的认识，祁庆富在《宋代奉使高丽考》① 一文中以附着表格的形式分时段详细论述了两宋时期宋朝政府向高丽派遣使者的状况。孙建民、顾宏义的《中国宋朝与高丽外交关系论略》② 则从两国外交的背景和主旨出发，根据二者关系的亲密与疏淡进行了相应的历史分期，以微见著，反映对应时期两国的具体国策与政治、军事形势。黄纯艳将视线聚焦于使团中的商人群体，在《宋代商人在对外交往中的政治作用》③ 中分入仕、传书、救援、护送四部分阐释了商人于外交中所起到的不容小觑的沟通桥梁作用。此外，李荣准的《北宋明州高丽使行馆》④ 依靠对高丽使行馆——宋廷对高丽使团接待处的建造背景、过程和影响的剖析，展现当时两国间往来的盛况。王霞在深挖原始史料的基础上，作《北宋与高丽使节往来二题》⑤，纠正了高丽首次向宋遣使的时间以及时赞的身份问题，澄清了学界长期以来对此的误解，为梳理宋与高丽朝贡关系提供了良好的基础。

　　由于宋朝与高丽皆对佛教采取保护政策，且统治者均给予其足够的礼遇和重视，故在 10~11 世纪，宋与高丽双方的佛教文化交流频繁，常有相当数量的僧侣于广袤无垠的海洋上往来驰骋，在一定程度上促进了两国的佛教发展和佛学研究。但纵观学术界，实际上关于宋与高丽时期佛教交流的研究较少，学者大多就交流中的某一重要人物进行探析，其中最为突出的便是义天求法一事。顾宏义在《宋朝与高丽佛教文化交流述略》⑥ 一文中论述了宋与高丽佛教交流的形式、影响其发展的因素（主要是政治层面）、义天的求法活动及佛教风俗为双方带来的影响。杨渭生的《禅宗东传与智宗、坦然——宋与高丽佛教文化交流之一》⑦ 则从高丽僧人智宗和坦然的求法、讲经与回国发展入手，描述了北宋禅宗与高丽佛教的交流情况。陈景富也在《天台宗东传朝鲜半岛》⑧ 一文中提到了另外两位高丽僧人——谛观、

---

① 祁庆富：《宋代奉使高丽考》，《中国史研究》1995 年第 2 期，第 145~154 页。
② 孙建民、顾宏义：《中国宋朝与高丽外交关系论略》，《洛阳师专学报》1996 年第 1 期，第 43~50 页。
③ 黄纯艳：《宋代商人在对外交往中的政治作用》，《人民论坛》2016 年第 27 期，第 142~144 页。
④ 李容准：《北宋明州高丽使行馆》，《东南大学学报》（自然科学版）2003 年第 4 期，第 526~528 页。
⑤ 王霞：《北宋与高丽使节往来二题》，《北华大学学报》（社会科学版）2016 年第 2 期，第 90~93 页。
⑥ 顾宏义：《宋朝与高丽佛教文化交流述略》，《西藏民族学院学报》（社会科学版）1996 年第 3 期，第 32~37、77 页。
⑦ 杨渭生：《禅宗东传与智宗、坦然——宋与高丽佛教文化交流之一》，《宋史研究论丛》第五辑，河北大学出版社，2003，第 240~249 页。
⑧ 陈景富：《天台宗东传朝鲜半岛》，《东南文化》1994 年第 2 期，第 108~118 页。

义通来到北宋及对天台宗复兴所做的贡献等。以上研究虽皆从不同角度、多个方面论述了宋与高丽间的佛教交流问题，但却并未系统地将佛教交流与当时的政治、经济、文化等相结合，而是侧重于对这一现象表面的研究。此外，当今学术界在中韩佛教关系的研究方向上也失之偏颇，其着眼点多置于唐与新罗交往时期，如拜根兴的《唐与新罗使者往来关联问题的新探索——以九世纪双方往来为中心》①《入唐求法：铸造新罗僧侣佛教人生的辉煌》②，王霞《新罗僧侣与洪州禅》③ 等，梳理了新罗僧人入唐的动机、在唐活动的范围与职责，将原本一个个孤立的问题系统化、逻辑化，而王霞更是另辟蹊径，立足于地方禅宗，探讨新罗僧人求法模式的转变及其之后的发展轨迹。如此开拓的视野与对问题进行的关联性的深挖都是宋与高丽佛教关系研究者应当注意与学习的。

近年来，对于古代中国与高丽之间的人口流动所做研究较为全面的当属王霞的《宋朝与高丽往来人员研究》④，其通过对官方使节、民间商人、留学生、求法僧和移民五大人群进行微观考察，把握他们的群体特征，以小见大，提出在这一时段，古代中国与高丽间的交往模式已从常规的"迎进来"转向"走出去"，中方于贸易层面也由传统的被动接受者变换为主动发起者。而在这一过程中，各种往来人员便成为这种关系转变的直接推动者，由此构建出的宋与高丽关系也就颇具代表性与典型性，有助于学界从不同角度揣度多元政治格局下两宋政权的对外关系与外交政策。

同时我们也需看到，以上研究多将目光投放至宋商赴高丽的贸易、来往人员的构成和两宋政府对待外商的管理上，而关于高丽政府对来丽人员（尤其是除商贾外的赴丽人士）的管理与移民政策却鲜少有学者涉及，在古代中国与高丽人员往来的研究方面存在研究力度分布不均的问题。

其次，我们也需关注到，辽、金作为与宋并立的两大政权，其与高丽间同样存在大量往来人员，但与宋丽交流相比，往返于辽、金与高丽间的人员构成较为单一，多是出于政治结盟及军事联合的目的而派出的使团。目前学界对此

① 拜根兴：《唐与新罗使者往来关联问题的新探索——以九世纪双方往来为中心》，《中国边疆史地研究》2008 年第 1 期，第 70~80、148 页。

② 拜根兴：《入唐求法：铸造新罗僧侣佛教人生的辉煌》，《陕西师范大学学报》（哲学社会科学版）2008 年第 3 期，第 107~116 页。

③ 王霞：《新罗僧侣与洪州禅》，《赤峰学院学报》（汉文哲学社会科学版）2018 年第 9 期，第 61~64 页。

④ 王霞：《宋朝与高丽往来人员研究》，中国社会科学出版社，2018。

的研究整理较为全面，杨通方在以时间为线索，通过辑录文献的方式，介绍了古籍中有关辽与高丽、金与高丽使者往来的情况。此外，陈俊达对辽与高丽间的使臣往来比较关注，近年来发表了多篇与辽和高丽使臣有关的论文，他在《高丽遣使辽朝研究》①里，立足于高丽视角，重点讲述了高丽派遣使者来辽的分期、分类与选派标准问题，从而指出高丽这一时期的遣使行为实际上起到了维系辽与高丽宗藩关系、维护高丽国家安全与利益、推动"贡赐贸易"和吸收辽先进文化的作用，结论颇具实用主义特点。在《高丽遣使辽朝研究述评》②《高丽赴辽使者群体研究》③《高丽使辽使者类型及其派遣考论》④《辽朝与高丽使者往来分期探赜——兼论东亚封贡体系确立的时间》⑤等文章之中，陈俊达进行了更加细致地延伸与拓展，他提出，辽朝与高丽之间的关系已经由简单的封贡关系步入了制度化的封贡体系，但这一关系由于辽与高丽双方国力的悬殊，实质上仍是建立在诸多不平等因素之上的。

关于金与高丽间人员往来的研究以合灿温⑥的论述最为出色，其从金与高丽关系总论、金与高丽朝贡关系的确立时间、高丽遣使金朝的制度化趋势以及高丽遣使金朝的出身与标准四个方面，梳理了近三十年来学术界的相关研究成果。

但由于这一时期宋、辽、金几方势力的此消彼长，高丽与辽、金等政权的交流始终带有试探性与片面性，因而导致这几者间往来人员的构成往往很单一，而这一现象直至元朝建立后方才发生改变。

13世纪时，地处漠北的蒙古部崛起，其花费半世纪时间，完成了对于国家的统一，结束了中国数百年的分裂局面。较之前朝，元朝与高丽之间的交往更为密切与频繁，这一时期，除却传统的使臣、商贾、医官、僧侣和移民往来，两国间还增加了国王、太子、公主等上层贵族和贡女、宦官、译者等人群的流动，在一定程度上促进了双方政治、经济、文化和军事等方面的发展繁荣。

目前国内学界关于元朝与高丽之间人员往来状况的研究成果较多。李鹏曾于

---

①　陈俊达：《高丽遣使辽朝研究》，硕士学位论文，吉林大学，2016。

②　陈俊达：《高丽遣使辽朝研究述评》，《绥化学院学报》2015年第2期，第121~125页。

③　陈俊达、杨军：《高丽赴辽使者群体研究》，《黑龙江社会科学》2016年第5期，第162~167页。

④　陈俊达：《高丽使辽使者类型及其派遣考论》，《西北民族大学学报》（哲学社会科学版）2016年第5期，第79~86页。

⑤　陈俊达：《辽朝与高丽使者往来分期探赜——兼论东亚封贡体系确立的时间》，《西北民族大学学报》（哲学社会科学版）2017年第4期，第99~107页。

⑥　合灿温：《高丽遣使金朝研究》，硕士学位论文，吉林大学，2016。

2010 年作《国内近三十年元丽人员往来研究概述》① 一文，从高丽向元朝的人员流动、元朝向高丽的人员流动和往来于元与高丽之间的重要人物三方面梳理了国内 1980 年至 2010 年三十年间的研究成果，基本将涉及往返于元与高丽间的高丽士族、元朝公主、使臣、贡女、学者、僧人、移民、起义军群体的代表性文章与专著进行了简单概述，资源收集较为全面。同时，李鹏指出，受外交、战乱等因素影响，元朝前往高丽的移民数量非常多，但对此的研究成果却相对比较匮乏，明显少于对入元高丽人的研究，这是当代学者需要注意的。

此外，在 2010 年后，中国学界对元与高丽间人员往来的研究热情仍十分高涨，较为出彩的成果多集中在高丽入元宦官群体方面。喜蕾曾提出，征选高丽宦官入元是元代一种固定的国家制度，是元与高丽两国关系史上的一种特殊政治关系，是元朝与高丽王国之间不平等权利义务关系的具体表现形式之一②。而在《入元高丽宦官在两国关系中的作用》③ 一文中，葛昊福和张瑞霞认为，这些入元高丽宦官除了作为一种贡品存在以外，还能以统治阶级近侍的身份影响国家决策的制定，更有甚者，可以获得出使高丽的机会，为构建和谐的两国关系起到了重要的作用。同时，张金俊《高丽入元宦者关联问题研究》④ 一文更是从高丽宦官情况概括、入元原因、突出人物及心理研究、与贡女的联系、最终结局、后续影响六部分对入元高丽宦官这一群体进行了系统且全面的描绘，使读者得以更加清晰地认识到高丽宦官在元朝的社会地位和职责，最为突出之处则是对这些宦官心理状态的刻画，借此有利于探讨其行为的内在动因，并使其影响元丽关系的部分现实基础有迹可循。

除了高丽入元宦官，译者也成为元朝与高丽交往期间出现的一个独特群体。不同于以往的中原王朝，这一时期的国家统治者为少数民族血统，因此，有元一代，朝廷内部及外交方面需要大量的翻译人员，这一现象于《元史》和《高丽史》等古籍中多有记载。但迄今为止，学界关于往来元与高丽两国间的译者研究成果却极为稀少，其中较为突出的为乌云高娃所写专著《元朝与高丽关系研究》⑤，其在第

① 李鹏：《国内近三十年元丽人员往来研究概述》，《内蒙古大学学报》（哲学社会科学版）2010 年第 5 期，第 52~57 页。
② 喜蕾：《元代高丽贡宦制度与高丽宦官势力》，《内蒙古社会科学》（汉文版）2002 年第 3 期，第 38~42 页。
③ 葛昊福、张瑞霞：《入元高丽宦官在两国关系中的作用》，《唐山师范学院学报》2015 年第 3 期，第 90~94 页。
④ 张金俊：《高丽入元宦者关联问题研究》，硕士学位论文，陕西师范大学，2015。
⑤ 乌云高娃：《元朝与高丽关系研究》，兰州大学出版社，2012。

六章"元朝与高丽关系中的译者"里，对译者所需精通的语言及译者来源、职能进行了简单介绍，该书虽通过列表的方式辑录了高丽国内精通蒙古语者，但对于译者的选拔、培养、发展过程及是否有管理译者的专门机构等问题却并未涉及，这些都是值得继续挖掘的。

总体而言，虽然当今学界关于古代中国与高丽之间人员往来的研究成果较为丰富，但多是散见于中朝、中韩关系史研究的著述当中，仅作为其中的一个章节或一个部分进行展示。在论文方面，学者们大多关注某一人群、某一方面或是某一问题，研究较为分散，缺乏整体性分析。时至今日，学界仍未在辽与高丽、金与高丽及元与高丽方面形成专门著述，这值得我们反思。

# 四 结语

以上是对中国学界关于高丽海洋史研究进行的梳理，经过长期的探索，中国史学界在相关领域取得了不少成果，针对目前研究现状，本文得出以下几点认识。

首先，从高丽的海洋文化到海内外经贸产业的经营，再到古代中国和高丽之间的人员流动等方面，学术界都取得了重大研究成果，但也存在一些问题。关于高丽的海洋观念和文化方面，国内学者的重点方向放在中国文化对高丽海洋文化观念的影响上，从研究方法上借助其他方面来研究双方的文化交流，缺少跳脱出中国本位的、以高丽自身海洋文化为主体的研究，例如对高丽本身的海洋信仰、沿海民俗、海上祭祀、海洋生态等问题的讨论较少。在高丽海洋贸易管理方面，宋与高丽之间的海上贸易一直都是高丽航海经贸研究关注的重点，在官方贸易和民间贸易这两者中，学者比较关注中国和高丽的朝贡贸易；海上贸易涉及的海交史研究，主要集中在中国港口城市和东亚海上航线等方面。相对于高丽海外贸易取得的研究成果，学界对高丽国内沿海经济管理的研究则明显不够，对高丽沿海渔业的发展、产盐地区的开发关注度较低，关于高丽海岛生态的研究更是一片空白。在中国与高丽的人口流动上，在中国与高丽的人员往来上，当今学界虽对两国间往来的人员构成有了较为清晰的认知，但关于不同朝代的各类人群在国家关系、海洋管理和东亚丝绸之路建设中所分别起到的作用却存在着重点失之偏颇的问题。例如在辽与高丽、金与高丽之间，双方往来人员多以使臣为主，甚少涉及对留学生、僧侣等群体的描写，这是由当时的时代背景造就的；而对于宋与高丽，诸多学者将重点放在了商人群体上，借由商人探讨宋与高丽海上贸易的状况，而较少涉及其在国家政治和外交方面的影响，且对其他人群的刻画，也多从个例出发，较少对其进行群体性摸索与规律总结，与唐与新罗时期人员往来的研究相比，缺乏关联性与系统性。

因此，从各个研究热点可以看出，目前国内学术界在高丽海洋史研究问题上，存在着一个以中国为本位看高丽、以中国的正史资料来解读高丽的趋势，虽然我们在高丽海洋史的研究方面已经取得了重要成果，但仍然存在一些没有被关注到的研究问题，尚待深入讨论。

其次，从上述研究成果来看，当前学术界对高丽海洋史的研究主要有如下三个特点。

第一，在研究内容上，学界对高丽海洋史相关论题的关注不够均衡。从高丽海洋文化和信仰、海洋贸易管理和人员流动三个方面来看，高丽海上贸易方面的相关研究最多，而国内对于高丽海岸产业的研究则较为少见；中国学者过多地关注宋与高丽的贸易，尤其关注官方朝贡制度，忽略民间贸易往来，海交史方面的研究成果也主要集中在对登州港和明州港的研究上，而高丽沿海渔盐业经营、海岛开发这部分的空白还有待填补。

第二，在研究方法上，中国学者对高丽方面史料运用较少。中国学者更倾向于使用中国古代正史的记载，缺乏对高丽官方史料的运用，引用《高丽史》作为例证的文献不多；对高丽非汉文史料的运用也极少；对实物史料的挖掘还不够；对考古研究发现的利用不到位，如缺少对宋和高丽海域间发掘出土的沉船的利用。总而言之，国内学界运用的史料的丰富程度还远远不够。

第三，在研究视角上，往往是从中国看周边的角度出发。国内学者往往会以中国为中心研究高丽历史，借助中外交流方面的史料来论述高丽海洋史方面的特点，高丽作为一个独立的半岛民族国家，具有其不同于传统陆地国家的独特的海洋发展策略和思想，但是国内的学者却少有人能跳出中国本位的视角，把高丽作为一个独立的海洋民族国家来进行研究。

最后，几十年来中国学者对高丽海洋史的研究，仍然停留在对中国史料的解读、官方朝贡关系、细碎历史问题的研究等方面，显然这对于研究高丽海洋问题的全貌是远远不够的。接下来应当站在高丽的角度对其海洋管理问题深入推进，重点研读高丽方面的相关史料，综合运用高丽墓志等实物史料，分析挖掘沿海沉船资料，着重分析民间层面的往来，跳脱出中国本位的视角，将高丽海洋管理问题置于东亚海洋史的格局下进行研究，为丰富高丽史研究成果和助益中海海上对外交流提供参考。

《中国与域外》第五辑（2023.06）第 334~342 页

# 李叶宏著《唐朝域外朝贡制度研究》[*]

侯晓晨[**]

朝贡是古代中国与周边国家、民族之间的一种常见和重要的外交活动。一方面，朝贡体现着中外经济文化的交流；另一方面，朝贡也是中外政治关系的反映。唐朝前期对外交往情况空前繁盛，所谓"凡四蕃之国经朝贡已后自相诛绝及有罪见灭者，盖三百余国"[①]。这种局面的出现，除了唐朝国力强盛的因素起到作用之外，成熟和完善的政治制度也发挥着不可替代的作用。

学界不乏从制度层面探讨唐朝对外关系的著作。如黎虎对唐朝外交制度方面、李大龙对使节往来方面、王贞平对宾礼方面的研究等。[②] 王尚达、许序雅、程妮娜、李云泉、石见清裕等学者也对唐朝朝贡问题进行研究，[③] 但研究成果或缺乏系统性，或区域性明显，不足以揭示朝贡制度的全貌。李叶宏（以下简称"作者"）《唐朝域外朝贡制度研究》（以下简称《域外朝贡》，中国社会科学出版社，2021年4月，"国家社科基金后期资助项目"）共 30 余万字，是第一部以朝贡制度为中心探讨唐朝对外关系的专著。笔者不揣固陋，从三个方面对是书给予介评。不当之处，请不吝赐教。

---

[*] 李叶宏：《唐朝域外朝贡制度研究》，中国社会科学出版社，2021。（以下对是书的引用随文标注页码）基金项目：新疆维吾尔自治区社科基金项目"天山廊道交通路网建构视域下的唐代新疆治理研究"（20BZS096）阶段成果。

[**] 侯晓晨，新疆大学历史学院讲师。

① 李林甫等撰，陈仲夫点校《唐六典》卷四《尚书礼部》，中华书局，2014，第 129 页。

② 参见黎虎《汉唐外交制度史》，兰州大学出版社，1998；李大龙《唐朝和边疆民族使者往来研究》，黑龙江教育出版社，2013；王贞平《唐代宾礼研究——亚洲视域中的外交信息传递》，中西书局，2017；等等。

③ 参见王尚达《唐代中原与西域之间的贡赐贸易管窥》，《社科纵横》1994 年第 2 期，第 64~66 页；许序雅《唐朝与中亚九姓胡关系演变考述——以中亚九姓胡朝贡为中心》，《西域研究》2012 年第 1 期，第 1~10 页；程妮娜《唐朝渤海国朝贡制度研究》，《吉林大学社会科学学报》2013 年第 3 期，第 138~148 页；李云泉《万邦来朝——朝贡制度史论》，新华出版社，2014，第 28~35 页；石见清裕《唐代北方问题与国际秩序》，胡鸿译，复旦大学出版社，2019；等等。

# 一 本书的内容

《域外朝贡》分为绪论和六个章节。绪论当中，作者结合国内外研究的现状，对朝贡制度的相关概念进行了界定，包括朝贡、中国中心主义、欧洲中心主义、朝贡贸易体制论四个方面。继而对唐朝域外朝贡制度的研究做了较详细的梳理，包括唐朝管理机构、朝贡环节、册封制度、纳质制度、和亲制度、朝贡物品、入唐使臣、羁縻府州制度等八个方面。作者注意到，学界对唐朝域外朝贡制度尚无专门、系统的研究，尤其是在民族和邻国朝贡制度的区分以及朝贡制度实施两个方面的研究较少。

第一章"唐朝域外朝贡制度概论"。作者首先分析了唐朝域外朝贡制度的理论基础，包括天朝心态与"大一统理念"、"华夷之辨"和"同服不同制"观念、"修德怀柔远夷"与"厚往薄来"思想。其次，分别对先秦、汉朝、魏晋南北朝、隋朝的域外朝贡制度做了概述。继而论述藩国、其他民族对唐朝的朝贡，包括朝贡的目的、路线等。接着分析了唐朝域外朝贡制度的形式与特征。最后，论述了与唐朝域外朝贡制度密切相关的羁縻、册封、授官、纳质、和亲制度。

第二章"唐朝域外朝贡制度的一般规定"。作者依次论述了中央和地方域外朝贡的管理机构及其演变过程、入唐贡使的来源与贡使的服装制度、唐朝的贡品和赐品制度以及国书、过所、管驿等其他域外朝贡制度。

第三章"唐朝域外朝贡礼仪制度"。作者详细、完整地探讨了朝贡使入境、进京、在京三个阶段内的各项制度规定。

第四章"唐朝域外朝贡制度的分层与演变"。作者将唐朝的域外朝贡制度分为"内圈"和"外圈"两部分，又分为四个历史阶段，认为唐朝的域外朝贡制度在唐高祖、太宗时期初步形成，在唐高宗时期基本定型，在武则天、玄宗时期发生重要变化，安史之乱以后受到挑战。

第五章"域外朝贡制度的实施"。围绕制度的实施，作者首先采取个案分析法，以渤海国、吐蕃、日本三者为例进行讨论。其次，探讨违反域外朝贡制度的事件及与域外朝贡制度相关争议的解决。接着论述战争在域外朝贡制度实施过程中产生的影响。继而结合图示讨论域外朝贡制度实施中的策略均衡。最后，总结域外朝贡制度实施的特点。

第六章"唐朝域外朝贡制度的文化影响与当代意义"。作者从中外文化交流层面分别论述朝贡物品与唐朝文化的关系以及域外朝贡制度与唐朝的文化输出。继而分析了唐宋域外朝贡制度的区别。最后，总结唐朝域外朝贡制度在边疆民族地区治理、对外交往等方面的借鉴意义。

## 二 本书的特色

从写作方法和呈现的内容来看，笔者以为《域外朝贡》主要有以下三个特色。

第一，结构合理、内容系统。第一章以域外朝贡制度的理论基础开篇，随之概述先秦至隋朝的域外朝贡制度，有助于读者理解中国古代统治者的天下观、夷夏观，熟悉唐朝以前域外朝贡制度的发展脉络。第四章则属于对唐朝域外朝贡制度性质和发展演变的归纳，是对第二章、第三章唐朝域外朝贡制度内容的理论升华。第三章、第五章论述的是唐朝域外朝贡制度的运行与实施。第六章则进一步阐述唐朝域外朝贡制度文化及其现实意义。因而整体上看，全书各章节连贯一体，内容丰富，叙述有章法。

第二，制度内容与制度的运作、实施相结合。第三章完整地展现出域外朝贡使入境、接待、进京、住宿、转交贡品、导引、觐见、赐宴、宣慰、回赐、送归等各个环节的章程，使读者容易掌握制度的具体运行过程。第五章标题中的关键词为"实施"，可见作者同样是贯彻"活的制度"的写作思路。

第三，观点创新。作者将唐朝的域外朝贡制度分为两种，一是唐朝管理边疆民族的朝贡制度，被称为"内圈"朝贡制度，二是唐朝与周边国家的外交制度，被称为"外圈"朝贡制度，以此弥补学界对域外朝贡不加区分的不足。在此基础上，作者又进一步阐述唐朝的三层"天下"格局与域外朝贡的关系。第一层即唐朝直接管辖的州县。第二层指第一层之外的羁縻府州，受唐朝不同程度的管辖，大致与"内圈"朝贡民族相对应。第三层指第一、二层之外的其他国家，大致包括但不限于"外圈"朝贡国家。

## 三 本书的若干不足

唐朝域外朝贡的研究涉及面广泛，从制度层面探讨唐朝的对外关系，而唐朝对外交往的民族、国家众多，参考文献本身也具有前后记载矛盾的地方，这些都会增加研究的难度。笔者在学习过程中，认为本书有若干未尽善之处，兹分别指出。

## （一）表述不当

《域外朝贡》存在若干表述不当的地方。其中，笔者以为最具争议的是书中"藩国"一词的使用。作者在"绪论"中指出"本书的研究对象为藩国、民族的对唐朝贡制度"（第17页）。但作者并未对"藩国"进行概念界定。以下试举数例，以阐明"藩国"的含义。

（开元）五年（717），下诏曰："九族以亲，克敦其教；百代必祀，允竟厥德。故蔡州刺史、越王贞，执心不回，临事能断。粤自藩国，勤于王家。"①

武则天临朝以后，唐太宗第八子越王贞密谋匡复，并随之起兵。开元初年，朝廷念其勤王之功，欲追复官爵。越王贞是李唐宗室，则引文中的"藩国"，显然属于唐朝境内的"分封"。又如唐玄宗时期修建兴庆宫，诏书言及："朕昔在藩国，此维邸第。"② 这里的"藩国"，也指玄宗作为宗室藩王时在唐朝境内的"分封"。

"藩国"作"藩属国"讲，如贞元九年（793），南诏国主牟寻定计归唐，国书言及"牟寻请归大国，永为藩国"③。

由上可见，"藩国"作"属地、属国"讲时，可指唐朝境内的"藩国"，如上举越王、玄宗作为宗室藩王时的辖管区域可称为他们的"藩国"。同时，"藩国"也可以是唐朝域外的属国，如南诏归唐，自认为是唐朝的属国。

"蕃"有"外国的"的含义，④ "蕃国"指唐朝域外的蕃国，这种用法在文献中非常普遍。但是从《域外朝贡》的论证来看，作者往往将文献中的"蕃"解释为"藩"，混淆了两者的含义。如作者列举《大唐开元礼》中的《蕃国王来朝以束帛迎劳》与《蕃王奉见》的标题，但论述时却用"藩国"（第70~71页）。如在论述主客司的职责时，作者言"《旧唐书》记载，主客司负责二王后与各藩国'朝聘之事情'"（第93页），而文献原文为"掌二王后及诸蕃朝聘之事"⑤。在论述司门司的职责时，作者言"《新唐书》卷四十六《百官志一》记载，藩国商旅与贡使往返，'阅其装重'"（第95页）。而文献原文为"蕃客往来，阅其装重"⑥。又如作者举《册府元龟》"藩国人准备用刀刺自己"（第125页）例，而文献原文为

---

① 《旧唐书》卷七六《太宗诸子越王贞传》，中华书局，1975，第2664页。
② 董诰等编《全唐文》卷三七，玄宗《营兴庆宫德音》，中华书局，1983，第408页。
③ 《旧唐书》卷一九七《南蛮传》，中华书局，1975，第5282页。
④ 王力、岑麒祥等：《古汉语常用字字典》，商务印书馆，2005，第99页。
⑤ 《旧唐书》卷四三《职官志二》，中华书局，1975，第1832页。
⑥ 《新唐书》卷四六《百官志一》，中华书局，1975，第1201页。

"胡人欲持刀自刺以为幻戏"①。再如作者引用敦煌文献 S.1344《开元户部格残卷》，言"各藩国部落尚在各州的，应听从州官的命令"（第 66 页），但是文献原文为"诸蕃部落见在诸州者，宜取州司进取"②。通过以上列举的例子可以发现，作者多把文献中的"蕃"解释为"藩"，甚至把"胡人"也认作"藩国人"。事实上，文献原文中的"蕃"指外蕃，这是最接近原文的解释。作者解释为"藩国"，但"藩"并没有"外国的"这一义项。这样解释不仅违背文献原意，也不符合实际。因为唐朝时只有少数周边政权属于唐朝的"藩属国"。因此，书中"藩国"的表述并不恰当。

此外，作者认为负责唐朝地方域外朝贡管理的有"监使"和"中使"，皆为太监，他们充任的使职有市舶使、宣慰使、安抚使、礼宾使、告哀使等（第 100 页）。这种表述存在两个问题：其一，唐代宦官的研究几乎不使用"太监"一词；其二，充任市舶使、安抚使、告哀使的官员并非皆是宦官。③

## （二）史料误读

《域外朝贡》存在若干史料误读的地方。如第 47 页：

> 隋朝初年，虽有突厥、吐谷浑侵扰，但西域地区仍有朝贡。《隋书》卷一《高祖上》记载，开皇元年（581 年），突厥派使臣向隋朝朝贡。同年九月，突厥再次派出使臣进贡土特产。《隋书》卷五十一《长孙晟传》记载，开皇八年（588 年），突厥进贡马一万、羊二万匹，"驼牛各五百头"。

作者欲论述隋朝初年西域地区仍有朝贡之事，但所举的三个例子皆非来自西域。开皇元年（581），突厥汗国尚未分裂，此时的突厥在隋唐时人眼中属于"北狄"，并非西域之人。至于《长孙晟传》中开皇八年朝贡的记载，据《隋书·突厥传》，朝贡者是北突厥都蓝可汗部落，④ 同样并非西域。

又如第 108 页：

---

① 王钦若等编《册府元龟》卷一五九《帝王部·革弊一》，中华书局，1960，第 1921 页。

② 唐耕耦、陆宏基编《敦煌社会经济文献真迹释录（第二辑）》，全国图书馆文献缩微复制中心，1990，第 571 页。

③ 参见宁志新《试论唐代市舶使的职能及其任职特点》，《中国社会经济史研究》1996 年第 1 期，第 12～14 页；李大龙《唐朝和边疆民族使者往来研究》，黑龙江教育出版社，2013，第 64～73、93～94 页。

④ 《隋书》卷八四《突厥传》，中华书局，2019，第 2106 页。

充任贡使的大臣皆为藩国或少数民族的重臣。贞观元年（627年），突厥大臣真珠统俟斤、道立受派遣入中原进贡……

引文中，作者将"道立"误认为是西突厥派遣的大臣。事实上，"道立"为李唐宗室高平王道立，其于武德末年出使西突厥，此次同西突厥统俟斤一同入朝。

又如第163页：

唐太宗为便利藩国朝贡，贞观十七年（643年）十月，诏令在京造邸三百余所，用以接待朝贡使臣。

引文所言唐太宗造邸三百余所，实际上是专门为诸州朝集使而设，[1] 正所谓"故事，为诸州刺史、郡守，创立邸舍于京城"[2]，并非为蕃国朝贡使而建。

再如第125页：

《册府元龟》卷一百六十八《帝王部·却贡献》记载，武德元年（618年），李渊诏令西域贡使，称其受命为君，立志俭朴……

翻检《册府元龟》原文，诏书言"西旅献獒，邵公于是作诫；东齐馈乐，尼父所以离心"[3]，这种对偶的句式显然是泛指四方朝献，而并非针对"西域贡使"。

### （三）史实讹误

《域外朝贡》存在若干史实讹误的地方。如第1页：

终唐一世，入唐朝贡的藩国有近一百……

作者言有唐一代入唐朝贡的国家约有一百个，然据《唐六典》："凡四蕃之国

---

[1] 参见雷闻《隋唐朝集制度研究——兼论其与两汉上计制之异同》，载荣新江主编《唐研究》（第七卷），北京大学出版社，2001，第295页。

[2] 王溥：《唐会要》卷二四《诸侯入朝》，中华书局，1960，第459页。

[3] 王钦若等编《册府元龟》卷一六八《帝王部·却贡献》，中华书局，1960，第2024页。

经朝贡已后自相诛绝及有罪见灭者，盖三百余国。"① 可见，入唐朝贡者不止一百个。

又如第 107~108 页：

> 《册府元龟》卷九百七十《外臣部·朝贡第三》载，上元二年（761 年）年初，龟兹王进贡银颇罗，唐肃宗赏赐绢帛"以答之"。

核对《册府元龟》原文，可知引文中"上元二年"龟兹进贡之事，乃是唐高宗上元年间之事，并非唐肃宗时之事。唐代有两个"上元"年号，作者不察，因以致误。

再如第 201 页：

> 同年，唐朝册焉耆国王突骑友为咥利失可汗。

引文中的"突骑友"，即两《唐书·焉耆传》的"突骑支"，是年唐太宗册封的咥利失可汗应是泥熟之弟同娥设，② 并非焉耆王，作者偏信《册府元龟》的记载，因以致误。

### （四）文本校勘欠精当

作为学术专著，文本的准确无误至关重要。相对而言，《域外朝贡》的文本校勘颇欠精当，一定程度上影响了本书的使用价值。《域外朝贡》的文本校勘主要存在两方面的问题，一是古今人名讹误，二是史料引文讹误。兹随举数例。

古今人名讹误的地方较多，如："陈妮娜"（第 9 页）应为"程妮娜"；"王维冲"（第 15 页）应为"王维坤"；"裴通"（第 47 页）应为"裴矩"；"刘公绰"（第 55 页）应为"柳公绰"；"阿史那杜尔"（第 86 页）应为"阿史那社尔"；"魏瞷"（第 126 页）应为"魏謩"；"姚涛"（第 240 页）应为"姚璹"；《因话录》作者"赵磷"（第 299 页）应为"赵璘"；《唐代过所研究》的作者"陈喜霖"（第 302 页）应为"程喜霖"；《全唐文》的编者为董诰，全书统一误作"董浩"。此外，还有数处，不一一列举。

---

① 李林甫等撰，陈仲夫点校《唐六典》卷四《尚书礼部》，中华书局，2014，第 129 页。
② 《旧唐书》卷一九四下《突厥传下》，中华书局，1975，第 5183 页；《新唐书》卷二一五下《突厥传下》，中华书局，1975，第 6058 页。

史料引文有误的地方，如"云本生佛林狗"（第 115 页），《旧唐书》原文为"云本出拂菻国"①；"特御麒麟殿以阅之"（第 100 页），《唐会要》原文为"特御麟德殿以阅之"②。

其他文本错误，如《历代朝贡制度史论》（第 9 页）应为《万邦来朝——朝贡制度史论》，"姓关"（第 17 页）应为"相关"，"都善"（第 47 页）应为"鄯善"，"乌那易"（第 48 页）应为"乌那曷"，"拔换"（第 62 页）应为"拨换"，"朱天二年"（第 87 页）应为"先天二年"，"辎青"（第 100 页）应为"淄青"，"入靓"（第 107 页）应为"入觐"，等等。

### （五）对学界的相关研究把握不足

《域外朝贡》在前贤研究的基础上，将实地调查与文献搜集、整理相结合，从制度层面对唐朝的域外朝贡制度进行了整体、系统的研究，具有开拓性，这是较以往研究进步、突出的地方。但作者在论述过程中，个别地方对相关议题的既有研究缺乏关注，史料取材上缺少必要的考证，以致未能吸收已有的成果。兹举数例。如第 55 页：

> 贞观十四年（640 年），吐蕃派使者进贡"黄金器千斤以求婚"。唐朝立即派冯德遐前往吐蕃抚慰。吐蕃首领见到冯德遐后，甚为高兴。听说吐谷浑与突厥都与唐朝联姻，即派使臣随冯德遐入朝廷……

据引文，作者认为冯德遐出使吐蕃的时间在贞观十四年，显然有误。文献中冯德遐入吐蕃的时间缺乏明确记载，学界也有不同意见，但多认为在贞观八年至十年之间，③ 绝非贞观十四年。

又如开元五年（717）唐朝出嫁金河公主与突骑施和亲（第 87 页，作者误作"突厥"）。由于文献记载不一，出嫁者究竟是交河公主还是金河公主，此问题悬

---

① 《旧唐书》卷一九八《高昌国传》，中华书局，1975，第 5294 页。
② 王溥：《唐会要》卷三三《南蛮诸国乐》，中华书局，1960，第 630 页。
③ 《〈新唐书〉吐蕃传笺证》（科学出版社，1958，第 27 页）较早认为吐蕃未必先闻突厥吐谷浑得尚公主而后入朝请婚；《唐与吐蕃首次遣使互访史实略》［《西南民族大学学报》（人文社会科学版）2012 年第 4 期］认为在贞观十年；《冯德遐使蕃考》（《中国藏学》2015 年第 3 期，第 302~306 页）认为在贞观九年；《玉帛干戈：唐蕃关系史研究》（联经出版事业股份有限公司，2016，第 145 页）认为似在贞观八年底。

而未决。① 但最近的研究表明，史实是唐玄宗于开元十年（722）嫁交河公主予苏禄。②

再如贞观六年（632），阿史那弥射被册封为奚利邲咄陆可汗，鸿胪少卿刘善因前往册立（第 95~96 页）。该记载出自《旧唐书·西突厥传下·阿史那弥射》，但是同卷也记载"贞观七年，遣鸿胪少卿刘善因至其国，册授（泥熟）为吞阿娄拔奚利邲咄陆可汗"③。两相比较，册立使节皆为刘善因，册立的可汗号皆为"奚利邲咄陆可汗"，而被册立者不同，一为阿史那弥射，一为泥熟。作者采纳了前者，但据吴玉贵先生的研究，被册立者当为泥熟。④

总之，《域外朝贡》弥补了学界对唐朝域外朝贡制度专门研究的不足，全书结构合理、内容系统，尽管在文献分析和文本校勘方面存在少数明显缺陷，但仍不失为一部值得学习的唐代对外关系史著作。

---

① 参见沙畹《西突厥史料》，冯承钧译，中华书局，1958，第 48 页；岑仲勉《西突厥史料补阙及考证》，中华书局，1958，第 88 页；葛承雍《新出土〈唐故突骑施王子志铭〉考释》，《文物》2013年第 8 期，第 79~83 页；周伟洲《〈唐故突骑施王子志铭〉补考》，《中国历史地理论丛》2014 年第 1 期，第 110~114 页；等等。

② 参加李丹婕《突骑施可汗苏禄妻为交河公主辨——兼议〈新唐书〉相关记载的成立》，《中国史研究》2020 年第 2 期，第 186~193 页。

③ 刘昫等撰《旧唐书》卷一九四下《突厥传下》，中华书局，1975，第 5183 页。

④ 参见吴玉贵《阿史那弥射考》，《民族研究》1988 年第 3 期，第 64~70 页。另参见薛宗正《阿史那弥射生平析疑》，《民族研究》1985 年第 1 期，第 25~33 页。

《中国与域外》第五辑（2023.06）第 343~348 页

# 唐纳德·洛佩兹著《慧超的旅行》[*]

吴小龙[**]

慧超是唐朝时期新罗高僧，大约于唐玄宗开元七年（719）前入唐求法，开元十一年（723），从长安出发沿海路经西域诸国，游历五天竺，二度西行求法，开元十五年（727）学成后艰难返回中土，终老于唐，未曾归国。他将游访天竺的经历以行记的方式记录下来，撰成《往五天竺国传》（三卷）。1905 年，伯希和在敦煌残卷中发现了这部失传已久的游记。虽然现存《往五天竺国传》仅为残本第一卷的节录本，但其仍为研究五天竺国的历史、地理、民俗风情等提供了重要原始资料。美国学者唐纳德·洛佩慈所著《慧超的旅行》，讲述了一段尘封已久的历史故事，完善了慧超的西行求法事迹，又经陕西师范大学历史文化学院冯立君副教授翻译成中文本，并于 2022 年 8 月在社会科学文献出版社付梓，慧超赴印求法的行迹活动得以广泛传播。

## 一 本书内容介绍

本书正文共计十二章，兼有"关于本书""关于地图""导语""结语""致谢""注释""参考文献""附录""索引""译后记"，达 26 万字。

写在正文前的部分为概述性内容，从作者其人、如何阅读、艺术解说、地图展示等方面介绍了此书的基本概况，给予了读者阅读提示。其中导语部分最为详尽，讲明了为何选择慧超为研究对象、慧超西行求法之缘由、慧超的佛教渊源，以及慧超与佛陀之关联性，并与中国著名旅行僧玄奘、义净相比照，从整体性出发多角

---

[*] 唐纳德·洛佩兹：《慧超的旅行》，冯立君译，社会科学文献出版社，2022，第 226 页。（以下引用此书之处随文标注页码）

[**] 吴小龙，陕西师范大学历史文化学院博士研究生。

度、宽领域地追寻主人公慧超的足迹，也给读者留下可思考的空间，吸引读者深入阅读。

正文内容则以慧超西行为线索，将其赴印西行求法途经之地作为地理坐标。全书共有十二地，从《往五天竺国传》残本中所记四十一地中挑选而出。每章的题目是慧超在旅行中到达的某一地方的地名，共计十二章，从故事、解说、艺术四个方面展开详细介绍，讲述了慧超旅行之地的相关故事，与之相匹配的佛教艺术作品，并以"延伸阅读"作为补充。通篇来看，本书所列之地皆与朝圣者、佛陀有关。朝圣者，即慧超本人，佛陀则为释迦牟尼佛。如敦煌、新罗、海上、五台山，四地与朝圣者慧超直接相关，涉及是书第一、第二、第三、第十二章，四章内容分别介绍了《往五天竺国传》残本的出现经过，慧超的国籍新罗，慧超沿海路赴印及二度西行求法，以及慧超圆寂等概况。从第四章"拘尸罗"到第十章"犍陀罗"，讲述内容涉及灵鹫山、菩提伽耶、蓝毗尼、舍卫城、僧伽施，其内容皆与佛陀相关联，以佛陀诞生、证悟、活动、涅槃等地为线索，讲述了佛陀的前世今生。第十一章"大食国"，讲述的是伊斯兰教的发祥地，这部分以佛教遇到伊斯兰教为切入点，介绍了两教的关系与发展。

需要指出的是，慧超记录的旅行故事只有残卷，幸存部分让读者想要知道更多，因为慧超很少提及他沿着危险道路前进的所思所想，所以对此只能靠想象。本书的主体内容即在残本基础上加以想象、推测、补充而来，试图向人们展示慧超可能拥有的思想和经历。他的旅行始于祖国新罗，结束于中国的五台山，基本是由慧超的行迹拓展而来，讲述了在这期间他可能知道的佛教故事，展示了他可能会看见的佛教艺术品，将慧超与佛教世界联结起来。此译本基本以叙述形式展开，情节丰富，通俗易懂，可读性较强。

结语部分既是对是书的总结，也是是书的点睛之笔。"佛教"是一种抽象名词，无法旅行，旅行的主体是人。而佛教中最常见的主体是僧侣，新罗僧慧超即是万千旅行僧中的一员。本书以慧超的旅行为缩影，给出结论，即佛教是一种旅行的宗教，通过慧超其人，将他与其栖居和穿越的更广大的佛教世界联结起来。最后还加以附录，将慧超《往五天竺国传》残卷抄录附于文末，此游记之大略与本书内容相对照，以作为补充。

## 二 本书特点

通读是书，笔者对此译著做一简要评述，主要概括为以下几个特点。

第一，是书是一部关于佛教的与众不同的书。其一，记述的慧超行记与历代《高僧传》《续高僧传》《宋高僧传》等诸僧传记不同。是书并非关注著名的高僧大德，而是选取了一个年轻且名不见经传的异域僧慧超。慧超本身亦不同于其他朝圣者，每行至一处，没有驻足学习，也没有誊抄经文，也未将经文放置行囊之中，他仿佛是轻装旅行，比其他佛教朝圣者的行迹更为广泛，并依靠记忆写下行记。

其二，是书展示的是慧超实地看到的佛教世界，即通过艺术、建筑和民族志领悟到的佛教，而非在佛经里读到的世界。所以本书通过慧超的眼睛，紧随其脚步，进行地理上的扩展，再现了当时当地的故事、艺术、民俗风情等。正如是书介绍的那样，它旨在描述单一的佛教传统，因为它在一个历史时期内存在于广阔的地理范围内（第 3 页）。

其三，大多数表现佛教世界的作品都遵循编年史的方法，再现佛教 2500 年的发展历史。是书并未按编年方法撰写，而是聚焦于短短的三年，以地点为线索，按慧超到访地的先后顺序展开，未体现时代的跨度。是书在撰写过程中，将旅行地点与佛陀相关联，这就与佛陀的生平时序相违背，如慧超赴印度求法旅程中，最先到达的就是佛陀的涅槃地拘尸罗，而不是佛陀的出生地蓝毗尼，这与一般的编年体有异。

第二，译本虽以叙述为主，但行文之中也有不少论述内容。比如，据学者推测，慧超的日记有三个部分：一部分是从他的祖国新罗到中国，继而到印度的旅程；一部分是他在印度、中亚和阿拉伯半岛的旅行内容；一部分是他返回中国的旅程。这三部分中只有第二部分留存下来，现今仅为残卷（第 122 页）。是书也提出了一些新的见解，"关于慧超的旅程，我们可以推断的大部分不是来自慧超的行记，而是来自这个词汇表"（第 49 页）。诸如此类的推断及考证还有很多，具有一定的学术价值。

慧超的行记幸存的仅是一组笔记，未曾编写成书，属于"素材"范畴。且他记载更多的是世俗内容，如当地的民俗风情等，与佛教关联不大。故是书作者通过"素材"研究认为，其讲述的当地故事，多为佛教传说。故事之后是解说，试图以佛教学者的视角来解读故事。其后的艺术内容最具代表性，这部分由作者独立研究撰写，展示的二十四件艺术品，皆是从佛利尔与赛克勒美术馆的收藏品中选取的，虽并非都来自慧超到过的地方，却与慧超的旅行有着千丝万缕的联系。

又如，从史料价值来看，慧超经由海路赴印度，又沿陆路返回，走遍五天竺国的佛教遗迹，远访西亚、中亚等五十一个国家和地区。其旅行路途遥远，经历复杂，阅历丰富，行迹广博，其行记记录了沿途诸国的地理、历史、风土民情等，如吐蕃国爱吃虱子的怪异风俗，安息国不食肉的饮食习俗等，为我们留下了十分珍贵的资料，为研究文学、宗教学、史学、旅游学、民族学等提供了重要材料。

第三，本书的写作方式是通过"虚构"来表述真实。一个很客观原因，即是慧超的行记缺少历史叙事，故是书采用叙述形式，每章以"故事+解说"形式展开，利用想象进行弥补。比如，第三章朝圣者驶向圣地的故事。由于慧超行记的开头已经亡佚，只能凭借慧琳《一切经音义》中一些来自慧超行记散佚部分的术语推知他是从中国泛海来到印度。又通过故事与解说，表明海洋旅行在佛教僧侣中十分普遍，也说明当时中印之间的海上航线已经完全建立。

再者，慧超旅行的准确路线很难重建。故是书以慧超视角，遵循慧超指引，试图想象慧超的思想，再现慧超旅行过程中的所见、所闻，将其零碎的记录、行迹串联起来，还原其旅行线路。比如，慧超去过灵鹫山，就很可能会北上吠舍离；慧超若向西走到阿拉伯半岛，则推测他是第一位在伊斯兰教发祥地遇见伊斯兰教的僧人。又如导语部分，慧超向北穿行到达大食，由于阿拉伯半岛位于波斯南部，未能提供任何地理特征，很难确认他的目的地，但从当地人们的衣着和饮食习俗来看，气候变冷了，目的地很可能是大食控制下的另一个地区，即大拂临国。书中还有很多诸如此类的推测，作者描绘了一个想象的佛教世界，这是还原慧超行迹活动的重要方法，也是对佛教研究领域的一大补充。

另外，本书未呈现慧超的整个西行轨迹，而是撷取了他西行期间所到达的十二个地点，讲述了十二个故事，故是书的架构可看作将十二个地点串联成线、汇聚成面。比如第一章，讲述了伯希和在敦煌发现一大批敦煌文献的故事，在带回巴黎的一万多件文书和绘画中，有一件没有标题的残卷。在解说中，作者便指出这部残卷应为《往五天竺国传》，作者是慧超，并介绍了敦煌藏经洞中发现的一页汉文译本经文和一幅精美绘画这两件艺术品。不仅如此，是书还介绍了其他僧人的活动，如印度僧佛陀波利入唐后，从五台山到长安的行迹、活动。入唐域外僧还有新罗僧义湘，中途返回的新罗僧元晓等。又介绍了佛陀在舍卫城的生活、讲经等情况，对慧超旅行中未曾提及的内容进行了补充，丰富了慧超的旅行事迹。

第四，翻译须完整地复现原文本意，使两部作品既关联又独立。翻译是一项艰难的工作，丝毫不得投机取巧，且对译者的要求很高，既要掌握一定的专业术语，有扎实的学识基础，还要秉持严谨的翻译态度。此书译本从细节中可窥其一斑。比如，本书中有不少地方标示了"译者注"，这在"关于本书"部分尤多；又如，原著本没有二十四件佛教艺术品的图片，译著则在每章艺术部分配以高清图，向读者展示了世界上伟大的亚洲艺术藏品，对原著进行了补充说明。

翻译是一种经验性工作。是书译者原为出版社编辑，早先从事韩国语翻译工作，具备一定的专业素养。译者自 2016 年创刊《中国与域外》集刊，刊发了不少译文；2017 年合编《古代东亚交流史译文集》，主要收录的是日、韩学者论文；2018 年又合译、出版了美国学者罗汉的《武曌》一书，前期的经验积累为本书的翻译工作打下了坚实的基础。

另外，翻译也需要一定情怀，如译者所言"翻译是一种特殊的阅读，一种学习式的写作"。故需要译者以原著为本，反复阅读，深刻理解，才能不偏不倚，尽可能呈现原著的原貌及作者本意。慧超的行记属于散文，与玄奘《大唐西域记》的语言风格不同，偏口语化。译者即沿用其表述风格，以叙述为主，语言平实，合乎汉语的表达习惯，通俗易懂，读起来不觉有晦涩难解之感。

## 三　本书不足

是书对慧超的旅行进行了有益探索，但限于篇幅，未能将慧超西行求法事迹阐述详尽，且译本中有部分细节处理不到位，故不可避免地存在某些瑕疵。

其一，从整体来看，据慧超行记可知，他是先入唐，后西行赴印，又返归大唐，途经四十余地，但本书仅选取了十二个地方，且只介绍了地名，对五天竺各国的王名和都城名缺乏记载；另外，慧超的旅行还应包含在唐的旅程，本书只介绍了他的圆寂地五台山，对他是如何入唐，在唐期间的行迹活动阐述不详。对读者而言，不能了解其旅行之全貌。加之是书是在残本基础上撰写、翻译而成，所以有不少内容是通过想象、推测而来，以他人视角推测慧超的所见、所闻，难免与实际有所出入。

其二，从细节来看，"关于本书"部分明确提到"在很大程度上避免了历史叙事，而是聚集于两个因素——故事和艺术"（第 4 页）。但以笔者之见，本书在介绍故事和艺术内容时仍是以叙述为主，如佛陀出生与涅槃的故事、佛陀开悟事件等，虽非按编年讲解，但未脱离叙事范畴。

其三，从翻译角度来看，字里行间仍存在英译汉过程中的一些通病，如主语缺失或重复，抑或指代不明，出现语意偏差、表述烦琐等现象，部分用词、语句与中文表达习惯有异。如"新罗"一章，"当佛教从另一个国家传播到另一个国家时，就像它在其漫长的历史中多次经历的那样，它的命运经常取决于它在宫廷能否成功"（第 57 页）。其中"多次经历的那样"不明所指为何，初读时有一头雾水之感。这或许是极力还原原著的结果，若仔细研读，便可知其表达之意，似亦无可厚非。

总之，瑕不掩瑜，《慧超的旅行》译著的出版意义很大，是海外研究的重要推介，亦是为学术建设服务之成果。是书涵盖了慧超在唐及赴印旅行中的部分行迹活动，是在《往五天竺国传》基础上补充、丰富而成，大致勾勒出慧超的西行旅程和线路。正如译者所言，慧超一个人完成了一次贯通东部欧亚陆海丝绸之路的旅行，是继玄奘、义净之后，东方最伟大的旅行僧之一，且此译著对古今丝绸之路的研究也具有很大价值。

**图书在版编目（CIP）数据**

中国与域外．第五辑，亚洲文明交流互鉴的海洋视角／
冯立君主编；胡耀飞本辑执行主编．--北京：社会科
学文献出版社，2023.6
　　ISBN 978-7-5228-1899-3

　　Ⅰ.①中… 　Ⅱ.①冯…②胡… 　Ⅲ.①中国历史-古
代史-文集 ②中外关系-文化交流-文化史-文集 　Ⅳ.
①K220.7-53 ②G125-53

　　中国国家版本馆 CIP 数据核字（2023）第 095259 号

## 中国与域外（第五辑）
　　——亚洲文明交流互鉴的海洋视角

主　　编／冯立君
执行主编／胡耀飞

出 版 人／王利民
组稿编辑／任文武
责任编辑／高振华
文稿编辑／田正帅
责任印制／王京美

出　　版／社会科学文献出版社·城市和绿色发展分社（010）59367143
　　　　　　地址：北京市北三环中路甲 29 号院华龙大厦　邮编：100029
　　　　　　网址：www.ssap.com.cn
发　　行／社会科学文献出版社（010）59367028
印　　装／三河市龙林印务有限公司

规　　格／开　本：787mm×1092mm　1/16
　　　　　　印　张：22.25　字　数：400 千字
版　　次／2023 年 6 月第 1 版　2023 年 6 月第 1 次印刷
书　　号／ISBN 978-7-5228-1899-3
定　　价／88.00 元

读者服务电话：4008918866